國家"2011計劃"出土文獻與中國古代文明研究協同創新中心成果

中山大學饒宗頤研究院 主辦

第十二輯

饒宗頤教授百歲華誕慶賀專號

『華學』編輯委員會 編

華學

中山大學出版社
SUN YAT-SEN UNIVERSITY PRESS
·廣州·

版權所有　翻印必究

圖書在版編目（CIP）數據

華學·第十二輯，饒宗頤教授百歲華誕慶賀專號/《華學》編輯委員會編. —廣州：中山大學出版社，2017.8
ISBN 978-7-306-06165-2

Ⅰ.①華…　Ⅱ.①華…　Ⅲ.①漢學—文集　Ⅳ.①K207.8-53

中國版本圖書館 CIP 數據核字（2017）第 211484 號

出 版 人：徐　勁
責任編輯：裴大泉
裝幀設計：方楚娟
責任校對：劉麗麗　趙　婷
責任技編：黄少偉
出版發行：中山大學出版社
　　　　　編輯部電話（020）84111996，84113349
　　　　　發行部電話（020）84111998，84111160，84111981
地　　址：廣州市新港西路 135 號
郵　　編：510275　傳　真：（020）84036565
網　　址：http://www.zsup.com.cn　E-mail：zdcbs@mail.sysu.edu.cn
印 刷 者：佛山市浩文彩色印刷有限公司
規　　格：889mm×1194mm　16 開本　20.25 印張　560 千字　彩版 8
版　　次：2017 年 8 月第 1 版
印　　次：2017 年 8 月第 1 次印刷
定　　價：138.00 圓

本書如有印裝質量問題影響閱讀，請與出版社聯繫調換

《華學》編輯委員會

主　　編：饒宗頤（本輯由曾憲通代理主編）

執行主編：曾憲通

編　　委：蔡鴻生　陳春聲　陳偉武（常務）
　　　　　馮達文　葛兆光　李焯芬
　　　　　李學勤　林悟殊　姜伯勤
　　　　　饒宗頤　汪德邁　吳承學
　　　　　曾憲通（常務）張榮芳

執行編輯：陳斯鵬　陳偉武　裴大泉
　　　　　謝　湜

（按姓名拼音次序排名）

本輯承蒙 香港皇朝傢俬集團慷慨贊助，謹此致謝！

饶教授故居"莼园"

饶氏宗族 1928 年合影（二排左起第五人为童年饶宗颐）

少年饶宗颐

饶宗颐全家福

上世紀 40 年代，潮州修志館同仁合影（中立者為饒教授）

1960 年，饒教授在香港大嶼山

1960 年，饒教授在香港新界青山彈奏古琴

饒教授在香港大丫灣考古工地

饒教授與法國漢學家戴密微教授

上世紀 70 年代，饒教授與錢穆教授

1982 年，香港大學授予饒宗頤教授（左二）文學博士學位

1980年，饒教授與曾憲通（右1）、鄭昌政（右2）在洛陽龍門石窟考察

1980年，饒教授與舒之梅（左）、曾憲通（右）在長江夔門峽

饒教授遊覽白馬寺，左一為曾憲通

饒教授訪北京故宮，與曾憲通合影

1993年12月，饒教授獲法國索邦高等研究院授予人文科學榮譽國家博士學位，為該院建院125年以來第一位獲此榮銜者

1993年，饒教授與國際漢學家巴倫大學蒲德侯、汪德邁、馬克在一起交流

1997年8月，饒教授來中山大學主持《饒宗頤二十世紀學術文集》編務，與曾憲通（右）、陳偉武（左）合影於中山大學黑石屋貴賓樓

2000年10月，饒教授與法國漢學家汪德邁教授、法蘭西遠東學院院長傅飛嵐、謝和耐教授

2000年3月，饒教授被授予北京大學客座教授。右二為季羨林教授

2000年6月，饒宗頤教授榮獲香港特區政府頒授"大紫荊勳章"，頒獎者為時任特首董建華

2002年，饒教授在美國哈佛大學訪學

2006年12月17日，饒宗頤教授四兄弟在潮州重聚

2008年10月28日與季羨林教授相會於北京

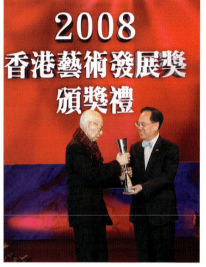

2009年4月21日,香港大會堂舉行"2008香港藝術發展獎"頒獎典禮,時任特區行政長官曾蔭權向饒宗頤教授頒發"終身成就獎"

2009年9月3日,饒教授於澳州悉尼

2013年6月19日,饒教授在"益壽安寧——聽濤軒藏饒宗頤教授書畫展"開幕式上致辭。前排自左至右為許德立、陳偉南、盧瑞華、謝錦鵬、饒宗頤、吳南生

2014年1月10日，饒教授獲香港大學授為首位"桂冠學人"

2015年4月2日，饒教授親自為廣州市饒宗頤學術藝術館、中山大學饒宗頤研究院揭幕

2015年12月6日，"饒宗頤教授百歲華誕晚宴"在香港會展中心舉行

目　　錄

談談新見繼志亭碑文對饒學研究之意義 ………………………… 曾憲通（1）
選堂夫子期頤榮壽序 ……………………………………………… 李啟彬（6）
選堂教授與"潮學" ………………………………………………… 林倫倫（8）
從幽默到沉默
　——選堂先生諧趣散記 ………………………………………… 陳偉武（14）
饒宗頤先生早期書法初探 ………………………………………… 李啟彬（18）
記商承祚先生給上海博物館的信 ………………………………… 沈建華（27）

揚雄"十二州二十五官箴"考論 …………………………………… 王　輝（36）
漢晉道教神聖空間與齋戒儀式的起源和展開
　——以道教"靜室"為中心的考察 ……………………………… 王承文（41）
東漢至清買地券特殊形制研究 …………………………………… 李明曉（75）
曹操不稱帝述評 …………………………………………………… 胡守為（80）
霞浦抄本贗造夷偈一首考辨 ……………………………………… 林悟殊（92）

YH127坑和花園莊東地甲骨 ……………………………………… 趙　誠（106）
花東甲骨刻辭貞卜人物考 ………………………………………… 譚步雲（112）
肇尊銘文小考 ……………………………………………………… 曹錦炎（130）
隨州文峰塔曾侯與鐘銘小考 ……………………………………… 宋華強（135）
商周文字形義系統對比研究淺探 ………………………………… 陳英傑（139）
金文札記三則 ……………………………………………………… 商艷濤（150）
一粟居讀簡記（九） ……………………………………………… 王　輝（159）
重慶酉陽傳抄古文《根書》概說 ………………………………… 喻遂生（165）
上博楚簡《采風曲目》中的"趨商"與"趨羽" ………………… 王志平（174）
續說楚簡用作"迎"的"迈"字 ………………………………… 楊澤生（182）
清華簡第六冊字詞補釋 …………………………………………… 石小力（186）

加強對戰國文字變例現象的理論研究 ························ 林志強（190）
據古文字用字習慣說《周易》大壯卦"壯"的訓釋 ············· 禤健聰（194）
帛書《周易》補釋三則 ·· 張富海（199）
楊筠如《尚書覈詁》精義補說二則 ···························· 雷燮仁（202）
秦漢簡帛拾遺（三則）·· 陳送文（214）
《銀雀山漢墓竹簡〔貳〕·地典》研究 ······················· 洪德榮（217）
《肩水金關漢簡〔伍〕》所見《急就篇》殘簡輯校
　　——出土散見《急就篇》資料輯錄（續）················ 張傳官（227）
《中國行政區劃通史·秦漢卷》補正（一）··················· 孟　嬌（235）

傳統小學源流圖說
　　——中國古代語文學與語言學的演化輪廓 ············· 麥　耘（240）
論傳統古音學家對牙喉音關係之認識·························· 馬　坤（246）
雷霆豈能"收"震怒
　　——對杜甫《觀公孫大娘弟子舞劍器行》通行文本中一個錯字的辨正
　　·· 於賢德（258）
琉球官話課本《人中畫》在使用過程中的修改
　　——以天理圖書館藏琉球抄本《人中畫·風流配》為例 ·········· 范常喜（265）
廣東光華醫學專門學校創辦人之一陳垣與鼠疫鬥士伍連德
　　——以1911年撲滅東北鼠疫和"奉天國際鼠疫會議"為中心 ······ 張榮芳（287）
民國時期汕頭的城市改造計劃 ·································· 歐陽琳浩（308）

談談新見繼志亭碑文對饒學研究之意義

曾憲通

"繼志亭碑"碑文為方繼仁先生撰，1948年10月由饒選堂先生為其手書上石。原嵌於灰涵繼志亭內壁，1949年之後歷經興修水利和平整土地，作為避雨之用的"繼志亭"已不復存在，其碑石亦不知所蹤。直到今年春天，友人楊煥鈿君於潮安浮洋鎮大吳村口發現這塊碑石，已被村民移作他用，故特地前往施拓。近日筆者有緣見到楊君所拓一紙，碑額有"灰涵 繼志亭"篆文五字，碑寬約64公分，長約105公分，碑文計12行，行18字，整碑碑文合二百餘字。除篆文"灰涵"二字殘去上半者外，其餘大體清晰可辨。現加標點迻錄如次（碑拓見附圖）：

灰 涵
繼志亭

今年春，繼仁奉先君靈柩回梓安葬。遵遺訓，虞禮節親友燕會之費，以充善舉。既斥資鑿惠民涵，兼充實本區各學校圖書設備。復建雨亭五間於鳳埔、烏樹、橋頭、灰涵、蓮花地，為行者庇風雨所。孟夏經始，閱六月而亭次第成，統名之曰："繼志"，誌我之為此蓋繼承先志，亦以明繼仁之志也。夫禮因時制宜，時難年荒，省虛糜以備世用，未始非達權通變、利物和義之道。後之人或有以此舉為是而效之者，蔚成風俗，則州里舊習應興革者，有不待勸而興革之。斯繼仁之願已。是為記。

潮安方繼仁撰 饒宗頤書
中華民國三十七年歲次戊子十月三十日

碑文記方繼仁先生於1948年春扶先君靈柩回梓安葬，遵遺訓對傳統"虞禮"加以改革，節省親友燕會之費，用於善舉；並斥資鑿惠民涵，充實學校圖書設備；復建雨亭五間，"灰涵繼志亭"即其中之一。碑文乃選堂先生用其最擅長之行楷體書寫，端莊秀雅，是選堂先生早年難得一見的代表作，彌足珍貴。本文是對新見之碑文內容及其書體所作的初步疏解與闡發。其對饒學研究的意義大別有如下數端：

一是碑文闡明"繼志亭"之"志"，乃指方繼仁先生立志改革舊禮俗以興利除弊的社會改革作為。根據《儀禮》中有關《士虞禮》的記載，所謂"虞禮"，是指士在葬其父母後返其殯宮所舉行的安魂禮，不但整個過程繁文縟節，還要花費大量的人力和物力。繼仁先生遵循先人的"遺訓"，將安魂禮燕宴親友節省下來的資源，用於各種善舉，這與饒先生在《勉學粹言序》和《方繼仁先生墓表》二文中稱道方氏為家鄉所做的貢獻是一致的。饒先生在《勉學粹言序》中說：

> 君胸次坦蕩，慷慨豁達，廣施與，咸黨待舉火者無數。於鄉設免費民眾學校，歲以書本分貽學子；更為各村廣置圖書室，以普及鄉間教育，用心無微不至。復建雨亭曬場，以利農稼。濬惠民渠，灌田數萬畝，鄉民至今頌德不衰。平生行義唯恐後人而不求人之知。[1]

饒先生在《方繼仁先生墓表》中復稱其"性豁達，於鄉分羨以惠貧窶，興學以牖大眾，建亭以蔭行旅，濬渠以益灌溉，為之不遺餘力，鄉人至今頌德弗衰"[2]。所有這些，與本碑文所言正可以互相印證。值得指出的是，方先生作為一大儒商，擅長以儒家的智慧指導商業的運籌，故於紛紜中獨能見機而作，使家業獲得空前的發展。在此碑文中，我們更可以看到方氏以改革者的姿態，對傳統的禮俗賦予新的內涵，並進而加以闡發。碑文指出"夫禮因時制宜，時難年荒，省虛糜以備世用，未始非達權通變、利物和義之道。"此處方氏不但用"因時制宜"四字來詮釋傳統的"禮"，還進一步以"達權通變"和"利物和義"的思想作為推行改革的理據。所謂"達權通變"，就是善於權宜變通；而"利物和義"，則見於《周易·乾卦》對元、亨、利、貞四德中關於"利"德的說解，唐孔穎達在《疏》中根據《子夏傳》進一步解釋說："利，和也，言聖人當以義協和萬物，使物各得其理而為利也。"由此觀之，這段碑文的意思就是，在目前處於"時難年荒"的困境中，"省虛糜以備世用"未必不是因應客觀情勢的變化而權宜變通，使物各盡其利而用之之最佳方法，也正是符合"因時制宜"的禮制的。這就是方繼仁先生改革舊禮制的《易》理依據。碑文進而指出："後之人或有以此舉為是而效之者，蔚成風俗，則州里舊習應興革者，有不待勸而興革之，斯繼仁之願已。"由此看來，方繼仁先生不但是個成功的企業家和出色的慈善家，而且是個有志於社會改革的熱心改革者。繼志亭碑文反復強調方先生通過改革禮俗以改革社會的這個"志"，既是先人之"志"，也是方先生自己之"志"，這就是"繼志亭"這個"志"字的真正內涵，也是碑文中最為突出的內容所在。這篇碑文今天讀來仍有振聾發聵的作用，具有十分重要的現實意義。

二是碑文揭示饒選堂先生與方繼仁先生之間的特殊情誼。1946年抗日戰爭剛剛結束，潮汕地區的有識之士提出重新修編《潮州志》的倡議；同年7月，時駐潮安縣城的廣東省第五區行政督察專員公署決定正式成立"潮州修志委員會"，敦請饒宗頤為副主任委員兼總纂，主持修編《潮州志》的實際工作。州志的地域包括原潮州府的範圍，總共涵蓋十二個縣市。此時的饒選堂先生正甫屆而立之年，雖精力充沛，風華正茂，然社會仍貧困動蕩，經費嚴重不足，開展工作遇到重重困難。幸有方繼仁及眾鄉賢鼎力支持，使宗頤先生得以非凡的魄力和才能，帶領修志館同仁辛勤耕耘，歷時三載，終於基本完成這部體例創新，內容詳實的《潮州志》巨著。這篇《繼志亭》碑文，就是饒宗頤先生在方氏的支持下負責《潮州志》總纂期間為方先生書寫的。在碑文書就不久，即1949年初春，饒先生便帶著新編《潮州志》中的人物、宦績、古跡及金石四大部分的稿本共四十八卷一百多萬字到香港，與贊助人方繼仁先生咨詢新編《潮州志》的後續工作和相關書稿的出版事宜。方繼仁先生審時度勢，認為其時國內尚未安定，而香港則相對平靜，故建議饒先生留在香港繼續自己的研究，並答應每月寄經費回汕頭，以維持修志館的生存。饒先生考慮再三，終於接受方氏的挽留留在香港，從此開啟了他由香港走向世界的學術與藝術之旅，並由此改變了他的人生軌跡和歷程。六十年後，當饒先生重提這段歷史的時候，他激動地說："方繼仁先生是我生命中很關鍵的一個人，當時他樂意繼續支持潮州修志館，通過湯秉達先生代匯款到汕頭，維持潮州志館工作。但他再三勸說我不要回汕頭。方先生的懇切挽留，使我留在香港。當年帶到香港的潮州志稿現在又找到了，真是天上有星！"[3]

上世紀 50 年代初，選堂先生在葉恭綽處見到葉老收藏的多份敦煌卷子，便開始對"敦煌學"產生濃厚的興趣；隨後又在日人梅一雄處見到他在倫敦所拍製的斯坦因搜集品縮微膠卷，非常羨慕。1955 年春，當饒先生把自己的新作《吳建衡二年索紞寫本道德經殘卷考證》一文的抽印本贈予方繼仁先生時，順便提到在日本友人處見到斯坦因搜集品的縮微膠卷，可以從事多方面的研究。方氏一向對《道德經》深感興趣，並常來向饒先生討教。一聽到這個消息，當即提議由他出資購買英國所藏的敦煌文獻膠卷，並委託時任劍橋大學遠東藝術及考古學教授的鄭德坤代為購買。當"斯坦因收藏品"的六千多件縮微膠卷寄到香港後，饒宗頤便成為海外私人唯一擁有這套微縮膠卷的學人[4]，這為他日後的敦煌學研究開拓了一個寬廣無垠的新天地。第二年，饒先生便從敦煌石窟塵封已久的文獻中，將一部六朝寫本張天師道陵著的《老子想爾注》搶救出來，並加以嚴謹的注釋和考證，完成《老子想爾注校牋》這一宗教研究史上的劃時代著作，使饒先生一躍而為道教研究的開拓者。對於這部名著，方繼仁先生不但親自"斥資授梓，以廣其傳"，而且在此書的《跋》語中寫道："敦煌千佛洞舊藏卷子《想爾老子注》為道家寶典，向未有人研究。吾師饒宗頤先生據唐玄宗杜光庭說，定為張天師道陵所作，復為之考證，知其說多與漢代《太平經》義同符；而間有竊取《河上公注》者。於是道教原始思想之淵源與脈絡，燦然大明。其中奇辭奧旨，先生多所抉發；餘如考證張陵之著述，亦復詳極原委，可補前史之不逮，誠老學之功臣也。"[5]由此可見，饒宗頤先生成為敦煌學研究的巨擘，也同方繼仁的無私援手分不開的。

方繼仁祖籍廣東潮安，至今浮洋鎮塘東鄉仍有其家傳故宅。方家世代服賈，至繼仁先生兼通儒術，"善觀時變而知物"，故能於紛紜中每操奇贏，家業更有長足的發展，於汕頭、廈門、香港、泰國等地皆置物業。選堂先生在《方繼仁先生墓表》中謂方先生"五十以後杜門養疴，奮發淬礪，泛覽群書，下及歷代諸儒學案，刺取其中嘉言懿語，以類相次，成《勉學粹言》十五篇，印二萬冊，分饋親友。年逾六十，猶讀書不輟，有衛武懿詩之志。一九六五年七月十日疾終，積閏七十有七。葬於柴灣佛教墳場。"黃挺教授根據潮汕積閏享壽的傳統算法逆推，知方繼仁先生當生於清光緒十六年，即夏曆的庚寅（虎）年，為公元 1890 年 1 月 21 日至 1891 年 2 月 8 日之間。比饒宗頤先生年長二十多歲[6]。饒宗頤先生在《勉學粹言序》中談到："余識君自丁亥戊子之交，時方有潮志之役，君鼎力為助；君不以余之先淺陋，忘年與交。"由此可知，饒、方兩人於公元 1947 年至 1948 年之交因編《潮州志》之緣而訂交，前後共有十七八年的交誼。《序》中此處饒先生念及自己的父母過早棄世，所以非常珍惜他和方先生這種"忘年之交"的感情；而方先生在《老子想爾注校牋》的《跋》語中更稱饒先生為"吾師"。從他們彼此之間這種特殊的情誼，便可瞭解選堂先生所說的"方繼仁先生是我生命中很關鍵的一個人"這句話的分量了。似乎可以這麼理解，饒選堂先生是在關鍵的時候，遇見到一個關鍵的人物，並發揮了關鍵的作用。這正是成功人士在天時地利人和諸方面所必備的條件。饒先生和方氏這種特殊的情誼，就是一個頗為典型的範例。

三是碑文保存了饒選堂先生早期書法的真跡和特色。選堂先生六歲開始用毛筆寫字和畫畫，其書法初習漢隸，後臨魏碑，繼以碑法入行草，故其書體往往以行草帶絲之筆法入楷，形成一種行中有楷，楷中有行的"行楷"特色。饒先生書寫此碑正當青年時期，不但具有其童子功的潛在資質，而且已經具備深厚學術素養的學者型氣質。在二百餘字的碑文中，大部分是這種帶有行書意味的行楷為主體，其中約有三十餘字則完全以行書的形式出現，整幅碑文行筆流暢，體現出端莊秀雅、游刃有餘的書家風範。同時，由於此碑原鑲嵌於避雨亭的內壁，為了照顧路人閱讀的方便，碑文中還採用了不少簡體和俗體，如"繼"作"继"（4/1）[7]、"實"作"实"（4/3）、"變"作"变"（8/8）、"舉"作"举"（4/9）、"應"作"应"（2/10）等，也有繁簡兩體並用的，如"礼"（1/2）又作"禮"（4/7），"時"（6/7）又作"时"（9/7），"為"（14/4）又作"为"（5/9），等等。還有一個"宜"（8/7）字比較特別，寫的是古體。按"宜"字的本義是置肉於且（俎）上以為祭祀之用，《說文》所謂"从宀下一上"者，乃篆體"且"形的寫訛。饒先生用行楷筆法寫古體，與碑文整體依然顯得十分協調和諧，渾然一體。著名書家啟功先生經常強調要重視寫"真行結合之體"，並指出"行書宜當楷書寫，其位置聚散始不失度；楷書宜當行書寫，其點畫顧盼不呆板"[8]。青年時代的選堂先生手書之"繼志亭碑文"雖不以書法為目的，然以其精湛的藝術造詣而言，稱之為"真行結合之體"的楷模是當之無愧的。

注　釋：

[1]　方繼仁著《勉學粹言》一書筆者未嘗寓目，此序蒙黃挺教授見示。

[2]　《方繼仁先生墓表》見《饒宗頤二十世紀學術文集》第十四卷第189頁，臺北：新文豐出版股份有限公司2003年。

[3]　見林英儀《饒宗頤與潮州志叢稿》，載《潮州日報》2009年2月18日。

[4]　參陳韓曦《饒宗頤學藝記》第47頁，花城出版社2014年。

[5]　方繼仁：《老子想爾註校證跋》，見《饒宗頤二十世紀學術文集》第五卷第541頁，臺北：新文豐出版股份有限公司2003年。

[6]　見黃挺給筆者的郵件。

[7]　(4/1)表示該字見於《繼志亭碑文》原拓本的第1行第4號字，下准此。

[8]　見趙誠《啟功書學思想探索》，載《第二屆啟功書法學國際研討會論文集》，北京師範大學出版社2006年。

（作者單位：廣州中山大學中文系）

附圖："繼志亭"碑拓本

（碑額：繼志亭）

（碑文，因拓本模糊，僅能辨識大概，試錄如下：）

△年春繼仁不究君居匪四[闢]安[堂]邊[遷]建
禮節親製友[繼]會之典以遠審府院尺資鑒電民
西來充實本邑谷等校園廣[費]備後建開華又
閣於國浦烏樹橋頭凡[永]池道[馬]路者[次][之][田]
而[於]水快或[始]同[六][繼]水[次][家][側]我[明][名][之]
繼志[於]乃[之][為]此[至][川]則[之]事[及]進[征][之]
[田]來[始]址[遷][擢]通[建]利[物][程][八]之道[蘇][州][巷]
[方][以][此]谷力[是][糧][及][之][者][府][成][風][俗][則][佛][廟]
習應[典][車]者而不[待][兩][戌][之][斯][做][宗][開][堂]
已[足][為]記[朝]安方[征]在[極][守][之][鎮][宗][開][堂]
中華民國三十七年戌子十月吉[日]

選堂夫子期頤榮壽序

李啟彬

蓋聞箕疇五福，惟壽居先；君子五常，以仁為首。是以學者廣修其德，仁者多享其年。若吾潮之選堂夫子者，睿根早植，慧性天成。克承家學淵源，涵泳天嘯書海。耽五經而稽百氏，參六藝而冠群倫。紹衣德言，賡續藝文之志；感懷造化，吟詠優曇之花。江辯湘水滄水，志輯金山韓山。負神童之令譽，驚耆宿之老眸。弱冠涉足羊城，會高賢於志館；馳箋禹貢，辯古史於職方。已而遭逢國難，或寄寓孤島，或徙遷瑤山。雖如萍泛蓬飄，猶念焚膏繼晷。編中山之辭典，集清代之詞鈔。發故國之憂思，賦成斗室；懷前修之遺德，譜以繫年。所幸寇氛平靖，桑梓牧寧，纂方志於嶺東，獨開新例；採石器於韓水，覃發陳編。繼而揖別嶺表，移住香江。振鐸黌宮，續斯文以洙泗；設帳庠序，揚儒道於杏壇。復又渡東瀛，觀西海，涉黑湖，登白山，周遊四海，涖趾萬邦。錄楚辭之書目，釋戰國之簡文，箋老聃之道藏，譯近東之史詩。披卷法京，探敦煌之遺寶；扶桑曉月，考殷墟之貞人。門入婆羅，證菩提於佛國；屐遊天竺，得梨俱於梵天。頃復踏尋舊跡，考宋史於九龍；移席星洲，記古事於寶吲。雪白榆城，盡奏寒泉之曲；蘆青耶魯，遍和清真之詞。逮逾耳順之年，論學巴蜀，稽古中原。荊楚暮雲，探曾侯之鐘磬；瀟湘夜雨，證楚地之帛書。五洲歷四，九州臨七。神遊四極，思接八方。挾春風而蹄疾，任煙雨而履輕。而後退居絳帳，搦管染翰。越逸少之藩籬，龍翔鳳翥；入米家之畫舫，採英掇華。椽筆揮來，腕底江山立就；復思迭出，膺中風月頓成。染龍賓而寄興，發鳳藻以怡情。學藝雙攜，福慧兼修，書推神州重鎮，畫開西北新宗。叵耐洎乎當代，新潮迭起，舊學式微。大呂黃鐘不再，陽春白雪難期。恨文脈之隳緒，惜世風之澆灕。幸有夫子，學究天人，才融今古，揚子建之鴻采，極東坡之風流。優遊聖域，直入奧區。上摩岱宗之峻，下極洞庭之深。敢問江淹彩筆，豈曾百賦；青蓮斗酒，何止千篇。氣象恢弘，纘乾嘉之餘緒；文章炳烺，承韓柳之流風。濟濟群儒，仰如泰斗；皇皇德業，戀似崑崙。播譽瀛寰，實翰林之盟主；蜚聲夷夏，洵藝苑之宗師。是可謂踵往聖之高蹤，道存百代；啟後昆以新轍，澤溉千秋。躬逢夫子期頤之期，合上椒花之頌，同歌天保之篇。景星慶雲，輝光曜於千里；日昇月恆，福壽臻於萬年。鄉晚不學，後進無知。私淑日篤，仰慕時新。知堂室之難入，慨門牆之莫窺。謹陳芻蕘之辭，以作芹曝之獻。引北海為樽，共祈黃耇；移南山作頌，虔祝長春。

歲在旃蒙協洽孟陽之月穀旦
鄉末學李啟彬沐手拜序

（作者單位：中山大學饒宗頤研究院）

選堂教授與"潮學"

林倫倫

一、饒宗頤教授與"潮學"的創建和興起

潮人文化的研究，或曰潮汕歷史文化的研究，應該說，很早就開始了，最遲可以從清末到民初算起[1]。但把潮人文化作為一門專門的學問來研究，那就是20世紀90年代的事了。

1989年11月18日，饒宗頤教授在澳門召開的第五屆國際潮團聯誼年會上大聲疾呼："我們如果真的有誠意去發揚潮人的傳統文化……（就）應該做出一些有建設性的行動，例如設置某種有計劃有意義的學術性基金和獎金，來鼓勵人們去尋求新的智識，繼承唐代常、韓兩位地方刺史'興學'的精神，與海外培植一些人才，發展某些學術研究，這樣才能使潮人傳統文化有更加燦爛的成果。我想各位必會同意我的建議而努力去促其實現的。"[2]

1991年，中國歷史文獻研究會第十一屆年會暨潮汕歷史文獻與文化學術研討會在汕頭大學召開，饒宗頤教授在發言中認為，此次會議將潮州歷史文獻與文化學術的研究提升至全國性的層次，這也就是說，潮汕歷史文獻與文化，已經被提升到了國家級的學術殿堂上，讓來自全國的專家學者來一起研究[3]。

1992年11月18日，饒宗頤教授在潮汕歷史文化研究中心第二次理事會上作了題為《弘揚潮汕文化的幾個問題》的學術報告，他指出："潮汕文化可研究的東西很多，應該成為一個獨立的'潮州學'，作為研究的對象。"時任潮汕歷史文化中心副理事長的李衍平先生說："這是見諸文字最早提出'潮州學'概念的記載。"[4]

但潮學大旗之真正豎起，要以"首屆潮州學國際研討會"的召開為歷史性的標誌。

1993年12月20—23日，"首屆潮州學國際研討會"於香港中文大學召開。饒宗頤教授在會議上作了《潮州學在中國文化史上的重要性——何以要建立"潮州學"》的重要報告。饒教授在演講中指出，"中國文化史上，內地移民史和海外拓殖史，潮人在這二方面的活動的記錄一向占極重要的篇幅，……久已引起專家們的重視而且成為近代史家嶄新的研究對象。"此外，粵東土著歷史、粵東考古、潮汕文獻、方言、潮劇和潮州音樂等，"具見潮州文化若干特殊現象，已不僅是地方性那樣簡單，事實上已是吾國文化史上的重要環節與項目。……潮州學之內涵，除潮人在經濟活動之成就與僑團在海外多年拓展的過程，為當然主要研究對象。其與國史有關涉需要凸

出作專題討論，如潮瓷之出產及外銷售、海疆之史事、潮州之南明史等等論題。"[5]

饒公登高一呼，應者雲集。從此，"潮州學"（"潮學"）大旗才被真正豎起。翌年，饒宗頤教授親任主編的《潮學研究》創刊號由汕頭大學潮汕文化研究中心、潮汕歷史文化中心聯合編輯，汕頭大學出版社正式出版、公開發行。關於饒宗頤教授對創立潮學的貢獻，除了上引郭偉川、李衍平兩篇文章之外，還有詹伯慧《略談饒宗頤教授與"潮學"的興起》、陳海忠《饒宗頤教授的"潮學"概念及研究》等文章，讀者可以參閱[6]。

這一個國際學術會議的召開、一本學術雜誌的創刊，標誌著"潮學"作為一個專門學科的創立。此前雖有許多探討潮人文化之作面世，但都以微觀研究為主，資料收集、分析為多，在宏觀理論研究方面，基本上還是空白。究其原因，一方面是潮人素性較為務實，在理論研究方面歷來不擅勝場；另一方面，"如果沒有專題研究的支撐，勉強作出'甲、乙、丙、丁'的概括，表面上順理成章，其實無異'蜃樓海市'，是未必於事有補的"[7]。也就是說，如果沒有足夠的關於潮人文化專題研究的成果作為基礎，要搞宏觀研究也是很難的。或者說出來也是大而空、缺乏實證的東西。因而，潮人文化的研究者們也就像蔡鴻生教授希望的那樣，"多一點實學，少一點遊詞"了。

從20世紀90年代初開始到現在，已經整整20多年過去了，由於有世界潮團聯誼會學術委員會、潮汕歷史文化中心和韓山師範學院潮汕文化研究中心（後升級為"潮學研究院"，2009年成為廣東省高校人文社科重點研究基地）、汕頭大學潮汕文化研究中心、潮州市潮州文化研究中心、揭陽市的潮學研究中心、海內外熱心於潮學研究的專家學者們和實業家們的共同努力，《潮學研究》1993年至2009年舊32開版共出版15期，自2010年改為新16開版，並使用國際刊號出版，也已出版三卷5期，凡20期；每期發表學術性論文10餘篇，共刊發論文200餘篇，在國內外學術界形成了廣泛而又良好的影響，使"潮學"之名為學界所認同和接受，誠如新版《潮學研究》主編黃挺教授所言："《潮學研究》創刊伊始，編委會和饒宗頤、杜經國兩位主編，非常強調《潮學研究》是一本以潮汕歷史文化為研究對象的學術刊物，……並一直堅持嚴格保證學術品質。在眾多學者的呵護和支持下，《潮學研究》不但影響了潮汕本地的歷史文化研究，在學術圈裡也小有好名聲。"[8]

有關潮學的著作也出版了200多種。早在2004年4月召開的第五屆潮學獎頒獎暨僑批文物館揭幕儀式上，饒宗頤教授就讚揚："潮汕歷史文化研究中心自成立至今，在研究與傳播、出版與收藏諸方面，業績卓著，成就輝煌，僅以《潮汕文庫》而言，一百多部著作多姿多彩，琳瑯滿目。以短短十多年而有如此成果，回視千載可稽之方史，文化之盛，可謂空前；即使衡之他州，亦毫不遜色，是為中國區域文化之典範。"[9]

潮學國際研討會至今（2017年1月）已開過12屆，除了到境外的香港、澳門舉辦之外，還到武漢等國內城市，馬來西亞（檳榔嶼，韓江學院，2011）、加拿大（卑詩省，維多利亞大學，2015）、印度尼西亞（坤甸，丹絨布拉大學，2017）等國家舉辦，使潮學走出潮汕本土，走向全國，乃至世界。

回過頭來，我們再來談談關於"潮學"名稱的問題，以為歷史之正本溯源。

二、關於"潮學"的名稱

把研究潮人文化的學問稱作"潮學",並非最早的術語。1993年12月在香港中文大學召開的"首屆潮州學國際研討會"上,饒宗頤先生作的報告叫《潮州學在中國文化史上的重要性——何以要建立"潮州學"》,杜經國教授的論文題目叫《潮州學建設芻論》、陳苻教授的題目叫《潮州學發凡》,是"首次召開'國際潮州學研討會',正式推出潮州學的名稱"[10]。杜文還對"潮州學"這個概念作了界定:"潮州學,顧名思義,是研究潮州文化即廣義的潮汕文化的學問。"[11] 但據上文所引李衍平先生文章,則認為1992年11月18日,饒宗頤教授在潮汕歷史文化研究中心第二次理事會上所作題為《弘揚潮汕文化的幾個問題》的學術報告中已經使用"潮州學"概念,並說:"這是見諸文字最早提出'潮州學'概念的記載。"[12]

但是,幾乎是在同時的1993年底,潮汕歷史文化研究中心和汕頭大學潮汕文化研究中心籌劃出版由饒宗頤先生親任主編的潮汕文化研究集刊時,究竟是用"潮州學"還是"潮學",卻頗費了饒宗頤教授和常務副主編、時任汕頭大學潮汕文化研究中心主任的杜經國教授及諸位編委們的一番斟酌,最後大多數人認為,還是簡稱"潮學"好。一個"潮"字,可以是"潮州"、"潮汕"、"潮人",內涵和外延都擴大了。後來我聽杜經國教授說,是饒公覺得當時潮汕地區已經分為汕頭、潮州和揭陽三個地級市(1991年底),"潮州"的歷史概念和當今的行政區域概念有大小之分,怕有誤會;叫"潮學"正好避免了"潮州"作為新的行政地域名稱而可能造成的誤會。另一種原因是說,作為雜誌的名稱,四個字比五個字好。當時作為汕頭大學潮汕文化研究中心骨幹的黃挺教授告訴我,討論刊名的時候還談到另外一個理由,就是"徽州學"也簡稱"徽學",可以仿效。於是,饒公親自題簽,把雜誌定名為《潮學研究》。但"潮州學"之稱,還同時繼續使用,杜經國教授在《潮學研究》的《發刊詞》中尚稱:"我們期望,在各方面的大力支持下,《潮學研究》能辦出自己的特色,為潮州學的建設作出應有的貢獻。"

"潮學"一詞的在學術會議中使用,是從1997年底開始的。當時,第二屆潮州學國際研討會在汕頭大學召開,會議籌委會就會議名稱是沿繼首屆,稱"潮州學國際研討會"還是改稱"潮學國際研討會"這個問題作了認真的討論,最後確定改稱,並徵得了饒宗頤教授的同意。此後,1999年10月28—31日,第三屆會議在韓山師範學院舉辦,也沿"潮學"之稱。但2001年,第四屆研討會在香港中文大學召開,又稱"潮州學國際研討會"。從第五屆開始,"潮學國際研討會"之稱,便固定下來至今。

筆者認為,從"潮州學"到"潮學",雖只一字之省,但卻反映了專家學者們對"潮學"這個概念的性質、內涵及外延認識的逐步深入。"潮州學"中之"潮州"雖是個歷史地域概念,而不是今天的行政區域概念,可以泛指潮汕地區,一定時期還包含現在的客家地區某些部分,饒宗頤教授指出:"在清雍正十年嘉應直隸州未設立以前,整個梅州原是潮州地區所屬的程鄉(後來分出鎮平、平遠),長期受到潮州的統轄。說客家話的大埔、豐順二縣亦屬潮州所管,至近時方才割出。所以研究雍正以前的潮州歷史,梅州、大埔都應該包括在內,這說明客家學根本是潮州學內涵的一部分,不容加以分割的。"[13] 如至今叫得很響的"潮州菜"、"潮州人"、"潮州話"、"潮州音樂"等,都是大概念的"潮州"。但在現在,"潮州"畢竟還是一個與當今的行政區域名,稱"潮州(市)"是同形歧義詞,容易使人發生誤解,尤其是對潮人歷史文化不甚瞭解的讀者。而"潮學"要研究的,是"廣義的潮汕文化的學問"[14],所以,還是用"潮學"好。

三、關於潮學研究的選題

潮學是一門涉及歷史學、語言文學、人類學、經濟學、社會學等現代學科門類的綜合性學科,範圍頗廣。如果從 1993 年饒宗頤教授真正豎起"饒學"大旗算起,潮學研究至今也有 20 餘年了。在這 20 多年裡,潮學研究在以上各個學科中做出了不小的成績。下面只談談潮學研究尚需繼續深入開展的一些選題問題,均屬個人淺見,旨在拋磚引玉。

潮學要研究的內容很豐富,因而,選取什麼題材,從什麼角度來研究,便是十分重要的。否則,便可能拾芝麻丟西瓜,精華沒人問津,而對一些普通的文化現象卻一炒再炒。

在選題方面,20 多年來,饒宗頤教授高屋建瓴的指導起了很關鍵的作用,現在已面世的不少成果,是在他的直接過問指導下做出來的,如《潮汕金石文徵》、《潮州詩粹》、《潮汕史稿》、《南澳島與海上絲路》等等。關於選題,饒公有過很精闢、對治潮學晚輩很有指導意義的論點:"潮州學的內涵,除潮人在經濟活動之成就與僑團在海外多年拓展的過程,為當然主要研究對象,其與國史有關涉需要突出作專題討論,如潮瓷之出產及外銷、海疆之史事、潮州之南明史等之論題……"[15]其中,猶以"與國史有關涉"這一點尤為重要。

潮人文化是中華文化的一個小小分支,不把潮人文化的研究置於中華文化的背景之下,只對自己區域內的一些文化現象津津樂道,那只是井蛙之噪,成不了氣候。有的人甚至分不清方言詞與現代漢語詞彙的關係,就把共同語的詞語作為方言詞來"研究"並大做文章。有的人則把中華民族的共同風俗,如賽龍舟過春節等也當作特殊的潮汕風俗來研究,這就更是"瞎子點燈白費燭了"。我們認為只有把潮人文化置於大中華文化圈之中,與其緊密聯繫起來研究,才有可能做出超越潮汕、超越潮人文化、對中華文化研究有所裨益的成果來。"與此同時,還必須開展與閩南文化、客家文化、廣府文化的比較研究,探討彼此的異同及其原因,以增加對潮汕文化總體特徵的理解。還需要把握秦漢以後與中原主體文化的聯繫及近代以來中西文化的碰撞在這裡的影響。"[16]這樣才能從比較中搞清楚潮人文化的特色及其成因。

竊以為,到目前為止,潮學研究最為薄弱的環節,或曰還有待深入研究的是潮人文化在海外的傳承及其與所在國文化的交流、融合和流變方面。"潮州族群是近代中國人往海外移居的重要一系,他們的移民成為東南亞各國人口構成的重要部分,他們無論在政治上或經濟上都有卓越貢獻,獨樹一幟。他們在經貿上的成就,有目共睹,他們的文化藝術不但在中國本土是朵奇葩,在國外也都能跟著潮州族群四處綻放異彩。"[17]我們以往的研究,多數是在海外潮團、海外潮人對家鄉的貢獻方面,而關於潮人文化與海洋文化的交融和碰撞及其所產生的流變的文章,研究的人太少,或者只是淺嘗輒止,深入不夠。當然,這可能是客觀原因使然。例如,潮汕方言在東南亞的流播及其現狀的研究,絕對是個世界性的絕好課題,但要對其進行調查研究,除要求研究者精通漢語方言的調查和研究之方法外,還要求研究者要粗通英語、馬來語、泰語、印尼語等。又如關於僑批的搜集和研究,我們多著眼於"番批",就是從"番畔"(外國)寄回潮汕原鄉的"批",卻很少注意"唐山批"(從潮汕原鄉寄到海外的"批")。當然,最大的客觀原因還可能是人力、財力和時間的問題,因為田野工作需要耗費大量的財力和人力成本。類似的這種課題,希望能由東南亞各國的學者與中國的研究者攜手合作來完成。我曾經在澳大利亞的世界潮團聯誼會的"潮汕文化與社會發展"學術論壇上作過《潮學的一半在海外》的專題演講,後來在華南師範大學召開的"嶺南文化與嶺南學國際學術研討會"上,我又補充了材料,作了《潮學研究的另一半:潮汕文化在海外的傳播和變異》的報告,強調潮學研究要"走出去"才能有大的作為、大的影響。

第二個方面,是對潮汕名人的研究。"文化名人是一個地區文化是否發達乃至水平高低的重要標誌。"[18]潮人文化實際上就是"潮人文化",對潮人精英的研究,能使我們對在潮人文化的環境中哺育成長起來的潮人有一個清楚的瞭解。反過來,它能讓我們去更深刻地認識潮人文化。黃讚發先生的《潮汕先民與先賢》(汕頭大學出版社2000年)等研究先賢的著作,在這方面作了有益的嘗試,很值得稱道。我們還組織過翁萬達、丘逢甲、饒宗頤、陳偉南等名人研究的專題學術研討會,但還遠遠不夠。且不論古代的"前八賢"、"後七賢",現當代的溫丹銘、黃際遇、杜國庠、張競生、許滌新、蔡楚生、洪靈菲、馮鏗、秦牧、李新魁、陳弼臣、謝惠如,還有健在的饒宗頤、李嘉誠、陳偉南、謝國民、邱成桐、陳平原、馬化騰等等,每一位都值得我們去研究。潮人中之富商巨賈、碩學大儒,可以通謂之"潮商"、"潮儒",是潮人文化之精華,他們中的每一位都是世界級或國家級的名人,可謂群星閃爍,是潮人文化中最光豔奪目的標誌,李嘉誠先生、饒宗頤先生可謂巔峰巨人,是潮汕名人中之"雙子星座"。關於李嘉誠先生的經商之道、致富之術的編撰之作充斥坊間書肆;饒宗頤教授的書畫藝術作品集及其研究的著作也為數不少,但真正以人為本體來作深入研究他們的成果則如鳳毛麟角。究其原因,不是大家不研究,而是因為人是最複雜的、最難研究的對象。近年來,散見的潮商研究論文不少,專門的著作則有黃挺教授的《潮商文化》和隗芾教授的《潮商學引論》等[19]。李聞海、陳平原等有識之士也奔走呼籲,倡建潮商學[20]。希望今後有有志之士出現,擔此重任,為我潮人爭光。

而潮商和潮儒作為舉世聞名的特殊群體,帶有明顯的潮人的共同特質。創造了水稻畝產千斤縣、頓谷縣的潮汕農藝師群體,創造了著名的潮州木雕、潮州刺繡、潮州陶瓷、潮州手拉壺的工匠大師群體,以柔婉賢惠、秀外慧中的特質而在海內外享有很高聲譽的"潮汕姿娘"(女人),都有待我們去做深入的研究,以解構潮人文化性格上的特殊DNA結構。

潮學要研究的,簡單地說就是"涉潮"的方方面面,上面只是舉最重要的兩個方面來說,不及其餘。掛一漏萬,敬請方家補正。

注　釋:

[1]　參閱蔡起賢《"潮州學派"的形成及其影響》,載《缶庵論潮文集》,廣東人民出版社1995年。
[2]　饒宗頤:《潮人文化的傳統和發揚》,載《國際潮訊》第11期第5頁,1990年。
[3]　參閱郭偉川《饒宗頤教授與潮學》,載《饒學與潮學研究論集》,藝苑出版社2001年。
[4]　轉引自李衍平《論饒宗頤對潮學的貢獻》,見http://www.chaorenwang.com,潮人網。
[5]　載《潮學研究》創刊號第1頁,汕頭大學出版社1994年。
[6]　詹文載:《嶺南文史》2007年第2期,陳文載《饒宗頤研究》第1輯,暨南大學出版社2011年。
[7]　蔡鴻生:《關於"海濱鄒魯"的反思》,載《潮學研究》第1輯,汕頭大學出版社1994年。
[8]　黃挺:《潮學研究·編後語》(新版),2010年新1卷第1期。
[9]　轉引自李衍平《論饒宗頤對潮學的貢獻》,見http://www.chaorenwang.com,潮人網。

[10] 饒、杜、隗的文章均載《潮州學國際研討會論文集》，暨南大學出版社 1994 年。
[11] 見《潮州學國際研討會論文集》第 16 頁。
[12] 李衍平：《論饒宗頤對潮學的貢獻》，見 http://www.chaorenwang.com，潮人網。
[13] 饒宗頤：《潮州學在中國文化史上的地位——何以要建立"潮州學"》，載《潮學研究》創刊號第 1 頁，汕頭大學出版社 1994 年。
[14] 饒宗頤：《潮州學在中國文化史上的重要性》，載《潮州學國際研討會論文集》第 16 頁。
[15] 饒宗頤：《潮州學在中國文化史上的重要性》，載《潮州學國際研討會論文集》第 12 頁。
[16] 見杜經國《潮州學建設芻議》，載《潮州學國際研討會論文集》第 15 頁。
[17] 香港中文大學副校長金耀基博士：《"首屆潮州學國際研討會"歡迎辭》，載《潮州學國際研討會論文集》第 2 頁。
[18] 杜經國：《潮州學建設芻議》，載《潮州學國際研討會論文集》第 14 頁。
[19] 黃挺：《潮商文化》，華文出版社 2008 年；隗芾《潮商學引論》，硯峰文化出版社 2016 年。
[20] 李琦：《潮商學引發商界學界關注共鳴》，見 http://www.chaoshang.net/cn/news/150.htm（潮商網）。

（作者單位：廣州市 廣東技術師範學院）

從幽默到沉默
——選堂先生諧趣散記

陳偉武

　　選堂饒宗頤先生有大智慧，有大學問，有大才情，論者如林，文心、詩心、童心、琴心均有專評。不賢識小，筆者僅想就選堂先生機鋒妙趣一面，擷取文趣、詩趣、書趣、畫趣、事趣數事，敷衍成文，以為韓山師院饒公百歲華誕慶典助興。

　　饒公著書立說，偶觸機鋒，暗含詼諧，涉筆成趣。例如，《說糢䎦、糢糊、模糊、瞀胡》一文為俗字源考釋之作，以杜甫《送蔡希魯都尉還隴右，寄高三十五書記（適）》詩的多種刻本異文為例，結合蘇軾《石鼓歌》及清人方貞觀法書真跡，論證現代熟語"模糊"原當作"糢糊"，從而對《漢語大詞典》米部的"糢糊"條和木部的"模糊"條作了補正。並將此詞詞源溯至春秋，以為莒國人名"'瞀胡'當是'糢糊'的記音，疑古有是語，現在無人知道了"。"'模糊'應該是'糢糊'的借字，杜詩原有當作'糢'，完全沒有錯誤，不應妄指'糢'者為非。杜詩被刻成模糊，即其例證。'糢糊'、'糢䎦'、'模糊'，多少年來，人們都在糢糢糊糊之中……因草此文，予以澄清。"[1]饒公正本清源，考鏡"模糊"一詞書寫形式流變，我等習焉不察，"都在糢糢糊糊之中"而渾然不覺，讀文至此，當可會心一笑。

　　饒公《蟬居偶成三首·汪德邁新宅》詩："蟬聲長是多饒舌，還伴清泉細細流。"[2]"饒舌"猶言"長舌"，似無他意。而在《題吳在炎指畫展》一文結尾說："因君屬題數言，為論作畫難易之義，質之於君，勿笑余之饒舌也。"[3]《苕俊集·序》說："若岱嶺雖登，恨未興詠，齊魯青蔥，終古未了，以杜公詩在上頭，何敢饒舌耶！"[4]先生姓"饒"，故每好自稱"饒舌"也。其妙處與"頤解　選堂"[5]倒語即是"解頤"正同。

　　饒公大雅大俗，咳唾成珠，是為詩趣。20世紀80年代甲骨學界有"歷組卜辭"的論爭，中山大學教授韋戈（陳煒湛）先生借今證古，在一篇嚴肅的學術論文中記載了選堂先生的一段逸事。"關於卜辭中的異代同名問題，《年代》、《再論》等文的論證已相當詳盡，我只想借此機會，稍費筆墨，記下一則頗為有趣的異代同名實例。今秋在太原參加中國古文字研究會第四屆年會後，我陪同香港中文大學中國文化研究所的饒宗頤先生游大同，在華嚴寺見展出秘笈有清雍正版《金光明經》，其序文為'慈覺大師饒宗頤'所作，不禁相視大笑，歎為巧合。饒先生亦喜極，且謂《宋史·藝文志》著錄釋宗頤《勸孝文》一篇。饒先生乃於翌晨得詩一首以紀此事，詩曰：'失喜同名得二僧，秋風代馬事晨征。華嚴寺畔掛瓢去，前生應是寫經生。'幽默風趣已極。同是

'宗頤'，一為《宋史·藝文志》著錄之《勸孝文》作者，一為清雍正版《金光明經》序文作者慈覺大師，還有一位則是古文字學界朋友都熟悉的饒宗頤教授，《殷代貞卜人物通考》的作者。倘若後人不明其間區別，將此三人混為一談，把饒先生視為宋釋或清僧，豈不謬誤之極？以今例古，則商代武丁時有婦好、望乘，並不排斥武乙、文丁時亦有一個婦好、望乘也。"[6]異代同名之事，饒公在《宗頤名說》一文亦有記述："初，余於法京展讀北魏皇興《金光明經寫卷》，曾著文論之。八一年秋，遊太原，夜夢有人相告。不久，陟恒岳，於大同華嚴寺睹龍藏本是經，赫然見其卷首序題'元豐四年三月十二日真定府十方洪濟禪院住持傳法慈覺大師宗頤述'。又於《百丈清規》卷八見有'崇寧二年真定府宗頤序'。元普度編《廬山蓮宗寶鑒》（卷四）內慈覺禪師字作宗頤。元祐中，住長蘆寺，迎母於方丈東室製《勸孝文》，列一百二十位。曩年檢《宋史·藝文志》，有釋宗頤著《勸孝文》，至是知其為一人，以彼與余名之偶同，因鐫一印，曰'十方真定是前身'。"[7]可與韋戈教授之文互參。

後來饒公編訂《苞俊集》，錄此詩題為：《大同華嚴寺展出秘笈有雍正本〈金光明經〉，前為宋慈覺大師宗頤序文，記〈宋史·藝文志〉著錄僧宗頤〈勸孝文〉，深喜名與之同，或有宿緣，因而賦此》，詩云："同名失喜得名僧，代馬秋風事遠征。托缽華嚴寶寺畔，何如安化說無生。"[8]與韋戈先生所記異文，當以《苞俊集》為準。依筆者推測，韋戈先生所錄應是饒公"詩草"，"慈覺大師饒宗頤"之"饒"字當是饒出衍文。饒公原以為"慈覺大師宗頤"為兩人，後知所謂宋釋清僧實為一人，於是改訂了原詩。

《食東坡肉，三次前韻》："茗搜文字腸枯槁，一見肥甘甘拜倒。海南所欠花豬肉，有詩可證公煩惱。豈真見卵求時夜，但覺思蓴計過早。無端人瘦肉偏肥，玉環那及張好好。一啄已令口腹充，再吞難令興不掃。幾輩屢冒先生名，麴米攤香與娛老。不見林婆壓酒來，藕絲淌胃殊草草。且語西鄰翟秀才，題詩為公訴蒼昊。"[9]前韻是指"坡老昊字韻"。此詩讀了，肯定絕倒。

《羈旅集》錄有一詩，題為：《詩成後二日，與畫師蕭三同游梅窩銀礦潭，竹樹荒翳，澗水清淺。余笑語：梅窩無梅，須君寫桃下種矣！歸途口占，戲為此詩，三疊前韻》。詩長不俱錄，末四句是："無梅偏與黃昏近，童山其奈濯濯何。不如蕭八乞桃種，筆端應有神來呵。"[10]

饒公寫夜讀梵經："梵經滿紙多禎怪，梵音棘口譬癬疥。攤書十目始一行，古賢糟魄神良快。"[11]梵文艱深，詰屈聱牙，梵經難啃，卻是精神食糧，讀起來確實既"痛"且"快"。

尋常小事，饒公隨意點染，旋即妙趣橫生，是為畫趣。十六應真畫有一幀畫一僧祖衣用"不求人"在搔背，題記說："上些不是，下些不是，搔著恰當處惟有自知。"[12]禪趣十足。所謂"恰當處"就是癢處，就是關鍵處，喫緊處。饒公說過，自己平生好寫劄記，短劄往往有"小中見大"的深意，"我的這些短文，敢自詡有點'隨事而變化'，抓問題偶爾亦可能會搔到癢處。"[13]"隨事而變化"本是元代文學家吳萊的話，饒先生十分欣賞，平素研究問題，目光如炬，善於"搔到癢處"，就是善於抓要害，解決關鍵問題。

饒公曾經與汪德邁教授連袂同行考察印度文化，有詩有畫記錄同一趣事，《題印度伽利洞涉水圖》云："冒雨遊印度伽利洞，汪德邁背余涉水數重，笑謂同登彼岸。辛巳，選堂憶寫。"[14]原嘗有詩記其事，詩題云："《冒雨遊伽利（karlī）佛洞，汪德邁背余涉水數重，笑謂同登彼岸，詩以記之。用東坡白水韻》"[15]。以雨景親歷趣事套用佛典，亦詩亦畫，畫有長跋，令人印象深刻。

饒公的論著多次提到"神趣"、"理趣"。例如，饒公說："六朝人講神趣。《廬山道人詩序》稱：'其為神趣，豈山水而已哉？'即說山水物色之外，更有令人細味回環之處。這是'理趣'。

'理趣'是山水詩的提升，能供人細細玩味。"[16] "所以詩在說理時還得有趣味，純理則質木，得趣則有韻致；否則不受人歡迎。理上加趣，成為最節省的藝術手法。"[17] 又："如果詩完全不使用典故，則不易生動，因典故可以增加趣味。"[18]

饒公舉手投足，天真浪漫，是為事趣。1980年11月，曾經法師陪同饒公至湖北省博物館參觀，"看到展品中有曾侯乙墓出土衣箱漆書20個字的摹本，盡是古文奇字，尚無釋文，不明句讀。譚維泗館長請為試釋。先生經過一番琢磨，終於寫出：'民祀佳坊（房），日辰於維，興歲之四（駟），所尚若陳，經天嘗（常）和' 20個字。"釋文中"日辰於維，興歲之四（駟）"兩句末字合起來適與譚館長的大名偶然諧音，相隔兩千多年，煞是有趣。曾師《選堂訪古留影與饒學管窺》一書[19]有專門記述，讀者自可參看。

饒公詩文書畫作品時稱"墨謔"、"戲題"，如"歷年墨謔，略見端倪"[20]。"'墨謔'的情趣"[21]。詩云："善戲謔兮，不為虐兮。"（《衛風·淇奧》）1981年饒公與韋戈先生游大同，有火車從頭上開過，饒公笑稱無端受胯下之辱。饒公說過："第二屆國際客家學研討會開幕，主席要我說幾句話，我是不敢當的。我的先代從三河壩遷來潮州，到我已是十三世，早已數典忘祖，連客家話都不會說了。"[22] "數典忘祖"，自責甚厲，正如今天所說的"自黑"，"自黑"不黑。

《史記》有《滑稽列傳》，《世說新語》有《排調》篇，這些都是中國文學史上的幽默元素。至如憂國憂民的杜子美，也並非一路呼天搶地。居夔州時留下了許多輝煌詩篇，饒公《論杜甫夔州詩》一文指出，此時老杜詩體多有創格，如"俳諧體"即是，《戲作俳諧體遣悶》二首五律其中頗用俗語。俗語自然多了鮮活詼諧的成分。饒公云："如'家家養烏鬼，頓頓食黃魚'，'於菟侵客恨，粔籹作人情'之句。'頓頓'、'作人情'皆俚俗之言，杜不之薄而驅遣自如。此體後人亦多仿效之。如李義山之《異俗》是也。《蔡寬夫詩話》以為'文章變態，固亡窮盡，高下工拙，各繫其人'。信然。"[23]

1999年，筆者應邀赴香港中文大學隨饒宗頤先生從事"戰國楚系史料繫年"課題合作研究，9月6日曾在香港中華文化促進會作過公開講演，題目是"出土戰國秦漢文獻中的格言資料"，講演會由饒先生主持。當天講演結束即是離港的截止日期，我把隨身行李帶到了會場，其中有為姪女陳納新買的一隻藤製馬狀搖椅，饒公見藤馬可愛，還坐上作策馬馳驟狀搖了一番，把在場的人都逗樂了。有打油詩為證："千金買馬馬鞍山，牽惹行人笑笑看。白髮選翁飛騎上，翩翩神采似童年。"

現代學術發展，條塊分割，畫地為牢，學科愈分愈細，不叫魚蝦蟹，叫做"水生經濟動物"，連普普通通的"尿尿"之事，也有"尿流動力學"。世俗多喜稱這"家"那"家"，饒公學如汪洋恣肆，"十項全能冠軍"，卻自稱"無家可歸"。

饒先生雅人深致，而大雅大俗，常出人意表，則非天性、才調和學養莫能為。選堂先生的幽默真是"饒有風趣"，只是在下不好再饒舌了。

2014年在香港浸會大學參加饒宗頤先生國際學術研討會，開幕式上，饒先生由其女公子清芬女士推著輪椅款款而來，向與會學者拱手致意，只是一句話也沒講，我雖然心裡很遺憾，而又十分理解。"雄辯是銀，沉默是金。"衷心祝願饒公萬壽萬福！

附記：小文初稿曾於"海絲·陶瓷國際論壇暨饒宗頤教授百歲華誕慶典"宣讀（韓山師範學院2015年10月27—28日），本欲刊於林倫倫校長主編的《饒學研究》，因修訂延宕而成了漏網之魚，改投《華學》，謹對林校長表示歉意和謝意。

2015 年 10 月 26 日初稿
2017 年 1 月 20 日改訂

注　釋：

[1]　《明報月刊》（香港）第三十二卷第十二期，第 82—83 頁，1997 年 12 月。

[2]　《蟬居偶成三首，汪德邁新宅》詩，《西海集》，《饒宗頤二十世紀學術文集》卷十四"文錄、詩詞"，臺北：新文豐出版股份有限公司，2003 年，第 386 頁，下稱《文集》。

[3]　《文集》卷十四"文錄、詩詞"，第 135 頁。

[4]　《文集》卷十四"文錄、詩詞"，第 660 頁。

[5]　陳韓曦編：《梨俱預流果——解讀饒宗頤》，廣州：廣東高等教育出版社 2006 年，第 95 頁。

[6]　陳煒湛：《"歷組卜辭"的討論與甲骨斷代研究》，見《甲骨文論集》，上海：上海古籍出版社 2003 年，第 93 頁，原載文化部文物局古文獻研究室編《出土文獻研究》，北京：文物出版社 1985 年。

[7]　《文集》卷十四"文錄、詩詞"，第 165 頁。

[8]　《文集》卷十四"文錄、詩詞"，第 673—674 頁。

[9]　《苞俊集》，《文集》卷十四"文錄、詩詞"，第 676 頁。

[10]　《文集》卷十四"文錄、詩詞"，第 428—429 頁。

[11]　《Bhandarkar 研究所客館夜讀梵經。次東坡獨覺韻》，《佛國集》，《文集》卷十四"文錄、詩詞"，第 351 頁。

[12]　《選堂書畫——饒宗頤八十回顧展》，香港大學美術博物館，1996 年，第 56 頁。

[13]　《選堂散文集·小引》，《文集》卷十四"文錄、詩詞"，第 197 頁。

[14]　饒宗頤著，鄭會欣編：《選堂題跋集》，北京：中華書局，2006 年，第 309 頁。

[15]　《文集》卷十四"文錄、詩詞"，第 351 頁。

[16]　《談中國詩的情景與理趣》，見《文集》卷十二"詩詞學"，第 175 頁。

[17]　同上。

[18]　《文集》卷十二"詩詞學"，第 176 頁。

[19]　廣州：花城出版社 2013 年。

[20]　《選堂書畫——饒宗頤八十回顧展·小引》，第 8 頁。

[21]　《梨俱預流果》，第 219 頁。

[22]　《潮、客之間》，《選堂散文集》，《文集》卷十四，第 257 頁。

[23]　《文集》卷十二"詩詞學"，第 110 頁。

（作者單位：廣州中山大學中文系）

饒宗頤先生早期書法初探

李啟彬

圖1　蓴園對聯

饒宗頤先生以學術名天下，博古通今，著作等身，允稱一代泰斗。其書法如其治學，打破學科之界限，雜糅百家，加之深厚之學養和高深之境界，自成一家之面目。但因饒公學術之聲名享譽中外，書法自古又為"文章之餘事"，故其書法之成就往往為學術所掩蓋。饒公自髫齡時開始習書，由於年代久遠，早期傳世作品極少，屈指可數。作品數量雖少，卻極為珍貴，乃饒公當年習書歷程和風格之體現。對於饒公早期書法，今尚少有文章述及，本文即以饒公從髫齡習書，至1949年移居香港作為界限，通過對數幅早期傳世作品進行分析，試圖追源溯流，探索饒公早年習書之歷程和書法之特點，以及早期書風對後期書風形成之影響。

一、早期習書之歷程

饒宗頤先生自幼天資聰穎，慧根早植。其早年習書歷程和傳統習書者相似，皆受父輩啟蒙，從傳統之碑帖入手，經歷了"師古人"之過程。其《自臨碑帖五種後記》中提到：

余髫齡習書，從大字麻姑仙壇入手，父執蔡夢香先生，命參學魏碑。於張猛龍、爨龍顏寫數十遍，故略窺北碑塗徑。歐陽率更尤所酷嗜。復學鍾王。[1]

從此則珍貴之材料可以看出饒公從髫齡時即已開始學習書法，先從唐楷入門，取法顏真卿《麻姑仙壇記》。現饒公潮州故居"蓴園"中之"畫中游"所存對聯"山不在高，洞宜深，石宜怪；園須脫俗，樹欲古，竹欲疏"（圖1），便是饒公當年十二歲時之手跡，也是饒公現存最早之書法作品。此聯以唐楷寫就，結體近顏魯公，而筆法又帶有柳誠懸之筆意，於森嚴中略帶靈動，尤為難得。因此，學習唐楷為饒公早年習書之第一階段。

繼而，饒公又受父執蔡夢香先生指導，參學魏碑，多次臨寫《張猛龍碑》和《爨龍顏碑》。蔡氏是當時潮州城之書法名家，"夙研法書，自擘窠小楷，波磔點畫靡不殫究，若有神鬼役其指臂，而執筆之法屢易"[2]。造詣如此高深之老師，對饒公早年習書之影響不可謂不深，參學北碑也成為饒公習書歷程之重要轉折點。唐楷在書史上，堪稱極則，用筆規範，結體森嚴，習書者入帖難，出帖更難；而魏碑因其風格古拙樸茂，筆劃老辣蒼勁，最能體現碑學之韻味，也深受諸多書家之青睞。故饒公轉學魏碑，其實也在書法道路上邁出了至為關鍵重要之一步，此為饒公早年習書之第二階段。

圖2　饒宗頤致羅香林書

接著，饒公對於歐陽率更之書法尤為嗜愛，又學習鍾太傅和王右軍之書法。當時饒公家中富收藏，名書法帖為數不少，曾藏有鄭潤《吾心堂臨古帖》。此帖之原石乃饒公之尊翁饒鍔先生當年以十金所易得。鄭潤，字雨亭，工書畫，名聞海陽，與清代金石家翁方綱交遊，曾刊刻《吾心堂臨古帖》。《臨古帖》包含了臨鍾太傅之《宣示表》，"二王"之《蘭亭序》、《樂毅論》、《曹娥碑》、《洛神賦十三行》，褚河南《述聖教序記》、《聖教序》，及蘇東坡《詞》、米南宮《行書》、朱元晦《畫寒亭詩》之作。皆千古之名帖，法書之菁華。其中鍾太傅和"二王"之作品在《臨古帖》中也占極大之比例。饒公在學習北碑之後再轉學魏晉之鍾太傅和"二王"，其實也是從碑學向帖學之回歸，使其在書法上能夠碑帖相濟，不尊碑抑帖，也不尊帖抑碑，此為饒公早年習書之第三階段。此時期之作品，如饒公於1938年致時任廣東省立中山圖書館館長羅香林先生之信函（圖2）：

香林先生史席：兩荷枉過，失迓為歉。尊藏各件，近再託友人設法找出手，因尚未得具體答覆，故遲未奉報。承開李唐王淵等畫軸，有友欲索觀，便請帶下為荷。專此，敬頌時綏。弟宗頤再拜，十二日。

坐月奉寄羅香林先生羊石

霜風顛蕩魂，羸月峭夏骨。怵晞三月火，怯對一庭雪。哀雁愁邊鄙，鳴雞警市卒。南裔傳飛旐，吾子何滯粵。勢壓當遠邁，塗危莫簡忽。悠悠眷蛇車，蕩蕩思鸞筏。翔翩仰心懍，殷雷俛身蹶。梅嶺非夷隩，扶桑亦隮突。淨土孰可求，厚地將安窟。誰謂四海寬，坐傷孤客瘁。曩日朱明飲，念之遂如沒。胡塵正浩蕩，兵馬不可歇。良晤儻有諧，我當訊皓月。[3]

饒宗頤初稿

此作品為饒公少作，乃以行書寫成，書風飄逸靈動，盡顯"二王"韻味和宋元尺牘之逸意，一露饒公青年時之學識與胸襟。饒公當時年雖弱冠，但其書法筆力蒼勁，氣韻高古，作品非但沒

有年輕之稚氣，反而有年長老成之感。再如信函後面所附之《坐月奉寄羅香林先生羊石》（圖3）詩，全文之書法體勢修長，骨力遒勁，取法於歐陽率更《仲尼夢奠帖》，而較之率更帖，更別具蒼勁古拙之感。

饒公在《論書十要》第四點中提到："險中求平。學書先求平直。復追險絕，最後人書俱老，再歸平正。"[4]再觀饒公早年之習書經歷，無不與此語相似。先從"平直"之唐楷入手，再轉向"險絕"之北碑，此即為"先求平直，復追險絕"之過程。

二、早期書法之風格

饒公早年習書，遍臨碑帖，融會貫通。碑學者，如《爨龍顏》、《張猛龍》；帖學者，如鍾太傅、"二王"。縱觀饒公早年習書之脈絡，不難發現，其書法之取法實際上跨越了碑學和帖學兩大領域。而傳統之習書者往往拘於某體某帖，能有意識且有能力於碑學和帖學之間縱橫自如者，尤為少數。因此，饒公早年書法之特點即為"碑帖相濟"。饒公後來在《論書十要》第三點中提到："二王、二爨，可相資為用，入手最宜。"[5]在書史上，"二王"可作為帖學之代表，而"二爨"則可以作為碑學之代表。饒公主張"二王"和"二爨"相資為用，則是其書法實踐和理論相結合之體現，也可再次印證饒公早期書法有"碑帖相濟"之特點。在饒公現存之早期書法作品中，碑學、帖學、碑帖相濟三種風格之作品皆有之。帖學風格之作品，則當如尺牘、信函、扇面諸作。如1943年饒公隨無錫國專內遷至廣西桂林，曾登磐石山，並賦有《登磐石山同巨贊上人》（圖4）一詩，詩曰：

亭亭磐石山，媧皇昔所捐。其下臨清流，獨立得天全。斬新日月明，特地出坤乾。偉哉南方強，曾經百鍊堅。仰攀若頂天，我意欲無前。俯視萬人家，原疇何田田。佳節近重陽，吹帽秋風顛。清談心無義，獨喜僧皎然。二年客桂東，與山久結緣。

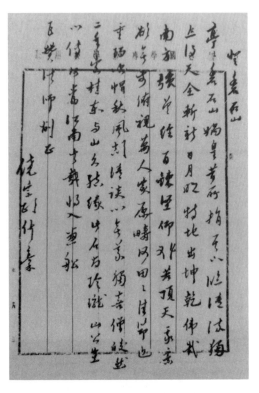

圖3　坐月奉寄羅香林先生羊石詩

圖4　登磐石山同巨贊上人詩

此石尚玲瓏，山公所心傳。何當江南去，載將入畫船。[6]

此詩帖之書法清新飄逸，不落俗套，意在行草之間。再如饒公在 1946 年至 1949 年擔任《潮州志》總纂期間，曾因纂務留有部分稿件，稿件用當時潮州修志館專用信箋寫成。其中有一稿文（圖5）為：

宦績擬目中下列諸人欲請梅老執筆補撰者
劉汝翱　李侍堯　彭鵬　楊文乾
張　銧　張聯桂　曾紀渠　魏科祥
薛信辰　李鍾麟　胡　恂　周鳴鑾
姚頤壽　趙勉周
封爵表也請專主其事……

此稿全以小楷寫成，清新脫俗，有魏晉鍾王之風，雖為平時信手拈來之作，但極能見其功力，於不經意間將作者之才情、涵養、胸襟，表露得淋漓盡致，達到"無意於佳乃佳"之境界。再如此時期饒公為友人所作之扇面（圖6）：

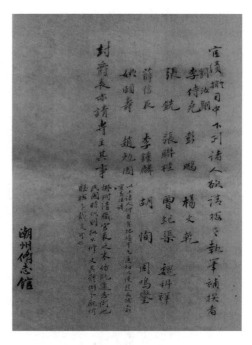

圖5　潮州修志館稿件

圖6　自書扇面冊

從來任事之人，須帶幾分愚，方克有濟，利實當前，知者巧於回避，非愚孰肯身入其中，而意不懾，色不沮，此狄梁公所以不可及也。書孫夏峰語，幼呆兄雅屬。丙戌秋，弟宗頤。[7]

此扇面格調高古，典雅飄逸，既有魏晉風流，又有宋元逸意，堪稱早年書法之佳作。
而此時期碑帖相濟之作品，則當如饒公於 1948 年 10 月為潮商方繼仁先生所寫之《繼志亭志》（圖7），此作品碑帖相濟，以魏碑《鄭文公碑》為基礎，而雜以行書筆法，將渾厚之金石氣和飄逸之書卷氣合二為一，穩重而不失靈動，婉轉而凸顯大氣。此作品也可作饒公早期書法"碑帖相濟"的特點之最好體現。

圖7　繼志亭志

從以上數例，可見饒公在碑學和帖學兩方面打下堅實之基礎後，融會貫通，最後形成了"碑帖相濟"的早期風格。後來饒公在《論書十要》第八點中提到：

  新出土秦漢簡帛諸書，奇古悉如椎畫，且皆是筆墨原狀，無碑刻斷爛、臃腫之失，最堪師法。觸類旁通，無數新蹊徑，正待吾人之開拓也。[8]

此段書論是饒公繼"碑帖相濟"的書風之後，又提出之新理論。即習書者將新出土之材料，運用於書法之中，觸類旁通，可以開啟無數新之書法道路。此理論也成為饒公後來書法創作之指導思想，即除了傳統碑帖之外，又將新出土之甲骨、鐘鼎、竹簡、木牘、帛書等材料，悉數納入筆端，開闢了嶄新之書法面貌和境界，一新天下耳目。

三、早期書風形成之原因

饒公早年經過長期之實踐和感悟之後，書法作品最終形成"碑帖相濟"之風格。形成此風格之原因大概有以下數點：

1. 個人因素

饒公早年浸淫文史，又極其留意散佈於民間之碑碣石刻，對於金石學情有獨鍾，曾輯錄《廣濟橋志》、《韓山志》、《金山志》等著作。如饒公於1936年所輯錄之《廣濟橋志》中第四部分，收集了歷代關於廣濟橋的碑刻，共十一方，如《修造廣濟橋碑記》、《重建寧波寺碑記》、《重修韓公祠廣濟橋碑》等等。饒公輯錄這些碑刻，不僅為鄉邦保留了大量文獻，而且也保留了地方金石學之珍貴資料。除了研究碑刻上之史料外，饒公還非常注重碑刻之書法價值。如在《廣濟橋志》序言中談到："舊時碑碣，多為地志所失載，若王源手書'廣濟橋'三大字，字大如斗，體勢近夏承碑，今已無存。"[9]即點明了"廣濟橋"三字之書法風格。再據饒公《〈韓山志〉自序》：

  予閒居多暇，稍事蒐括，輒用刺陳編，訪遺耆，搜殘碣於廢宇，攬奇跡於窮谷，采輯撰記，星紀一周，居然成卷。[10]

更可看出饒公早年對於鄉邦史料之看重和用心。其對鄉邦史料眷念之情正與其尊翁饒鍔先生輯《西湖山志》、《潮州藝文志》之初衷如出一轍。因此，饒公早年收集碑碣資料，不僅體現其對鄉邦史料之重視，同時從側面也可看出其對金石學和書法之關注，此經歷對其早期書風之形成也有一定影響。

2. 父輩因素

饒公成長之年代正處於民國初年，此時科舉制度雖然已經廢除，但是科舉對於讀書人之影響尚未消除，最明顯則體現於書法方面。在科舉時代，書法乃作為衡量舉子水準之一大因素。自明清以後，於科場上逐漸興起有"歐底趙面"特點之館閣體，此字體也作為科舉考試之標準字體。故讀書人要練好館閣體，便須先從唐楷入門。饒公其長輩在此之前莫不受傳統書法主流之影響。

因此，饒公在書法入門時，受父輩啟蒙，走上傳統習書之道路，最先接觸之字體便是結體森嚴之唐楷。後在蔡夢香先生之指導下，才參學魏碑。

另外，饒公家中富收藏，自幼有此得天獨厚之學習條件，對於經典碑帖，正可親手摩挲，盡情臨摹。此正為他人所未能企及之處。饒公後來在《論書十要》第三點中提到："學書歷程，須由上而下。不從秦、漢、魏植基，則莫由渾厚。所謂'水之積也不厚，則負大舟也無力'。二王、二爨，可相資為用，入手最宜。若從唐人起步，則始終如矮人觀場矣。"[11]此處雖主張"從秦、漢、魏植基"，不主張"從唐人起步"，但這結論與饒公早年習書從唐楷入門並不相悖。因為饒公早年書法入門先習唐楷是在父輩之指導下進行，而《論書十要》這篇書法高論，則是饒公經過長期之書法實踐，形成自己之書法觀點和理論體系後，才發表於世。所以父輩之啟蒙對饒公早期書風之形成也產生影響，之後饒公經過不斷實踐和積累，逐步擺脫傳統書法觀點之束縛，最終形成自己之書法觀。

3. 社會因素

縱觀書史，自二王以降，主宰和左右書壇數千年者為法帖之學。至清中葉，金石考古之學大盛，趙之謙、鄧元白、何東洲、康南海異軍突起，碑學得以中興。到了清末民初之際，由於地下考古之發展，湧現出大量文物，客觀上也促進了金石學之快速發展。潮州雖處嶺東一隅，但在文化上，或多或少也受外界社會新思想之衝擊和影響，書法即是其中一例。在當時潮州，湧現出不少優秀之書法家，如蔡夢香、王顯詔、黃仲琴、詹祝南、佃介眉等等。這些書家與饒家皆有深厚之交誼，同饒鍔先生組成潮州進步之文人團體，時或雅聚，時或唱和，於書畫詩詞方面，有密切之交流。因此，少年饒公處於這樣濃厚之人文氛圍中，耳濡目染，獲益良多。另外，饒鍔先生在《鄭潤〈吾心堂臨古帖〉跋》中提到：

吾謂北碑之佳者：如《爨龍顏》之雄渾，《石門銘》之宕逸，《靈廟碑》之淵懿，《張猛龍》之奇峭，誠為千載絕作。然《蘭亭》、《醴泉》、《淳化》、《大觀》諸帖，其法度意態，變化萬狀，不可方物。學者果能於此中冥會鉤玄擷腴，則帖未始不與碑同也。[12]

在此段文字中，饒鍔先生對於碑學和帖學都給予了肯定和讚譽，同時對於帖學之振興寄予了厚望，從側面也可看出當時潮州乃至全國書壇之書風走向，即碑學比起帖學略占上風。而這種書壇主流風氣對於饒公早年形成"碑帖相濟"之書法風格，則有比較深刻之影響。

四、早期書風對後期書風之影響

1949年之後，饒公定居於香港，開始其學術生涯之新篇章。他雖然大量之精力和時間用於做學問，但對於書法之臨習創作，並未曾中斷放棄。其在《自臨碑帖五種後記》中言道：

中歲在法京見唐拓化度寺、溫泉銘、金剛經諸本，彌有所悟。枕饋既久，故於敦煌書法，妄有著論，所得至淺。嘗謂自大篆演為今隸，兩漢碑碣，實為橋樑。近百年來，地不愛寶，簡冊真跡，更能發人神智。清世以碑帖為二學。應合此為三，以成鼎足之局。治書學者，可不措意乎？[13]

据上述可知，饒公中年時到法國巴黎，見到歐陽率更的《化度寺碑》、唐太宗的《溫泉銘》、柳誠懸的《金剛經》諸多拓本，有所感悟。接著又點明近代出土文物甚多，應該與傳統的碑學和帖學三足鼎立，為治書學者指明了方向。

再觀饒公後期之書法，其作品善於將各種不同風格之書體進行糅合，以成一家之面目，可見這也是早期"碑帖相濟"風格之再次升華。如《遯世無悶，稽古自娛》四言聯（圖8），此聯乃饒公於乙酉年（2005年）創作之作品，合篆書和隸書兩種書體而為之，意在篆隸之間，與其他風格異趣。又如戊子年（2008年）所創作之《留得銘詞篆山石，相於仙侶集江亭》七言聯（圖9），此聯以《夏承碑》入《瘞鶴銘》而寫成。《夏承碑》為隸書名碑，《瘞鶴銘》又為楷書"大字之祖"，饒公將《夏承碑》之筆法融入到《瘞鶴銘》中，使書法既有漢隸之筆意，又有真書之體勢，別具一格。再如《振衣千仞崗，濯足萬里流》五言聯（圖10），此聯乃饒公於庚寅年（2010年）創作之作品，以敦煌漢簡參北碑之筆法而寫成。漢簡靈動灑脫，奇趣橫生；而北碑結體開張，渾厚古拙。此作品將兩種不同風格相糅合，並使之協調，直取高古之氣韻、雄奇之書勢。

饒公後期之書法能獨樹一幟，一為其早年書法功底扎實，有遍臨碑帖之經歷，使得其後期在書法創作上不拘一格、出入從容，即早期習書歷程對後期書風產生重要影響；二為其極為注重近代出土之文物，不僅重視其學術價值，而且也常常注重其書法價值，除了汲取傳統碑帖精華之外，也將往往為他人所忽略之銘文、簡牘、帛書等材料，納入書法作品中，打破書體、風格、材料之界限，相互糅合滲透，最終形成自身之面貌。

圖8　遯世稽古四言聯

圖9　留得相於七言聯

圖10　振衣濯足五言聯

五、小　結

　　饒宗頤先生之書法，集書卷味、金石味和禪味於一體，足以俯仰百代，邁越古今。其早年習書從唐楷入門，繼而參學魏碑，再轉學鍾王，打破了碑學和帖學之界限，最終形成"碑帖相濟"之風格，此風格之形成又與個人、父輩、社會等因素有關，這樣的習書歷程和書法風格對後期書法發揮了至關重要之作用。今饒公於書法能有如此之成就，正與早年遍臨碑帖、轉益多師之經歷息息相關。至晚年，饒公之書法更似入如來之境，從心所欲，早已登峰造極，返璞歸真。今欣逢饒公期頤上壽，南山作頌，北海為樽，謹撰拙文，以介眉壽。

注　釋：

[1]　饒宗頤：《自臨碑帖五種後記》，《饒宗頤二十世紀學術文集》卷十三，臺北：新文豐出版股份有限公司2003年，第131頁。

[2]　饒宗頤：《蔡夢香先生墓誌銘》，《饒宗頤二十世紀學術文集》卷十四，第190頁。

[3]　饒宗頤：《饒宗頤致羅香林書》，《羅香林論學書札》，廣州：廣東人民出版社2009年，第350—351頁。

[4]　饒宗頤：《論書十要》，《饒宗頤二十世紀學術文集》卷十三，第124頁。

[5]　饒宗頤：《論書十要》，《饒宗頤二十世紀學術文集》卷十三，第124頁。

[6]　饒宗頤：《登磐石山同巨贊上人》，《清暉集》，深圳：海天出版社2006年，第232頁。

[7]　饒宗頤：《自書扇面冊》，《饒宗頤藝術創作匯集》，香港：香港大學饒宗頤學術館，2006年，第2頁。

[8]　饒宗頤：《論書十要》，《饒宗頤二十世紀學術文集》卷十三，第124頁。

[9]　饒宗頤：《〈廣濟橋志〉序言》，《饒宗頤二十世紀學術文集》卷九，第6頁。

[10]　饒宗頤：《〈韓山志〉自序》，《饒宗頤二十世紀學術文集》卷九，第1135頁。

[11]　饒宗頤：《論書十要》，《饒宗頤二十世紀學術文集》卷十三，第124頁。

[12]　饒鍔：《〈吾心堂臨古帖〉跋》，《饒宗頤二十世紀學術文集》卷九，第545頁。

[13]　饒宗頤：《自臨碑帖五種後記》，《饒宗頤二十世紀學術文集》卷十三，第131頁。

（作者單位：中山大學饒宗頤研究院）

記商承祚先生給上海博物館的信

沈建華

　　1990年11月7日父親去世，在以后的日子裡，我一點點整理他生前多年積留下的一些友人往來書信及手稿，商老這封信便是其中之一。此信長達四頁，屬黃棉透紙，每頁長50公分，寬21公分，小楷書體，字體風格清新、秀麗、流暢，給人一種和諧整體的柔美，可視為一件不可多得的商老書法作品。

　　信的內容是對1964年上海美術出版社出版的《上海博物館藏青銅器》的書評。收到此信，家父極為重視，即按商老信上的意見，逐字逐條用鉛筆在該書注出修訂。或許他當時一時疏忽，沒有來及將信取出，但却有幸躲過了1966年"文革"運動多次抄家灾難。誰能相信五十二年前的信，就這樣靜靜地躺在該書內，完好無損奇跡般地保留下來，手奉前輩書翰，恍若時光倒流，不勝唏噓感慨萬千，每每讀之，猶如親聆商老教誨，向你娓娓道來。

　　衆所周知，1964年《上海博物館藏青銅器》一書的編纂，在當時中國物質匱乏的條件下，集上海博物館與社會力量，花了數年努力，挑選了最具有代表性的上博青銅器的藏品，書名為陳毅市長題簽，出版製作精良，受到海內外學者極大的歡迎和贊譽，此書剛出版，上博就贈送一部給商老，正如他在信中所言："此書內容，及編纂的方式、方法等等，幾無可致（置）喙，在印刷方面，可以說，十餘年來最精的一部青銅器的書，技術已超過國際水平。"（頁1）

　　此信全部文字大約有2千餘字，從前言到附冊文字，不難看到，商老對該書，幾乎是逐字逐句悉心梳理審閱，做了極為細緻的核校，有些是字形相近容易混淆的字，作者難以發現的錯誤，都沒有逃過商老犀利的眼睛，一一得到了商老的指正，試舉以下例子：

　　（1）五三圖釋文三行"速"，當為"遫"，即古、籀文之迹。遫、速聲符不同，不能相亂。

　　（2）又釋文五行 ![字] 的譯寫是不對的，其篆作 ![字]，■即"一"，不宜加上一筆，以無根據。

　　（3）（**按**：商老在信中對於金文中从己的字指出:）其从"巳"作者皆應从"己"，以"己"是這字的聲符，"巳"則不得其聲。己、巳兩字，甲骨文、金文界限分明，從不混淆使用。

類似的例子很多，詳見附圖照片。從這封信裡可以看到商老這一代大家嚴謹的治學風範，對我們後輩，無疑是一種最好精神教育。

我們都知道，商老是古文字學界最早一位接觸長沙子彈庫帛書，研究楚文字的大家，1964年就發表專論《戰國楚帛書述略》，可以說他的論著，對於研究楚文字起到了承上啓下的推進作用，代表了當時最高水平，備受海內外學者推崇。21世紀的今天，研究楚文字的隊伍蓬勃壯大，這與商老的推動楚文字研究，是分不開的，我們不能忘記這位楚文字研究的前輩開拓者。

我們還知道，商老是一位早期研究楚器的古器物學家。1938年在戰火連天的抗戰期間，商老日以繼夜，實地勘察，記録、臨摹、整理，苦心孤詣先後完成了著名的《長沙古物聞見記》（1938年由金陵大學中國文化研究所在成都木雕版刊印）和《長沙出土楚漆器圖録》（1955年上海出版公司初版，布面8開本）兩部大作，為搶救失散的楚器不遺餘力地進行考古圖録編輯。

在這封信中，商老參照當年對楚器整理時所獲得的認識，提出《上海博物館藏青銅器》九八圖録"染梧"中的"梧"字，應作"杯"字，並由此帶出漢代"染杯"一器的用途，建議作者對"染杯"作進一步說明（參見《長沙出土楚漆器圖録》）。由此看出，商老對上博這部書的珍愛如同己出，而將自己多年的研究心得，貢獻學界分享。

在這封信裡充分體現了商老對傳世、出土文獻以及商周以來古文字形流變的諳熟程度，他指出：

（4）四四、四五圖曹字，據銘文寫為㙛，是從郭老寫法，我認為是不正確的，古文曰、甘、口，確實通用，但獨體的曰必作ㅂ、曰，偏旁的曰有作ㅂ的，……曹從甘，既無突出之義，是無理可說，故我意仍以作㙛為當，何必"改作"？

隨着這二十多年地下文物的不斷發現，基本證實了商老提出的看法：凡從口的字，"獨體的曰必作ㅂ、曰"。在學問上，商老研理精深，堅守獨立思考，以求真為己任，不輕易盲從名家，展示了他的人格品質，今天讀來，令人肅然起敬。

在西方學術刊物中，書評是一個重要的欄目，不管你是怎樣著名的學者，只要你的書一出版就會受到學界的評論，因此西方人讀書，往往有着先看書評再買書的習慣。而國內書評，由於衆所周知的原因，幾乎多是美溢之辭。現在很少有像商老那樣一絲不苟，把書評寫得如此認真，對這部書從頭到尾，甚至連套殼裝潢的細節也不錯過，"以能與書的厚重比例才相稱"。商老説："對於該書的成就與愛護，你們當可理解，或不以吹毛求疵見罪，只提供參考而已。"

今天，拜讀商老的這封書評，我想，這豈止提供了一份學術參考，它也展示出了一代學者的風範和尊嚴，而這正是當下最需要的。五十二年後的今天，我們有幸看到商老這篇佚文，寄托我們對他的懷念，而學界清正的情操則說明着優秀的文化傳統綿延和發揚，這正是我們大家可以感到欣慰的。在此特別要感謝曾憲通老師，長期以來對我學業的幫助和鼓勵，在抄録商老這封信的過程中，給予細緻的校勘，令我十分感動，會後又承蒙劉釗先生來函指正修訂，在此致以深深的敬意感謝。

2016年11月16日於北京

附一，商老原信如下：

上海博物館：

我來京已有五個月了，可能在明年一月中旬才離北京。

上月由廣州家裡轉來你館的信，謂所贈《上海博物館藏青銅器》全書二冊，亦同時收到，現存家中。我對此書在編選期間，並未盡到我應盡的責任，承蒙獎籍，復贈佳著，實受之有愧也。謹此致謝！

此書內容，及編纂的方式、方法等等，幾無可致（置）喙，在印刷方面，可以說，十餘年來最精的一部青銅器的書，技術已超過國際水平，表現在黨的領導下及同志們努力的成就，當為你館致賀！

該書日前在文物博物研究所圖書室借讀一過，發現還有些小問題，提出給你館指正參考：

前言七面第十一——十二行："在青銅器銘文的書體上出現前所不同的面貌，文字的變異達到了激烈的程度。"其"激烈的程度"一語，我認為有可商，是否此句可改為"文字的結構也產生了激劇的變化"。十三行的"典型"改為連號";"。

附冊三面圖七說明文字"殷陵中，"全書殷皆稱"商"是對的，此互來一個"殷"字。王墓在歷史中，稱"陵"實始於漢代，前此皆言墓，（秦陵及黃帝陵為後人稱謂），故此似可改為"商墓中"。

十三圖第七行"異齊禹"；五三圖文字二行，釋文四行"異"；又文字五行"芑"；八一圖，文字四行及釋文"忌"；八二圖，文字四行及釋文八行"忌"；八五圖，文字八行"諡"；九〇圖，文字三行，十六行"跽"；其从"巳"作者皆應从"己"，以"己"是這字的聲符，"巳"則不得其聲。己、巳兩字，甲骨文、金文界限分明，從不混淆使用，漢碑尚多如是，及至楷書，才混亂叢生，《中華文史論叢》第七輯，明春出版，我有一篇文章，其中談到這兩字，茲不贅。

十四圖文字一行"捲角裂口"，及前言三面六行"巨目，裂口"兩"裂"字當作"咧"。

三八圖的召卣與三七的召尊為一人所作器，銘復相同，介紹其事蹟似不必重述。

三九圖夆莫卣的莫，篆文作 ![], 不可能為莫字之省，意仍寫原篆為妥。

四四圖文字第一行"載市（韠）、冋（絅衣）黃（珩）"，載市，於禮經作爵韠，如引用則以全文為佳，以韠不能代表"爵韠"一詞，冋與黃為兩事，宜加頓號如"冋、黃"。我意載市、冋、黃可以不必加注，能讀其文者多知之，如其不詳，可參考引用書。亦以是類名用注之不勝注，如注彼而遺此，反不大妙也。

四五圖文字二行"九胄、田殳"（又釋文）之田，我以為是"十"字，錫以九頂胄及十柄殳，所謂田，實盾之象形文，其形作中、申、申、中，實之則為 ■、■，人持戈持中等形者，更可為盾無疑，如釋田（貫）、殳，當為何器？故鄙見謂為"■（盾）、殳"還可以講得通，謂為"田（貫）、殳"則令人難解，但此字注筆面不大，又是圓體，恐仍是個數目字的"十"也。

四六圖文字三行"策命"之"策"，用木（當作本）銘之冊為【為】（按"為"衍字）上（四七・文字六行同），此不僅用原文，從文字產生先後言，策為後起。

又釋文五行 ![] 的譯寫是不對的，其篆作 ![]，■即"一"，不宜加上一筆，以無根據。

五三圖釋文三行"速"，當為"逨"，即古、籀文之迹。速、逨聲符不同，不能相亂。

五五圖文字二行，"器銘皆反書，排列亦然。"令人產生器蓋皆反書的錯覺，能否改為"蓋銘正書，器銘反書，排列亦然。"

五八圖文字及釋文"也公",也下可附注一"它"字,以它之名見於古人名的有"公之它",見於金文的有它簋,鼎則有鉈鼎,而"也"則用為語助辭,見信陽竹簡。

又"☒子孫永寶",當讀"百世(合書)子孫永寶",其辭亦見黃尊,《金文編》以為世字異體,可商。《論語》(?):"雖百世子孫不能改也。"(按,《孟子·離婁上》引孔子曰"雖孝子慈孫,百面不能改也。")百世子孫當為古之成語。

六一圖釋文二行"貲"應寫作"質",从"斦"甚清楚,非从"斤"也。

七二圖文字三行,"標本"二字不妥。

七五圖釋文三行,䛑,應作䛑,或䛑。

七七圖釋文三行,篆文從☒,如譯寫則為☒,非从采。二行鷁,如按全書照篆寫則為☒。

八六圖釋文䜌,宜注樂。

九十圖文字三行的栖字以作杯為好,栖為後起字,長沙、信陽竹簡杯皆不从"否",似乎漢漆器銘文亦不作栖?九八圖文字皆作杯,可以統一一下,既從古,又通俗。

九八圖爐上一杯名"染杯"見《陶齋吉金錄》卷六第二十三頁,漢銅染杯銘(其杯作棓為杯之異體字),及二十四頁杯爐全套。似可在說明中說明其用途,染杯之說,在我的《長沙出土楚漆器圖錄》(人民美術社再版本),有對染杯的說明。

全書對銘文釋文,先依照其篆體寫出再附一個今注於其下,但有不少是未注出的,如☒(五四圖)、☒(七五圖),姑舉其一例。

還有四四、四五圖曹字,據銘文寫為☒,是從郭老寫法,我認為是不正確的,古文曰、甘、口,確實通用,但獨體的曰必作曰、曰,偏旁的曰有作曰的,如☒字,其餘無不作曰,以之為甘則不多幾字,如厯、猒、甚等。曹則仍是从曰而非甘(亦見缽文),亦猶曾、會、魯、皆、智、者之不能作曾、會、魯、皆、智、者,同一道理,曹从甘既無突出之義,是無理可說,故我意仍以作曹為當,何必"改作"?

銅器第一冊,有商代二里岡期,商代安陽期,等等的年代與分期,附冊目次並有每一時代時期的器目,但我個人認為如在圖版每期下注明這一期有幾器,先給讀者一個印象,豈不更好。

此書印得極精,可惜文字說明尚有小誤,出現勘誤表,實為美中不足,可是勘誤表復出現別字,如壺誤為壺,雖是舉證器名,而不是勘正入【內】容的錯字,也需要注意的。

至於書套,如能採用更厚一點的紙殼,則更好,以能與書的厚重比例才相稱,這是我對此書裝潢上的一種感覺(這問題可能你們以【已】想到,而是市上缺貨)。

以上拉拉雜雜隨手寫出的一些不成熟和不一定對的看法,甚至是錯誤的意見,但對於該書的成就與愛護,你們當可理解,或不以吹毛求疵見罪,只提供參考而已。

《文物》今年的第七期,發表你館新收集的銅器中,內有曾子斿鼎銘文,可惜為照片,有些字的筆畫點非據拓墨搞不清楚,如有拓本,能見賜一紙否?

森老身體想很健康,請代我致問。此致

敬禮

商承祚　六四·一一·一五于北京

馬承源同志,是否到農村工作去了?

附二，商老原信原件：

上海博物馆：

我来京已有五个月了，可能在明年一月中旬才离北京。

有由广州的家里转来保馆的信谓所赠给上海博物馆藏青铜器全书二册现在家中。我对此书在编选期间当来不及到我店尽的责任，邓紫瑛编辑、发行此书内容及编纂的方式方法等，佳著，实受之有愧也。读此致谢，尽到我店尽的责任，邓紫瑛编辑、发行此书内容及编纂的方式方法等，以无可改喙。在印刷方面，可以说十余年来最精的一部青铜器的书，技术已超过国际水平，表现在党的领导下同志们努力的成就，为两保馆致贺！

该书目前由本文物博物研究所图书室借读一遍，发现还有些小问题，择要陈保馆指正参考：

第六七面第十一——十二行：左青铜器铭文的本体上出现器所未闻的面貌，文字的发异达到了激烈的程度。改"激烈的程度"，我认为有可商，岂是此句可改为"文字的结构产生了激剧的变化"十三行的"典型段而连殷皆称"有"。是"对面"此五字来一个"殷"字。

基左历史史中，称"陵"及此皆言差（黄帝陵为以人称谓）故此似可改为"商墓中"。

附冊三面图七说明文字"殷陵中"全书的行文皆可读三行第二行姜。又误立说"

图十三图第七行"其异葡"；五三图释文二一国文字的行及释文"忌"八二图文字的行及释文八行"退"字的行及释文八行、八国、文字三行，十六行"题"八从"已"作者皆九〇图 文字，以"已"(以已是这字的声符，已别不同)。以已、已两字，甲骨文金文界限分明，恐同志们妈大的成就，尚为保馆致贺！

不混淆使用，汉碑尚多以炱为玉辂书，才混乱丛生，中华文史论丛（明春出版）第七辑载有一篇文章，其中谈到这两字，亦不赘。

十四圆一行"搨角裂处"及第六三面六行"巨目裂处"两别名字当作"咧"。

三六圆的吕甾与三七的吕甾为一人所作焚铭，盖相同。四令沿艾事读似不更述。

三九圆牵莫有的莫，蒙文作習，不可解，为莫字之省，意们写原蒙为妥。

四四圆文字第一行"戴市（释）同（铜元）黄（斯）"戴市，于礼经作野释，我引用别以全文为佳，以释不能代表"野释"，同与黄为两事宜加坡号为"同，黄"，我意"戴市同与黄"，可以不另加注，能读艾文者多知之，以艾不详，可参别注，解读艾文者，为注彼而遗用书，以此是奏名用法之腾处，为注

四四圆文字二行"九甹、毋殳"（文释文）之毋，我以为是"才"字，傍以九项曹及十桷殳，何谓毋殳，可谓中、窦，别为中、中、人，持戈持中等刑者，更号为盾无疑，如释毋（毋）

文，考古们何云，故郁见谓为"十（逢）殳"述可以释，乃通，谓为"冊（贯）殳"则难解，但此字注笔面文是四体，仍这个"才"字的"十"义。

四四圆文字三行"策命"之策，用木简之册，不大如何是"矢文字六行同"，此未仅用原文陡文，字考之无成文，第再段起，文释文立参惠的宮字是不对的，艾蒙作更

。即"刁"，自不宜加上一笔，以无根据。

五三圆释文三行"速、速"蒋当速之迹，速、速声符不同，不能相乱。

五五圆文字二行"善锡眷及书，挪列六些"今人声生耳萤皆及考的镕宫，能号改为"善僞正考、吴锡及书、挪列字些"。

五八圆文字及释文"地"此地不附"定"紫以"定之名见于古人名的有公之定，见于令文的有定紫，其别加"贞"而此则用西诸

助郭："兄行阳竹简"，又"皺子而永寳"，考读"百世（含书）子孙永寳"，文称"寳"字与世字之异体。可商。说邠。号万世子孙永寳改也。万世子孙字古之成语。

六二图释文三行"樽本二字不要。

七二图释文三行"樽"应写作"贺"，从"折"在清村，邠从折"也。

七三图释文三行"壐、序作簋，或雠。

七七图释文三行，篆文从禾、从譯写别为条，邠从采。二行、鷈，另挢全书血簋写别为鷈。

八六图释文纏、宜注药。

九十图文字三行的檎字以作杯为妥。檎为后起字，应长沙、信阳竹简杯为如此手反来墓铭文皆作梧。

八六图文字皆作杯。可以後一下，晚得古、文通俗。

九八图炉上一杯名"禁杯"，兄陶斋古金第表卷六、第二十三页"潺州梁杯（史杯作梧为杯之异体定）全套。似另左说明出土残园梵陈及三十四页杯炉全套。似另左说明文用途，梁杯之说，左我的长沙出土残园梵陈吾图录（人民美术社再版本）有对梁杯的说明。

金文对铭文释文，先依血次家体写出再附一个今注，于发下，但有不少足求候出的，如䣙（互の图），是七立图），姑举史一例。

还有与世思图书字据铭文写为鸑，受渥部老写法。我認为是不正确的、古文曰、甘、曰、确家通用獨体的曰从作曰、偏旁的曰有作曰，以之为甘、曹从甘吹无实出之我，理而说，故我表作从作醤为考，何以"政作"。

则不多几字，以厤、敱、琵葺、曹剖似是以曰，而邠其亦见鉢文："散醤、會、鲁、嘹、啟香、啟暋、者"，之不能作嘹、會、鲁、嘹、啟、啟、香、啟、暋，故以作醤为得。

铜芸第一册，有芳代三星圆期，芳代写阳期等的年代与今期，附册图次亚有每一时代时期的互页。但我个人认为应在吾图录（人民美术社再版本）

文物今年的第七期，发表保管馆新收集的铜器中，内有曾子斿鼎铭文，可惜为四片，有些出的字别出无据，恐为摹搨不清楚，如有拓本，能见赐一纸否。

森老身体想相征健康，请代我致问。此致

敬礼！

　　　　　　商承祚 六〇、二、一五、于北京。

马仰原同志，是否到农村工作去了？

开版每期不注明这一期有数页，先给读者一个印象，实不便好。

此书印得极精，可惜文字错了不少书有小误，出现勘误表，实中之足，何足是勘误表后发现别字，以壶误而壶号是摹拓不明而定勘正入容的错字，必需互征意的。

至于书套，多种采用更厚一点的纸壳，则更如，以能与书的厚重比例才相称，这是我对此书装帧上的一种感觉（这问题可许你们以扯到而受布上映觉）。

以上拉杂随手写出的一些不成敬，和不一定对的看法，亦是错误的，但对于该书的成就与爱护你们当可理解，或只以吹毛求疵见罪，只提供参考而已。

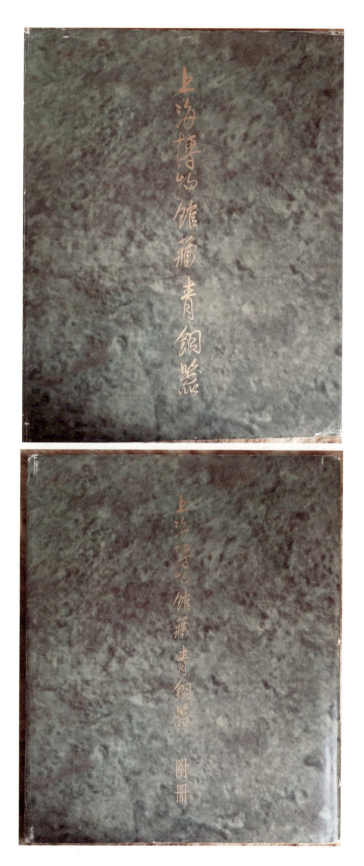

(作者單位：清華大學出土文獻研究與保護中心)

揚雄"十二州二十五官箴"考論

王　輝

《漢書·揚雄傳》載揚雄以"箴莫善於虞箴",於是作《州箴》;《後漢書·胡廣傳》進一步說他依"虞箴"作"十二州二十五官箴"。所謂"虞箴"即見於《左傳》的"虞人之箴",《襄公四年》載魏絳勸誡晉悼公曰:"昔周辛甲之為太史也,命百官官箴王闕。於《虞人之箴》曰:'芒芒禹跡,畫為九州島,經啟九道。民有寢廟,獸有茂草,各有攸處,德用不擾。在帝夷羿,冒於原獸,忘其國恤,而思其麀牡。武不可重,用不恢於夏家。獸臣司原,敢告僕夫。'《虞箴》如是,可不懲乎?""命百官官箴王闕"杜預注:"使百官各為箴辭,戒王過。"孔穎達疏:"太史號令百官,每官各為箴辭以戒王,若箴之療疾,故名箴焉。言官箴者,各以其官所掌而為箴辭。"[1]"官箴王闕"就是根據自己的職掌來勸諫君王。虞人主管山澤、田獵諸事,《虞人之箴》就勸誡周王不要像后羿那樣沉湎田獵。

揚雄的"十二州二十五官箴"既是仿作,理應和《虞箴》一樣,是按職掌和職位對君王的勸誡之作。東漢崔瑗《敘箴》即言:"昔揚子雲讀《春秋傳》虞人箴而善之,於是作為九州及二十五官箴規匡救,言君德之所宜,斯乃體國之宗也。"[2]但之後卻有學者持不同的看法,如宋人晁說之以揚雄箴文為勸誡人臣之用,其《嵩山文集·揚雄別傳下》曰:"(揚)雄見莽更易百官,變置郡縣,制度大亂,士皆去節義以從諛取利,乃作司空、尚書、光祿勳、衛尉、廷尉、大僕、司農、大鴻臚、將作大匠、博士、城門校尉、上林苑令等箴,及荊、兗、豫、徐、青、幽、冀、并、雍、益、交十二州箴,皆勸人臣執忠守節,可為萬世戒。"[3]

"官箴"古時既可指百官對君王的勸誡,又可指做官的箴規,兩種意思截然不同。但目前研究第二種意義的"官箴"的學者,總是將揚雄的箴文涵括在內。如彭作祿先生認為"州箴"雖歷數司治沿革,臧否先人業績,但其意在告誡當世司牧、司臣[4];葛荃先生謂崔瑗之見有失偏頗,漢人官箴的內容主要是官職守則、權責任務等[5];裴傳永先生也說"二十五官箴"以百官為規誡對象[6]。這顯然都是受到了晁說之說法的影響。

我們認為晁說是不可靠的,這可以從兩方面來作說明。首先,晁說之依據的史料有問題。按《揚雄別傳》的記載,揚雄是在目睹王莽"更易百官,變置郡縣,制度大亂"的背景下作州官之箴。《漢書·王莽傳》載王莽改制始於始建國元年,即公元9年,也就是說揚雄的作品當在王莽當政時作。但《左傳·襄公四年》"命百官官箴王闕",孔穎達《正義》曰:"漢成帝時,楊雄愛《虞箴》,遂依放之,作十二州二十五官箴。"以揚雄州、官箴作於漢成帝(公元前51—前7年)時;元代郝經《續後漢書》第66卷上也說:"至漢成帝時,雄依《虞箴》作《十二州箴》、《二十五官箴》。"束景男對《州箴》成於成帝時有詳細考證[7]。由此可見,《別傳》史料的真實性本身就很值得懷疑,引以為據當然也不足憑信。

其次說州、官箴的內容。揚雄箴文據嚴可均考訂仍存33篇[8],州之箴12篇[9],官之箴21篇。十二州箴大體歷數三代明君亂王之得失,規諫時君以明者為榜樣昏者為警戒,除《揚州箴》"元首不可不思,股肱不可不孳",後半句可視作箴規人臣以外,似再無其他。有必要作重點分析的是21篇官箴。宋王應麟《玉海·辭學指南》引呂本中曰:"凡作箴,須用官箴王闕之意,各以其官所掌而為箴辭。如《司隸校尉箴》當說司隸箴人君振紀綱,非謂使司隸振紀綱也;如《廷尉箴》當說人君謹刑罰,非謂廷尉謹刑罰也。"同樣的道理,《虞箴》當說虞人箴周王勿沉湎田獵,非謂虞人勿沉湎田獵。用呂氏總結的作箴之法來讀揚雄箴文,就再明白不過了。《大司農箴》曰:

> 時維大農,爰司金穀。自京徂荒,粒民是斟。肇自厥功,實施惟食。厥僚后稷,有無遷易。實均實贏,惟都作程。旁施衣食,厥民攸生。上稽二帝,下閱三王。什一而征,為民作常。遠近貢篚,百則不忘。帝王之盛,實在農植。季周爛熳,而東作不敕。膏腴不穫,庶物並荒。府庫殫虛,靡積倉箱。陵遲衰微,周卒以亡。秦收大半,二世不瘳。泣血之求,海內無聊。農臣司均,敢告執騶。

"時維大農"至"實施惟食"是簡述大司農的職掌,即《玉海·辭學指南》所說"出箴用官名,須先理會置官之意";"厥僚后稷"至"實在農植",是回顧農師后稷的功業,並說明農業的重要性;"季周爛熳"至"海內無聊"舉周、秦二代不重農業或賦稅過重而造成帝死國亡,從而勸誡君王重農輕賦,不走周末世王和秦二世的老路。《光祿勳箴》曰:

> 經兆宮室,畫為中外。廊殿門閨,限以禁界。國有固衛,人有藩籬。各有攸保,守以不歧。昔在夏殷,桀紂淫湎。符牛之飲,門戶荒亂。郎雖執戟,謁者參差。殿中成市,或室內鼓鼙。忘其廊廟,而聚夫逋逃。四方多罪,載號載呶。內不可不省,外不可不清。德人立朝,義士充庭。祿臣司光,敢告執經。

"經兆宮室"至"守以不歧"是說宮門要各有把守;"昔在夏殷"至"載號載呶"講桀紂荒淫,不重門衛所造成的種種亂象;以下四句是勸誡君王要嚴令看守宮門,不使蕪雜人等進入,才能"義士充庭"。模仿呂本中的話說,《大司農箴》當說大司農箴人君重農,非謂使大司農重農;《光祿勳箴》當說光祿勳箴人君謹宮門,非謂光祿勳謹謹宮門。

仔細分析其他箴文,就會發現它們的主旨也都一樣。《司空箴》說"王路斯荒,孰不傾覆",《太常箴》說"故聖人在位,無曰我貴,慢行繁祭。無曰我材,輕身恃巫",《將作大匠箴》說"故人君無云我貴,榱題是遂。毋云我富,淫作極遊。在彼牆屋,而忘其國戚",《城門校尉箴》說"作君之危,不可德少,而城溝伊保。不可德希,而城溝是依",從這些話還是很容易看出規諫對象的。另外,各條箴文所列正反兩方面的人物均是人君或諸侯王,正面有堯、舜(《廷尉箴》,《執金吾箴》,《城門校尉箴》),周文王(《博士箴》)等;反面有桀、紂(《大鴻臚箴》,《廷尉箴》),齊景公(《太僕箴》),晉獻公、宋宣公、齊桓公(《宗正卿箴》),秦二世(《衛尉箴》、《太常箴》）。他們無疑也只有勸誡君王時使用才最合適。

需要注意的是，如前文提到的那樣，箴文既是按照各人官職來向君王規誡，當然有必要對自己職掌作些描述。除上面已經分析的兩條箴文外，《太常箴》"翼翼太常，實為宗伯。穆穆靈祇，寢廟奕奕。稱秩元祀，班于群神。我祀既祇，我粢孔蠲。匪慾匪忒，公尸攸宜。弗祈弗求，惟德之報。不矯不諠，庶無罪悔"，《少府箴》"實實少府，奉養是供"，《將作大匠箴》"侃侃將作，經構宮室。牆以禦風，宇以蔽日。寒暑攸除，鳥鼠攸去。王有宮殿，民有宅居"等等，均帶有述職的意味。但如果據此說箴文的主要內容是"官職守則、權責任務"，顯然不成立。這些內容和揚雄所仿的《虞箴》前面部份"芒芒禹跡，畫為九州島，經啟九道。民有寢廟，獸有茂草，各有攸處，德用不擾"一樣，帶有鋪墊的意味和回顧的性質，並非箴文主體，而是為引出規諫主題服務的。可見，揚雄所作箴文，其箴規對象仍是君王，而非官員。

後漢及以後的官箴，仍有不少以君王為規諫對象的。如崔瑗《東觀箴》，文中曰"吁嗟後王，曷不斯鑒"；西晉潘尼《乘輿箴》，文中曰"樹君如之何？將民是司牧。視之猶傷，而知其寒煥。故能撫之斯柔而敦之斯睦。無遠不懷，靡思不服。夫豈厭縱一人，而玩其耳目。內迷聲色，外荒馳逐，不修政事而終於顛覆"；陸機《丞相箴》，文中曰"捨賢昵讒，則喪爾邦"；嵇康《大師箴》，文中曰"故居帝王者，無曰我尊，慢爾德音。無曰我強，肆於驕淫。棄彼佞幸，納此逆顏。諛言順耳，染德生患。悠悠庶類，我控我告。唯賢是授，何必親戚？順乃造好，民實胥效。治亂之原。豈無昌教？穆穆天子，思問其愆。虛心導人，允求讜言"，顯然都是規諫君王之語。唐張蘊古上《大寶箴》勸誡君王，"太宗嘉之，賜帛三百段，仍授以大理寺丞"（《貞觀政要·刑法》）。宋人許月卿仿揚雄官箴作《百官箴》，共49篇，以此規訓勸誡宋理宗。

但也是自後漢人續作的箴文起，出現了一些變化。請看如下兩篇崔駰的作品：

> 天鑒在下，仁德是興。乃立司徒，亂茲黎蒸。芒芒庶域，率土祁祁。人具爾瞻，四方是維。乾乾夕惕，靡怠靡違。恪恭爾職，以勤王機。敬敷五教，九德咸事。嗇民用章，黔旴是富。無曰余悖，忘于爾輔。無曰余聖，以忽執政。匪用其良，乃荒厥命。庶績不怡，疚于爾祿。豈有折肱，而鼎覆其餗。書歌股肱，詩刺南山。尹氏不堪，國度斯愆。徒臣司眾，敢告執藩。（《司徒箴》）

> 逸矣皋陶，翊唐作士。設為犴狴，九州允理。如石之平，如淵之清。三槐九棘，以賢以德。罪人斯殛，凶族斯逬。熙茲帝載，旁施作明。昔在仲尼，哀矜聖人。子羔禮刑，衛人釋艱。釋之其忠，勳亮孝文。于公哀寡，定國廣門。敻哉逸矣，舊訓不遵。主慢臣驕，虐用其民。賞以崇欲，刑以肆忿。紂作炮烙，周人滅殷。商用淫刑，湯誓其軍。衛鞅酷烈，卒殞于秦。不疑知害，禍不及身。嗟茲大理，慎于爾官。賞不可不思，斷不可不虔。或有忠而被害，或有孝而見殘。吳沈伍骨，殷剖比干。莫遂爾情，是截是刑。無遂爾志，以速以巫。天鑒在顏，無細不錄。福善禍惡，其効甚速。理臣司律，敢告執獄。（《大理箴》）

《司徒箴》中自"乾乾夕惕"至"疚于爾祿"、《大理箴》中自"嗟茲大理"至"其効甚速"各句，所指明顯不是君王，而是司徒、大理。《古文苑·大理箴》"嗟茲大理，慎于爾官"是提醒大理要慎重自己的職掌，宋人章樵注卻說"人主任用理官當加謹重"[10]，仍以規諫對象為君王，則太過執拗。事實上，這時候以"官名+箴"的作品已不再如以前那樣須"官箴王闕"了，箴規範圍有所擴大。比如後漢高彪的《督軍御史箴》專為督軍御史第五永所作，就是箴督軍御史，因此箴文中出現的人物也都是周公、呂尚、石碏等人臣[11]；皇甫規《女師箴》中說"咨爾庶妃，鑾路斯邁。戰戰兢兢，屬省鑾帶。漸進不形，變起無外。行難著而易喪，事易失而難退。動若順流，應如發機。奉上惟敬，撫下唯慈。怨豈在明，患生不思"，這顯然也是箴女師。崔琦的《外戚箴》也並非外戚所作之箴，而是規戒"行多不軌"的河南尹梁冀[12]。西晉傅咸《御史中丞箴》序說："且造斯箴，以自勖勵。不云自箴而云御史中丞箴者，凡為御史中丞，欲通以箴之也。"[13]足見這種文體已由某箴變為箴某了。其文"嗟爾庶寮，各敬乃職"云云與《大理箴》"嗟茲大理，慎于爾官"甚似，也可證《大理箴》已確是箴大理。這類的著作有不少，如齊王攸《太子箴》、傅玄《吏部尚書箴》、王褒《皇太子箴》、蕭圓肅《少傅箴》，等等。唐代元結和古之奇分別寫有《縣令箴》，雖形式仍與前同，但已無鋪陳之類，幾近句句是箴官之言了：

古今所貴，有土之官，當其選授，何嘗不難。為其動靜，是人禍福，為其噓唏，作人寒燠。煩則人怨，猛則人懼。勿以賞罰，因其喜怒。太寬則慢，豈能行令？太簡則疏，難與為政。既明且斷，直焉無情。清而且惠，果然必行。或曰聞由上官，事不由我，辭讓而去，有何不可？誰欲字人，贈君此箴，豈獨書紳，可以銘心。（元結《縣令箴》，《全唐文》第382卷）

咨爾多士，各司厥官。政不欲猛，刑不欲寬。寬則民慢，猛則民殘。寬則不濟，猛則不安。小惡勿為，涓流成池；片言可用，毫末將拱。禍既有胎，德豈無自？鏡不自照，只能鑒物。人不自知，從諫弗咈。欲不可縱，貨不可黷。黷貨生災，縱欲禍速。勿輕小人，蜂蠆有毒。勿輕小道，大車可覆。勿謂剛可長，長剛者亡。勿謂柔可履，履柔者恥。剛強有時，柔弱有宜。時宜克念，願在深思。不恕而明，不如不明。不通而清，不如不清。毋為惡行，毋逆善名。保此中道，無有不成。過客箴士，冀申同情。如山之重，如水之清。如石之堅，如松之貞。如劍之利，如鏡之明。如弦之直，如秤之平。（古之奇《縣令箴》，《全唐文》第526卷）

通過以上辨析，我們認為揚雄箴文的箴規對象是君王，而不是臣下。研究箴誡官員之官箴，不能將這些作品納入其中。

注　釋：

[1]　孔疏中"以戒王，若箴之療疾，故名箴焉。言官箴者，各以其官所掌而為箴辭"文，是"校勘記"依宋本補。參見阮元校刻《十三經注疏》，北京：中華書局1980年，第1935頁。

[2]　（清）嚴可均輯：《全上古三代秦漢三國六朝文》，北京：中華書局1958年，第717頁。

[3]　《四部叢刊續編》本，上海：上海書店1985年，第59—60頁。

[4]　彭作祿：《中國歷代官箴文獻與傳統吏道思想》，《古籍整理研究學刊》1990年第4期。

[5]　葛荃：《官箴論略》，《華僑大學學報（哲學社會科學版）》1998年第1期。

[6]　裴傳永：《"箴"的流變與歷代官箴書創作——兼及官箴書中的從政道德思想》，《理論學刊》1999年第2期。

[7]　束景南：《揚雄作州箴辨偽》，《文獻》1992年第4期。

[8]　（清）嚴可均輯：《全上古三代秦漢三國六朝文》，第417—421頁（本節引用唐以前箴文均出自嚴

書)。

[9] 束景南考證其中幽、并、交三人係後人偽作(《揚雄作州箴辨偽》,《文獻》1992 年第 4 期)。

[10] 章樵:《古文苑》,《叢書集成初編》本,北京:商務印書館 1937 年,第 366 頁。

[11] 參看《後漢書》,北京:中華書局 1965 年,第 2650 頁。

[12] 參看《後漢書》,第 2619 頁。

[13] (清)嚴可均輯:《全上古三代秦漢三國六朝文》,第 1761 頁。

(作者單位:山東大學文學院)

漢晉道教神聖空間與齋戒儀式的起源和展開

——以道教"靜室"為中心的考察

王承文

一、引　言

　　"神聖空間"是當今國際宗教學最重要的研究領域之一。所謂"神聖空間"（sacred space），是指在宗教研究與宗教經驗中具有超越性精神屬性的空間。它是相對於"世俗空間"（profane space）而存在的。著名宗教學家伊利亞德認為，"在最古老的文化階段，這種對世俗超越的可能性是借助於各種各樣通道的象徵來表述的。因此在這個神聖的圍垣之內，與諸神的溝通就變成了可能。因此也就一定有一扇門能夠通向上面的世界，正是通過這扇門，諸神才能從天國降臨塵世，人類也能借此門在象徵的意義上而升向天國"，"每一個神聖的空間都意味着一個顯聖物，都意味着神聖對空間的切入。這種神聖的切入把一處土地從其周圍的宇宙環境中分離出來，並使得它們有了品質上的不同"[1]。因此，"神聖空間"被普遍認為是神靈居住之地，也是能與上天神靈溝通交接的場所。"神聖"與"世俗"也因此共同構成了世界各種宗教的基本特徵，"無論何時何地，神聖事物與凡俗事物都被人們看作是互不相同的兩大類別，就好比迥然不同的兩個世界"[2]。而"神聖空間"之神聖性的建構是一種歷史過程，並不是一種先驗性的普遍存在[3]。

　　宗教"神聖空間"往往又被稱為"儀式空間"。神聖空間與宗教儀式之間具有相互倚存的關係。一方面，"神聖空間"是宗教儀式即一系列包含信仰的實踐活動能夠具有神聖性和超越性的前提。也就是說，宗教儀式必須是在特定的具有神聖意義的環境中，才可能具有溝通交接神靈的效力；另一方面，宗教儀式往往又是"神聖空間"真實存在最重要最直接的證明。對於二者之間的關係，西方宗教學家有不少值得我們重視的論述。奇德斯特（David Chidester）和林勒塞爾（Edward T. Linenthal）稱："我們可以把神聖空間看作儀式空間，一個進行形式化的可重複的象徵性行為的地點。作為神聖空間，一個儀式地點從一片普通的環境中被分離或開闢出來，用來為可控制的表演和'非同尋常'的行動模式提供一個舞臺，儘管儀式可能會展現出一個神話。"他們又稱："標誌在一個被分離出來的不同尋常的象徵空間裡，儀式可以付諸施行並完美地體現出事物應然的存在方式。然而，儀式化的可控制的行動模式是在有意識的緊張中被執行的。這種緊張來源於我們在日常世界中感覺到的事物在一般情況下的實然狀態。在這種處於一個不同尋常的儀式化的地方與日常空間的緊張中，在神聖空間的產生與儀式的作用中存在着辯證法。禮拜、獻祭、祈禱、冥想、朝拜等儀式行為使得神聖空間神聖化了。反之，一個被分離的專門地點的界限給了儀式作為一種高度緊張的象徵性行為的特性。"[4]而格萊姆斯（Ronald L. Grimes）則將著名宗教學家喬納森·史密斯（Jonathan Z. Smith）儀式空間理論的要點總結如下："根據定義，儀式是神聖的或者宗教的；儀式領域與非儀式活動的領域並不相容；舉行儀式的場所（地方、位置）比儀式的內容或者如何操作更加具有決定作用，基於同樣的原因，儀式的體系比行為更加具有決定性。舉行儀式的空間會起作用，它不僅僅是一個被動的空蕩的容納空間。空間是地理性的（字面上的），又是隱喻性的（概念上的和社會性的）。隱喻性的位置比地理意義的位置更加具有決定作用。"[5]范斯萊克（Stephanie Perdew VanSlyke）亦稱，"儀式空間是神聖時刻發生之地，是神聖事物被安放之地，也是罪人們聚集聆聽上帝神聖仁慈的寬恕與撫慰之語的地方"，"儀式空間就是一個集會的地方，一個對於聚集一起的人們足夠大的地方，一個歡迎和邀請所有人到來，去傾聽、歌頌、品嘗和觀看的公共空間"[6]。

以上徵引的主要是西方宗教學者對"神聖空間"概念的界定和論述。我們認為如果將道教的"神聖空間"與齋戒儀式的起源等問題結合起來加以考察，早期道教儀式史研究中許多極具爭議而又難以界定的問題，都可以得到比較合理的解答。

道教齋戒儀式的起源是學術界研究的重點之一。長期以來，研究者普遍地認為，早期道教齋戒儀式主要源於古代國家祭祀制度。但是，對於二者之間的淵源關係，迄今卻還缺乏比較具體而專門的研究。近年來，呂鵬志博士在其一系列論著中，強調"道教齋儀實際上發端於古靈寶經，道書中各種名目的齋儀都是仿效靈寶齋制立的"[7]；"道教齋儀發端於古靈寶經倡行的靈寶齋"，"其他道教齋法基本上都是五世紀以來模擬靈寶齋而設立的"[8]；"道教齋儀發端於四五世紀之交古靈寶經倡行的靈寶齋。除行儀前潔淨身心的古代傳統齋法之外，道書中各種名目的齋儀都是仿效靈寶齋制立的"[9]。可見，他非常強調東晉末年古靈寶經之前道經所提到的"齋戒"，就如同中國古代祭祀齋戒一樣，都僅僅是指一種"行儀前潔淨身心的齋法"，即只包括沐浴和身心的清靜，並沒有形成相關的齋戒儀式。至於古靈寶經"齋儀"出現的原因，他則又強調完全是受公元397年翻譯的《增壹阿含經》中佛教"布薩"制度影響的結果[10]。應該說，呂鵬志博士圍繞早期道教儀式所提出的一系列具有顛覆性的觀點，在國內外獲得了很大的反響，因而在目前學術界也具有較大的代表性。

我們從呂鵬志博士的相關研究，可以引發出一系列值得進一步探討的學術問題，包括：究竟什麼是道教的齋戒儀式？漢晉道教究竟是否有其齋戒儀式？古靈寶經的齋戒儀式究竟是源於古代國家祭祀制度和漢晉道教，還是源於印度佛教"布薩"制度的直接影響？什麼是早期道教的"神聖空間"？道教的"神聖空間"又是如何形成並發展而來的？早期道教的"齋戒儀式"與其"神聖空間"究竟是一種什麼關係呢？

我們研究認為，漢晉道教"靜室"和"齋堂"既是道教齋戒的場所，又是道教與神靈交接並最終超凡入聖的通道，因而就是道教最重要的"神聖空間"或"儀式空間"。而其最直接的來源就是古代國家祭祀制度。道教"神聖空間"的起源與其"齋戒儀式"的構建既是同步進行的，也是相輔相成的。我們還認為，無論是古靈寶經的"神聖空間"，還是其"齋戒儀式"，在本質上其實都是對古代國家祭祀制度和漢晉道教的直接繼承和重要發展，與印度佛教"布薩"制度的影響並沒有什麼直接關係。

二、古代國家祭祀中的"齋宮"和"齋室"
與漢晉道教"靜室"在交通神靈功能上的相通

（一）古代國家祭祀中作為"神聖空間"的"齋宮"和"齋室"

古代國家祭祀制度對早期道教齋戒制度的影響，最集中地體現在齋戒的目的和功能上。古代國家祭祀齋戒最根本的目的，就是為了齋敬神靈並與神靈交通。那麼，古代國家祭祀齋戒究竟是如何體現其通神的功能，並進而直接影響到早期道教齋戒制度的呢？迄今為止，道教學術界似乎尚未見有人對此加以關注和討論。

古代國家祭祀齋戒一般分為"散齋"和"致齋"兩個階段。其"散齋"可以看成是與神靈交通的準備階段，"致齋"則屬於與神靈交通最重要的環節。而作為專門用於"致齋"的"齋宮"或"齋室"，也因此成為齋戒者與神靈交通最重要的神聖空間[11]。關於齋戒者與其所祭祀祖先神靈之間的交通，早期儒家典章其實都有專門的論述。我們試舉其中一些最具有典型意義的材料來說明。《禮記·祭統》稱：

> 是故君子之齊也，專致其精明之德也。故散齊七日以定之，致齊三日以齊之。定之之謂齊。齊者，精明之至也，然後可以交於神明也。[12]

其"致齋"三日除了保持"散齋"諸戒之外，還包括在"齋宮"或"齋室"之內日夜瞑想，體會與想像祖先生前的音容笑貌，以便於降神祭祀。所謂"專致其精明之德"，亦即通過精思和瞑想從而達到"交於神明"。《禮記·祭義》稱：

> 致齊於內，散齊於外。齊（即致齊）之日，思其居處，思其笑語，思其志意，思其所樂，思其所嗜。齊三日，乃見其所為齊者。祭之日，入室，僾然必有見乎其位。周還出戶，肅然必有聞乎其容聲。出戶而聽，愾然必有聞乎其嘆息之聲。[13]

以上所謂"所為齊者"，是指所要祭祀齋敬的神靈。漢代鄭玄注稱："致齊思此五者也。散齊七日，不御，不樂，不弔耳。見所為齊者，思之熟也。所嗜，素所欲飲食也。"而唐代孔穎達的注疏則更加詳細，其文曰：

> 此一節明祭前齊日之事。"思其居處"者，謂祭致齊之日也。"思其居處"以下五事，謂孝子思念親存之五事也。先思其麤，漸思其精；故居處在前，樂、嗜居後。"齊三日，乃見其所為齊"者，謂致齊思念其親，精意純熟，目想之，若見其所為齊之親也。……"入室，僾然必有見乎其位"者，謂祭之日朝，初入廟室時也。初入室陰厭時，孝子當想象僾僾，髣髴見也。《詩》云："愛而不見。"見，如見親之在神位也，故《論語》云"祭如在"。[14]

可見，在國家祭祀禮制中，齋戒者在"齋宮"或"齋室"中與祖先神靈之間的所謂交通，就是通過這種在意念和精神上的精思瞑想方式而實現的。《禮記·祭義》又曰：

> 於是諭其志意，以其慌惚以與神明交，庶或饗之。

對此，鄭玄注稱："'諭其志意'，謂使祝祝饗及侑尸也。或，猶有也，言想見其仿佛來。"而孔穎達疏曰：

> 孝子既薦其俎，於是使其祝官啟告鬼神，曉諭鬼神以志意。……"以其慌惚以與神明交，庶或饗之"者，言孝子以其思念情深，慌惚似神明交接，庶望神明或來歆饗。故云庶幾神明饗之者，是孝子之志意也。言想見其親仿佛而來也。[15]

以上鄭玄和孔穎達的注疏，對於我們研究古代祭祀齋戒制度中的"齋儀"及其與早期道教"齋儀"之間的關係，具有重要意義。根據他們的注解，齋戒者在"齋宮"或"齋室"中通過意念和瞑想使神靈降臨，並與神靈交通。而"祝官"在"齋宮"中則起到了溝通人神的中介作用。齋戒者正是通過祝官"啟告鬼神，曉諭鬼神以志意"，也就是通過祝官向神靈啟告齋戒者的意願。而齋戒者的所謂"志意"，無疑應包括向神靈請禱懺悔、治病禳災以及乞求福佑等內容。至於"祝官"在"齋宮"中"啟告鬼神"以及"曉諭鬼神以志意"本身，必然已經包含有一系列與神靈交通的儀式。而這些儀式既構成了傳統祭祀齋戒中"齋儀"的內容，同時也對早期道教"齋儀"的起源和發展產生了重要而深遠的影響。對此，我們將在後面作進一步討論。《禮記·郊特牲》又稱：

> 齊之玄也，以陰幽思也。故君子三日齊，必見其所祭者。[16]

所謂"齊之玄也"的"玄"，是指齋戒者在齋戒期間要戴玄（黑）冠，穿玄衣，其原因是為了能與屬於陰性的鬼神接近和溝通。"三日齊"即指"致齋"。鄭玄注稱："齊三日者，思其居處，思其笑語，思其志意，思其所樂，則見之也。"[17]孔穎達解釋稱："玄，陰色。鬼神幽陰，故齊（齋）者玄服，以表心思幽陰之理，故云'陰幽思也'。"又稱："鬼神居陰，故三日齊，思其親之居處、笑語，故祭時如見其所祭之親也。"[18]齋戒者通過虔誠恭敬的"致齋"，"必見其所祭者"，即必定能達到與祖先神靈之間的相互感應，並且最終能看見自己所要祭祀的祖先神靈。

對於古代國家祭祀制度中，這種通過齋戒與其所祭祖先神靈之間的交通，自漢代以來的儒家學者還有很多專門論述。例如，西漢揚雄稱："孝子有祭乎？有齊乎？夫能存亡形，屬荒絕者，惟齊也！故孝子之於齊，見父母之存也。"[19]意即通過齋戒即"致齋"，可以見到自己已經亡故的父母的魂靈。東漢劉向《說苑·修文》亦稱：

> 齋者，思其居處也，思其笑語也，思其所為也。齋三日，乃見其所為齋者。祭之日，將入戶，僾然若有見乎其容；盤旋出戶，愾然若有聞乎歎息之聲。先人之色不絕於目，聲音咳唾不絕於耳，嗜欲好惡不忘於心，是則孝子之齋也……聖主將祭，必潔齋精思，若親之在。

方興未登，惘惘憧憧，專一想親之容貌彷佛，此孝子之誠也。[20]

所謂"齋三日，乃見其所為齋者"，也是指通過三天的"致齋"，即可以見到自己想要齋敬的祖先神靈。至於"潔齋精思"以及"若親之在"，就是指通過在"齋宮"或"齋室"中的"精思"，即對祖先神靈的深度瞑想和思念，從而使得已亡故祖先的鬼魂能重新回來。可見，古人相信在"齋宮"或"齋室"內的"精思"，確實具有能溝通和交接鬼神的神秘功能。

對於古代國家祭祀齋戒中的"精思"，錢穆認為，"此則在致祭者之想像中，似乎有見了死者之體魄，即死者之鬼，像真來降臨了"，"因為這樣才能把死者之神在致祭者之心中重新復活"[21]。林素娟也指出：

> 《祭義》所謂"致齊於內，散齊於外"，"外"是相對於"內"而言，指摒除外界之干擾。"內"除了是透過空間上的隔離，而達致精神上的轉化，還"專致其精明之德"，工夫上以"思其居處，思其言笑，思其志意，思其所樂，思其所嗜"為重。大孝終生不忘乎親，特別在齋戒之時，心念、精誠唯專注於與親人之誠感誠應上，推至極致，終能達於"見其所為齊者"，能與鬼神相感相應的境地。在此狀態下，能夠有"優然必有見乎位"、"肅然必有聞乎其容聲"、"愾然必有聞乎其歎息之聲"的神秘體驗。[22]

據此，古代國家祭祀制度確實非常強調齋戒者在"齋宮"或"齋室"中進行的"致齋"，能通過長久瞑想的方式"見其所為齋者"，即可以達到與其所祭祀祖先神靈之間的相感相應。

在古代國家祭祀禮制中，除了對祖先神靈的祭祀之外，對其他所有神靈的祭祀其實亦大都如此。宋代理學家朱熹說："君子七日戒，三日齋，必見其所祭者，誠之至也。是故郊則天神降，廟則人鬼享，皆由己以致之也。有其誠則有其神，無其誠則無其神，可不慎乎？"[23] 意思是說，國家舉行郊祀大典則天神降臨，舉行宗廟祭祀則祖先能來享用，其原因"皆由己以致之也"，即是祭祀者自己通過齋戒的方式，用極其至誠之心將這些神靈招致而來的。朱熹又稱：

> 祭如在，祭神如神在，此是弟子平時見孔子祭祖先及祭外神之時，致其孝敬，以交鬼神也。孔子當祭祖先之時，孝心純篤，雖死者已遠，因時追思，若聲容可接，得以竭盡其孝心，以祀之也。祭外神，謂山林溪谷之神能興雲雨者，此孔子在官時也。雖神明若有若亡，聖人但盡其誠敬，儼然如神明之來格，得以與之接也。[24]

朱熹認為，無論是祭祀祖先神靈還是祭祀天地間的各種"外神"，"聖人但盡其誠敬，儼然如神明之來格，得以與之接也"，意即"聖人"只要通過齋戒極盡其至誠之心，都可以達到與其相關神靈的交接和溝通。

漢武帝所建造的甘泉宮以及相關祭祀活動，最能說明古代祭祀制度中"致齋"通神觀念的深遠影響。《史記·孝武本紀》記載：

> 齊人少翁以鬼神方見上。上有所幸王夫人，夫人卒，少翁以方術蓋夜致王夫人及竈鬼之貌云，天子自帷中望見焉。於是乃拜少翁為文成將軍，賞賜甚多，以客禮禮之。文成言曰：

> "上即欲與神通，宮室被服不象神，神物不至。"乃作畫雲氣車，及各以勝日駕車辟惡鬼。又作甘泉宮，中為臺室，畫天、地、泰一諸神，而置祭具以致天神。居歲餘，其方益衰，神不至。[25]

漢武帝所建造的甘泉宮既為祭天之地，又是其與各種神靈交通的專門場所。班固《東都賦》稱："建章甘泉，館御列仙，孰與靈臺明堂，統和天人？"唐代李賢注稱："館御謂設臺以進御神仙也。《禮含文嘉》曰：'禮，天子靈臺，以考觀天人之際，法陰陽之會'也。"[26]

我們認為以上記載最值得注意的，恰恰是其在甘泉宮內所建造的"臺室"，其宗教功用應該等同於古代祭祀制度中用於"致齋"的"齋宮"或"齋室"。其中"畫天、地、泰一諸神，而置祭具以致天神"，表明漢武帝試圖借助"臺室"中所繪神靈壁畫神像等方式，通過"致齋"和"精思"以交接神明。而早期道教實際上也直接繼承了這種信仰，認為人通過齋戒可以做到心神合一，使其意念與神靈相通。特別是借助神靈圖像在"靜室"內專念精思，就可召致神靈降臨或存神於身。這些內容其實在《太平經》以及其他早期道經中都有大量反映。對此，我們將另有專門討論。

我們要特別指出的是，早期道教恰恰也極為重視通過在"齋室"或"靜室"內的"致齋"和"精思"，從而達到與神靈之間的感通和交接[27]。而早期道教最重要的修煉方法——"存思"，即是通過齋戒借助瞑想和意念與身體內外神靈交通，恰恰也是由此發展而來。對此，我們將在後面作進一步討論。

總之，古代國家祭祀制度對於"散齋"和"致齋"在空間上的區別都有非常嚴格而清楚的界定。而"齋宮"或"齋室"等建築設施，就是齋戒者與神靈直接交通的場所，因而也完全符合在宗教經驗中具有超越性精神屬性的"神聖空間"。

而先秦秦漢祭祀制度所強調的齋戒者在"齋室"內心靈與神明互滲交通，這種神秘體驗及其與神靈交通的內容，必然導致其相關儀式的神秘化。雖然由孔子所提出的"敬鬼神而遠之"、"未能事人，焉能事鬼？……未知生，焉能事鬼"、"不語怪力亂神"等原則，在極大程度上限制了古代祭祀齋戒中具有超越性精神屬性的發展，但在漢代一些資料中，我們仍然能看到這樣一種傾向。

（二）古代祭祀齋戒制度中的"致齋"與漢代"存思"之法的興起

"存思"是早期道教一種最為重要的通神方法。存思又稱為"存想"、"存神"、"思神"，等等。"存思"體現為一種內在的意念行為，即閉目默想體內或體外諸神的形象，從而達到與神靈交通。早期道教把人的身體看成是小宇宙，人體內在宇宙與外在宇宙相對應，人體內的諸神與外在宇宙中的神靈相統一。道教認為通過"存思"之法亦可以召出體內諸神，將其派往大宇宙中執行事務，從而達到人與神靈之間的溝通。"存思"被廣泛用於道教齋醮儀式的各個方面，並成為道教各種齋醮儀節中最具有關鍵意義的環節。如果沒有"存思"，就無法溝通人神，也就完全無法達到齋醮儀式的目的。"存思"體現了道教所特有的宇宙觀、人體觀和神靈觀，也是道教齋戒儀式區別於佛教以及世界其他各種宗教儀式最重要的特徵。認識到這一點，對於我們討論道教齋戒儀式的起源、結構及其本質等問題極其重要。反之，如果不瞭解這一點，道教"齋儀"中人與神靈特別是體內神靈交通的一些基本的儀節，如"發爐"、"思神"、"復爐"、"宿啟"、"出官"、"復官"，等等，也就完全無法理解。

早期道教在"靜室"或"齋室"中的"存思",我們認為恰恰就是從古代國家祭祀齋戒在"齋室"內對神靈的精思瞑想中發展而來的。"存思"修煉的出現應遠在漢末道教形成之前,其形成與人體五臟中有神的觀念密切相關。究其原因,一方面是先秦秦漢以來"天人合一"、"天人感應"思想發展的結果。例如,《禮記》、《呂氏春秋》、《淮南子》、《春秋繁露》等典籍中,都已確立了將人體五臟與外在宇宙中的五方、五行等相對應的觀念;另一方面又與《黃帝內經》等所代表的人體經絡腑臟學說的進一步發展有關。

根據現存資料,"存思"修煉的歷史至少可以追溯到西漢後期。《漢書·郊祀志》記載,漢成帝(前32年—前7年在位)在其統治後期,"頗好鬼神,亦以無繼嗣故,多上書言祭祀方術者,皆得待詔",其中多為神仙方士。至永始三年(前14年),大臣谷永上書稱:

> 及言世有僊人,服食不終之藥,遙興輕舉,登遐倒景,覽觀縣圃,浮游蓬萊,耕耘五德,朝種暮穫,與山石無極,黃冶變化,堅冰淖溺,化色五倉之術者,皆姦人惑眾,挾左道,懷詐偽,以欺罔世主。

以上所謂"化色五倉之術者",唐初顏師古注引東漢李奇曰:"思身中有五色,腹中有五倉神;五色存則不死,五倉存則不飢。"[28] 這是一條前人很少關注的重要材料。"五倉神"其實就是"五藏神"。西漢後期興起的讖緯學說代表了儒學的神秘化和宗教化傾向。緯書也認為人身體內存在大量神靈。例如,緯書《龍魚河圖》稱:"髮神名壽長,耳神名嬌女,目神名珠映,鼻神名勇盧,齒神名丹朱。夜臥三呼之,有患亦便呼之九過,惡鬼自卻。"[29] 這些身神的名字,在漢代道經《老子中經》以及後來的《太上靈寶五符序》中也有記載。

東漢延熹八年(165),漢桓帝因夢見老子而派人祠祀,並命陳相邊韶撰《老子銘》。其文稱:"規槼三光,四靈在旁。存想丹田,太一紫房。道成身化,蟬蛻渡世。"[30] 其"存想丹田,太一紫房","存想"與"存思"相同。同年八月,漢桓帝派遣使者祭祀"真人"王子喬,蔡邕所撰《王子喬碑》稱:

> 好道之儔,自遠方集,或絃琴以歌太一,或覃思以歷丹丘。其疾病尫瘵者,靜躬祈福,即獲祚。若不虔恪,輒顛躓。故知至德之宅兆,實真人之先祖也。[31]

所謂"或覃思以歷丹丘","覃思"即深思,與"存思"相同。而"丹丘"是指人體中丹田。此與"存思"的修煉方法密切相關。東漢《老子道德經河上公章句》多論愛氣養神,其中尤其重視養護五藏神,稱:"人能養神則不死,神謂五藏之神:肝藏魂,肺藏魄,心藏神,腎藏精,脾藏志。五藏盡傷,則五神去矣。"[32] 東漢荀悅《申鑒》亦稱:"若夫導引蓄氣,歷藏內視,過則失中,可以治疾,皆非養性之聖術也。"[33] 其所謂"歷藏內視"即與"存思"有關。

我們要特別指出的是,以上《漢書·郊祀志》等材料所反映的早期"存思"修煉,雖然其中並沒有直接提及"齋戒"二字,然而,東漢《太平經》和《老子中經》以及魏晉時期大量道教經典卻都能證明,"存思"、"歷藏"作為一種極其重要的與體內體外神靈直接交通的方式,必然與齋戒制度具有不能分割的聯繫,而且"存思"也只能是在"靜室"或"齋室"這種特定神聖空間中進行。例如,漢代《老子中經》卷上"第二十六神仙"記載,奉道者在"靜室"中齋戒並瞑想神靈，其文稱：

> 子欲為道，當先歷藏，皆見其神，乃有信。有信之積，神自告之也。先念天靈君。天靈君青身白頭，正在眉間，思之三日，即見其神。……三日，念為道竟矣。不出靜室，辭庶俗，赴清虛，先齋戒，節飲食，乃依道而思之。[34]

所謂"思之三日，即見其神"，就是指在"靜室"中進行三天的"致齋"後，即能與其所"存思"的神靈相見。而前引《禮記·祭義》即稱"齊三日，乃見其所為齊者"，《禮記·郊特性》又稱"故君子三日齊，必見其所祭者"。可見，《老子中經》的"存思"神靈在方法和原理上與此相同。而早期道教修煉者與人體內在神靈和外在宇宙神靈的溝通，恰恰就是通過在"齋室"或"靜室"中的"存思"而達成的。因此，漢晉道教的"存思"觀念及其方法，本身是在兩漢傳統宗教已有的體內神觀念基礎上發展起來的。

近數十年來，歐美日道教學界對早期上清派及其修煉方法都有非常專門而深入的研究，也有部分學者將道教"存思"的起源追溯到了東漢時期[35]。不過，迄今為止，似乎尚未見有人將早期道教"存思"的起源，與中國古代國家祭祀齋戒和早期道教齋戒以及相應的神聖空間等聯繫起來進行考察。我們認為漢晉道教的"存思"，就是從傳統祭祀齋戒中的"致齋"對神靈的瞑想和感應交通的神秘體驗中發展而來的。而早期道教則從中進一步發展了自己的神靈體系和相關儀式。

（三）漢晉道教作為與神靈交通神聖空間的"齋室"或"靜室"

漢晉道教經書對於"靜室"作為齋戒以及人與神靈交通的神聖空間有極其豐富的論述。我們已有較多討論[36]。在此，我們試對相關問題再作概要性的討論。《太平經》作為現存第一部道教經典，其中已有大量而完整的"存思"體內外神靈的思想和方法。而《太平經》也有關於"存思"與齋戒制度以及"齋室"或"靜室"關係的大量論述。例如，該書有《齋戒思神救死訣》[37]。其"思神"即"存思"。而所謂"齋戒思神"即說明了"存思"與"齋戒"本來就不能分離。《太平經》之《分別形容邪自消清身行法》即與治病禳災相關，其文稱：

> 或求度厄，其為之法，當作齋室，堅其門戶，無人妄得入。日往自試，不精不安復出，勿強為之。如此復往，漸精熟即安，安不復欲出，口不欲語，視食飲，不欲聞人聲。關錬積善，瞑目還觀形容，容象若居鏡中，若闚清水之影也，已為小成。無鞭策而嚴，無兵杖而威，萬事自治，豈不神哉！謂入神之路也，守三不如守二，守二不如守一。深思此言，得道深奧矣。[38]

"齋室"與"靜室"相同。所謂"求度厄"，即指治病和禳災等。以上是指通過在"齋室"中的"守一"修煉，以求達到除邪度厄。《太平經》認為"守一"具有治病度厄功能。而早期道教的齋戒以及"度厄"等儀式，必須是在"靜室"等這種特定的宗教設施中舉行的。這種"齋室"要求門窗堅固，禁止外人進入。其方法是保持心志的精誠和清靜，通過意念反觀自身，最後達到"瞑目還觀形容，容象若居鏡中，若闚清水之影也"。《太平經》又稱：

> 使空室內傍無人，畫象隨其藏色，與四時氣相應，懸之窗光之中而思之。上有藏象，下有十鄉，臥即念，以近懸象，思之不止，五藏神能報二十四時氣，五行神且來救助之。萬疾皆愈。[39]

《太平經》所說的"空室"，其實也是指道士"致齋"所用的"齋室"或"靜室"。而存思"五藏神"等，與齋戒者在"齋室"或"靜室"中的"致齋"不能分離。

在傳統祭祀齋戒"齋室"的基礎上，漢晉道教將"靜室"進一步描述成一個神靈降臨、駐守和對齋戒者進行監察的神聖空間[40]。而《太平經》和漢晉天師道以及其他所有道派與神靈交通的各種儀式，其實都主要是通過齋戒在"靜室"或"齋室"中進行的。對此，我們將在後面進一步討論。

總之，雖然漢晉道教齋戒在"靜室"中所交通的神靈與儒家祭祀有着顯著的差別，而且道教各派在"靜室"中所交通的神靈亦有差別，但是，"齋室"或"靜室"作為齋戒特定的場所及其所具有的與神靈交通的功能卻又是相同的。而這一點既是古代祭祀齋戒和早期道教齋戒最重要的相通之處，同時也是古代祭祀齋戒和早期道教齋戒與早期印度佛教"布薩"制度最根本的差別之一。

三、古代國家祭祀齋戒和早期道教齋戒中的"守靜"與"靜室"名稱的來源

（一）古代祭祀齋戒中的"齋宮"和"齋室"與"守靜"的關係

古代國家祭祀齋戒除了齋敬神靈之外，還具有"守靜"的功能。這一點對於早期道教齋戒制度的形成和發展影響尤其深遠。我們認為這也是早期道教將齋戒所用的"齋室"等建築設施稱為"靜室"的主要原因。

《禮記·月令》是早期儒家典章中有關齋戒最具有代表性的論述之一。它規定了一年之中各個時節祭祀齋敬神靈的內容，而且將人的活動與宇宙中陰陽之氣的消長和萬物的變化等，都看成是一個相互感應並且相輔相成的系統，因而使祭祀齋戒具有非常豐富的宇宙論意義。例如，《禮記·月令》關於"仲夏之月"即農曆五月"夏至"節的祭祀以及齋戒活動，其文曰：

> 是月也，日長至，陰陽爭，死生分。君子齊戒，處必掩身，毋躁。止聲色，毋或進。薄滋味，毋致和。節耆欲，定心氣。百官靜，事毋刑，以定晏陰之所成。[41]

以上對於我們理解傳統祭祀齋戒中"靜室"名稱的來源具有重要意義。漢代鄭玄和唐代孔穎達等對此也作了專門注解。因此，我們試加以較為詳細的說明：

（1）所謂"陰陽爭，死生分"，鄭玄注稱："爭者，陽方盛，陰欲起也。分，猶半也。"孔穎達疏曰："'死生分'者，分，半也，陰氣既起，故物半死半生。"並引蔡氏曰："感陽氣，長者生，感陰氣，成者死，故於夏日相與分也。"可見，在"夏至"節祭祀神靈並舉行齋戒的根本原因，與此時宇宙中陰陽之氣的此消彼長密切相關。

（2）所謂"君子齊戒，處必掩身，毋躁"，鄭玄注稱："掩，猶隱翳也。躁，猶動也。"孔穎達徵引蔡氏曰："君子，謂人君以下至在位士也。齋戒，所以敬道萌陰也。處必掩身，處猶居也；掩，隱翳也。陰既始萌，故君子居處不顯露，恐干陰也。"孔穎達又稱："'毋躁'者，躁，動也。既不顯露，又不得躁動，宜靜以安萌陰也。""陰"與"靜"相關。因此，所謂"萌陰"就是指"養陰"，也就是說"守靜"或"養靜"。而君子進行齋戒，其居處一定要遮掩身體，舉動不要輕躁，以儘量順應陰陽之氣的變化。而"處必掩身"的地點，其實就是指專門用於"致齋"的場所——即"齋宮"、"齋室"或"靜室"。

（3）所謂"止聲色，毋或進。薄滋味，毋致和。節嗜欲，定心氣"，是說要停止享用舞樂和女色，不要向君子進獻舞樂和女色；飲食滋味要清淡，不要追求五味調和；要節制嗜欲，平定心氣。孔穎達稱："既止聲色，故嬪房不得進御待夕也。亦為微陰始動，不可動於陰事也。"又稱："滋味和調，氣味殊異，他時可食，此時傷人。"可見，其之所以要強調"止聲色，毋或進。薄滋味，毋致和"的根本原因，仍然與陰陽之氣的變化密切相關。

（4）所謂"百官靜，事毋刑，以定晏陰之所成"，是說身體的各個器官都要守靜，凡事不要急於求成，這樣才能使得陰陽二氣所成就的事物得到確定。至於"事毋刑"，歷史上主要有兩種解釋，一種以鄭玄為代表，將其注解為"刑罰之事，不可聞"；另一種以孔穎達為代表，認為以上"皆是清靜止息之事，以正定身中安陰之所成就，謂初感安陰，若不清靜，則微陰與人為病，故須定之"。

除了《禮記·月令》之外，《呂氏春秋》和《淮南子》都有與此完全相同或相類似的闡述[42]。綜合《禮記·月令》、《呂氏春秋》和《淮南子》三種記載以及相關注疏，我們可以將相關內容總結為這樣幾點：第一，中國傳統的齋戒並不僅僅是一種齋敬神靈的方式，還被賦予了極其豐富的宇宙論意義。它強調人與宇宙世界共同構成了一個互滲互感的體系，而人的齋戒活動本身具有參與和協調陰陽的特殊功能。因而為政者需要通過齋戒這種特定方式以體現遵從宇宙運行之道，使其所有行為都與陰陽之氣保持和諧的狀態，並參與天地陰陽之氣的生成變化；第二，齋戒所要求的"守靜"和"養靜"，既包括身體各種器官的寧靜，更體現在人內在心志的清靜。為此，必須節制人的各種欲望，防止外在邪物的干擾。而齋戒的具體規定，包括與世俗隔離開來，保持身心的安靜，停止樂舞等影響陰陽之氣的行為，停止男女性愛活動，停止對飲食滋味的享受，停止嗜欲之事，所有行事都必須以靜為主；第三，《禮記·月令》所謂"處必掩身"，以及《呂氏春秋》的"處必揜"等，都是強調齋戒者的居處必須隱蔽。而"致齋"之所以必須要在特定的"齋宮"、"齋室"或"靜室"中進行，就在於這種宗教性建築設施一般都具有高度封閉、隱蔽、幽暗、清靜、養靜、養陰的特點。而齋戒者亦惟有在這種與世俗事務完全隔絕的環境中，才能真正做到身心清靜寡欲，也才能最終達到心神與神靈之間的交通和感應。

總之，先秦至兩漢祭祀禮制中的齋戒除了齋敬神靈之外，還具有以此達到"節欲"、"守靜"和"養靜"，從而使人之行為符合天道的特殊意義。而這也正是用於齋戒的"齋宮"或"齋室"亦可以稱為"靜室"最主要的原因。漢晉道教的"靜室"在齋敬神靈和"守靜"兩方面，都與傳統祭祀齋戒其實具有一脈相承的關係。

（二）漢晉道教齋戒與"守靜"的關係以及"靜室"名稱的來源

漢晉道教亦把"守靜"看成是其最重要的修煉方法之一。而其"守靜"又與齋戒制度具有必然的關係。漢代《太平經》對道教齋戒制度及其與"靜室"的關係有大量論述。《太平經》除了將用於齋戒的"靜室"稱為"齋室"之外，還將其稱為"茅室"、"空閒之處"、"閑善靖處"、"香室"、"神室"、"幽室"，等等。而尤為值得注意的是，《太平經》對於修道者在"靜室"中"守靜"的神學意義也有詳盡論述，其文稱：

> 久久自靜，萬道俱出，長存不死，與天相畢。為之必和，與道為一，賢持無置，凡事已畢。俗念除去，與神交結，乘雲駕龍，雷公同室，軀化而為神，狀若太一。詳思書言，慎無失節。凡精思之道，成於幽室，不求榮位，志日調密，開蒙洞白，類似晝日。不學之時，若夜視漆，東西南北，迷於其室。……強求官位道即亡，不若除臥久安牀。不食而自明，百邪皆去遠禍殃。守靜不止不喪，幸可長命而久行，無敢恣意失常。求之不止為道王。[43]

學術界對《太平經》以上論述的關注很少。我們認為以上內容對於理解早期道教"靜室"的來源具有十分重要的意義。首先，我們要特別強調的是，以上所謂"凡精思之道，成於幽室"，這裡的"幽室"其實就是指早期道教齋戒所用的"齋室"或"靜室"。南朝道教宗師陸修靜《洞玄靈寶齋說光燭戒罰燈祝願儀》曰：

> 夫齋，當拱默幽室，制伏性情，閉固神關，使外累不入。守持十戒，令俗想不起。建勇猛心，修十道行。堅植志意，不可移拔。注玄味真，念念皆淨，如此可謂之齋。[44]

根據陸修靜的解說，道教齋戒與"幽室"即"靜室"或"齋室"之間具有不能分割的關係；其次，以上全部內容其實都是闡述在"靜室"中堅持齋戒"守靜"修煉的意義。《太平經》認為，人在"靜室"中進行齋戒的時間一長，自然就會進入寧靜的狀態，所有的道術就都顯現出來；長生不死，與皇天相始終。修煉時保持平和，就能與真道融為一體；將世俗人的念頭拋在腦後，只管與神靈交接，就能乘雲駕龍，和神靈同處一室；當形體變易，成為神仙，形體便會同元氣一樣。所有精思的道術，都只有在幽暗清靜的"靜室"中才能修煉成功。人不應該貪求高官顯職。如果死死地抱住官位不放，真道就會遠離他，遠不如清整臥具，久久地在"靜室"的牀上安靜地齋戒修煉。當人修煉到不吃五穀而自我腹內通明，各種大邪鬼物都會離去，也就會遠遠地避開各種禍殃。人能執守清靜又不使之受損，有幸使性命長存，最終便成為道術的最高駕馭者。可見，《太平經》認為通過"守靜"的修煉，不僅"百邪皆去遠禍殃"，而且還可以達到"長存不死，與天相畢"，"與神交結"，"軀化而為神"。

《太平經》還從心神的清靜與形體的清靜等方面闡述了"守靜"對於道教修煉至關重要的意義。關於心神的清靜，《太平經》稱：

> 心則五臟之王，神之本根，一身之至也，主執為善。心不樂為妄，內邪惡也。凡人能執善，清靜自居，外不妄求，端正內，自與腹中王者相見，謂明能還觀其心也。[45]

以上是說，心是五臟的主宰，是人體內眾神靈的根本，也是整個人體最重要的部位，其職能在支配世人去做善事。心不願意人去胡作非為，或把邪惡收納進來。任何人只要能夠守持良善，清靜自守，不對外界想入非非，端正內心，就會自動地與腹中的心神見上面，也就是說通明就能反轉過來看到自己的內心。而其"清靜自居"以及"自與腹中王者相見",均屬於修道者在"靜室"中齋戒"守靜"所達到的一種效果。

關於形體的清靜,《太平經》之《盛身却災法》稱:

> 靜身存神,即病不加也,年壽長矣,神明祐之。故天地立身以靖,守以神,興以道,故人能清靜,抱精神,思慮不失,即凶邪不得入矣。其真神在内,使人常喜,欣欣然不欲貪財寶,辯訟争,競功名,久久自能見神。[46]

《太平經》的作者認為,如果人能使形體清靜,守持住自己體内的神靈,疾病就無法侵入體内,壽命也就能長久,因為有神靈在保佑救助他。因此,天地憑藉寧靜而保持自身的形態,依靠天神地祇來做守護,仰仗真道而興。世人如果能夠清靜無為,守持住自己體内的神靈,思慮不出現偏差,凶邪毒物就無法侵入。那些真神寄居在世人的體内,讓人保持愉悦的心態,不去貪求什麼財物珍寶,不去打官司,不去博取功名利祿,時間一長,世人就會自動看見體内的神靈。

《太平經》還將傳統的"天人感應論"與道家思想結合起來,進一步闡述了"守靜"的重要意義。其《瑞議訓訣》記載了"天師"和"弟子"之間的對話,其文稱:

> "瑞者,清也,靜也,端也,正也,專也,一也,心與天地同,不犯時令也。""願聞以何知其清靜、端正、專一邪?""善哉!子之問也。夫天地之性,自古到今,善者致善,惡者致惡,正者致正,邪者致邪,此自然之術,無可怪也。故人心端正清靜,至誠感天,無有惡意,瑞應善物為其出。子欲重知其大信,古者大聖賢,皆用心清靜專一,故能致瑞應也。諸邪用心佞偽,皆無善應。此天地之大明徵也。"[47]

以上天師所稱的祥瑞,是說人要清寂、寧靜、端莊、正直、專注、純一不雜,心念與天地完全相同,不違背節氣時令。而弟子詢問究竟應該根據什麼來判定他做到了清寂、寧靜、端莊、正直、專注、純一不雜呢,天師說天地的本性,從古到今都表現為,人吉善,就招來吉善;人險惡,就招來險惡;人正直,就招來正直;人邪僻,就招來邪僻,這正屬於原本就那樣的定律,沒有什麼值得奇怪的。因此,當人的内心端莊正直而又清寂、寧靜,至誠感動皇天,沒有一絲邪惡的念頭,吉祥的兆應和美好的生物就會為他降現湧生出來。古代的大聖賢全都用心清寂寧靜而又專注和純一不雜,所以就能把吉祥的兆應招引來;各種邪惡的人用心奸巧虛偽,全都得不到好的兆應,而這些正構成了天地最為明顯的證驗。總之,《太平經》認為所有祥瑞均由人所招致,是"清、靜、端、正、專、一"集於一身、感天動地的產物。

《太平經》又稱:"子欲得道思書文,求道之法靜為根。積精不止神之門,五德和合見魂魄,心神已明大道陳。"[48]其意是說,若要獲取真道,就去精思我那書文。而求取真道的方法,就是要將清靜作為根本。反復地精思而不停頓,就會召來並看到神靈,若讓五德神協調行動,就看到魂神與精魄,心神也就會變得萬分明徹,大道就陳現在你的面前。《太平經》佚文又稱:"求道之法,靜為基先,心神已明,與道為一,開蒙洞白,類如晝日。"[49]意思是說,求取真道的方法,清靜的修煉則構成了最根基和先導,心神已經明徹,就同真道融為一體,破除一切翳障,腹内上下通明,就像天空正中的太陽。可見,《太平經》將"守靜"看成是道教各種修煉方法的根本。

敦煌本漢末天師道經典《老子想爾注》，對於道教"守靜"思想也有非常詳盡的闡述。我們試舉數例來說明：（1）《道德經》稱"致虛極，守靜篤"，"歸根曰靜，靜曰復命。復命曰常"。而《老子想爾注》稱："彊欲令虛詐為真，甚極，不如守靜自篤也。"又稱"道氣歸根，愈當清淨矣。知寶根清靜，復命之常法也"[50]；（2）《道德經》稱"重為輕根，靜為躁君"，"輕則失本，躁則失君"。而《老子想爾注》稱"道人當自重精神，清靜為本"，"輕躁多違道度，則受罰辱，失其本身，亡其尊推矣"[51]；（3）《道德經》稱"無欲以靜，天地自正"。《老子想爾注》稱"道常無欲，樂清靜，故令天地常正"[52]；（4）《道德經》稱"濁以靜之徐清"；《老子想爾注》稱："人法天地，故不得燥處。常清靜為務，晨暮露上下，人身氣亦布至，師設晨暮清靜為大要，故雖天地有失，為人為誡，輒能自反，還歸道素。人德不及，若其有失，遂去不顧，致當自約持也。"[53]饒宗頤先生認為"此即務靜約持之說"，而且認為就是指《太平經》的所謂"入室存思"[54]。所謂"入室存思"，我們認為實際上就是指齋戒者進入"齋室"或"靜室"中存思身神。而漢晉道教"守靜"、"守一"等大量修道方式，其實都是在"齋室"或"靜室"中通過齋戒的方式來實現的。

魏晉時期一批重要道經對於道教"齋戒"與"守靜"之間的關係作了進一步闡述。學術界一般認為《西昇經》成書於公元 4 世紀中期以前[55]。《西昇經》稱老君對其徒尹喜說法：

> 尹喜受言誠深，則於關稱疾棄位，獨處空閑之室，恬淡思道，歸志守一。[56]

其"空閑之處"的名稱，最早見於《太平經》[57]，實際上就是早期道教對"齋室"或"靜室"的另一種稱呼。《西昇經》強調通過在"齋室"或"靜室"中的齋戒和"守靜"，以達到"恬淡思道，歸志守一"。所謂"守一"就是通過虛靜無為保養形神的方法，使魂神長存體內，與身體形魄相抱為一。如前所述，"守一"修煉都是在齋戒的狀態下在"靜室"中進行的。《西昇經》又稱老君對尹喜說：

> 道言微深，子未能別。撮取於署，戒慎勿失。先捐諸欲，勿令意逸。閑居靜處，精思齋室。丹書萬卷，不如守一。[58]

所謂"精思齋室"的"齋室"，就是齋戒所用的"靜室"。而"閑居靜處"則體現了在"靜室"中的一種狀態，即強調齋戒者要身心閑靜，排除各種世俗事務和欲望的干擾。而所謂"丹書萬卷，不如守一"，是說與其修煉萬卷金丹書的方法，還不如通過齋戒的方式在"齋室"中專門修煉"守一"之法。

南朝上清派宗師陶弘景（456—536）所編纂的《登真隱訣》和《真誥》，其內容大多為公元四世紀六七十年代早期上清派代表人物所抄錄的真人誥訣，其中有對道教齋戒制度的大量論述。《登真隱訣》稱：

> 道齋謂之守靜，謂齋定其心，潔靜其體，在乎澄神遣務，檢隔內外，心齋者也[59]。

這裡非常明確地將"道齋"等同於"守靜"，說明早期上清派強調道教齋法最核心的內容就是

"守靜",就是通過齋戒使身心得到清靜和潔淨。為此,該書還專門提到了《莊子》所創造的"心齋"概念。敦煌文書 S. 4314、S. 6193、P. 2751 寫本《紫文行事訣》為東晉上清派經典,該經稱:"長齋隱栖,以存其真。道齋謂之守靜,佛齋謂之耽晨。"說明早期道教亦將"守靜"看成是道教齋法與佛教齋法的主要區別之一。所謂"佛齋謂之耽晨",是說佛教齋法是指思禪。而劉宋初年的上清派道經《太真科》也稱:

> 是以聖人抱一為天下式,行化守一,天下同歸,歸乎清虛,守靜唯篤。未能無待,常學少私,稍遣世務,三業可修。修三業守一,以齋為本。齋者,齊也,潔也,靜也。[60]

《太真科》明確將"齋者"等同於"靜也",並且要求"歸乎清虛,守靜唯篤"。可見,"守靜"既是漢晉以來道教齋法最核心的內容之一,也是早期道教將齋戒的場所——"齋室"稱之為"靜室"的主要原因。

總之,自戰國秦漢以來,隨着陰陽五行思想、"氣"的觀念以及天人合一、天人感應觀念的盛行,傳統祭祀制度中的齋戒不但是齋敬神靈和與神靈交通不可或缺的方式,而且還被賦予了協調天地陰陽之氣以及守靜、養靜、養氣、養性、養心、養身等多方面的功能。而漢晉道教齋戒制度在這兩方面其實都有重大發展。由於傳統祭祀齋戒與早期道教齋戒二者均與"守靜"密不可分,因此,"靜室"在本質上也可以稱為是通過齋戒以達到"守靜"和"養靜"的場所。與漢魏六朝儒家祭祀制度主要使用"齋宮"和"齋室"的概念相比,這一時期道教則更多地使用"靜室"之名,顯示出道教更加突出了齋戒所具有的通過"守靜"以達到煉養的特點。

(三) 從"靜室"看漢晉道教"守一"和"守靜"與佛教"禪定"的差別

漢晉道教的"守靜"、"守一"與佛教的坐禪、禪定,在形式上有某些相似之處。而六朝一部分道經甚至直接把"禪定"亦看成是"佛齋"即佛教齋法的內容。因此,弄清早期道教"守一"、"守靜"與佛教坐禪的差別,對於我們探討早期道教齋戒制度的真正來源具有重要意義。

六朝一批漢譯佛經往往亦將"靜室"直接描述為修習禪定的場所。例如,西晉竺法護翻譯的《正法華經》稱:"彼佛說是,於八萬劫未曾休懈。說斯經已,即入靜室精思閑定。"[61]所謂"入靜室精思閑定",從字面上看與道教"入靜室精思"等非常接近。而後秦時期鳩摩羅什翻譯的《妙法蓮華經》卻為:"佛說是經,於八千劫未曾休廢。說此經已,即入靜室,住於禪定八萬四千劫。是時十六菩薩沙彌,知佛入室寂然禪定,各昇法座。"[62]這裡的"靜室"則為佛陀"入室寂然禪定"的場所。又如,《大智度論》記載:"梵天王來欲見佛。佛入靜室,寂然三昧;諸比丘眾,亦各閉房三昧,皆不可覺。"[63]這裡的"三昧"為佛教術語,梵文為 Samādhi,又譯三摩地、三摩提,意譯為等持、正心行處、心一境性等等,意指專注於所緣境,而進入心不散亂的狀態,皆可稱為三摩地,又可譯為"止"、"定"、"禪定"。因此,所謂"佛入靜室,寂然三昧",其實就是指佛陀在"靜室"內禪定。《大智度論》又稱:"若無禪定靜室,雖有智慧,其用不全;得禪定則實智慧生。以是故,菩薩雖離眾生,遠在靜處,求得禪定。"[64]這裡更是直接將"禪定"與"靜室"聯繫在一起。東晉末年法顯翻譯的《大般涅槃經》記載"王玉女寶,名曰善賢,與餘夫人及以媒女八萬四千人,於靜室中坐禪思惟,經四萬歲"[65]。可見,這裡的"靜室"就是"坐禪思維"的場所。而《善見律毗婆沙》稱:"樹下者,於樹下若坐若行。靜室者,除樹下阿蘭若處,餘一切處,皆名靜室。"[66]可見,佛教所說的"靜室",並無本土齋戒制度所特有的涵義。

佛教的"禪定",梵語為dhyāna,巴利語為jhāna。又作禪那等等。意譯作靜慮、思惟修習、舍惡、寂靜思慮之意。指將心念專注於某一對象,極寂靜以達到思惟定慧均等之狀態。坐禪是印度宗教家自古以來就修行的內省調息之法,佛教大乘小乘亦加以採用。佛經記載釋迦牟尼成道時,先後在菩提樹等樹下端坐靜思,是為佛教坐禪之始。

在前面,我們用很大的篇幅證明了漢晉道教的"靜室"都是齋戒以及"守一"修煉的場所。而以上六朝漢譯佛經卻又將"靜室"描述成"禪定"的場所。這裡引發出的一個問題就是,漢晉道教的"守一"與佛教的"禪定"究竟是一種什麼關係呢?

自上世紀30年代以來,學術界對於漢代《太平經》中"守一"的觀念與印度佛教"禪定"的關係有過專門討論。1935年,湯用彤先生最早提出《太平經》的"守一"之法是受印度佛教禪法直接影響的結果[67]。而任繼愈先生等的研究則證明,《太平經》中"守一"之法的淵源是先秦老莊道家等思想,並且認為漢魏時期漢譯佛經中的"守一"等概念,恰恰是其受中國本土宗教文化影響的結果[68]。饒宗頤先生也認為,"守一為東漢道家所恒言,故取以譯釋氏之'禪定',亦格義之一例"[69]。近年蕭登福先生則認為道教的"守一"在固守形、神,在使心意專一、"無視無聽"、"必靜必清",在不受外誘方面,和佛教禪法的制止雜念以及專一於定境相似。他認為道教"守一"的目的則在使形神不離;而佛教禪法則由觀想入手,來制止外誘雜念的產生,以入定境。因此,兩者在專一心志上有相近處,但在修習法門上卻各異[70]。

在前人論述的基礎上,我們認為無論是其內容還是形式,《太平經》以及早期道教的"守一"與佛教"禪定"都有非常明顯的差別。首先是二者在修煉時間和空間上存在着顯著的差別。例如,題為"後漢安息國三藏安世高譯"的《大比丘三千威儀》,對早期佛教坐禪即有明確的規定,其文稱:

> 欲坐禪復有五事:一者當隨時,二者當得安床,三者當得端坐,四者當得閒處,五者當得善知識……隨時者,謂四時。安床者,謂繩床。軟座者,謂毛坐。閒處者,謂山中、樹下;亦謂私寺中不與人共。善知識者,謂同居。[71]

所謂"隨時者,謂四時","四時"既指一年四季,亦可以指一日之朝、晝、夕、夜四個時間[72]。至於佛教"坐禪"的場所,即其所要求的"閒處","謂山中、樹下;亦謂私寺中不與人共"。因此,佛教的"坐禪"實際上沒有嚴格的時間限制和空間限制。

然而,早期道教的"守一"、"守靜"卻是與齋戒制度不能分割的。因而有嚴格的時間和空間限制。《太平經》的"守一"在多數情況下體現為一種高度集中和控制意念力而存思並睹見體內神神靈的修煉方法,其時間必須是在齋戒期間,而其空間則必定是在"齋室"或"靜室"之中。《太平經》有《守一入室知神戒》[73]。所謂"守一入室",是指修煉"守一"之法必須進入齋戒所用的"靜室"中。《正統道藏》太平部所收《太平經聖君秘旨》一卷,是唐末道士閭丘方遠選輯《太平經》而編成的[74]。該書對於"守一"的方法及其作用有大量論述,其中論及"守一"的環境稱:"守一之法,始思居閒處,宜重牆厚壁,不聞喧譁之音。"[75]而這樣的"閒處",其實就是齋戒所用的"齋室"或"靜室"。可見,《太平經》認為只有在這樣高度封閉的環境中,才能節制情志,排除俗界塵囂的干擾,專精潛心於內心的瞑想。

其次，早期道教的"守一"與佛教的"坐禪"在修煉的內容，特別是在最終目標上有着根本性的差別。《太平經》稱："一者，心也，意也，志也。念此一身中之神也。凡天下之事，盡是所成也。"[76] 所謂"一身中之神"，即指寄居在人體各個部位並起主導作用的人格化神靈。以上是說"一"，就是心念、用意和志向，也就是精思全身中的神靈。大凡天下所有的事情都是由這種道術所成就的。

而《太平經聖君秘旨》反映"守一"大多與修煉者同神靈的交通有關。我們試以其中一批最有代表性的論述來說明。關於"守一"修煉的方法和所要遵守的規範，（1）"守一之法，少食為根，真神好潔，糞穢氣昏。"[77] 所謂"真神好潔"，唐代王懸河《三洞珠囊》引《太平經》佚文稱："夫神精，其性常居空閑之處，不居污濁之處。欲思還神，皆當齋戒，懸象香室中，百病消亡。不齋不戒，精神不肯還反人也。"[78] 以上是說守一這種道術，要把少吃當作修煉的基礎性環節。真神喜好馨香清淨的環境，如果亂吃東西，使身體污濁，就會使人體內的神靈感到人氣昏濁。（2）"守一之法，內有五守，外有六候，十一之神，同一門戶。"所謂"五守"，是指守五臟神，即肝神、心神、脾神、肺神、腎神；"六候"，是指六個司命神守候在體外身邊，共議人的過失。因為《太平經聖君秘旨》又稱："守一之法，常有六司命神，共議人過失"。而"十一之神"，指五臟神與六司命神的相加。意即守一這種道術，在體內有五臟神的意守，在體外有六個司命神的監察，而這十一個神靈，屬於同一個行列。（3）"守一之法，密思其要，周而復始，無端無徼，面目有光明，精神洞曉。"意即守一這種道術，要周密地精思其要領，其修煉要周而復始，沒有終點和盡頭，最後面龐與眼睛就會煥發出光輝，並將精靈與神靈就會徹底地弄清。（4）"守一之法，有三百六十六數，數有一精，精有一神，守一功成，此神可視。"意即守一這種道術，具有三百六十六個需要數得過來的人體部位數，每個部位數都有一個精靈在裡面，每個精靈又有一個神靈在它上面，當守一修煉成功，這些神靈都能看得見。《太平經聖君秘旨》又稱："人三百六十職，職一精，精一神，思神至成道人。"意即人體具有三百六十個職守，每個職守中都有一個精靈，每個精靈上面又有一個神靈。精思神靈，最後就能成為道人。（5）"守一之法，有內五政，遊心於外，內則失政。守一不善，內逆外謹，與一為怨。"所謂"內五政"，指肝神主仁，心神主禮，脾神主智，肺神主義，腎神主信。班固《白虎通義·情性》等對人體五臟與仁義禮智信的關係有專門論述。而《太平經》則將五臟神的功能作了新的發揮。以上是說守一這種道術，具有腹內五臟神分別執持仁義禮智信的政事。如果將心思分散到外面去，腹內就會喪失掉那些政事。守一卻不精善，內心實際違逆，只是在外表上裝出恭謹的樣子，就會與"一"結下仇怨。（6）"守一之法，內若大逆不正，五宮乖錯，六府失守，群神恐愁，俱出白於明堂，必先見於面目顏色。天地共知之，群神將逝形，當死矣。"其意為，守一這種道術，如果在內心裡大逆不正，五臟違逆錯亂，六腑失去本位，體內神靈就會感到恐懼愁苦，全都會從人體內跑出來，到天庭明堂去作稟告，這必定會首先在人的面色和神色上顯現出來。天地共同瞭解這種情況，眾神靈就會從人體中遠離而去，這個人也就該死掉了。（7）"守一之法，有百福亦有百禍。所守不專，外事多端，百神爭競，勝負相連。"意即守一這種道術，既有各種吉福，也有各種禍殃。如果對其所意守的物件不專注，致力於外界事務很繁雜，那麼，百神就爭著占上風，勝負在人體內一個接著一個產生出來，那他離死也就不遠了。（8）"守一之法，不言其根。謹閉其門，不敢泄漏，謹守其神。外闇內明，一乃可成。"此是說守一這種道術，默識不語是修煉它的根基。必須謹慎地封存住耳目口鼻舌這些出入口，決不敢讓體內的眾神靈遊離到體外去，謹慎地守定住這些神靈。外部一片昏暗，而腹内一片通明，這樣那個"一"才會修煉成。

關於"守一"修煉所能達到的功效和最終目的，《太平經聖君秘旨》也有大量論述：（1）"守一之法，將與神遊，萬神自來，昭昭可儔。"其意是說修煉守一這種道術，眼看要與神靈相交結了，所有神靈這時候就會自動到來，可以非常明顯地和它們結成同伴。（2）"守一復久，自生光明。昭然見四方，隨明而遠行，盡見身形容。群神將集，故能形化為神"。其意思是說，守一修煉的時間足夠長久，閉目就會自動地生發出光明來，非常清楚地看到四面八方，隨着光明度越來越強，邊往遠處延伸，全部看到體內各種神靈的形體容貌。群神將被聚集在一起，就會使人的身軀變成神靈。（3）"守一之法，與天地神明同，出陰入陽，無事不通也。"其意為守一這種道術，與天地神明吻合一致，在陰陽之間出此入彼，沒有任何事物不通暢。（4）"守一之法，内常專，神愛之如赤子，百禍如何敢干？"意思是說如果修煉守一這種道術，内心一直保持專注，神靈喜愛他就如同喜愛自己的嬰兒一樣，各種禍殃怎敢去侵犯呢？（5）"夫欲守一，乃與神通；安臥無為，反求腹中；臥在山西，反知山東。"所謂"山東"和"山西"，東漢劉熙《釋名·釋山》稱："山東曰朝陽，山西曰夕陽，隨日所照而名之也。"以上是說，如果想修煉守一這種道術，就要同神靈相融通；安穩地躺臥在那裡，不去搞那些人為的舉動，反過來專門從腹内求索；就像躺臥在山峰的西側，反而會瞭解山峰的東側情況如何。（6）"守一之法，乃萬神本根，根深神靜，死之無門。"其意指守一這種道術，正是所有神靈的本根所在。如果本根深厚，神靈就安寧，死亡也就沒有入口處了。（7）"守一是為久遊，身常自謹，患禍去之。"所謂"久遊"，實際上是指與體内神靈長久地打交道，保持着融洽和諧的狀態。意思是說堅持守一，就能與體内神靈長久和諧地打交道，本身總保持自我謹慎，禍患就能遠離而去。（8）"守一之法，乃諸神主人善之根，除禍之法，致福之門。守一者，乃神器之主。從一神積至萬神，同一器，則得道矣。"意為守一這種道術，正是眾神靈支配世人做善事的總根源，也是去除凶禍的道法和招來吉福的門徑。守一屬於體内神靈、精靈和形體組成的世人神器的主宰，從一種神靈積聚到萬種神靈，全都處在同一神器中，也就能獲取真道了。

可見，"守一"作為《太平經》最重要的修煉方法，始終都與同神靈的交通緊密相關的。《太平經》對後世道教"守一"的發展也有深遠影響。葛洪《抱朴子内篇·地真》也稱："守一存真，乃能通神。"[79] 又稱燒煉金丹，"當復齋潔清净，斷絕人事。有諸不易，而當復加之以思神守一，却惡衛身"[80]。可見，早期道教的"守一"，一般都與交通神靈密切相關。

而六朝道教經典其實也明確地指出了道教"守靜"和"守一"與佛教"禪定"存在根本性的差别。例如，南朝初天師道經典《三天内解經》，一方面極力強調齋戒對於修道和與神靈交通的重要意義，而另一方面又將道教齋戒的"守靜"、"守一"與佛教禪定或"靜坐"區别開來。其文稱：

> 夫沙門道人小乘學者，則靜坐而自數其氣，滿十更始，從年竟歲，不暫時忘之。佛法不使存思身神，故數氣為務，以斷外想。道士大乘學者，則常思身中真神形象，衣服綵色，導引往來，如對神君，無暫時有輟，則外想不入，神真來降，心無多事。小乘學者，則有百事相牽，或有憂愁萬慮，外念所纏。大乘、小乘，其路不同，了不相似也。小乘學則須辯口辭，可為世師。大乘之學，受氣守一，實為身資。[81]

所謂沙門道人"靜坐而自數其氣,滿十更始,從年竟歲,不暫時忘之",即代表"禪定"的修煉。其修煉方法是將全部注意力集中在鼻孔處,當氣息流出鼻腔時在心裡默數,在每次呼氣時(也可以在吸氣時數),就數一個數字,並暗示自己更放鬆。其數數的規則,是從一數到十,然後又從十數到一。而《三天內解經》的作者認為,道教在"靜室"齋戒中的"存思身神"和"受氣守一",之所以與佛教禪定"靜坐而自數其氣"等具有根本性的差別,其最根本的是因為道教在"靜室"中的"存思身神",體現的是齋戒者與神靈之間的交通。而佛教因"緣起論"等根本性的教義思想,則決定了佛教不可能具有"存思身神"這樣的內容。

敦煌文書S.4314、S.6193、P.2751寫本《紫文行事訣》為六朝上清派經典。該經對"道齋"與"佛齋"的根本性差異也作了專門論述。根據相關研究,該經大字經文約出於東晉,而其中小字注訣大致為南朝顧歡或陶弘景所撰[82]。該書之七"九真八道行事決第七"之"論神"曰:"長齋隱棲,以存其真。道齋謂之守靜,佛齋謂之耽晨。道靜接手於兩膝,佛晨合手於口前。"而其注訣又稱:

> 此蓋明齋之為義也。接手靜觀則百神自朗,合掌耽念則身相俱徹,斯道佛之真致,二齋之正軌。夫佛之為道,乃道之一法,忘形守神,亦妙之極也。耽晨即今所謂思禪者矣。玉皇留秦,玄精同象,南岳赤君,隨教改服。方諸者之境,奉之者半,三真弟子,兩學相若,此乃術有內外,法有異同,本非華戎之隔,精粗之殊也。而邊國剛疎,故宜用其宏經;中夏柔密,所以遵其淵微耳。[83]

所謂"道靜接手於兩膝",即代表早期道教"存思"修煉時一種比較典型的身體外在表現形式。《上清太上帝君九真中經》是六朝上清派經典之一[84]。其中修煉"九真之法"即與此相關。例如:

> 第一真法,以正月本命日、甲子、甲戌日平旦,帝君太一五神,壹共混合,變為一大神,在心之內,號曰天精君,字飛生上英,貌如嬰兒始生之狀。是其日平旦,當入室,接手於兩膝上,閉氣冥目內視,存天精君坐在心中,號曰大神。使大神口出紫氣鬱然,以繞我心外九重,氣上衝泥丸中,內外如一……。[85]

正月本命日、甲子、甲戌日,都是其定期齋戒之日。所謂"入室"即是進入"靜室"中"致齋"或"清齋"。而在"靜室"內的儀法,即包括"接手於兩膝上,閉氣冥目內視,存天精君坐在心中"。其他八種"真法"是"存思"體內各種其他神靈,而其方法均與此類似。至於其"注訣"中所謂"接手靜觀則百神自朗",也是強調通過齋戒及"守靜"以達到"百神自朗",即使得道教各種神靈得以呈現,而齋戒者亦因此建立與神靈之間相互感應與交通的關係。而早期道教齋戒儀式中大量與體內和宇宙中神靈交通的"儀節",也就由此產生和展開。

至於"佛齋謂之耽晨"以及"耽晨即今所謂思禪者矣",即說明六朝人往往也把佛教的"思禪"即"禪定",看成是佛教齋法的重要內容。所謂"夫佛之為道,乃道之一法",是說佛教本來為道教的一個分支。該書雖然也肯定了佛教思禪的意義,但是卻也明確指出了佛道二教之間的重要區別。所謂"合掌耽念則身相俱徹",是說佛教強調"禪定"的最終目的,是證悟肉身與各種名相均為虛空，從而使精神得到徹底的解脫。正如埃里亞德所說："苦的解脫是所有印度哲學和禪修的目標。"[86]由於道教宇宙生成論與佛教緣起論存在根本性的差別，因而道教齋法的"守靜"和"守一"修煉與佛教的"修禪"，在指導思想和修行目的上存在根本性的差別。

總之，自六朝以來，雖然漢譯佛教經典論述"禪定"也大量使用了本土宗教文化的"靜室"和"齋室"等概念，但是卻與本土宗教文化中的"齋戒"具有不同的涵義。

四、從"靜室"看漢晉道教"齋儀"的起源和展開

呂鵬志博士在其一系列論著中，反復強調東晉末年古靈寶經之前道教所提到的"齋戒"，都如同中國古代祭祀齋戒一樣，僅僅是指一種"行儀前潔淨身心的齋法"，即指沐浴和身心的清靜，並沒有形成相關的齋戒儀式，認為"道教齋儀實際上發端於古靈寶經，道書中各種名目的齋儀都是仿效靈寶齋制立的"。至於古靈寶經"齋儀"出現的原因，則又完全是受印度佛教"布薩"制度影響的結果，並且具體到"罽賓僧人僧伽提婆於397年元月在建康（今江蘇南京）譯出的《增壹阿含經》"這樣一部特定的佛教經典[87]。

那麼，究竟什麼是道教的"齋儀"呢？從字面上理解，道教的"齋儀"可以看成是對"齋戒儀式"的簡稱。"齋儀"又可稱為"齋法"，即齋戒的表現形式或具體作法。道教的"齋儀"，我們認為既指奉道者在齋戒期間所進行的一系列包含信仰的實踐活動，即與神靈交通的行為程式，如齋醮科儀。也包括道士行儀時所遵循的各種具體規定。從這一標準來看，在東晉末年古靈寶經之前，漢晉道教各派所提到的"齋戒"，其實遠不止是一種"行儀前潔淨身心的齋法"，而是還包括有非常系統而完整的"齋儀"。從早期道教"齋儀"所發生的"神聖空間"來看，道教"齋儀"主要是在其齋戒所用的"靜室"和"齋堂"中發生的，並且對古靈寶經的"齋儀"產生了非常直接而深刻的影響。由於我們對此將有更為專門的研究，因此，在此只是作概要性的討論。

（一）《太平經》的"靜室"與早期道教的"齋儀"

在古代國家祭祀禮制中，齋戒者在"齋宮"和"齋室"中與神靈交通的方式，既包括齋戒者本人通過專精凝神，達到心神與祖先和神靈的互滲交通，也包括通過具有"中介"性質的"祝官"達到與神靈交通。例如，前引《禮記·祭義》和唐代孔穎達的注疏，就記載了"祝官"在"齋宮"中"啟告鬼神，曉諭鬼神以志意"[88]。而《黃帝內經》記載了黃帝和雷公在"齋室"中的多種齋戒儀式程式[89]。而這些都表明，早在先秦秦漢祭祀齋戒中，齋戒者在"齋宮"或"齋室"中的"致齋"，其實就已經包含有與神靈交通的"齋儀"。而早期道教在齋戒過程中與神靈交通的各種儀式，其實也主要是在"靜室"或"齋室"中進行的。因而道教"靜室"既是與神靈交通的場所，也是道教齋戒儀式形成並得以展開的最主要的神聖空間。

《太平經》的"靜室"有"齋室"、"香室"、"靜舍"、"空室"、"閑處"、"閑室"、"幽室"、"茅室"、"空閒之室"等多種名稱。也有包括"存思"、"守一"、"守氣"、"度厄"、"自責"、"首過"、"懺悔"、"治病"等大量儀式或修煉內容。而且這些內容都離不開齋戒和"靜室"。《太平經》有很多種治病的方式，而其存思療法佔有極為重要的地位。精思存神法分為存思"複字"、存思時氣及身中神、守一法等[90]。我們要強調的是，這些方法均需要在齋戒期間而且是在

"靜室"內進行。例如,《太平經》之《洞極上平氣無蟲重複字訣》,記載了通過服用"複字"以治療腹中"三蟲"疾病的儀法。其文稱:

"請問重複之字何所主?""主導正。導正開神為思之也,端及入室,以為保券。""其為之云何?豈可聞邪?"……"如是者,為子言之。以丹為字,以上第一,次下行。將告人,必使沐浴端精,北面、西面、南面、東面告之,使其嚴。……隨思其字,終古以為事,身且日向正平,善氣至,病為其除去,面目益潤澤。或見其字,隨病所居而思之,名為還精養形。或無病人為之,日益安靜。或身有彊邪鬼物,反且變爭,雖悠爭,自若力思,勿惑也,久久且服去矣。自是之後,天樂人為正直,以他文為之,天神亦助下之,隨人意往來。"[91]

以上是"真人"向"天師"請教服用"複字"的功用。"複字"是一種由兩個以上隸書合併而成的符篆。《太平經》卷一〇四至一〇七收有符籙秘文四篇,共二千一百三十二字。"天師"稱"複字"能將世人引入正道,開通神明,在"靜室"內對它進行精思,就可以把它當作保身的秘券。因而,以上內容對於我們討論漢末漢中天師道之前的道教"靜室"有重要意義。

首先,所謂"入室"即指進入齋戒所用的"靜室"中開始"致齋"或"清齋"。其"端及入室"與"沐浴端精"含義相同,均是指進入"靜室"齋戒時,必須保持身體的潔淨與內心的誠肅恭敬。此與傳統祭祀禮儀制度中對齋戒的要求完全相同。其次,《太平經》反映早期道教修煉者在"靜室"內的行為,已包括了"存思"(如"思其字")等一些儀節,特別值得注意的是,其所謂"北面、西面、南面、東面告之",是指"醫者"和"病者"在"靜室"中向四方神靈禱告。此與古代國家祭祀禮制中禮拜四方神靈的信仰相同[92]。雖然《太平經》並沒有說明其祈禱的究竟是哪些神靈,也沒有詳盡說明向神靈"告之"的究竟是什麼內容,然而,卻能證明在"靜室"中的齋戒已有專門的"齋儀",而且對早期道教"齋儀"的發展影響深遠。漢晉天師道、東晉中期上清經都有齋戒制度以及在"靜室"中向四方神靈禱告等相關儀式。例如,陶弘景《登真隱訣》所載《漢中入治朝靜法》有"四方朝文"。其有關"靜室"中的儀式規定,稱"有急事當隨事稱之,皆即驗也。亦可上章請之,亦可入靜燒香,口啟四方,請以求救"[93]。東晉末年古靈寶經雖然借鑒大乘佛教的"十方"觀念,其在"靜室"內的祈禱儀式已從傳統的向"四方"神靈祈禱,變成了向"十方"神靈禮拜。但是,作為在"靜室"中向"十方"神靈禮拜儀式本身,卻仍然是漢晉道教"齋儀"的組成部分。

(二)漢代《老子中經》的"靜室"與早期道教的"齋儀"

《正統道藏》太清部收錄的《太上老君中經》上下二卷,共55節。該經簡稱《老子中經》,又名《珠宮玉曆》、《玉曆經》等等。根據陳國符的考證,葛洪《抱朴子內篇·遐覽》著錄的《老君玉曆真經》就是《老子中經》[94]。施舟人等學者的研究則證明,《太上老子中經》出世於東漢,並在魏晉時期被天師道所吸收[95]。《老子中經》對古靈寶經中最早出世的《太上洞玄靈寶五符序》也具有非常直接的影響[96]。《老子中經》,該經既有非常完備的齋戒制度,也有大量與"齋儀"相關的內容。例如,《老子中經》則比較詳細地記載了"八節之日"中"秋分日"的齋戒儀式。雖然其內容顯得較為原始質樸,但是卻已具備了道教"齋儀"最核心的內容。該經卷下《第五十三神仙》曰:

（太一）衣五彩朱衣，總閱黃神。常以八月秋分之日，案比計算。常先之一日，後之一日，正節之日，凡三日，入室勿出。常以雞鳴時思之，平旦召說之，至日禺中時止。為之三日。被髮，西北向，偃臥，縱體，無令他人見之，豫敕家中人無得有聲。先齋戒沐浴，至其日，入靜室中，安心自定，先祝之曰：曾孫小兆某甲好道，願得長生。今日秋分之日，天帝使者夏里黃公來，下入吾身中，案比總閱，諸神不得逋亡，皆當來會。從上三呼之，比為之，日三呼之，三日九呼之，日中乃止。即言曰：司錄六丁玉女，削去某死籍，更著某長生神仙玉曆，急急如律令。即日有天帝無極君，教自應曰：諾。下牀，回向再拜，謝天神，一身道畢此矣。[97]

《老子中經》特別強調"八節之日"中"秋分日"的重要性，而東晉南朝上清派也繼承了這一傳統。對此，我們將在本書後面作進一步討論。所謂"凡三日，入室勿出"，就是進入"靜室"中進行三天的齋戒。因而其相關"齋儀"都發生在"靜室"中。我們可以將以上"齋儀"分解成這樣一些"儀節"：（1）關於進行齋戒的原因，是因為太一神要在"秋分日"當天"總閱黃神"，"案比計算"，即對神靈進行考校，以決定人的壽命；（2）齋戒的時間，除了"秋分日"當天，還包括秋分日前後各一天，共三天，此與國家祭祀禮制所規定的在"齋宮"或"齋室"中的"致齋"三日相符合；（3）關於對清靜身心和環境的要求，需要沐浴，至於"被髮，西北向，偃臥，縱體"，"安心自定"，都是指齋戒者在"靜室"中要保持一種安逸清靜的狀態。而"無令他人見之，豫敕家中人無得有聲"，則說明這種"靜室"應與奉道者的私人住宅有關；（4）"存思"則是齋戒儀式中最重要最核心的環節。"存思"從每天半夜雞鳴時（相當於丑時：1—3點）開始，至清晨（平旦相當於寅時：3—5點），即"召說之"。此應包含兩方面內容，一是"召"，即召請天界神靈進入自身體內，檢閱自己體內的神靈，即"案比總閱，諸神不得逋亡，皆當來會"；二是"說"，即對神靈陳述禱告，祈求"司錄六丁玉女，削去某死籍，更著某長生神仙玉曆"。此說明《老子中經》相關齋戒儀式的最終目的，還是為了能得道成仙。存思儀式至中午時分結束；（5）拜謝天神。

以上在"靜室"內的"齋儀"節次相當完整。而中古道教的各種"齋儀"，都是在這種"齋儀"基礎上發展起來的。而東晉末年古靈寶經的"齋儀"，在本質上則只是將漢晉道教各種"齋儀"加以系統完善而已。

（三）漢晉天師道"靜室"與"齋儀"的起源和展開

呂鵬志博士一方面強調"教外史書《典略》和教內儀典《漢中人治朝靜法》、《千二百官儀》是探討東漢天師道儀式的主要文獻依據。這三種史料年代甚早，與後來的其他教內外史料有頗多相合之處，是目前所知最可靠的原始文獻"[98]。另一方面卻又判定漢晉天師道既沒有齋戒制度，也沒有相關的"齋儀"，認為"天師道本來沒有齋儀，大約五世紀初在靈寶齋的影響下出現了後來稱為'正一齋'的天師道齋儀"[99]。並稱："迄今為止大部分人仍對東漢天師張陵或張魯行齋的傳說故事或附會之說深信不疑，幾乎很少有人認識到道教齋儀發端於古靈寶經和天師道齋儀仿效靈寶齋的歷史事實。"[100]正因為如此，以上三種與"東漢天師道儀式"有關並被認為是"最可靠的原始文獻"，究竟是否與天師道齋戒制度和"齋儀"有關，就值得進一步討論和研究。我們研究認為，以上三種資料其實都是研究早期天師道齋戒制度和"齋儀"最重要的資料。

首先，《三國志·張魯傳》注引魚豢《典略》記載了漢末漢中天師道的教法及其"靜室"，其文稱"修法略與角同,加施靜室,使病者處其中思過"。呂鵬志博士認為,"張修教團的獨特之處在於設立了靜室";"張修教法中最引人注目的儀式是與治病有關的靜室思過和請禱之法";"靜室由東漢天師道首創,後又為東晉南朝新出道派(如上清經派、靈寶經派)所沿用"[101]。然而,由於早期道教的"靜室"本身就是道教齋戒制度的產物,因此,我們認為《典略》有關漢中五斗米道"加施靜室"的記載,應屬於早期天師道實行齋戒制度最重要也是最確切的證明。而《典略》記載漢末天師道"鬼吏,主為病者請禱。請禱之法,書病人姓名,說服罪之意"[102],證明天師道神職人員"鬼吏"等在"靜室"中為病者主持向神靈請禱和思過以及上章等儀式。正如索安等所說,"早期儀式區別於更早的民間祭祀的主要創新之處在於採納了'官僚政治'程式來與神交涉。早期道教儀式是'一種包括與三官進行書面交流的行政程式,由男女官吏(法師)根據普遍的法典(科)來執行,且遵循固定的模式(儀)'";"它的主要意圖在於使人免遭亡祖引起的疾病和死亡"[103]。

在前面的討論中,我們提到在古代國家祭祀禮制中的齋戒者,需要"使其祝官啟告鬼神,曉諭鬼神以志意"[104]。而這些天師道神職人員的身份,就如同在"齋宮"或"齋室"中的"祝官"一樣,也充當了與神靈交通的"中介"。因此,無論是古代祭祀禮制還是早期道教,"齋宮"、"齋室"或"靜室"等專門用於齋戒的宗教性建築設施,都是一種完全不同於凡俗的已經被神聖意義建構過的空間。而在"靜室"內的相關儀式就是早期天師道的"齋儀"。

其次,陶弘景《登真隱訣》所載《漢中入治朝靜法》,其實也屬於早期天師道齋戒儀式極為重要的組成部分。《漢中入治朝靜法》這一標題中的"治"與"靜",是兩個既有區別又有聯繫的概念。所謂"治"是指天師道祭酒所掌管的"道治","入治"就是指進入天師道的"道治"中。而"靜"則是指"道治"所屬的"靜室"。所謂"入治朝靜",就是指在"道治"所屬的"靜室"中向神靈朝覲、禮拜、祈禱。而"朝靜法"就是指在"靜室"中禮拜神靈和與神靈交通的方法。因而,這些內容都屬於早期天師道齋戒儀式即所謂"齋儀"最重要的組成部分。

歷史資料證明,早期天師道既有其"祭酒"和"鬼吏"等在"靜室"中為他人治病禳災的"靜室",此類"靜室"應主要設置在"祭酒"所管理的"道治"中,也有作為天師道信徒個人修道所用的"靜室"。而《漢中入治朝靜法》所記載的所謂"四方朝文",是指在"道治"所屬的"靜室"內,向東、北、西、南四個方向的神靈祈禱的祝頌文。如前所述,此與《太平經》在"靜室"內"北面、西面、南面、東面告之"的"儀節"有關。二者都是自左向右的逆時針方向。早期天師道的所謂"朝儀",是指道教齋法中特有的朝請相關神靈的儀節,因此,它在本質上應屬於天師道"齋儀"的組成部分。大致隋末唐初出世的《三洞奉道科誡營始》,將"朝儀"與"齋儀"列舉,其目的並非是為了強調這是兩種完全不同的儀式類別。而是因為道教各派"朝儀"的內容,最能體現在其神靈體系以及教義思想等方面的差別。例如,與漢晉天師道的"四方朝儀"不同,東晉末年古靈寶經則為"十方朝儀"。因此,所謂"朝儀"本身也屬於道教在"靜室"內的齋戒儀式行為。呂鵬志博士一方面將"朝儀"與"齋儀"刻意分成兩種根本不同的道教儀式類型,另一方面又提出漢末天師道只有"朝儀"而沒有"齋儀",並不完全符合早期天師道的實際情況。

而《登真隱訣》之《入靜法》則代表了東晉中期早期上清派所施行的"齋儀"。而這些"齋儀"就是直接在漢末天師道"入治朝靜"等"齋儀"基礎上形成的。《入靜法》詳細記載了"入靜朝神"的儀式,又稱:

> 凡旦夕拜靜竟，亦又還經前，更燒香請乞眾真，求長生所願者，其餘章奏請天帝君，請官治病，滅禍祈福，皆於靜中矣。[105]

以上所謂"入靜"的"靜"或"皆於靜中"的"靜"，其實都是指齋戒所用的"靜室"。而"拜靜"或"朝靜"，都是指在"靜室"中對天師道相關神靈的禮拜。《入靜法》強調道教信徒向神靈上章、祈禱與懺悔、請官治病、滅禍祈福等等，都是通過齋戒在特定的場所即"靜室"中完成的。因此，這些"儀節"實際上就是指在"靜室"中的"齋儀"。

從《登真隱訣》所收的《漢中入治朝靜法》和《入靜法》等資料來看，漢晉時期天師道在"靜室"中的"齋儀"，已經具備了"發爐"、"復爐"、"出官"、"復官"、"思神"、"上香"、"禮拜"、"啟事"、"上章"等一系列儀式內容。我們試舉其中一些與體內神靈有關並最有代表性的"儀節"來說明。所謂"出官"，就是讓天師道祭酒請出體內神靈，使之將相關章奏傳達給天界神靈。而《登真隱訣》卷下之"章符"條陶弘景注云："又出官之儀，本出漢中舊法。"[106] 可見，"出官"作為天師道"齋儀"中最具有關鍵意義的"儀節"之一，早在漢末就已經存在。《登真隱訣》卷下《漢中入治朝靜法》稱"四方朝文如此，是為右行法，與紫門所說同，而無先後，祝爐文所於四方所請，大意畧同，而質略不及後嗳者"[107]。所謂"祝爐"又稱"發爐"，是指道士將自己身體內的神靈呼喚出來，然後存思，想像與神的交接。"復爐"，指道士將神靈喚回自己的身體內，代表整個儀式結束。以上這些與身體神靈相關的"儀節"，其出現顯然都是以西漢後期以來包括《太平經》有關體內神靈的觀念和"存思"修煉的方法作為基礎而發展起來的。

第三，漢末漢中天師道的《千二百官儀》，又稱"千二百官章"，實際上都是天師道通過齋戒在"靜室"中呈獻給神靈的各種章文。《登真隱訣》之"請官"條稱："《千二百官儀》，始乃出自漢中，傳行於世，世代久遠，多有異同。"[108] 傅飛嵐先生指出，"道教儀式的宗旨是通過與不可見的世界交流以謀求看得見的結果，向神上章正是這一宗旨的集中體現。天師道儀式便是圍繞上章而展開的"[109]。因此，早期天師道的"上章"本身就是其"齋儀"不可分割的組成部分。至於早期天師道上章的地點，六朝《玄都律文》之《章表律》稱："入治上章，皆自嚴裝衣冠，正法服，平坐存五方生氣及身中功曹吏兵。"又稱："入治上章，避戊辰戊戌不上章。穢汙法，不過晦朔亦不得上章。天下百姓，不得觸穢詣治見師。"[110] 吉川忠夫先生據此認為，"道民的上章都是在'治'中進行的"[111]。不過，我們認為這裡的"入治上章"，其實仍然是指在"道治"所屬的"靜室"內上章。而且其上章也不限定是在"道治"所屬的"靜室"。道教的"上章"一直都與道教齋戒制度和"靜室"有關。前引《登真隱訣》之《入靜法》所稱"其餘章奏請天帝君，請官治病，滅禍祈福，皆於靜中矣"。而早期天師道的所謂"章奏"，就是指向天界神靈"上章"。根據相關研究，六朝《赤松子章曆》中傳承的章文，實際上保存了不少漢末漢中天師道教團古科儀的遺跡[112]。該書之《書章法》對書寫章文的地點以及筆、墨和書寫格式等均有詳細的規定。該書稱"書章，入靜，不得常人亂鬧，論及他事，臭穢之言"[113]。這裡的所謂"入靜"，就是指書寫章文必須齋戒並進入"靜室"。劉宋初年《太真科》稱"諸疾病，先上首狀章，不愈，即上解考章"；"若有急上章，當上請天昌君、黃衣兵士十萬人，亦可入靖，東向，口請令收家中百二十殃怪"；又稱"若面目有患，當上章及入靖請天明君五人、官將百二十人，在南宮下，治面上諸疾"[114]。以上"入靖"也是指進入"靜室"。可見，天師道的治病和上章都在"靜室"中。

而早期天師道"靜室"上章的規定亦成為後世道教所遵循的傳統。根據唐代杜光庭所作《洞淵神咒經序》記載,西晉末年道士王纂居馬跡山,值中原亂罹,瘟癘乃作,時有毒癘,死亡枕席,而"纂於靜室,飛章告天"[115]。至宋代,早期天師道的"道治"早已成為歷史。而《靈寶玉鑑》之《正一書章法式》稱:"師凡書章表,先齋戒沐浴,盥漱洗滌手面,整理衣冠,入靖室,向天門設座,焚香。"[116]其《三洞玄科三十條》又稱:"醮官上章法,皆燒香入齋室,禮拜請之,乞自陳。不得俓持章入靖,無所關啟,如投水也。"[117]可見,從漢代以來,"靜室"始終就是道教信徒向神靈上章的特定場所。而"上章"本身就是天師道"齋儀"的重要組成部分。

最後,我們還要指出的是,對於早期天師道儀式中不少具體"儀節"及其對後來古靈寶經的影響,呂鵬志博士其實已經有所關注。例如,他認為"東漢漢中發明了出官之儀","不出官則無法上章,漢中天師道祭酒行出官儀的主要目之一,就是請身中之官將章文傳達給天曹"[118];又稱"出官儀系東漢漢中天師道所創,可能撰於四世紀後半期的《上清黃書過度儀》記載了天師道出官法。古靈寶科儀吸收了天師道出官法,且加以增修改造,創造了靈寶出官法。靈寶出官法影響廣泛,為後世各種道教科儀所效發"[119]。又稱"道教儀式的核心是向神上奏文書,而各種文書的傳遞一般須行儀道士出身中之官(包括籙上官將吏兵)去執行","從歷代道教科儀書中可以看到,凡出官一般都少不了請身中的仙靈諸官"[120]。應該說,這些論述基本上是符合早期道教儀式的實際情況的。然而,呂鵬志博士卻因其判定漢晉天師道根本沒有形成自己的齋戒制度,所以認為以上這些內容並不是"齋儀"。究其原因,僅僅是因為在現存漢晉天師道資料中,一直都沒有出現"齋戒"這樣一種特定的表述而已。

總之,東晉末年古靈寶經之前的道教齋戒遠不止"是一種潔淨身心的行為"。從《登真隱訣》所記載的"入靜法"和"漢中入治朝靜法"來看,漢晉天師道已有非常完整的"齋儀",而且構成了東晉末年古靈寶經"齋儀"最重要也是最直接的來源。例如,前述古靈寶經靈寶齋儀在"靜室"內禮拜"十方神靈"的儀節,雖然也受到了大乘佛教"十方"觀念的影響,但是,這一儀節本身仍然是在天師道在"靜室"中禮拜四方神靈的基礎上發展起來的。而其中"發爐"、"復爐"、"出官"、"復官"、"存思"、"禮拜"、"啟事"等一系列儀式內容以及由此建立的人與神靈的關係,既構成了後來道教齋儀包括各種靈寶齋儀最核心的內容,也恰恰是中古道教"齋儀"與佛教"布薩"最根本的區別。

(四)古靈寶經的"靜室"和"齋儀"與漢晉天師道的關係

東晉末年古靈寶經既有奉道者個人的齋法,也有道士集體性的齋法。其"儀式空間"可分為"靜室"和"齋堂"兩部分。而古靈寶經在極大程度上繼承了漢晉天師道的"靜室"制度和相關"齋儀"。我們試以在道教"齋儀"中具有標誌意義的"發爐"和"復爐"為例。

所謂"發爐"為關啟神靈之始,高功法師登壇啟聖之初,持手爐,行發爐儀,以清淨身心,召請神將,佑助行持以達聖聽;"復爐",高功法師恢復自身之神。一般安排在儀式之末。作為在道教齋儀中具有極其重要意義的"發爐"和"復爐",先是早期天師道"齋儀"的組成部分,後來被古靈寶經等所承襲。

陶弘景編纂的《登真隱訣》之《入靜法》,代表了東晉中期上清派所實行的"齋儀"。值得指出的是,其中雖然也可能融攝了東晉中期上清派的一些內容,但仍然在相當程度上反映了漢晉天師道"齋儀"的基本結構。該書記載"靜室"齋儀中有一段極具象徵意義的"關啟"神靈的"發爐"文,代表整個"齋儀"的開端。其文曰:

> 初入靜戶之時，當目視香爐，而先心祝曰：太上玄元五靈老君，當召功曹使者，左右龍虎君，捧香使者，三炁正神，急上關啟三天太上玄元道君，某正爾燒香，入靜朝神，乞得八方正氣，來入某身，所啟速聞徑達帝前。[121]

所謂"入靜戶"，就是指進入"靜室"門內。而道士對天界和身中神靈的啟請的神靈，應為漢晉天師道原有的神靈。而這段"發爐"文由此而成為道教"齋儀"最重要的儀節之一。

《登真隱訣》之《入靜法》的最後，其"復爐"文代表"齋儀"的結束。其文曰：

> 臨出靜戶，正向香爐而微祝曰：香官使者，左右龍虎君，當令靜室忽有芝草，金液丹精，百靈交會在此香火前，使張甲得道之氣，獲長生神仙，舉家萬福大小受恩，守靜四面玉女，及侍經神童玉女，並侍衛火煙，書記某所言，徑入三天門玉帝几前……乃出戶。[122]

從開始的"初入靜戶"，到最後的"出靜戶"，再次非常明確地證明漢晉天師道的"齋儀"，與其"靜室"具有不能分割的關係。

古靈寶經的"齋儀"對漢晉天師道"齋儀"有直接繼承和發展。"元始舊經"《太上洞玄靈寶赤書玉訣妙經》稱：

> 諸以啟願求道，投刺行事，莫不悉先東向叩齒三通，捻香咒曰：無上三天玄元始三炁太上老君，召出我身中三五功曹、左右官使者、左右捧香驛龍騎吏、侍香金童、傳言玉女、五帝直符，各三十六人出關……我今正爾燒香關啟，願得十方正真之炁入我身中，令所啟上聞，徑御無上至真大聖尊神玉帝几前。

以上"發爐"文明顯是在《登真隱訣》之《入靜法》的基礎上形成的。而該經還稱："凡學道有所求願，及修行上法，不先關啟則為邪魔所干，不得上達，所修無感，神明不鑒，徒勞無益。"[123] 可見，作為漢晉天師道"齋儀"組成部分的"關啟"神靈的"發爐"，已經成為古靈寶經各種"齋儀"不可或缺的組成部分[124]。

而古靈寶經"新經"《太極真人敷靈寶齋戒威儀諸經要訣》所記載的"靈寶齋儀"，與《登真隱訣》之《入靜法》的"齋儀"亦有明顯的承襲關係[125]。

	《登真隱訣》卷下《入靜法》	《太極真人敷靈寶齋戒威儀諸經要訣》
發爐	初入靜戶之時，當目視香爐，而先心祝曰：太上玄元五靈老君，當召功曹使者，左右龍虎君，捧香使者，三炁正神，急上關啟三天太上玄元道君，某正爾燒香，入靜朝神，乞得八方正氣，來入某身，所啟速聞徑達帝前。	入齋堂，東向。向香鑪祝曰：太上靈寶老君，當召真官功曹使者、左右龍虎直符捧香使者，關啟無上三天玄元大道，臣等正爾入靜，燒香朝真，願得太上十方正氣，來入臣等身中，所啟時聞，逕御真一玉皇几前。

續表

	《登真隱訣》卷下《入靜法》	《太極真人敷靈寶齋戒威儀諸經要訣》
關啓一	（向西拜）謹關啓天師、女師系師三師，門下典者君吏，願得正一三炁，灌養形神，使五藏生華，六府宣通，為消四方之灾禍，解七世之殃患，長生久視，得為飛仙。	謹出臣等身中五體真官功曹吏、出臣等身中無上三天執法開化陰陽功曹、度道消灾散禍解厄君吏，各十二人。……臣等生長魔俗，沉淪季葉，翫樂榮華，宿命因緣，忽見啟拔，得奉大道。不以下愚好樂至真昇仙之道，而宿罪深積，結縛不解。今相率共修靈寶無上齋，請燒香轉經，以求所願，功曹使者、飛龍騎吏，分別關奏，以時上達。關啟事竟，各還臣等身中，復於宮室。須召又到，一如故事。
關啟二	（向北拜）謹關啟上皇太上北上大道君，某以胎生肉人，枯骨子孫，願得除七世以來，下及某身，千罪萬過，陰伏匿惡，考犯三官者，皆令消解，當令福生五方，禍滅九陰，邪精百鬼，莫敢當向，存思神仙，玉女來降，長生久視，壽同三光。	臣等燒香，歸身歸神歸命大道。臣等首禮投地，歸命太上三尊。願以是功德，歸流七世父母，乞免離十苦八難，上登天堂，衣食自然，常居無為。
關啟三	（向東拜）謹關啟太清玄元無上三天無極大道、太上老君、太上丈人、天帝君、天帝丈人、九老仙都君、九炁丈人、百千萬重道炁，千二百官君，太清玉陛下，當令某心開意悟，耳目聰明，萬仙會議，賜以玉丹，消灾却禍，遂獲神仙，世宦高貴，金車入門，口舌惡禍，千殃萬患，一時滅絕，記在三官，被受三天丈人之恩。	……上啟太上太上無極大道太上大道君、太上老君、太上丈人、無上玄老、十方無極大道、道德眾聖天尊、至真大帝、天帝、天師君、靈寶監齋大法師、諸官君……願以是功德，歸流帝王國主君臣。臣等受道法師，父母同學，諸道士賢者，願免離十苦八難，各保福祚，終入無為……
關啟四	（向南拜）謹關啟南上大道君，乞得書名神仙玉籍，告諸司命，以長生為定。又勅三天萬福君，令致四方之財寶，八方之穀帛，富積巍巍，施行功德，所向所欲，萬事成剋，如心所願，如手所指，長生神仙，壽同天地。	臣等燒香，歸身歸神歸命大道。臣等首禮投地，歸命太上三尊。願以是功德，歸流臣等身，令得仙度，昇入無為，與四大合德。天下民人，蠢飛蠕動，一切眾生，免離十苦八難，五毒水火，賊疫鬼害眾厄，各保福祿，安居無為。
復爐	臨出靜户，正向香爐而微祝曰：香官使者，左右龍虎君，當令靜室忽有芝草，金液丹精，百靈交會，在此香火前，使張甲得道之氣，獲長生神仙，舉家萬福，大小受恩，守靜四面玉女，及侍經神童玉女，並侍衛火煙，書記某所言，徑入三天門玉帝几前。	次向香鑪祝曰：香官使者、左右龍虎君、捧香使者，當令靖室齋堂之所，自然生金液丹碧芝英，百靈交會，在此香火鑪前，使臣等得道，遂獲神仙，舉家蒙福，天下受恩。十方仙童玉女，侍衛香煙，傳奏臣等所言，徑御太上金闕玉皇几前。

比較以上兩種道經，《太極真人敷靈寶齋戒威儀諸經要訣》對於《登真隱訣》之《入靜法》的承襲非常明顯，但是亦有值得注意的變化。

首先，在時間和空間上，兩種"齋儀"都屬於在齋戒過程中所進行的與神靈交通的儀式。而且都發生在特定的神聖空間內。《入靜法》記載為"靜室"，而《太極真人敷靈寶齋戒威儀諸經要訣》則為"齋堂"。然而，其"復爐"文所提到的"當令靖室齋堂之所"，表明古靈寶經的儀式空間，實際上是對漢晉天師道儀式空間的直接繼承和進一步發展。有關古靈寶經"齋堂"的性質和來源，我們將另有專文作詳細討論。

其次，《登真隱訣》之《入靜法》是在"靜室"內向四方神靈朝拜。其順序為：西向、北向、東向、南向。而《登真隱訣》記載《漢中入治朝靜法》的"四方朝文"，其順序為：東向、北向、西向、南向。可見，東晉中期的《入靜法》與前引《太平經》和漢末《漢中入治朝靜法》相比，其順序已有所改變。而《太極真人敷靈寶齋戒威儀諸經要訣》則是在"靖室齋堂"內，向東方、南方、西方、北方、東北、東南、西北、上方、下方共十方無極太上靈寶天尊朝拜。而這裡的"十方無極太上靈寶天尊"，就是古靈寶經在吸收大乘佛教"十方佛"觀念後所塑造的"元始天尊"在十方的法身[126]。

第三，《入靜法》體現了漢晉天師道齋法的目的和特點，也更多地體現為個人或家族的救度。如其稱"願得除七世以來，下及某身"（關啟二）；"當令某心開意悟，耳目聰明，萬仙會議，賜以玉丹，消災卻禍，遂獲神仙，世宦高貴，金車入門，口舌惡禍，千殃萬患，一時滅絕"（關啟三）；"乞得書名神仙玉籍，告諸司命，以長生為定。又勅三天萬福君，令致四方之財寶，八方之穀帛，富積巍巍，施行功德，所向所欲，萬事成剋，如心所願，如手所指，長生神仙，壽同天地"（關啟四）；"使張甲得道之氣，獲長生神仙，舉家萬福，大小受恩"（"復爐"文）。而這部古靈寶經則反映了靈寶齋法除了關心個人及其家族救度之外，更關心對天下一切眾生的救度。如其稱"願以是功德，歸流七世父母，乞免離十苦八難，上登天堂，衣食自然，常居無為"（關啟二）；"願以是功德，歸流帝王國主君臣。臣等受道法師，父母同學，諸道士賢者，願免離十苦八難，各保福祚，終入無為"（關啟三）；"願以是功德，歸流臣等身，令得仙度，昇入無為，與四大合德。天下民人，蠕飛蠕動，一切眾生，免離十苦八難，五毒水火，賊疫鬼害眾厄，各保福祿，安居無為"（關啟四）；"使臣等得道，遂獲神仙，舉家蒙福，天下受恩"（"復爐"文）。因此，古靈寶經齋法與其經典所宣揚的大乘度人的精神是相輔相成的。

古靈寶經的"靈寶齋法"，主要是指八節齋、三元齋、明真齋、金籙齋、黃籙齋、自然齋等六種齋法。特別是其中的三元齋[127]、明真齋[128]、金籙齋[129]、黃籙齋[130]，其"齋儀"的最基本的框架和結構，均與《登真隱訣》之《入靜法》具有一脈相承的關係。

五、結　語

呂鵬志博士在其一系列論著中，反復強調"道教齋儀實際上發端於古靈寶經，道書中各種名目的齋儀都是仿效靈寶齋制立的"。同時又把古靈寶經"齋儀"的創立，完全看成是受外來佛教"布薩"制度影響的結果。那麼，道教"齋儀"特別是古靈寶經的"齋儀"究竟是指什麼呢？他對此卻始終未作出明確的界定。不過，他卻又把古靈寶經的各種"靈寶齋法"或"靈寶齋儀"，分解成"發爐"、"復爐"、"出官"、"復官"、"稱法位"、"禮拜"、"思神"、"宿啟"、"上香"、"啟事"等眾多的儀式程序[131]。並且又將這些內容稱為"儀節"、"齋次"、"儀式行為"或"儀式節次"等等。可見,他所說的道教"齋儀",其實就是指道教齋法中這樣一些具體的"儀節"。而我們以上的討論則證明,古靈寶經齋法的這些"儀節",毫無疑問都與漢晉道教齋法特別是天師道齋法直接相關。我們考察了上百部漢唐時期與"布薩"制度有關的佛教譯經,可以發現以上所有"儀節"均與印度佛教"布薩"制度無任何關係。早期印度佛教布薩制度雖然沿用了古代印度宗教中的"布薩"傳統,但是佛教"緣起論"等根本性教義思想,決定了其布薩制度中完全沒有齋敬神靈或與神靈交通的觀念。有佛教學者指出,"外道布薩主要是透過祭祀主神和一些奇特的儀式來清淨自己的罪業;佛教布薩則是透過誦戒、發露自己的過惡來達到清淨身口意業的效果","佛教的布薩制度,完全釋出自釋迦牟尼佛創造性的施設,他使布薩制度成為了與戒、定、慧三無漏學相互配套的一個重要機制"[132]。佛陀設置布薩制度的目的,就是為了讓僧尼在布薩日誦波羅提木叉,使犯戒者通過發露和懺悔以重新獲得清淨。呂鵬志博士似乎對道教"齋戒制度"和"齋儀"等,都作了非常特別的理解,他顯然是把古靈寶經齋法所引入的某些外來佛教的概念,如"因緣"、"三界"、"輪回"、"十方"、"天堂"、"地獄"等概念,當成了古靈寶經齋戒制度包括"齋儀"的主體。

至於早期道教"齋戒"與"儀式"之間的關係,呂鵬志博士一方面強調"道教儀式發端於東漢天師道和早期方士傳統"[133];另一方面又認為古靈寶經之前道教經典所提到的"齋戒",都僅僅是指"行儀前潔淨身心的古代傳統齋法"[134]。因而他實際上是把早期道教"齋戒"和道教"儀式"看成了互不相關完全獨立的兩個方面,即在東晉末年古靈寶經之前的漢晉道教,只存在沒有"齋戒"的"儀式"以及沒有"儀式"的"齋戒"。只有古靈寶經通過模擬仿效印度佛教"布薩"制度,才使道教的"齋戒"和"儀式"結合起來,從而形成了中古道教所謂的"齋儀"。我們認為早期道教的"儀式"和"齋戒"其實從一開始就是一個不能分割的整體,一方面,道教幾乎所有與神靈交通的儀式都離不開齋戒過程;另一方面,道教的所有禮敬交通神靈的齋戒活動,都必須遵守相關齋戒規範並通過特定儀式來體現[135]。

最後,我們還要特別強調的是,呂鵬志博士研究早期道教儀式,卻自始至終都沒有關注和討論道教儀式與其"神聖空間"之間的關係。因而其所討論的古靈寶經之前的"道教儀式",不但是一種沒有任何時間(即"齋戒"期間)限定的儀式,也是一種沒有任何空間(即"神聖空間")限定的儀式。用這樣的研究思路來解釋古靈寶經之前的道教儀式,其結果就使之變成了一種似乎隨時隨地都可進行的儀式行為。其實早期道教儀式與"神聖空間"具有不能分割的關係。漢晉道教的"靜室"和"齋堂",就是道教齋戒儀式所特有的神聖空間。"靜室"和"齋堂"被普遍認為是神靈居住之地,也是能與上天神靈溝通交接的場所。而早期道教的齋戒儀式恰恰也正是從這裡起源並得以展開。至於古靈寶經集體性"齋儀"以及作為其"神聖空間"的"齋堂",我們將另有專文討論。

注 釋

[1] [羅馬尼亞]米爾恰·伊利亞德著,王建光譯:《神聖與世俗》,北京:華夏出版社2002年,第4—5頁。

[2] 渠東、汲喆:《宗教生活的基本形式》,上海:上海人民出版社1999年,第556頁。

[3] 參見鞠熙《聖地之"聖"何來?——法國人類學研究空間神聖性的幾個方向》,《世界宗教研究》

2013 年第 5 期。

[4] David Chidester and Edward T. Linenthal, editors. *American sacred space*, Indiana University Press, 1995, pp. 9 – 10.

[5] Ronald L. Grimes, Jonathan Z. Smith's Theory of Ritual Space, *Religion*, 29: 3, 1999, p. 266.

[6] Stephanie Perdew VanSlyke, Ritual Space, *Liturgy*, 25: 1, 2009, p. 1.

[7] 呂鵬志:《唐前道教儀式史綱》,中華書局 2008 年,第 13 頁。

[8] 呂鵬志:《天師道旨教齋考》(下篇),載《"中研院"歷史語言研究所集刊》,第 80 本,第 4 冊,2009 年 12 月,第 507 頁。

[9] 呂鵬志:《法位與中古道教儀式的分類》,《宗教學研究》2012 年第 2 期。

[10] Lü Pengzhi（呂鵬志）& Patrick Sigwalt, "Les textes du Lingbao ancient dans L'histoire du taoïsme", *T'oung-pao* 91. 1 – 3 (2005), pp. 183 – 209; 呂鵬志:《唐前道教儀式史綱》;《天師道旨教齋考》(上篇),載《"中研院"歷史語言研究所集刊》,第 80 本,第 3 冊,2009 年 9 月,第 355—401 頁;《天師道旨教齋考》(下篇),載《"中研院"歷史語言研究所集刊》,第 80 本,第 4 冊,第 507—552 頁;《靈寶六齋考》,《文史》2011 年第 3 輯,第 85—125 頁。

[11] 王承文:《漢晉の道教における'靜室'と齋戒制度の淵源に關する考察》,日本東方學會編《中國史の時代區分の現在》,東京:汲古書院,2015 年 8 月,第 145—224 頁。

[12] (漢)鄭玄注,(唐)孔穎達正義:《禮記正義》卷四九,《十三經注疏》,北京:中華書局 1980 年,第 1603 頁。

[13] 《禮記正義》卷四七《祭義》,《十三經注疏》,第 1592 頁。

[14] 《禮記正義》卷四七《祭義》,《十三經注疏》,第 1592 頁。

[15] 《禮記正義》卷四七《祭義》,《十三經注疏》,第 1594 頁。

[16] 《禮記正義》卷二六《郊特牲》,《十三經注疏》,第 1457 頁。

[17] 《禮記正義》卷二六《郊特牲》,《十三經注疏》,第 1457 頁。

[18] 《禮記正義》卷二六《郊特牲》,《十三經注疏》,第 1459 頁。

[19] 汪榮寶撰,陳仲夫點校:《法言義疏》卷一九,中華書局 1987 年,第 525 頁。

[20] (漢)劉向撰,向宗魯校證:《說苑校證》卷一九《修文》,北京:中華書局 1987 年,第 496—497 頁。

[21] 錢穆著:《靈魂與心》,桂林:廣西師範大學出版社 2004 年,第 51 頁。

[22] 林素娟:《飲食禮儀的身心過渡意涵及文化象徵意義——以三〈禮〉齋戒、祭祖為核心進行探討》,《中國文哲研究集刊》,第 32 期,2008 年 3 月,第 177—178 頁。

[23] (宋)朱熹:《論語精義》卷二上,《景印文淵閣四庫全書》,第 198 冊,第 68 頁。

[24] (宋)黎靖德編,王星賢點校:《朱子語類》卷二五,中華書局 1986 年,第 620 頁。

[25] 《史記》卷一二《孝武本紀》,北京:中華書局 1959 年,第 458 頁;《史記》卷二八《封禪書第六》,第 1387—1388 頁。

[26] 《後漢書》卷四〇下《班彪傳下》,北京:中華書局 1965 年,第 1370 頁。

[27] 《太平經》稱:"俗念除去,與神交結,乘雲駕龍,雷公同室,軀化而為神,狀若太一。詳思書言,慎無失節。凡精思之道,成於幽室。"所謂"幽室"就是齋戒所用的"靜室。"(《太平經合校》卷七三至八五,頁 306)《抱朴子內篇校釋》卷四《金丹》記載:"昔左元放於天柱山中精思,而神人授之金丹仙經。"(71 頁)《抱朴子內篇校釋》卷十《明本》稱:"夫入九室以精思,存真一以招神者。"這裡的"九室"也是指齋戒所用的"靜室"。(187 頁)《抱朴子內篇校釋》卷二〇《袪惑》記載河東道士項都者,稱其"在山中三年精思,有仙人來迎我,共乘龍而昇天"。(350 頁)《真誥》卷五《甄命授第一》記載:"昔周君兄弟三人,並少而好道,在於常山中,積九十七年,精思無所

不感。"(《道藏》第 20 冊，第 517 頁)《真誥》卷一三《稽神樞第三》記載："微子曾精思於寢靜，誠心感靈，故文期降之，授以服霧之道也。"(《道藏》第 20 冊，第 566 頁) 這裡的"寢靜"就是齋戒所用的"靜室"。《真誥》卷一四《稽神樞第四》記載范伯慈"入天目山，服食胡麻，精思十七年，大洞真仙司命君下降"(《道藏》第 20 冊，第 575 頁)；陶弘景《登真隱訣》卷上："守一之理，先宜一二年中精思苦到，須得髣髴，便易為存想也。"(《道藏》第 6 冊，第 608 頁)《太上玉晨鬱儀結璘奔日月圖》稱"太上隱書中篇曰：子欲升天，當存月夫人，駕十天龍，乘我流鈴，西到六嶺，遂入帝堂，精思乃見，上朝天皇"。(《道藏》第 6 冊，第 698 頁)

[28] 《漢書》卷二五下《郊祀志第五下》，北京：中華書局 1962 年，第 1260—1261 頁。

[29] [日] 安居香山、中村璋八輯：《緯書集成》，石家莊：河北人民出版社 1994 年，第 1153 頁。

[30] (宋) 洪适撰：《隸釋》卷三，北京：中華書局 1986 年，第 36 頁；陳垣編纂，陳智超、曾慶瑛校補：《道家金石略》，北京：文物出版社 1987 年，第 3 頁。

[31] (漢) 蔡邕：《蔡中郎集》卷六，原文為"或談思以歷丹田"(《景印文淵閣四庫全書》，第 1063 冊，第 224 頁)。而《隸釋》卷二〇《王子喬碑》則作"或譚思以歷丹田"(第 203 頁)。據《水經注》所引《王子喬碑》校改 (見酈道元著，陳橋驛校證《水經注校證》卷二三，北京：中華書局 2007 年，第 559 頁)。

[32] 王卡點校：《老子道德經河上公章句》，北京：中華書局 1993 年，第 21 頁。

[33] (東漢) 荀悅：《申鑒》卷三《俗嫌》，《景印文淵閣四庫全書》，第 696 冊，第 451 頁。

[34] 《太上老君中經》卷上，《道藏》第 27 冊，第 149 頁。

[35] Isabelle Robinet, "La Révélation du Shangqing dans L'histoire du Taoisme", *Publications de L'École Française d'Extrême-Orient*, Vol. CXXXVII, 1984; Isabelle Robinet, *Taoist Meditation: The Mao-shan Tradition of Great Purity*, translated by Julian F. Pas and Norman J. Cirardot, State University of New York Press, 1993, pp. 19–66. Kristofer Schipper, *The Taoist Body*, translated by Karen C. Duval, University of California Press, 1993. pp. 103–108. [日] 前田繁樹《初期道教經典の形成》，東京：汲古書院，2004 年，第 268—274 頁。

[36] 王承文：《漢晉の道教における'靜室'と齋戒制度の淵源に關する考察》，日本東方學會編《中國史の時代區分の現在》，東京：汲古書院，2015 年 8 月，第 145—224 頁。

[37] 王明：《太平經合校》卷七二《齋戒思神救死訣》，北京：中華書局 1960 年，第 291 頁。

[38] 《太平經合校》卷一五四至一七〇《分別形容邪自消清身行法》，第 723—724 頁；參見楊寄林《太平經譯注》，北京：中華書局 2013 年，第 2431—2432 頁。本文有關《太平經》部分引文的標點和解說，參考了楊寄林先生《太平經譯注》，特此說明。

[39] 《太平經合校》卷一八至三四《以樂却災法》，第 14 頁。

[40] (梁) 陶弘景：《登真隱訣》卷下有詳盡的"入靜法"和"漢中入治朝靜法"。其"入靜法"稱："入靜戶不得喚外人，及他所言念，又入戶出戶，皆云漱口。尋此之旨，凡靜中吏司，皆泰清官寮，糺察嚴明，殊多科制，若不如法，非但無感，亦即致咎禍害者矣"(《道藏》第 6 冊，第 619 頁)。

[41] 《禮記正義》卷一六《月令》，《十三經注疏》，第 1370 頁。

[42] (漢) 高誘注，陳奇猷校釋：《呂氏春秋校釋》卷一一《仲冬紀第十一》，上海：學林出版社 1984 年；劉文典撰、馮逸、喬華點校：《淮南鴻烈集解》卷五《時則訓》，北京：中華書局 1989 年。

[43] 《太平經合校》卷七三至八五《闕題一》，第 306 頁；相關標點和解說，參見楊寄林《太平經譯注》，第 1055—1058 頁。

[44] 陸修靜：《洞玄靈寶齋說光燭戒罰燈祝願儀》，《道藏》第 9 冊，第 821 頁上。

[45] 《太平經合校》卷一二〇至一三六，第 687—688 頁；楊寄林：《太平經譯注》，第 2256—2258 頁。

[46] 《太平經合校》卷一五四至一七〇《盛身却災法》，第 722 頁；楊寄林：《太平經譯注》，第 2424—

2425 頁。

[47] 《太平經合校》卷一〇八《瑞議訓訣》,第 512—513 頁;楊寄林:《太平經譯注》,第 1646—1648 頁。

[48] 《太平經合校》卷七三至八五,第 305 頁。

[49] 《太平御覽》卷六六八《養生》條引《太平經》,北京:中華書局 1960 年,第 2979 頁。

[50] 饒宗頤:《老子想爾注校證》,上海:上海古籍出版社 1991 年,第 19—20 頁。

[51] 饒宗頤:《老子想爾注校證》,第 33 頁。

[52] 饒宗頤:《老子想爾注校證》,第 47 頁。

[53] 饒宗頤:《老子想爾注校證》,第 19 頁。

[54] 饒宗頤:《老子想爾注校證》,第 107 頁。

[55] Kristofer Schipper and Franciscus Verellen ed, *The Taoist Canon : A Historical Companion to the Daozang*, The University of Chicago Press, 2004, P. 685. 任繼愈主編《道藏提要》認為"葛洪《神仙傳·老子傳》提及《西昇》,則是經當出晉代"(北京:中國社會科學出版社 1991 年,第 476 頁)。

[56] 《西昇經》卷上《慎行章第四》,《道藏》11 冊,第 492 頁。

[57] (唐)王懸河編:《三洞珠囊》卷一《救導品》引《太平經》,《道藏》第 25 冊,第 303 頁。

[58] 《西昇經》卷中《深妙章第十四》,《道藏》11 冊,第 501 頁。

[59] 《太平御覽》卷六六七《道部》引《登真隱訣》,第 2976 頁。

[60] (唐)王懸河編:《三洞珠囊》卷五引《太真科》,《道藏》第 25 冊,第 324 頁。

[61] (西晉)竺法護譯:《正法華經》卷四,《大正新修大藏經》卷 9,第 91—92 頁。

[62] (後秦)鳩摩羅什譯:《妙法蓮華經》卷三,《大正新修大藏經》卷 9,第 25 頁。

[63] (後秦)鳩摩羅什譯:《大智度論》卷一三,《大正新修大藏經》卷 25,第 157 頁。

[64] (後秦)鳩摩羅什譯:《大智度論》卷一七,《大正新修大藏經》卷 25,第 180 頁。

[65] (東晉)釋法顯譯:《大般涅槃經》卷下,《大正新修大藏經》卷 1,第 202 頁。

[66] (南齊)僧伽跋陀羅譯:《善見律毗婆沙》卷一〇,《大正新修大藏經》卷 24,第 746 頁。

[67] 湯用彤:《讀〈太平經〉書所見》,載北京大學《國學季刊》五卷一號(1935 年 3 月)。收入湯用彤《湯用彤學術論文集》,北京:中華書局 1983 年,第 52—79 頁;亦見湯用彤《漢魏兩晉南北朝佛教史》,北京:北京大學出版社 1997 年,第 75—76 頁。

[68] 任繼愈主編:《中國佛教史》第一卷,北京:中國社會科學出版社 1985 年,第 134—137 頁;另參見李養正《道教"守一"法非濫觴佛經議》、《東漢道家氣法與佛教"安般守意"小議》,均收入氏著《佛道交涉史論要》,香港:香港道教學院出版社 1999 年,第 67—73 頁、第 74—88 頁。

[69] 饒宗頤:《老子想爾注校證》,上海:上海古籍出版社 1991 年,第 59 頁。

[70] 蕭登福:《道家道教與中土佛教初期經義發展》,上海:上海古籍出版社 2003 年,第 154—155 頁。

[71] (後漢)安世高譯:《大比丘三千威儀》卷上,《大正新修大藏經》卷 24,第 917 頁。

[72] 《禮記·孔子閒居》稱"天有四時,春秋冬夏"(《禮記正義》卷五一,第 1617 頁);《左傳·昭公元年》稱"君子有四時,朝以聽政,晝以訪問,夕以脩令,夜以安身"(《春秋左傳正義》卷四一,第 2024 頁)。

[73] 《太平經合校》卷九六《守一入室知神戒》,第 412—413 頁。

[74] 王明:《太平經合校·前言》,第 16 頁;[日]福井康順《道教の基礎の研究》,東京:書籍文物流通會,1952 年;任繼愈主編《道藏提要》,北京:中國社會科學出版社 1991 年,第 852—853 頁。

[75] 《太平經聖君秘旨》,《道藏》第 24 冊,第 600 頁。

[76] 《太平經合校》卷九二《萬二千國始火始氣訣》,第 369 頁。

[77] 《太平經聖君秘旨》,《道藏》第 24 冊,第 600 頁。對《太平經聖君秘旨》引文的相關解說,參見楊

寄林《太平經譯註》，第 2503—2522 頁。

[78] （唐）王懸河：《三洞珠囊》卷一《救導品》引《太平經》第三十三（卷），《道藏》第 25 冊，第 303 頁。

[79] 王明：《抱朴子內篇校釋》卷一八《地真》，北京：中華書局 1985 年，第 324 頁。

[80] 王明：《抱朴子內篇校釋》卷一八《地真》，第 326 頁。

[81] 《三天內解經》卷下，《道藏》第 28 冊，第 417 頁。

[82] 《中華道藏》第 2 冊，北京：華夏出版社 2004 年，第 352 頁。

[83] 《中華道藏》第 2 冊，第 357 頁。

[84] Kristofer Schipper and Franciscus Verellen ed, *The Taoist Canon：A Historical Companion to the Daozang*, The University of Chicago Press，2004, pp. 144 – 145.

[85] 《上清太上帝君九真中經》卷上，《道藏》第 34 冊，第 33 頁。

[86] ［美］默西亞·埃里亞德著，廖素霞、陳淑娟譯：《世界宗教理念史》卷二《從釋迦牟尼到基督宗教的興起》，臺北：商周出版，2002 年，第 51 頁。

[87] Lü Pengzhi（呂鵬志）& Patrick Sigwalt，"Les textes du Lingbao ancient dans L'histoire du taoïsme"，*T'oung-pao* 91. 1 – 3（2005），pp. 183 – 209；呂鵬志：《天師道授籙科儀——敦煌寫本 S. 203 考論》，《"中研院"歷史語言研究所集刊》，第 77 本，第 1 冊，2006 年，第 79—166 頁；《唐前道教儀式史綱》，中華書局，2008 年；《天師道旨教齋考》（上篇），載《"中研院"歷史語言研究所集刊》，第 80 本，第 3 冊，第 355—401 頁；《天師道旨教齋考》（下篇），載《"中研院"歷史語言研究所集刊》，第 80 本，第 4 冊，第 507—552 頁；《靈寶六齋考》，《文史》2011 年第 3 輯，第 85—125 頁；《法位與中古道教儀式的分類》，《宗教學研究》2012 年第 2 期；《靈寶三元齋和道教中元節》，《文史》2013 年第 1 輯，第 151—174 頁。

[88] （漢）鄭玄注，（唐）孔穎達正義：《禮記正義》卷四七，《十三經注疏》，第 1594 頁。

[89] （宋）史崧校釋：《黃帝素問靈樞集注》卷一五，《道藏》第 21 冊，第 431 頁。

[90] 姜守誠：《太平經研究》，北京：社會科學文獻出版社 2007 年，第 360—361 頁。

[91] 《太平經合校》卷九二《洞極上平氣無蟲重複字訣》，第 380 頁；楊寄林：《太平經譯註》，第 1285—1286 頁。

[92] 《左傳·昭十八年》記載："鄭子產為火故，大為社，祓禳於四方。"（《左傳正義》卷四八，《十三經注疏》，第 2086 頁）《禮記·月令·仲夏》稱："以共皇天上帝、名山大川、四方之神。"（《禮記正義》卷十六，《十三經注疏》，第 1371 頁）

[93] （梁）陶弘景：《登真隱訣》卷下，《道藏》第 6 冊，第 624 頁。

[94] 陳國符：《道藏源流考》，北京：中華書局 1963 年，第 80 頁。

[95] 施舟人：《〈老子中經〉初探》，載陳鼓應主編《道家文化研究》第十六輯，北京：三聯書店 1999 年。收入施舟人《中國文化基因庫》，北京大學出版社 2002 年，第 101—116 頁；Kristofer Schipper and Franciscus Verellen ed, *The Taoist Canon：A Historical Companion to the Daozang*, pp. 92 – 94. 對《老子中經》的相關研究，另可參見劉永明《〈老子中經〉形成於漢代考》，《蘭州大學學報》2006 年，第 60—66 頁。

[96] 參見王承文《論古靈寶經"天文"和"神符"的淵源——以〈太上洞玄靈寶五符序〉的釋讀為中心》，載《中古時代的禮儀、宗教與制度》，上海：上海古籍出版社 2012 年。

[97] 《太上老君中經》卷下，《道藏》第 27 冊，第 155 頁。

[98] 呂鵬志：《唐前道教儀式史綱》，北京：中華書局 2008 年，第 17 頁。

[99] 呂鵬志：《唐前道教儀式史綱》，第 220 頁。

[100] 呂鵬志：《天師道旨教齋考》（下篇），第 537 頁。

[101]　呂鵬志：《唐前道教儀式史綱》，第18頁。
[102]　《三國志》卷八《張魯傳》引《典略》，北京：中華書局1959年，第264頁。
[103]　[法]索安著，呂鵬志、陳平等譯：《西方道教研究編年史》，北京：中華書局2002年，第62—63頁。
[104]　《禮記正義》卷四七《祭義》孔穎達疏，《十三經注疏》，第1594頁。
[105]　（梁）陶弘景：《登真隱訣》卷下，《道藏》第6冊，第619頁。
[106]　（梁）陶弘景：《登真隱訣》卷下，《道藏》第6冊，第621頁。
[107]　（梁）陶弘景：《登真隱訣》卷下，《道藏》第6冊，第620頁。
[108]　（梁）陶弘景：《登真隱訣》卷下《請官》，《道藏》第6冊，第624頁。
[109]　[法]傅飛嵐：《天師道上章科儀——〈赤松子章曆〉和〈元辰章醮立成曆〉研究》，載黎志添主編《道教研究與中國宗教文化》，香港：中華書局2003年，第37頁。
[110]　《玄都律文》，《道藏》第3冊，第462頁。
[111]　[日]吉川忠夫：《"靜室"考》，《東方學報》59（1987）；吉川忠夫撰，許洋主譯：《靜室考》，載劉俊文主編《日本學者研究中國史論著選譯》第七卷《思想宗教》，北京：中華書局1993年，第460頁。
[112]　[法]傅飛嵐：《天師道上章科儀——〈赤松子章曆〉和〈元辰章醮立成曆〉研究》，第39頁。
[113]　《赤松子章曆》卷二《書章法》，《道藏》第11冊，第182頁。
[114]　《赤松子章曆》卷二《請官》，《道藏》第11冊，第187頁。
[115]　（唐）杜光庭：《太上洞淵神咒經序》，《道藏》第6冊，第1頁。
[116]　《靈寶玉鑑》卷一八《正一書章法式》，《道藏》第10冊，第279頁。
[117]　《靈寶玉鑑》卷一八《飛神謁帝門》，《道藏》第10冊，第275頁。
[118]　呂鵬志：《天師道授籙科儀——敦煌寫本S.203考論》，第100頁。
[119]　呂鵬志：《天師道授籙科儀——敦煌寫本S.203考論》，第107頁。
[120]　呂鵬志：《天師道授籙科儀——敦煌寫本S.203考論》，第96頁。
[121]　（梁）陶弘景：《登真隱訣》卷下，《道藏》第6冊，第619頁。
[122]　（梁）陶弘景：《登真隱訣》卷下，《道藏》第6冊，第620頁。
[123]　《太上洞玄靈寶赤書玉訣妙經》卷上，《道藏》第6冊，第189頁。
[124]　《太上洞玄靈寶元始無量度人上品妙經》（敦煌文書P.2602）記載"正月長齋"、"七月長齋"、"八節之日"、"本命之日"的齋戒儀式稱："道言：行道之日，皆當香湯沐浴，齋誠入室，……密咒曰：無上玄元太上道君，召出臣身中三五功曹、左右官使者、侍香玉童、傳言玉女、五帝直符直日香官，各卅二人，開啟所言。今日吉慶，長齋清堂，修行至經，無量度人。臣及甲乙轉經受生，願所啟上徹，逕御無上卅二天元始上帝至尊機前。"以上"齋誠入室"，就是指進入"靜室"中進行齋戒儀式。而"長齋清堂"，其"清堂"亦是"靜室"的另一種稱呼。
[125]　《太極真人敷靈寶齋戒威儀諸經要訣》，《道藏》第9冊，第867、868頁。
[126]　王承文：《古靈寶經"元始舊經"和"新經"主神考釋》，載《魏晉南北朝隋唐史資料》第27輯，武漢大學出版社2011年。
[127]　《無上秘要》卷五二《三元齋品》，《道藏》第25冊，第189—193頁。
[128]　《無上秘要》卷五一《盟真齋品》，《道藏》第25冊，第187—188頁。
[129]　《無上秘要》卷五三《金籙齋品》，《道藏》第25冊，第193—196頁。
[130]　《無上秘要》卷五四《黃籙齋品》，《道藏》第25冊，第196—202頁。
[131]　呂鵬志：《靈寶六齋考》，第101—104頁。
[132]　羅因：《佛教布薩制度的研究》，載《華梵大學第六次儒佛會通學術研討會論文集》（下冊），2002

年7月，第407—426頁。
[133] 呂鵬志：《天師道旨教齋考》（下），《"中研院"歷史語言研究所集刊》，第80本，第4册，第540頁。
[134] 呂鵬志：《法位與中古道教儀式的分類》，《宗教學研究》2012年第2期。
[135] 王承文：《從齋戒規範論古代國家祭祀對漢晉道教的影響——兼對呂鵬志博士一系列論著的商榷》，《中山大學學報》2016年第2期。

（作者單位：廣州中山大學歷史系）

東漢至清買地券特殊形制研究

李明曉

對於買地券，其內容是學者關注的焦點，而買地券的外在形狀則很少有學者討論。因此，本文將分析東漢至清代的買地券外在形狀與其材質等因素之間的關係。

目前已經公佈的 18 種東漢買地券的外在形狀（排除了 12 種兩漢疑偽買地券），其中簡策狀 13 種，方形（正方形或長方形）3 種，六角或七角柱各 1 種。從上可見，目前已公佈的東漢買地券以簡狀居多，占 2/3 以上，而且全是鉛質。由於買地券源自模仿現實生活中土地契約的隨葬文書，因此也多仿簡策的形制，刻在長條形的鉛版上。而永平十六年（73）姚孝經買地磚券、建初六年（81）武孟子男靡嬰買地玉券與光和五年（182）蒲陰縣劉公買地磚券三方買地券則是方形，此應是受碑刻形狀的影響。熹平五年（176）劉元臺買地磚券是七角柱形，建安二十四年（219）龍桃杖買地磚券是六角柱形，此二方買地券均出現於東漢晚期。蔣華先生（1980：58）曾就劉元臺買地券指出："這件地券的形制，與玉琮的形義近似。至於少去一角，可能是由於地券本身即是'八方象地'中的一方。至於中空圓形，乃是'通於天地'的意思。"吳大澂（1889：58）指出："《周禮·大宗伯》'以黃琮禮地'，注"琮八方，象地"。今琮皆四方而刻文，每面分而為二，皆左右並列，與八方之說相合。"因此，蔣華先生（1980：58）認為劉元臺買地券形制受到玉琮的影響是可信的，但認為地券本身即是"八方象地"中的一方的說法則可疑。因為龍桃杖買地券是六角柱形，何況玉琮的形制不僅有八角，也有六角等其它形狀。

圖 1　熹平五年（176）劉元臺買地磚券

目前已公佈的 68 種魏晉南北朝買地券（排除了 6 種疑偽），其中有 12 種是簡策狀。這 12 種有 3 種載體是木牘，8 種是金屬材質（包括鉛質 5 種、鉛錫合鑄、錫、銅錫合鑄各 1 種），僅有太康三年（282）黃仕買地券是磚質。在方形買地券中，除了 1959 年湖北丹江口市出土西晉買地券是鉛質外，其餘 45 種均是石質或磚質。另外，目前已公佈的南北朝買地券材質均是磚（陶）質或石質。從上可見，南北朝時期以後，買地券的外在形狀多已固定作方形。南京出土太康六年（285）王母買地券，本是鉛券，但券文中卻稱作"銅券為囗"，則不知何故。不過從韓國出土皇統三年（1143）高麗僧世賢買地券來看，其正面券文書寫順序是順逆相間，而背面已經書寫好的 5 行券文則是從上而下，想必是書寫者（或刻工）原想在背面刻寫券文，書寫過程中又想採用順逆相間的順序，故將券文劃去而重新在正面書寫。由此看見買地券的製作雖有模本借鑒，可具有一定的隨意性，其格式與內容在很大程度上取決於買地券的製造者。

圖 2　皇統三年（1143）高麗僧世賢買地券正面　　　　圖 3　背面

現公佈的 43 種隋唐五代買地券中，其中 41 種是方形（含碑形）。另外，唐天寶六年（747）陳聰憨及其妻何氏買地券，是陰刻在陶罐之上，因此其形狀受載體限制而呈不規則狀。後梁龍德二年（922）郟璘買地券則陰刻在紅石上，呈梯形。在方形買地券中，2/3 以上是磚或石質，另有 2 種紙質，11 種木質。其中唐至德二年（757）張公買陰宅地契、大曆四年（769）張無價買陰宅地契書於紙上，均屬吐魯番文書。而唐大順元年（890）熊氏十七娘買地券、天祐十五年（918）謝府君買地券、五代吳武義元年（919）隨氏娘子買地券、吳乾貞二年（928）王府君買地券、吳大和三年（931）李贊買地券、吳大和六年（934）汲府君買地券、吳天祚三年（937）趙氏娘子買地券、南唐昇元二年（938）陳氏尊買地券、南唐保大四年（946）湯氏縣君買地券、南唐保大十年（952）陳氏十一娘買地券、南唐保大十一年（953）姜氏妹婆買地券則書於方形木板之上。值得注意的是，當前公佈的 5 種五代吳買地券均為木質，而 6 種南唐買地券中，木質的亦有 4 種，應是受到吳國影響所致。日本學者池田溫先生（1981：203）就注意到木質買地券在江南地區比較集中，但不能確定此種現象是地域性還是偶然性。

宋遼金元買地券數量相當多，筆者目前初步調查到已公佈的買地券約在 500 種，其中四川（包括重慶）、江西、湖北占 70％。材質多以磚或石為主，占 90％ 以上。另有木質、鐵質、銅質、陶瓷質。外形以方形及碑形居多，另有板瓦狀等。其中，四川出土的 7 種買地券外形比較特殊。樂山井研縣出土宣和六年（1124）黃念（廿）四郎買地券，石質，呈八卦形，券文由圓心向圓周呈環狀旋轉排列。綿陽涪城區出土大觀二年（1108）鄧士言買地券為石質八棱柱形，順逆相間8行。綿陽北郊平政橋宋墓出土嘉定二年（1209）買地券四件，均為石質八棱柱形，八面皆刻有銘文。眉山仁壽縣出土寶慶元年（1226）陳氏中娘買地券是石幢，幢為八棱四角攢尖頂，上陰刻券文，順逆相間8行。高朋先生（2009：17-18，2011：22）曾指出："八棱柱形地券就可能受到了墓幢的影響。……綜上所述，宋代買地券在材質、形狀和書寫方式這些特性上，有著一定的差別。但是我們基本已經確定這些差別和買地券本身的特性基本無關，並且也不能確定它們和各個類別買地券之間的聯繫。在這些方面的一些獨特表現，很有可能是其他思想影響的結果，和買地券並無直接的聯繫。"實際上宋代墓券中常見八卦圖案，買地券呈八卦形，應是八卦和道教風水堪輿文化相互滲透的直接體現。而八棱柱形買地券則是墓幢影響下的產物。以上二種特殊的形狀，體現出道教、佛教對買地券的外形影響。

圖4　宣和六年（1124）黃念（廿）四郎買地券

圖5　大觀二年（1108）鄧士言買地券

明代買地券數量有較相當多，現已公佈的買地券約有 400 種，其中四川（包括重慶）占了一半以上。材質多以石或磚（陶）為主，而上海出土木質買地券 4 種，或許亦是地域性特點。而清代買地券數量較少，有 50 種，以石或磚（陶）為主，其中 2 種屬徽州文書，紙質，即嘉慶十九年（1814）張永祥、方氏夫婦買地券，光緒八年（1882）馮公、汪氏夫婦買地券。明清時期的買地券形狀主要是方形（含碑形），另有少量板瓦形。

通過考察東漢至清買地券，可以看出買地券的形制在東漢魏晉時期並不固定，以簡策狀居多；南北朝以後則以方形（含碑形）居多。高朋先生（2009：17，2011：21-22）曾指出："不過根據買地券的材質與功能，我們認為之所以主要採用方形，一方面可能出於製作方便的考慮，因為不論採用何種材料製作買地券，方形都是最為簡單、方便的。另一方面則是由於，買地券一般被視為人與神靈之間簽訂的合同。而這種人神之間的合同在形制上，勢必會向人們使用的普通合同學習。而當時民間流行的各種合同，由於基本上都書寫在紙上，所以形狀大體上也多為方形。因此，大多數的買地券也被做成了方形。除方形之外，比較常見還有碑形買地券，……之所以會出現碑形買地券，主要是因為以下兩個原因：一是部分買地券可能出於經濟或方便的考慮，書寫在墓誌背面。代表的有嘉泰四年（1204）周必大地券。而墓誌很多都是碑形的。一是少數文化程度不高的買地券的使用者和製造者，將買地券和墓誌混淆，將買地券直接理解為墓誌。江西瑞昌出土的慶元五年（1199）萬三十買地券上就額題'墓致'二字。這些製造者和使用者，將買地券按照墓誌的方式製成碑形，也並不令人奇怪。"當然，王宏理先生（2016：905）認為慶元五年（1199）萬三十買地券額題"墓致"，"致"非"誌"，而通"質"，契約義[1]。此說待考。

由上可見買地券的形制雖然在南北朝以後趨於方形化，但與其材質之間還是具有一定的制約關係［如刻在陶罐之上的唐天寶六年（747）陳聰懃及其妻何氏買地券］，同時還與買地券製作者有著緊密的聯繫，亦具有地域性特點。

附記：項目資助：中央高校基本科研業務專項資金項目"出土魏晉南北朝法律文獻校注（SWU1509405）"

注釋：

［1］ 王宏理：《中國金石學史（下）》，上海：華東師範大學出版社 2016 年。

【主要參考文獻】

［1］ 吳大澂：《古玉圖考》，上海：上海同文書局 1889 年石印本。
［2］ 蔣華：《揚州甘泉山出土東漢劉元臺買地磚券》，《文物》1980 年第 6 期，第 57—58 頁。
［3］ 池田溫：《中國歷代墓券略考》，《東洋文化研究紀要》第八十六冊《東京大學東洋文化研究所創立四十周年紀念論集Ⅰ》，1981 年，第 203 頁。
［4］ 劉淑芬：《經幢的形制、性質和來源——經幢研究之二》，《中央研究院歷史語言研究所集刊》第六十八本第三分，1997 年，第 643—786 頁。另可見氏著《滅罪與度亡——佛頂尊勝陀羅尼經幢之研究》，上海：上海古籍出版社 2008 年，第 51 頁。
［5］ 張勛燎、白彬：《中國道教考古》，北京：綫裝書局 2006 年。

[6] 石英：《隋唐五代買地券的若干問題研究》，武漢大學碩士學位論文，2007年。
[7] 高朋：《人神之契：宋代買地券研究》，中山大學博士學位論文，2009年，第17—18頁。另見氏著《人神之契：宋代買地券研究》，北京：中國社會科學出版社2011年，第22頁。
[8] 張傳璽主編：《中國歷代契約粹編》，北京：北京大學出版社2014年。
[9] 魯西奇：《中國古代買地券研究》，廈門：廈門大學出版社2014年。
[10] 祝慶：《元代買地券研究》，山西大學碩士學位論文，2015年。

（作者單位：西南大學漢語言文獻研究所/出土文獻綜合研究中心）

曹操不稱帝述評

胡守為

被稱為一代梟雄的曹操，權力凌駕漢獻帝之上，順則昌，逆則亡，帝位唾手可得而未敢篡奪，曹丕禪代後始尊為"武帝"，究竟是何道理，議論紛紜，試舉其中有代表性者加以評論。

一、司馬光、胡寅的議論

《資治通鑒》云：

> （孫權）上書稱臣於操，稱說天命。操以權書示外曰："是兒欲踞吾著爐火上邪！"侍中陳群等皆曰："漢祚已終，非適今日。殿下功德巍巍，群生注望，故孫權在遠稱臣，此天人之應，異氣齊聲，殿下宜正大位，復何疑哉！"操曰："若天命在吾，吾為周文王矣。"

司馬光評曰：

> 以魏武之暴戾彊伉，加有大功於天下，其蓄無君之心久矣，乃至沒身不敢廢漢而自立，豈其志之不欲哉，猶畏名義而自抑也。[1]

宋馬永卿編《元城語錄解》稱：

> 老先生（指司馬光）退居洛日，無三日不見之。一日見於讀書堂，老先生曰："昨夕看《三國志》識破一事。"因令取《三國志》及《文選》示某，乃理會武帝遺令也。老先生曰："遺令之意如何？"某曰："曹公平生姦，至此盡矣！故臨死諄諄作此令也。"老先生曰："不然，此乃操之微意也。遺令者，世所謂遺囑也，必擇緊要言語付囑子孫，至若纖細不緊要之事，則或不暇矣。且操身後之事，有大於禪代者乎？今操之遺令，諄諄百言，下至分香賣履之事，家人婢妾，無不處置詳盡，無一語語及禪代之事，其意若曰，禪代之事，自是子孫所為，吾未嘗教為之，是實以天下遺子孫，而身享漢臣之名，此遺令之意，歷千百年無人識得，昨夕偶窺破之。"老先生似有喜色，且戒某曰："非有識之士不足以語之。"僕曰："非

溫公識高不能至此。"[2]

孫權上書稱臣於曹操，操喻為置其於爐火上，陳群等稱漢祚已終，勸操順勢登上帝位，而操宜稱不僭位，一如西伯昌臣事殷的故事。司馬光在《通鑒》中說曹操早已視漢獻帝如無物，卻至死不敢廢漢，非無此意欲，畏得僭位之名而自收斂也。後又推測操遺令無一語語及禪代之事，暗示禪代乃子孫所為，操未嘗教之，實是將君臨天下之事交付子孫，而自享漢臣之名。

所謂"武帝遺令"乃曹操臨終之狀，略見於《三國志·武帝紀》、《宋書·禮志》及類書之中。晉元康八年（298），陸機據秘書閣所見記載，摘錄於《弔魏武帝文並序》，略云：

（魏武帝）持姬女（指眾妾）而指季豹（幼子名豹）以示四子，曰："以累汝。"因泣下。又曰："吾婕好妓人皆著銅爵臺。……月朝十五，輒向帳作妓（樂也）。汝等時時登銅爵臺，望吾西陵墓田。"又云："餘香可分與諸夫人，諸舍中（謂眾妾）無所為，學作履組賣也。"[3]

宋胡寅亦評論曰：

曹操偽定一時，名在英雄之列，夷考其心事，乃真小人耳！雖暴戾強伉，殺人不忌，至其病亡，子孫滿前，咿嚶涕泣，留連妾婦，分香賣履，區處衣物，平生姦偽，死乃盡見。方之玄德，治命無一語及私，豈不猶蔓草之與長松乎！[4]

據"魏武令"云：

吾衣皆十歲也，歲歲解浣補納之耳。[5]

又云：

昔天下初定，吾便禁家內不得香薰。[6]

故《魏書》記述云："（太祖）雅性節儉，不好華麗。……帷帳屏風，壞則補納，茵蓐取溫，無有緣飾。"[7]曹操病篤之時，囑咐處置家事衣物，實是其儉約的道德風尚。《魏武別傳》曰："武皇帝子中山恭王袞尚儉約，教勅妃妾紡績織紝，習為家人之事"[8]，其子曹袞便繼承此家風。稱曹操強暴一生，指此為平生姦偽盡見，豈非偏斷？至於說操至死流連家庭瑣事，而劉備病亡時，無一語涉私，亦非實情。劉備伐吳，敗歸白帝城，黃初四年（223），臨終從成都召來諸葛亮，說："君才十倍曹丕，必能安國，若嗣子可輔，輔之；如其不才，君可自取。"[9]姑不論是否由衷之言，但為其子繼承帝位的籌劃，頗費心思，豈可謂無一語及私？《弔魏武帝文並序》云：

（曹操）顧命冢嗣，貽謀四子，經國之略既遠，隆家之訓亦弘。又云："吾在軍中持法是也。至於小忿怒，大過失，不當效也。"達人之讜言矣。[10]

曹操彌留之際，除吩咐家中事務外，又教導兒子以執法為治國謀略，乃經國大事，並非無緊要言語付囑子孫，相比劉備遠召諸葛亮囑咐維護其子帝位，孰優孰劣，亦可分辨。梁朝史家劉昭已言："後曹公曰：'若天命在吾，吾為周文王矣'，此乃魏文帝受我成策而陟帝位也。"[11]周文王掌天下三分之二，仍以臣道奉殷，至其子武王才取代殷而立周。論者有以為操以文王自居，忖度其意，代漢之事，留待子孫，則不須待遺令示意無教子孫禪代也。東漢以三綱六紀為治世之經緯，曹操"畏名義而自抑"，不敢奪帝位，自抑之事理應不會教子而為之。曹操不止一次提及周文王，其所作《短歌行》說：

  周西伯昌，懷此聖德，三分天下而有其二，修奉貢獻，臣節不墜。……為仲尼所稱，達及德行，猶奉事殷，論敘其美。[12]

稱讚周文王擁三分天下有其二，仍臣事於殷，與下言"周公吐哺，天下歸心"同意，且示範以此為天下眾人之表率。建安二十年（215）劉廙諫操伐蜀，說："文王伐崇，三駕不下，歸而修德，然後服之。"言文王伐崇之初，緩攻徐戰，告祀群神以致附來者，而四方無不畏服，及終不服，則縱兵以滅之，而四方無不順從也。劉廙勸曹操仿效周文王，以積德冀能導致游離於中央權力中心的藩國歸附，操回答："非但君當知臣，臣亦當知君。今欲使吾坐行西伯之德，恐非其人也。"[13]直言己非仿效周文王以德統一藩國的人。元郝經便質疑曰："操謂之不知君，擬非其倫而近於迂，則吾為周文王之語，豈非自欺歟？"[14]是不明操聲稱"吾為周文王"之語，用意在於表明服膺臣節，而對周文王以德化解敵對勢力的措施卻不屑一顧。至於暗喻禪代之事留待其子，則是對其己身未能篡位的推測。操自來被目為奸詐之尤，司馬光並以此釋其遺令。

二、陸機、葛洪的評議

晉人議論有所不同。陸機說：

  見魏武帝遺令，愾然歎息傷懷者久之。[15]

是對其遺令真誠的感歎。陸機《弔魏武帝文》，用駢文體裁概述曹操一生事跡，文中云：

  將覆簣於浚谷，擠為山乎九天。

以造山將至九天而未竟，比喻操功業已極，終身卻未完成帝業。接著說：

  苟理窮而性盡，豈長筭之所研。

意為窮天地萬物的義理，人順其理而不失，非長謀深算者能改變。又說：

> 雖龍飛於文昌，非王心之所怡。

呂延濟注曰："文昌，殿名，言受王位於文昌殿，故云龍飛也。當受命時，非武帝心所悅欲之，蓋天命也。"[16]認為曹操雖不滿足王位，蓋由於天命而不能登帝位。

葛洪稱：

> 彼二曹（曹操、曹丕）學則無書不覽，才則一代之英，然初皆謂無，而晚年（注：敦煌本無"年"字）乃以為有窮理盡性。[17]

曹操初則無信天命，後則有信"窮理盡性"，即人的命途要合乎自然之理。范祖禹從綱常釋《易經》所謂"窮理盡性以至於命"，說："自君臣而言之，為君盡君道，為臣盡臣道，此窮理也。窮理則性盡，性盡則至於命矣。"[18]此即葛洪言曹操信有"窮理盡性"之意。

建安二十二年（217）四月，"天子命王（曹操）設天子旌旗，出入稱警蹕。"十月，"天子命王冕十有二旒，乘金根車，駕六馬，設五時副車。"[19]古代帝王出入謂之警蹕，《禮記·玉藻》："天子玉藻（冕），十有二旒。"[20]蔡邕《獨斷》云："法駕，上所乘曰金根車，駕六馬，有五色。"[21]漢獻帝為曹操設擬於天子的服飾和儀仗，是受脅逼還是主動討好，不必計較，而此舉表明漢獻帝已處於窮途末路的境地，操視帝位如探囊取物。操既被視為奸詐之尤，當不會計較名義而不敢奪取帝位，卻仍以周文王自居，陸機、葛洪以"窮理盡性"解釋曹操沒有取代漢室，自信出於天命，似合乎實情。但為臣至終，雖有自信天命的因素，為何天命如此，還須探究社會現實的原因。

三、曹操對大族的監管

東漢的衰落，從政治上說是掌權的大族式微、庶族的崛起。汝南袁氏家族，自袁安至袁隗，四世曾居三公之位，貴傾天下。自曹操破袁術，建安五年（200）官渡之戰，又擊敗袁紹父子，大族在軍事上再也無力與曹操為代表的庶族抗衡。然而百足之蟲，至死不僵，東漢大族居於文化的最高層，有豐富的政治經驗，並未退出歷史舞臺，其在政治上的勢力尤不能忽視，曹操位至丞相，仍需吸收大族參與政事，便是證明。此時雖外存蜀、吳的威脅，但大族圖東山再起卻是心腹之患，故曹操對大族動向的監管，未嘗鬆懈，請看下列事例。

孔融出身魯國大族，"於時英雄特傑，譬諸物類，猶衆星之有北辰，百穀之有黍稷，天下莫不屬目也。"[22]融"既見操雄詐漸著，數不能堪，故發辭偏宕，多致乖忤"[23]，又賓客日盈其門。《魏氏春秋》曰：

> （建安）十二年（207），融對孫權使，有訕謗之言，坐棄市。[24]

孔融認為操權力凌駕於漢帝之上的跡象漸見顯著，不能忍受，既屢屢發言譏諷其言行，又有結黨之嫌，操不能容，遂遭殺害。

崔琰，清河大族。曹操破袁紹，領冀州牧，辟琰為別駕從事。及為丞相，舉琰掌管東曹，與毛玠並典選舉，"甚有威重，朝士瞻望，而太祖（曹操）亦敬憚焉"。曹操為魏王，琰舉薦的楊訓發表稱讚功勳，褒述盛德。時人或譏笑訓虛偽，迎合世俗，謂琰為失所舉。琰從訓取表視之，與訓書曰：

> 省表事佳耳！時乎時乎，會當有變時。

琰雖自稱書中所言"本意譏論者好譴呵而不尋情理"，而有說琰此書傲世怨謗者。曹操則指"會當有變時"旨意不恭順，於是罰琰為徒隸，又指琰雖獲刑仍交通賓客，門若市人，建安二十一年（216）遂賜琰死。崔琰既被認為語出不遜，又曾盛讚河內司馬懿，范陽盧毓，與大族關係密切，使操生疑，服刑期間，仍賓客盈門[25]，正中操對大族之大忌，琰不能存活矣。

東漢大族以汝南袁氏、弘農楊氏最為顯赫。楊氏震、秉、賜、彪亦四世三公。曹操為丞相，楊彪子修用為倉曹屬主簿，卻於建安二十四年（219）被殺。曹操致書楊彪云：

> 吾制鐘鼓之音，主簿宜守（注：所謂以罪誅之），而足下賢子恃豪父之勢，每不與吾同懷。[26]

指責楊修倚仗其家族之勢，違反丞相旨意，不與之同心。楊修與曹植的關係更使曹操猜忌。《魏武故事》載令曰："始者謂子建，兒中最可定大事"，操本有意立曹植為繼承人，而楊修與時炙手可熱的丁儀等為之羽翼，則曹植可能為楊修所俘虜而成大族的代理人，《三國志》云：

> 太祖既慮終始之變，以楊修頗有才策，而又袁氏（袁術）之甥也，於是以罪誅修。[27]

《典略》云：

> 公（曹操）以修前後漏泄言教，交關諸侯，乃收殺之。[28]

楊修才能出眾，又與袁氏家族關係密切，"漏泄言教，交關諸侯"指其與曹植的交往，曹操考慮到最終可能出現的變故，便以違反丞相旨意的罪名，把他殺了。誅楊修實是曹操清除大族勢力對曹魏政權的威脅。

荀彧乃潁川名門之秀，見漢室崩亂，每懷匡佐之義。初去冀州，袁紹待以上賓，時曹操在東郡，彧聞操有雄畧，而度紹終不能克服群雄振興漢室，初平二年（191）乃去紹從操。建安元年（196），董承等欲奉流離於長安的漢獻帝還洛陽，彧勸操迎帝至許，曾說：

> 自天子播越，將軍首唱義兵，徒以山東擾亂未能遠赴關右，……雖禦難於外，乃心無不在王室，是將軍匡天下之素志也。[29]

彰明曹操興兵，打的旗號是扶助漢室，彧因此為之效力。興平元年（194），曹操東征陶謙，使彧留守甄城，遭遇張邈、陳宮以兗州反操而密迎呂布，或使程昱說范、東阿將領，使固其守，卒全三城以待操，使操不致喪失基地。建安五年（200），操與袁紹戰於官渡，操軍糧將盡，書與彧議欲還許，彧回報稱：先退者勢屈也，不能退兵。而情見勢竭，必將有變，此用奇之時，不可失也。操乃改變主意，果以奇兵擊敗袁紹[30]。曹操曾為荀彧請爵，表云：官渡之戰，彧建二策，使操"以亡為存，以禍為福，謀殊功異，臣所不及"。又說"天下之定，彧之功也"[31]。對荀彧輔助之功，稱頌備至。

建安十七年（212），董昭等謂曹操宜進爵國公九錫備物，為曹操鋪墊篡代帝位作準備，以此密以諮彧，"彧以為太祖本興義兵以匡朝寧國，秉忠貞之誠，守退讓之實；君子愛人以德，不宜如此。太祖由是心不能平。會征孫權，表請彧勞軍於譙（今安徽亳州），因輒留彧。……彧疾留壽春（今安徽壽縣），以憂薨。"《魏氏春秋》稱："太祖饋彧食，發之乃空器，於是飲藥而卒。"[32]—似操欲登帝位而荀彧因表示反對，被發配於淮南地區致死。荀彧之被摒棄，實由於不贊成操進爵國公一事，操遂確定彧乃大族忠於漢室之人，最終的政治目的不同。彧曾使操"以亡為存，以禍為福"，故對其處置有異於孔融、楊修等人。

南朝宋史家范曄曰：

> 若夫文舉（孔融）之高志直情，其足以動義概而忤雄心，故使移鼎之跡，事隔於人存，代終之規，啟機於身後也。[33]

說孔融有足以激發人心的氣節，違忤曹操篡位的雄心，代漢的事，操只能為其後人開啟先機。所言孔融的剛直，實是大族對抗曹操的言行。宋經學家李光曰：

> 故人心向背，特在逆順之間耳。以曹操之勢，雖漢祚已盡終，身不敢失臣節，蓋知內外人心未順故也。[34]

宋朝以撰東漢年表知名的熊方亦云：

> 曹操豺虎之姿，猶懼孔融、荀彧等，終其身不敢為盜。[35]

所謂"人心未順"指的是大族的政治勢力猶存。建安二十四年（219）孫權稱臣，意即奉曹操為帝，操若篡位有悖於綱紀倫常，固可得僭位惡名，然並非操以禮義廉恥"自抑"的主因。大族的代表人物屢表對曹操不恭，乃改朝換代的障礙，操此時若稱帝，更增添維護漢室者的離心力，甚或招致更大的反抗，無異置身爐火上，操以此言示意不稱帝，並非故作姿態，實是審時度勢之見。

四、曹操不稱帝的表白

篡位的事不敢力行，曹操便從各方面表明其意。例如《魏武故事》載曹操建安十五年

(210) 十二月己亥令曰：

> 身為宰相，人臣之貴已極，意望已過矣。今孤言此，若為自大，欲人言盡，故無諱耳。設使國家無有孤，不知當幾人稱帝，幾人稱王。或者人見孤彊盛，又性不信天命之事，恐私心相評，言有不遜之志，妄相忖度，每用耿耿。

曹操自言身為宰相，已貴極人臣，意望已過。又說：

> 人有勸（袁）術使遂即帝位，露布天下，答言"曹公尚在，未可也"。[36]

便炫耀若國家沒有操，稱王稱帝者不知凡幾。當然貴極人臣並非超越曹操的意望，陸機說他"雖龍飛於文昌，非王心之所怡"，是也，只是孔融、荀彧等輩尚在，稱帝未可也，不稱帝實是受制於大族，而以信天命自表，唯恐眾人私下妄相忖度他有非分念頭，以此寬釋眾人之心。

《魏志》曰："武帝御軍三十餘年，手不捨書，晝講軍策，夜則思經傳。登高必賦，遇物必詩。及造新詩，被之絃管，皆成樂章。"[37]曹操"遇物必詩"，其詩歌有濃厚的道家情懷，如《氣出唱》云："駕六龍，乘風而行，行四海外"，《精列》云："思想昆侖居"，"志意在蓬萊"，《秋胡行》云："思得神藥，萬歲為期"，"愛時進趣，將以惠誰？汎汎放逸，亦同何為。"[38]等等，寄意有追慕道術，求長生的理想。《博物志》云：

> 魏武帝好養性法，亦解方藥，招引四方之術士，如左元放、華佗之徒無不畢至。[39]

《神仙傳》云：

> 魏武帝時亦善招求方術道士，皆虛心待之。[40]

曹操羅致方術道士，反映他確有好道的一面，其詩歌出現道家的追求，就不足為奇。

詩歌還有另一面，其《短歌行》高唱"周公吐哺，天下歸心"。周衰政亂，齊桓公統率諸侯翼戴天子，孔子謂之"正而不譎"[41]，《秋胡行》讚美"正而不譎"。又云："萬國率土，莫非王臣。仁義為名，禮樂為榮。"[42]《韓非子》稱："仁義者不失人臣之禮，不敗君臣之位者也。"[43]《禮記·樂記》云："禮義立，則貴賤等矣；樂文同，則上下和矣。"[44]君臣上下之禮，乃仁義之要義，樂成於和，故荀子曰："仁義禮樂其致一也。"[45]如此詩句，乃稱頌為臣之道，以喻無僭越之想。

曹操一生尚法術，與詩歌中流露的道家情懷，似不相容。司馬談論六家之要指，稱道家"撮名法之要"[46]，司馬遷論申不害、韓非學說曰：

> 喜刑名法術之學，而其歸本於黃老。[47]

《韓非子·釋老》便是引述《老子》的學說闡述法家思想的篇章，學者有疑此篇不是韓非的作品[48]，但篇中關於法術的論釋，基本符合《老子》之旨，亦可證法術之學，歸本於黃老。《索隱》引劉伯莊《史記音義》釋司馬遷之論云：

> 黃老之法不尚繁華，清簡無為，君臣自正。韓非之論，詆駁浮淫，法制無私，而名實相稱，故曰歸於黃老。[49]

則曹操不尚浮華，持法制治國，守名實相稱，亦可歸本於黃老學說。且以其崇尚道家清靜無為，嚮往長壽，以遵守臣道為榮，又可藉詩以明志，表明處世無如放縱逸樂，無所定向的生活追求，以告示眾人並非熱衷於稱帝稱王，使不置己於爐火之上。陸機、葛洪以為曹操不稱帝，順從窮理盡性，操身居廟堂之上，卻大言以追求仙境為己志，既可以超然世俗的姿態顯於世，又可掩飾奪位非分之心，可謂合乎窮理盡性之妙。

五、曹丕稱帝後的政局

建安二十二年（217），曹操確定以曹丕為魏王太子，丕得知此消息，樂致失態，抱着議郎辛毗的頸說："辛君知我喜不？"毗以告其女憲英，憲英歎曰：

> 太子，代君主宗廟、社稷者也。代君，不可以不戚；主國，不可以不懼。宜戚而懼，而反以為喜，何以能久！魏其不昌乎！

指其缺乏憂患意識。胡三省注曰："女子之智識，有男子不能及者。"[50]

建安二十五年（220）正月，曹操病歿，同年（改元延康元年）七月，曹丕"軍次於譙（曹氏家鄉），大饗六軍及譙父老百姓於邑東"，設伎樂百戲，時其父尸骨未寒，晉史家孫盛評曰：

> 魏王既追漢制，替其大禮，處莫重之哀而設饗宴之樂，居貽厥之始而墜王化之基，及至受禪，顯納二女，忘其至恤以誣先聖之典，天心喪矣，將何以終！是以知王齡之不遐，卜世之期促也。[51]

丕又立碑云：

> 魏王龍興踐祚，規恢鴻業，構亮皇基，萬邦統世。[52]

便公告要統領天下。曹丕念及不久便將登位，不遵時人最重守喪之制，可謂樂不思禮。"天心喪矣，將何以終"，孫盛說其國運不會長久，是道德方面的推理和譴責。曹丕權慾熏心，便欲急忙奪取帝位，全不思慮曹操不稱帝的用心，才是"王齡之不遐，卜世之期促"的要害。

曹操死後僅十個月，曹丕便以禪代登上帝位，督軍御史中丞司馬懿等言：

> 今漢室衰，自安、和、沖、質以來，國統屢絕，桓、靈荒淫，祿去公室，此乃天命去就，非一朝一夕，其所由來久矣。[53]

比喻曹丕代漢，等同周武王伐紂，合乎天命。太史丞許芝舉《春秋玉版讖》有"代赤者魏公子"語，按五德終始說，漢為火德屬赤，讖言預示代漢者魏公之子[54]，有迎合曹操宣稱自為周文王，其子實踐為周武王，以代殷為代漢之意。眾臣同聲讚頌，其用心如何，恐各自不同，此後政事的發展，便可呈現。眾多大臣上表勸進，籠罩於歌頌之聲中，丕更得意忘形，而"魏其不昌"由此拉開序幕。

前引《弔魏武帝文》云：

> （魏武帝）顧命冢嗣，貽謀四子，經國之略既遠，隆家之訓亦弘。又云："吾在軍中持法是也。"

李周翰注曰："武帝自謂四子云，吾在軍中所持法皆是也，當依而行之。"陳壽對曹操一生的評論，其中說：

> 太祖運籌演謀，鞭撻宇內，擥申、商之法術，該韓、白之奇策，官方授材，各因其器。[55]

曹操能駕馭海內，用的是申不害、商鞅的法術，按才授官，此操所以臨終教誨兒子，依行其以法治國的信念。然而魏代漢同年，吏部尚書陳群立九品官人法，郡國各置中正，取本土德高望重者為之，其選舉品第有言行修著則升之，道義虧缺則降之，吏部憑之以補授，實乃恢復東漢大族採取選舉官吏的制度。而本非"巖穴知名之士"的曹操，正是以選舉名實不副貶彈東漢儒家大族用人制度。魏明帝時，出身涿郡大族的盧毓為吏部尚書，掌管用人大權，"毓於人及選舉，先舉性行，而後言才"，重執以經明行修的選人標準，改移曹操"唯才是舉"的方針，矛頭直指曹魏政權的骨幹、以清談名重於時的何晏、鄧颺、夏侯玄、諸葛誕等名士。而魏明帝附和其主張，下詔曰：

> 得其人與否，在盧生耳。選舉莫取有名，名如畫地作餅，不可啖也。[56]

魏明帝時，世為京兆名門的杜恕，"以為用不盡其人，雖才且無益"，上疏說：

> 語曰："世有亂人而無亂法。"若使法可專任，則唐、虞可不須稷、契之佐，殷、周無貴伊、呂之輔矣。

認為治國首先着眼於用儒家道德高尚的人而非用法。又云：

> 今之學者師商、韓而上法術，競以儒家為迂闊，不周世用，此最風俗之流弊。[57]

公然指曹操宗尚的商鞅、韓非法術，不遵從儒家禮教為風俗流弊之最，認為應提倡東漢大族用以標榜門閥的道德標準，而宣揚道家學說的玄學即所謂清談和崇尚自然的行為被指為浮華，此時無論從人事或意識形態層面探察，大族均掌主導地位，建安年間代表庶族的曹魏政權漸次衰落矣。

司馬懿雖表現一片忠心於魏，然而猜忌多權變，曹操對他頗有戒心[58]。司馬懿領頭讚頌禪代，曹丕登位後，用為侍中、尚書右僕射，不久，轉撫軍、假節領軍，以心腹待之不疑。丕病重，司馬懿與曹真、陳群並受顧命輔政，懿又屢立戰功，權重望崇。景初三年（239），魏明帝遂託付他和曹爽輔助皇太子。"懿至，入見，帝執其手曰：'吾以後事屬君，君與曹爽輔少子。死乃可忍，吾忍死待君，得相見，無所復恨矣。'乃召齊、秦二王以示懿，別指齊王芳謂懿曰：'此是也，君諦視之，勿誤也。'入教齊王令前抱懿頸，懿頓首流涕。"[59]可知魏明帝託付後事，看重司馬懿過於宗室曹爽，孫盛《魏氏春秋》評曰：

（魏明帝）不固維城之基，至使大權偏據。[60]

時大族勢力膨脹，魏明帝沒有繼承乃祖治國的方針，又不以宗室為核心鞏固曹魏的帝位，使大權旁落，實為時勢所趨。嘉平元年（249），趁曹爽疏於防備之時，這個曾積極上表擁護曹魏取代劉漢，又受魏明帝重託的人，終於露出真面孔，猝然發動政變，曹爽及支黨皆夷及三族。嘉平三年（251），司馬懿卒，其子司馬師繼承父業。正元元年（254），司馬師以荒淫無度為由，廢黜齊王芳，立曹丕孫高貴鄉公髦，又託病不朝覲，髦往省其疾，復拒不見[61]，其無君之心，暴露無遺。甘露五年（259），髦見威權日去，率屬下討司馬氏，時司馬師已死，其弟司馬昭的部下竟刺殺高貴鄉公。曹操孫曹奐被迎立為陳留王。

自司馬懿至司馬昭，雖有王淩、毌丘儉、諸葛誕等據淮南起兵聲討，無奈司馬氏勢力已覆蓋朝野，且手握重兵，"淮南三叛"均以失敗告終。王淩臨終前呼曰："王淩固忠於魏之社稷者"[62]，示意魏政權已非司馬氏敵手。《晉書》云："屬魏晉之際，天下多故，名士少有全者，（阮）籍由是不與世事，遂酣飲為常。"[63]司馬懿發動政變之後，何晏、鄧颺、夏侯玄、嵇康等眾多玄學名士，既是曹黨的骨幹，又是庶族文化的代表人物，先後被殺，幸存者如阮籍、山濤、向秀，或以放蕩形骸，避世求生，或投靠新主，改換門庭，此時以司馬氏為代表的大族根基已穩。

歷史有驚人相似，咸熙二年（265）五月，勢窮力屈的陳留王仿漢末獻帝於曹操例，依樣畫瓢，命晉王司馬昭冕十有二旒，建天子旌旗，出警入蹕，乘金根車、六馬，備五時副車。時局面與東漢末年已不相同，庶族無論軍事上、政治上，均居劣勢。八月，昭病死，十二月，曹操未敢跨越的步伐，大族在掃除庶族的主要勢力後，昭子司馬炎卻完成禪代，重建新王朝。

曹操對大族的警惕，不貿然奪取帝位，實有深遠的思慮。曹丕輕薄，急忙登上至尊之位，又縱容大族主導朝政，也應驗"魏其不昌"的預言。

注　釋：

[1]《資治通鑒》卷六十八建安二十四年十二月條，北京：中華書局1956年點校本，第2174、2173頁。
[2]《元城語錄解》卷中，叢書集成初編，上海：商務印書館1939年，第21頁。
[3]《六臣註文選》卷六十，陸機《弔魏武帝文並序》，浙江：浙江古籍出版社1999年，第1100頁下。
[4] 胡寅：《致堂讀史管見》卷一"文帝·魏記"。宋嘉定十一年刻本。
[5]《太平御覽》卷八一九"納"引"魏武令"，北京：中華書局1960年影印宋本，第3644頁下。

[6] 《太平御覽》卷九八一"香"引"魏武令",第4344頁下。
[7] 《三國志·武帝紀》卷一注引《魏書》,北京:中華書局點校本,第54頁。
[8] 《太平御覽》卷四三一"儉約"引,第1988頁上。
[9] 《三國志·諸葛亮傳》卷三十五,第918頁。
[10] 《六臣註文選》卷六十陸機《弔魏武帝文並序》,第1100頁上。
[11] 《後漢書·五行志五》卷十七注引劉昭注,北京:中華書局點校本,第3347頁。
[12] 黃節注:《魏武帝魏文帝詩註》,北京:人民文學出版社1958年,第13頁。
[13] 《三國志·劉廙傳》卷二十一,第616頁。
[14] 郝經:《續後漢書·劉廙傳》卷六十六下上,《叢書集成初編》本,上海:商務印書館1936年,第805頁。
[15] 《六臣註文選》卷六十陸機《弔魏武帝文並序》,第1099頁下。
[16] 參《六臣註文選》卷六十《弔魏武帝文並序》,第1102頁上、下。
[17] 王明:《抱朴子內篇校釋》(增訂本),北京:中華書局1985年,第16頁。
[18] 《唐鑑》卷十五"德宗四·貞元五年二月條",叢書集成初編,上海:商務印書館1936年,第135頁。
[19] 《三國志·武帝紀》卷一,第49頁。
[20] 《禮記正義·玉藻》卷二十九,阮元校刻《十三經注疏》,北京:中華書局1980年影印本,第1473頁上。
[21] 《獨斷》卷下,上海:上海古籍出版社1990年影印《文淵閣四庫全書》本,第17頁上。
[22] 《後漢書·孔融傳》卷七十注引《融家傳》,北京:中華書局點校本,第2263頁。
[23] 同上,第2272頁。
[24] 《三國志·崔琰傳》卷十二注引,第370頁。
[25] 以上參《三國志·崔琰傳》卷十二,第369頁。
[26] 《古文苑》卷十《曹公與楊太尉書論刑楊修》,《四部叢刊初編》本。
[27] 以上參《三國志·陳思王植傳》卷十九注引《魏武故事》,第558頁;《後漢書·楊震傳附修傳》卷五十四。北京:中華書局點校本,第1789頁。
[28] 《三國志·陳思王植傳》卷十九注引,第560頁。
[29] 《三國志·荀彧傳》卷十,第310。
[30] 參《三國志·荀彧傳》卷十,第314頁。
[31] 《三國志·荀彧傳》卷十注引《彧別傳》,第315頁。
[32] 參《三國志·荀彧傳》及注,卷十,第317頁。
[33] 《後漢書·孔融傳論》卷七十,第2280頁。
[34] 《讀易詳說》卷一"象曰利用禦上下順也"條注,臺灣:商務印書館影印文淵閣四庫全書,第10冊第282頁下。
[35] 熊方:《補後漢書年表》卷三"異姓諸矦",《後漢書三國志補表三十種》,北京:中華書局1984年,第30頁。
[36] 以上參《三國志·武帝紀》卷一注引,第33頁。
[37] 《太平御覽》卷五九一"御製上"引,頁2659下。
[38] 參黃節注《魏武帝魏文帝詩註》,北京:人民文學出版社1958年,第3、6、21、22頁。
[39] 張華校證:《博物志》卷五"方士"。北京:中華書局1980年,第61頁。
[40] 《神仙傳》卷六"王真"。上海古籍出版社1990年影印《文淵閣四庫叢書》本,第35頁下。曹植《辯道論》曰:"世有方士,吾王悉所招致。……所以集之魏國者,誠恐此人之徒接姦詭以欺衆,行

妖惡以惑民，豈復欲觀神仙於瀛洲，求安期於邊海，釋金輅而顧雲輿，棄文驥而羨飛龍哉！"（《藝文類聚》卷七八"仙道"）說曹操經歷打着五斗米道的黃巾起事，對道教徒的政治動向仍有戒心。但似不明其追求道家仙境的宣示，符合法術之學歸本黃老，又可避嫌篡位的猜測。

[41]　《論語·憲問》卷十四，阮元校刻《十三經注疏》，第 2511 頁中。
[42]　參見黃節注《魏武帝魏文帝詩註》，第 15、20、22 頁。
[43]　王先慎集注：《韓非子集解》卷十五"難一"，國學基本叢書簡編。上海：商務印書館 1939 年，第 84 頁。
[44]　《禮記正義》卷三十七"樂記"，阮元校刻《十三經注疏》，第 1529 頁中。
[45]　《荀子》卷十九"大略篇"。《四部叢刊初編》本。
[46]　《史記·太史公自序》卷一三〇。北京：中華書局點校本，第 3289 頁。
[47]　《史記·韓非列傳》卷六十三，第 2146 頁。
[48]　胡適：《中國哲學史大綱》、容肇祖《韓非子考證》均有"解老"非韓非所作之說。
[49]　《史記·韓非列傳》卷六十三注引《索隱》，第 2147 頁。
[50]　《資治通鑑》卷六十八建安二十二年十月條，第 2152 頁。
[51]　參《三國志·文帝紀》卷二及注，第 60—61 頁。
[52]　《魏大饗碑》，（宋）洪适《隸釋·隸續》。北京：中華書局 1985 年，第 185 頁。
[53]　參《三國志·文帝紀》卷二注，第 66 頁。
[54]　參盧弼《三國志集解》卷二"文帝紀"，北京：中華書局影印 1957 年，古籍出版社排印本 1982 年，第 74 頁下。
[55]　《三國志·武帝紀論》卷一，第 55 頁。
[56]　以上參《三國志·盧毓傳》卷二十二，第 651、652 頁。
[57]　《三國志·杜畿傳附恕傳》卷十六，第 500 頁。
[58]　史載："帝（司馬懿）內忌而外寬，猜忌多權變。魏武察帝有雄豪志，聞有狼顧相，欲驗之。乃召使前行，令反顧，面正向後而身不動。……因謂太子丕曰：'司馬懿非人臣也，必預汝家事。'太子素與帝善，每相全佑，故免。"（《晉書·宣帝紀》卷一，北京：中華書局點校本，第 20 頁。）
[59]　《資治通鑑》卷七十四景初三年正月條，第 2345 頁。
[60]　《三國志·明帝紀》卷三注引，第 115 頁。
[61]　參毌丘儉、文欽表列司馬師十罪第八罪。《三國志·毌丘儉傳》卷二十八注引，第 764 頁。
[62]　《三國志·王淩傳》卷二十八注引干寶《晉紀》，第 760 頁。
[63]　《晉書·阮籍傳》卷四十九，第 1360 頁。

（作者單位：廣州中山大學歷史系）

霞浦抄本贗造夷偈一首考辨

林悟殊

一、前　言

　　昔年讀漢文夷教經典，常為個中音譯文字所苦。曾問道於饒老，饒老耳提道，"治夷教而不識夷文，難免多有局限性"，勸勉弟子到歐洲學點中古伊朗語。怠至二十世紀八九十年代，得助於國際摩尼教學界諸學者，訪學歐洲，期間曾一度就讀於倫敦大學亞非學院（SOAS）辛斯·威廉（N. Sims-Williams）教授所課授的中古伊朗語班。饒老聞此十分欣慰，鼓勵有加。爾後從倫敦到香港拜謁他老人家，一見面即問"Sogdian（粟特語）學得怎樣？"這令余慚愧難言。緣在海外，健康每況日下，記憶力銳減，加之生性愚鈍，學習深感吃力，於夷語不過是略觸皮毛耳，實在乏善可陳。爾後離開歐洲，由於各種原因，蓋與夷文脫鉤。不意因緣有自，2009 年退休時，適逢福建霞浦田野調查發現了一批明清時期科儀抄本[1]。蒙調查主導者林鋆宗長，傳送部分抄本照片賜讀，驚見個中竟有貌似音譯的夷語，難免有點見獵心喜。然二十年前所學，業已忘失殆盡，而今欲以羸弱之軀、垂暮之年啃該等文字，談何容易？但為消磨殘年，遂把該等"音譯"夷語苟當延緩老年癡呆症之良藥，日對電腦，藉助工具書，慢慢推敲之。積成小文，求教知音。今次把有關研究的最後一篇心得，權作壽禮，奉呈《華學》饒宗頤教授百歲華誕慶賀專號，向他老人家匯報，並就教方家。

二、霞浦抄本夷偈之拙見

　　近年發現的霞浦科儀抄本，依愚見，乃清代當地民間自稱靈源法師小群體所用之物。彼等為稻粱謀，專事操辦當地鄉民之齋醮法事，該等抄本即為其法事儀式的腳本[2]。其之形成有先後，但年代殆不早於明清[3]。觀抄本內容，不僅有摩尼教、明教的遺跡，更有前所未聞的景教、天主教、祆教，甚或印度教的諸多信息，於古代外來宗教的研究殊有價值[4]。至於其貌似音譯的連串漢字，主要見於陳培生法師"存修"並命名手題的《摩尼光佛》科冊（以下簡稱"摩本"）[5]，及其收藏的《興福祖慶誕科》（以下簡稱"興本"）[6]、《請神科儀合抄本》（以下簡稱"合本")[7]，另謝道璉法師所藏的《點燈七層科冊》（以下簡稱"謝本"）亦有之[8]。計抄本有四種，"音譯"字近千言，以摩本所現為最多，其他三個抄本多有與之類同者。依愚見，該等文字多源於摩尼教的中古波斯語（Middle Persian）和帕提亞語（Parthian），內容或為禱詞、讚詩，或為宗教套語等。古人目摩尼教為夷教，為方便行文，姑將該等文字內容以"夷偈"稱之。查明代何喬遠（1558—1631）《閩書》卷七《方域志》記"會昌中汰僧，明教在汰中。有呼祿法師者，來入福唐，授侶三山，游方泉郡，卒葬郡北山下"[9]。竊疑該等夷偈即為呼氏等摩尼僧所傳下；何氏在同書中復記載其所目睹的福建摩尼教時狀："今民間習其術者，行符呪，名師氏法，不甚顯云。"[10] 竊意呼氏所傳者，後世閩人不知所云，益顯神秘，遂被"民間習其術者"當為呪語使用[11]。

考霞浦抄本的夷偈，同一偈多不止一個文本，彼此略有差異；同一夷語，先後出現或不同抄本所用對音漢字亦不盡相同，固可供對照參校之用，亦默示該等夷語並非來華摩尼僧所音譯。彼等惟用夷語口授華夏信徒，爾後民間口口傳承，到明清時期始由民間法師，各據自己所承傳口偈，對以近音漢字，錄載下來；是以，該等文字實際並非嚴格意義的音譯作品。錄者不識夷語，其所用漢字的真正讀音，不易考實；而歷代口傳所造成的失真更不待言，形諸漢字後之傳抄難免又有誤差；因此，夷語的還原自不乏推測之意。復次，據余的考察，當初摩尼僧口授該等夷偈時，並非一按西域固有文本，而是因應傳授對象，有所改編，甚或自行撰作，口授時又多混用中古波斯語和帕提亞語[12]；由是，益難確認復原的準確度。愚所能做到的只是：參照漢典網站據《宋本廣韻》所示的國際音標[13]，將漢字大體還原其中古讀音；試行劃分對音字群，復原相應夷詞[14]，參照敦煌漢文摩尼經習慣用語對譯成漢詞[15]；如有疑難不解處，則要考慮各種可能性，諸如方言因素、口傳訛音或傳錄脫漏、錯簡、省音，甚或斧鑿、篡改等，多方揣摩。最後將夷詞珠串，據夷文語法，解讀個中大略意思，擬譯成漢偈。可信度如何，則視各句能否理順意思，是否符合摩尼教義理而定。當然，儘管霞浦夷偈未必有對應西域文本，但就具體句子而言，在西域殘片中或有類同者，如能找到以對勘，則有助於提高解讀可信度。不過，愚於霞浦抄本夷偈的考察，並非純語言學的研究，主旨是從歷史文獻學的角度，藉助語言學，以探索該等對音夷偈如何形成，說明古代夷教與華夏地方民間宗教的匯流。至於夷偈的準確復原，實非愚力所能及，惟寄望高明發覆指教斧正。

三、"五佛偈"解讀

如上面所概述，霞浦抄本的夷偈蓋據摩尼僧口傳，歷經世代後始用近音漢字錄載下來。但若細察甄別，尚可發現有後人模仿夷偈而作的贗品。下面所要考察者，便是其中典型一例，見於摩本第65頁，夾於薦亡唱詞之間，凡三行四十二字，過錄如次[16]：

515 弗都魯昏沉麻歆麻意昏沉唎限
516 唎夷哇哆那羅延蘇路支釋迦文
517 末尸訶末囉摩尼遮伊但伽度師（參圖3）

該偈未見其他抄本，無題，其"五佛"名號，即"那羅延、蘇路支、釋迦文、末尸訶、末囉摩尼"赫然可見，為論述方便，茍以"五佛偈"名之。

考三世紀中葉波斯人摩尼所創立之新宗教，曾吸收瑣羅亞斯德教、基督教的成分，亦採入佛教的成分，自始就無意與這三個原有的大宗教對立。為了理順其新宗教與此三教的關係，在其晉呈波斯王沙卜爾（Šābuhr）一世御覽的教義輯要《沙卜拉干》（Šābuhragān）中[17]，把他之前三位教主都當說成係大明尊依次派往人間的使者，而自身則置於此三者之後，即為最後的救世主[18]。其說傳進中國後，被演繹為宋代明教徒於大明尊佛、蘇魯支佛、釋迦文佛、夷數和佛、摩尼光佛的五佛崇拜。南宋將明教當為"喫菜事魔"而嚴加鎮壓。逮至明清，明教早已不成氣候，但刑律仍將"明尊教"列入"師巫邪術"條下取締；為避嫌故，民間法師遂將大明尊易為那羅延。此段演變史，愚已有專文考論[19]，不贅。摩本實質性的內容便是頌揚此五佛，繼開壇詞之後，即舉五佛位牌頌唱：

001. 端筵正念，稽首皈依，嚴持香花，
002. 如法供養：十方諸佛，三寶尊天，
003. 羅漢聖僧，海眾菩薩。冥符默
004. 契，雲集道場，為法界眾生消
005. 除三障。莊嚴善業，成就福田，我
006. 等一心和南聖眾。　左先舉大聖。
007. 眾唱大聖：
008. 　　　　　元始天尊那羅延佛
009. 　　　　　神變世尊蘇路支佛
010. 大聖　　　慈濟世尊摩尼光佛
011. 　　　　　大覺世尊釋迦文佛
012. 　　　　　活命世尊夷數和佛（見抄本第1—2頁，本文圖1—2）

位牌把摩尼光佛置於中間位置，或為顯示其教壇奉該佛為教主之意，而在抄本具體頌唱五佛時，則仍按"伍佛記"次序：

559 伍佛記，諸經備。第一那羅延，蘇路二，
560 釋迦三，夷數四，末號摩尼光。（見抄本第70頁）

"那羅延"／ nɑ lɑ jiɛn／：在摩本中，該神號見總第371、486、497、516、519、559行；復稱"那羅延佛"（第8、457、608、614行），又簡稱作"那羅"（第377、609行）。摩本之"五雷子"唱詞首節云：

一佛那羅延，降神婆婆界，國應波羅門，當淳人代，開度諸明性，出離生死苦。（頁62—63，總第497—499行）

观其"降神娑婆界"、"国应波罗门"、"当淳人代"的行状，可知该"那罗延"应是最早下降印度之佛，当衍化自古印度婆罗门教之"大梵王"。是神梵语作 Nārāyaṇa[20]，唐代慧琳（737—820）《一切经音义》释曰：

> "那罗"，此云人。"延"，此云生本。谓人生本，即是大梵王也。外道谓一切人皆从梵王生，故名人生本也。[21]

"苏路支"/ su lu（luo）tçǐe /：另一题曰《明门初传请本师》之请神文检第6行有曰"数路"者："凶筵请：那罗、数路、释迦、夷数"[22]；既与那罗、释迦、夷数为伍，自是"苏路支"之省。亦有作"苏鲁支"者，见谢氏法师存藏的清乾隆五十一年（1768）《吉祥道场门书》[23]。查北宋赞宁（919—1001）《大宋僧史略》"大秦末尼"条有曰：

> 火祆(火烟切)教法，本起大波斯国。号苏鲁支，有弟子名玄真，习师之法，居波斯国大总长，如火山，后行化於中国。贞观五年，有传法穆护何禄，将祆教诣阙闻奏。勅令长安崇化坊立祆寺，号大秦寺，又名波斯寺。[24]

"苏鲁支"之名，当为"传法穆护何禄"所闻奏，音译自粟特语 Zrušč[25]。而抄本中有关"苏路支"的行状已被考实[26]，盖指琐罗亚斯德教的创立者无疑[27]。既然明清时期霞浦抄本"苏路支"、"苏鲁支"并现，这就默示了"路"和"鲁"的方言读音应很接近；足见抄本的苏氏名讳，亦同源於 Zrušč，为粟特穆护所传入，与摩尼僧的口授无涉。按苏氏中古波斯语作 zrdrwšt [zardrušt]，帕提亚语作 zrhwšt [zarhušt][28]，读音盖不如粟特语 Zrušč 那样近乎"苏鲁（路）支"[29]。

"释迦文"/ çǐɛk kǐa mǐuən /：谓释迦牟尼佛，慧琳《一切经音义》称"牟尼，经中或作文尼"[30]。释迦牟尼略"尼"字，即成"释迦文"也[31]。按"释迦牟尼"，梵语作 śākyamuni[32]，而帕提亚语作 š'qmn [šāqman][33]，粟特语则作 š'kymwn [šaky(a)mun][34]。显然，后两种夷语的读音更接近汉语之"释迦文"。伯希和曾有识语云：

> 佛教的第一批大翻译家（公元二、三世纪），以安世高为首，系康居人、大月氏人、波斯人，很少是印度人。所以某些佛理，诸如与无量光明阿弥陀佛及其西方乐土有关的佛理，都深为伊朗思想所渗透。大家亦知道，一批佛经是由住在中国新疆的伊朗人所精心制作的。这有助於解释某些中国词语。这些词语看来是抄自佛教的术语和专名，却是借用伊朗语的形式传入的。[35]

因此，"释迦文"之名，很可能就是安世高等直接音译自伊朗语；慧琳所释，未必中的。复顾《仪略》提及佛教教主，但称"释迦"："老君托孕，太阳流其晶；释迦受胎，日轮叶其象"（第13—14行）；"至第十一辰，名'讷'，管代二百廿七年，释迦出现。"（第16—17行）至若摩本，提及佛教教主名讳凡十二次，作"释迦文佛"（第11、489行），亦写为"释迦文仸"（第460、621、626行）；或作"释迦文"（第374、503、516、531行），或作"释迦"（第378、

560、622 行），唯獨不見"釋迦牟尼"者。由是，竊疑唐代摩尼教和宋代明教於佛教教主的名諱，當循佛教的早期譯經，以"釋迦文佛"稱之，摩本不過是沿襲這一傳統。儘管"釋迦文"可在中古伊朗語中找到語源，但並不意味著"五佛偈"所見者便是直接據夷詞對音，其不過是採自民間早已熟悉的外來詞。

"末尸訶"/muat çi xa/：考著名的西安景教碑稱耶穌基督為"景尊彌施訶"（正文第 4 行）[36]；敦煌寫經《景教三威蒙度讚》稱"彌施訶普尊大聖子"（第 12 行）、"大聖普尊彌施訶"（第 21 行）[37]；《志玄安樂經》則稱"一尊彌施訶"（第 51—52、78 行）、"彌施訶"（第 8、60、136、155 行）[38]；《宣元至本經》亦稱"彌施訶"（洛陽經幢版第 12 行）[39]。該等"彌施訶"蓋被確認為耶穌基督之聖號，音譯自叙利亞語作 mšyḥ[40]。而"末尸訶"，則應來自希伯來語，作 māšîah，為元代天主教所輸入[41]。偈中之"那羅延、蘇路支、釋迦文、末尸訶、末囉摩尼"，"末尸訶"位居第四，適好對應上揭摩本第 70 頁所載"五佛記"的"夷數四"。默證"末尸訶"即為"夷數"之別稱。在摩本中，"夷數"與"夷數和"實際為同一神名，即現代通稱的耶穌（Jesus, Iesus）。按耶穌在叙利亞語的音譯作 Yšō'[42]，中古波斯語、帕提亞語則作 Yišō'[43]，發音殆同，唐代漢文摩尼經對音為"夷數"。而希伯來語作 yēšûa'[44]，則適與"夷數和"對音，可見"夷數和"如"末尸訶"，同來自元代天主教[45]。顧摩本有段薦亡唱詞曰：

537 志心信禮：活命夷數和，從梵天界，殄
538 妖魔，騰空如鴿下，火焰起流波，神通
539 驗；拂林國，聖無過，應化河沙數，天地
540 及森羅，將忍辱戒度恒婆。我今稽首禮：
541 皈命末尸訶。恕我等諸愆咎，盡消諧厷(魔)。願
542 今夜薦亡靈，生净土。（頁 67—68）

上錄唱詞頌"夷數和"後而表示"皈命末尸訶"，益證"夷數和"與"末尸訶"之關係，猶如唐代景經之把"彌施訶"作為"景尊"（耶穌、夷數）之聖號。由是足見摩本乃因應語境、修辭的需要，在行文中將"夷數"、"夷數和"以及"末尸訶"這三個同指"耶穌"的名號替換使用。"夷數和佛"，霞浦的明代抄本已見[46]；與之對應的"末尸訶"，元明時代必亦流行，摩本不過是借用現成外來詞，並非另有新譯。

"末囉摩尼"/ muat la mua ŋi /：在霞浦抄本中，該字群多見，摩本另見第 23、245、247—248、248—249、392 行；興本見第 25 行，謝本見第 17 行。其間"末"，或作"咊"，即把"末"從"口"變造為象聲詞。"末羅"對音帕提亞語、中古波斯語的 mry, m'ry, m'rw, m'r(-), mr [mār]，該詞源於阿拉美語名詞，作敬稱用，置於名字之前，有時與名字連寫成一詞。原意謂吾主（My lord）[47]。"摩尼"，閃米特語（Semitic）人名，對音帕提亞語和中古波斯語 m'ny, m'nyy, mny, m'n'y, m'nyw [mānī]，即摩尼教教主之名字[48]。"咊羅/摩尼"，無疑可復原為 mrym'ny，夷語文獻常見，係對摩尼的尊稱。敦煌寫卷《下部讚》（S. 2659）稱摩尼為"忙你"，敬稱為"忙你尊"（第 135、152、256、357、383 行），故可意譯為"摩尼尊"之類。考教外文獻多有稱摩尼為"末摩尼"者，如敦煌本《老子化胡經》殘卷有云：

> 後經四百五十餘年，我乘自然光明道氣，從真寂境，飛入西那玉界蘇鄰國中，降誕王室，示為太子。捨家入道，號末摩尼。[49]

日人大淵忍爾氏所藏《太上老子道德真經》亦有老子八十一化圖，其第四十二化，即化摩尼圖，文曰：

> 第四十二化，入摩竭。太上老君入摩竭國，現希有相，手執空壺，以化其王。立浮屠教，名清淨佛，號末摩尼，令彼剎利婆羅門等奉行。[50]

《佛祖統紀》卷四十八"嘉泰二年"條下"述曰"引《夷堅志》云：

> 又名末摩尼，採《化胡經》"乘自然光明道氣，飛入西那玉界蘇鄰國中，降誕王宮為太子，出家稱末摩尼"，以自表證。[51]

《通典》卷四十開元二十年七月敕稱：

> 末摩尼本是邪見，妄稱佛教，誑惑黎元，宜嚴加禁斷。以其西胡等既是鄉法，當身自行，不須科罪者。[52]

上揭《閩書》則謂"摩尼佛名末摩尼光佛"，並釋云："末之為言大也。"[53]伯希和釋"末摩尼"為叙利亞語 Mar Mani 之對音，Mar 為"主"的意思[54]。按叙利亞語的 Mar，是一種敬稱[55]。而今霞浦抄本夷偈的發現，則提示"末摩尼"亦可能是直接來自中古波斯語、帕提亞語"末囉摩尼"mrym'ny 之省音。無論如何，該夷詞在華早已廣為流播，以至教外人亦多識其義。

就上揭五佛名稱的漢語音譯看，實際只有"末囉摩尼"可確認為摩尼僧所導入。五佛之名雖源於摩尼名著《沙卜拉干》的語錄，但摩尼的本意並非倡導教徒將五佛拼組崇拜，即便唐代來華摩尼僧因應華情，把各大宗教的主神請入神殿，亦不可能將那羅延入座；緣在唐代中國，印度教並非主流宗教，朝野但奉老子、釋迦，極少奉印度教之神，請入該神何用之有？至若用那羅延來替代原來的大明尊，那就更失摩尼本意，益不可思議。因此，可以肯定，將此那羅延為首的五佛延入詩偈，絕非唐代摩尼僧之所為，"五佛偈"不可能傳錄自西域摩尼僧。

儘管該偈並非據摩尼僧口授錄載，但全偈詞語咸屬"音譯"，與其他對音夷偈貌同。因此，竊意其若非纂改自現成夷偈，添以五佛名諱而成，便是利用熟悉的夷語與五佛名諱自行組裝。下面茍照其他"夷偈"的模式解讀之。

照該偈現有文字的意思，愚以為包括三個完整或不完整的句子。現試用"/"符號劃分對音字群，仿現代詩歌規範該偈書寫格式：

1. 弗都/魯昏沉/麻歆/麻意/昏沉/唎限唎/
2. 夷哇哆/那羅延/蘇路支/釋迦文/末尸訶/末囉摩尼/
3. 遮伊但/伽度師/

首行"弗都/魯昏沉/麻歆/麻意/昏沉/唎限唎"，應音錄自較完整的夷句；其字群在同一抄本

和其他三個抄本均未見,無可參照。試解如下:

"弗都"/pǐuət tuo(tu)/:對音中古波斯語、帕提亞語男性專用名稱或普通名詞,bwt, bwt [but], [butt],意謂佛陀、偶像(Buddha; idol)[56]。

"魯昏沉"/lu xuən ʑjəm/:對音中古波斯語形容詞 rw'ncyn [ruwānčīn],意謂收集靈魂、慈善的(soul-gathering; charitable)[57]。

"麻歆"/ma xǐum/:粟特語男性名字或專有人名 m'xy'n [māxyān],本意為月神所青睞者(Moon's favour)[58]。霞浦抄本的夷偈出現粟特人名並非僅此一例,如在"弗里真言"有"呌特因那"者(摩本第17行、興本第35行),疑對音粟特人名 pwty'n [putyān],原意為佛陀所青睞者。竊意該等常用人名在詩偈語境中乃用以泛指一般善信[59]。

"麻意"/ma ʔi/:據上下漢字的分拆組合,可推斷"麻意"應屬一個對音群,但無從與已知的適當夷詞對號。疑此兩字乃對應上揭的"麻歆",查粟特語女性人名有 m'yβry [Māyfri] 者[60],或為其省略或脫音漏字。若然,則"麻歆麻意"泛指男女善信。

"昏沉"/xuən ʑjəm/:對音帕提亞語、中古波斯語形容詞 hwnsand [hunsand],意謂滿意高興(content, happy)[61]。《下部讚》頻用的"歡喜"、"寬泰"一詞(第18、73、79、124、165、169、174、203、260、282、320、330、349、361、370、377 行)可資對譯。"歡喜"、"寬泰",乃摩尼教徒修持所要臻達的境界,如《下部讚》云:"被迫迮者為寬泰,被煩惱者作歡喜。慰愈一切持孝人,再蘇一切光明性。"(第18行)

"喕限喕"/nʑǐə ɣæn nʑǐə/:從句子的結構看,該字群應為某一夷語動詞的對音,疑為中古波斯語動詞(及物、不及物)z'y- [zāy-] 第三人稱複數虛擬態 z'y'nd [zāyānād] 或使動詞態 z'yn'd [zāenād] 之訛音,原詞意謂生出、產生、誕生、出現等(to give birth to; engender; be born, come forth)[62]。

"弗都/魯昏沉/麻歆/麻意/昏沉/喕限喕"

bwt(bwt) rw'ncyn m'xy'n m'y(βry) hwnsand z'y'nd(z'yn'd)

佛陀慈悲,祈賜善男信女以寬泰。

是句應源於來華摩尼僧,如果解讀的意思不太離譜,則本屬常用祈禱詞,為華夏摩尼教徒所經常誦念,遂得以流傳後世。摩本編撰者於此句諒必爛熟,但讀音是否準確,是否明白其意思,自是另一回事。

第二行"夷唑哆/那羅延/蘇路支/釋迦文/末尸訶/末囉摩尼/",惟誦念五佛名號耳,並非完整句子。顧《下部讚》第二首音譯詩偈的"夷薩" ji sɑt(第157行),音譯自帕提亞語或中古波斯語的 yzd [yazad],意謂 god, lord,神也,主也[63]。"夷唑" ji dzʰɐiɑ 與之近音,當亦對音該夷詞。是詞霞浦抄本多現,另見摩本頁29、總第236行,興本頁15、總第106行;又作"咦唑",見摩本頁32,總第252、255行。按在帕提亞語中,yzd 又作 yzd' [yazadā],適可對音"夷唑哆"/ji dzʰɐiɑ/。不過在此處語境中,如果照夷語文法,竊意"夷唑哆"應對音 yzd 的複數形式 yzd'n [yazadān] 或 yzdn' [yazadnā][64],即應錄為"夷唑哆那";或緣與後邊"那羅延"相接,誦念或傳抄時被略去"那"字。該複數夷詞在摩本的"弗里真言"中亦有出現,不過被對音為"耶陣那" jǐa ɖʰǐen nɑ(頁3,總第18—19行)[65],可見該夷詞乃民間法師所熟悉者。其冠於"那羅延"等五位神號之上,當指彼等"諸神"。當然,該偈的贗造者不諳夷語,也許憑記憶,但求一個對音夷詞配搭耳。

第三行"遮伊但/伽度師"是一個短語，在霞浦抄本的其他夷偈中，以此為結者尚見於摩本《四寂讚》（頁30—31，總第242—250行）、合本的同名偈（頁53—54）[66]，摩本《天女呪》（頁29—30，總234—241行）和興本《天地呪》（頁7，總第40—46行）[67]。

"遮伊但" /tçĭa ʔi dʰan/，對音中古波斯語形容詞、副詞 j'yd'n [jāydān]，永久也，永恆也（eternal, eternally, for ever）[68]。

"伽度師" /gʰɪa dʰu ʃi/，對音帕提亞語、中古波斯語形容詞 q'dwš, k'dwš [kādūš]，意謂神聖（holy）[69]。

"遮伊但/伽度師"，無妨意譯為"聖哉，永遠"之類。

茲將上揭所復原詞語珠串綜合，擬譯如下：

1. 弗都/魯昏沉/麻歆/麻意/昏沉/唰限唰/

pĭuət tuo (tu) lu xuən ʑjəm ma xĭɛm maʔi xuən ʑjəm nʑĭə ɣæn nʑĭə

bwt (bwt̠,) rw'ncyn m'xy'n m'y (βry) hwnsand z'y'nd

佛陀慈悲，祈賜善男信女以寬泰！

2. 夷咋哆（那）/那羅延/蘇路支/釋迦文/末尸訶/末囉摩尼/

ji dzʰɒi tɑ (nɑ) / na la jĭɛn / su lu tçĭe /çĭɛk kĭa mĭuən /muat çi xa /muat la mua ɳi/

yzdn' Nārāyaṇa, Zrušč, š'qmn (š'kymwn), Mashiah (māšîah), mrym'ny,

那羅延、蘇路支、釋迦文、末尸訶、末摩尼諸佛，

3. 遮伊但/伽度師

tçĭa ʔi dʰan/ gʰɪa dʰu ʃi

j'yd'nq'dwš!

聖哉，永遠！

四、"五佛偈"之製作

從上面的解讀看，首句"弗都/魯昏沉/麻歆/麻意/昏沉/唰限唰/"，係用漢字對音夷語。至於第二行"夷咋哆/那羅延/蘇路支/釋迦文/末尸訶/末囉摩尼/"，誦念諸佛，顯然是摩本編撰者循頌五佛之主題，模仿其他夷偈自行拼接。其間五佛的"那羅延/蘇路支/釋迦文/末尸訶"乃錄自華夏業已流行的外來詞，並非摩尼僧所傳入；唯一由摩尼僧傳授者惟"末囉摩尼"耳。然該詞在已披露的科儀本中頻頻出現，教外文獻亦多有"末摩尼"之謂，實際殆已成為漢語常見的外來詞；至於冠在五佛之前的"夷咋哆（那）"，作為夷語神的複數形式 yzdn' 的對音，在口傳夷偈中屬最常用詞；於法師所承傳的夷語中，諒必多有該詞與其他熟悉神號串連的用例，故詩偈製作者不過是信手拈來耳。至於末行的"遮伊但/伽度師"，如上面所已指出，霞浦抄本的夷偈多有以之為結者，法師不過是效法移植之。由是，拼湊贗造如是"夷偈"，於熟稔夷呪的法師們來說並非難事。

不過，誦念五佛名號之後綴以"遮伊但/伽度師"為結，雖在是偈語境中得當，但恐屬偶合，摩本編撰者未必明了該夷語的真諦。顧摩本另有三處漢文唱詞同樣以該夷語作結。其一見頁32—33：

258 天王化四明神，銳持手，甲全身，禦冤敵，
259 護真人，令正教，免因循。遮伊但伽度師！

其二見頁53：

420　　　同舉拔香偈
421 光明衆，志心齊，同稱讚，化菩提，救亡
422 性，幽沉迷。遮伊但伽度師！

其三見頁56—57：

449 護法座，豁明筵，降真聖，從群仙。
450 無為眼，照心田，貌湏（須）肅，竟湏專。
451 遮伊但伽度師！

　　就此三處的漢文内容，綴以"遮伊但伽度師"，顯然不太合拍。看來，科儀本製作者但知該短語可用於詩偈的結句而已，至於其意涵則未必有確切的了解，使用得當，蓋屬偶合。

　　在霞浦科儀本中，地道的漢語經文夾以某些音譯術語，諸如神名之類，這與其他漢文宗教經文或世俗文書無異。至於抄本所錄"音譯"詩偈，若果源於西域摩尼僧，則猶如漢譯佛典之錄入音譯梵咒然，並不顯得奇特。倒是像上揭的"五佛偈"，貌似"音譯"夷偈，實為本土贋品，始為霞浦科儀本之特有。

　　從摩本的對音夷語看，其編撰者先人或先師可能與上揭何喬遠所云"行符呪"的明教徒有涉，遂得以承傳了一些夷偈，當為具有超常功能的呪語，倒背如流，以至熟能生巧；雖不識其意，卻能變通穿鑿附會，甚或華夷雜糅，贋造新品[70]。這便進一步提示吾輩，不可輕易把抄本中的夷偈直當來華摩尼僧之遺經。

2016年5月1日

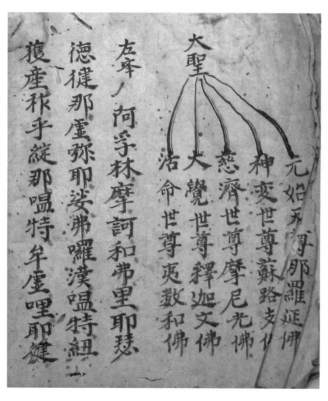

圖1

圖2

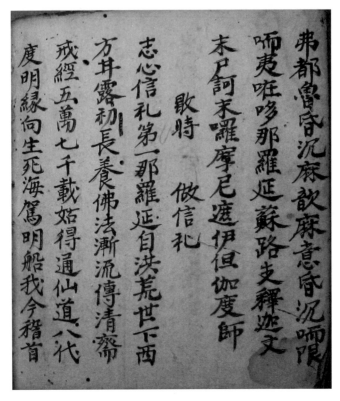

圖 3

注　釋：

[1]　詳參陳進國、林鋆《明教的新發現——福建霞浦縣摩尼教史跡辨析》，李少文主編、雷子人執行主編：《不止於藝——中央美院"藝文課堂"名家講演錄》，北京大學出版社 2010 年，第 343—389 頁。

[2]　詳參拙文《清代霞浦"靈源法師"考論》，《中華文史論叢》2015 年第 1 期，第 246—284 頁。

[3]　參拙文《霞浦科儀本〈奏教主〉形成年代考》，香港《九州學林》第 31 輯，2013 年 4 月，第 102—135 頁；修訂本見拙著《摩尼教華化補說》（余太山主編：歐亞歷史文化文庫），蘭州大學出版社 2014 年，第 388—422 頁。拙文《明教五佛崇拜補說》，《文史》2012 年第 3 輯，第 385—408 頁；修訂本見《摩尼教華化補說》，第 343—371 頁。

[4]　參拙文《霞浦抄本元代天主教讚詩辨釋——附：霞浦抄本景教〈吉思呪〉考略》，《西域研究》2015 年第 4 期，第 115—134 頁；張小貴《霞浦抄本所見"蘇魯支"史事考釋》，《文史》2016 年第 1 輯，第 235—250 頁；拙文《霞浦抄本祆教信息探源——跋〈霞浦抄本所見"蘇魯支"史事考釋〉》，《文史》2016 年第 2 輯，第 279—287 頁；拙文《清代霞浦"靈源教"之"夷數和佛"崇拜》，劉東主編《中國學術》第 37 期，北京：商務印書館 2015 年，第 191—226 頁。

[5]　筆者所見抄本照片係 2009 年 11 月 20 日張鳳女史所拍攝，內文存八十二頁，封面為收藏者陳培生所加並手題"摩尼光佛"四字，落款"陳培生存修"。有關該科冊的釋文及考察詳參拙文《〈摩尼光佛〉釋文並跋》，見拙著《摩尼教華化補說》，第 457—492 頁；楊富學、包朗《霞浦摩尼教新文獻〈摩尼光佛〉校注》刊佈該抄本部分照片，見秋爽主編，李尚全執行主編《寒山寺佛學》第 10 輯，蘭州：甘肅人民出版社 2015 年，第 74—115 頁。

[6]　《興福祖慶誕科》有兩個抄本，筆者所據抄本照片係 2009 年 10 月 9 日陳進國先生拍攝，內文凡三十

一頁。

[7]　筆者所見抄本照片係 2009 年 11 月 20 日張鳳女史所拍攝，內文存七十八頁。

[8]　照片係 2009 年 5 月 6 日林鋆先生拍攝。

[9]　（明）何喬遠：《閩書》(1)，廈門大學點校本，福州：福建人民出版社 1994 年，第 172 頁。

[10]　《閩書》(1)，第 172 頁。

[11]　參拙文《霞浦抄本夷偈"弗里真言"辨釋》，《中華文史論叢》2017 年第 2 期，第 339—367 頁。

[12]　《霞浦抄本夷偈〈天女呪〉〈天地呪〉考察》，余太山、李錦繡主編：《絲瓷之路》第 5 輯，北京，商務印書館 2016 年，第 109—139 頁。

[13]　http://www.zdic.net/z/19/js/5F17.htm。

[14]　M. Boyce, A Word-List of Manichaean Middle Persian and Parthian, with A Reverse Index by R. Zwanziger, (AcIr, 3. sér., II, Suppl., 9a; Textes et mémoires), Téhéran-Liège: Bibliothèque Pahlavi; Leiden: E. J. Brill, 1977, 縮略為 Boyce 1977; Desmond Durkin-Meisterernst, Dictionary of Manichaean Texts. Vol. iii. Texts from Central Asia and China. Part 1. Dictionary of Manichaean Middle Persian and Parthian, (Corpus Fontium Manichaeorum, Subsidia), Turnhout: Brepols, 2004, 縮略為 Durkin-Meisterernst 2004。

[15]　即英法藏《摩尼光佛教法儀略》（S. 3969，P. 3884），簡稱《儀略》；京藏佚名摩尼經（宇 56/北敦 00256），簡稱《殘經》；英藏《下部讚》（S. 2659）。本文所徵引的經文均據筆者最新釋文，見拙著《敦煌文書與夷教研究》（當代敦煌學者自選集），上海古籍出版社 2011 年，第 407—466 頁；另見拙著《摩尼教華化補說》，第 493—553 頁。

[16]　霞浦抄本多有明清時期所用俗字，過錄時凡見於當今電腦一般字庫者，照錄；缺者另造；僅手寫略異者則改近體字。

[17]　參閱 Mary Boyce, The Manichaean Literature in Middle Iranian, Handbuch der orientalistik, I, 4, Iranistik, 2, Literature, Lfg. 1 Leiden, 1968, pp. 69–70。

[18]　"明神的使者一次又一次地把智慧和善行傳到人間。有一個時代由名叫佛陀的使者傳到印度，又一個時代由名叫瑣羅亞斯德的使者傳到波斯，另一個時代由叫耶穌的使者傳到西方。而今，啓示又降下來，在這個最後的時代，先知的職分落在我摩尼身上，由我作為向巴比倫傳達神的真理的使者。"見 E. Sachau (ed.), The Chronology of the Ancient Nations, London: W. H. Allen & Co., 1879, p. 207. 就這一語錄之可信度，馬小鶴先生已徵引其他諸多原始文獻予以佐證，見氏文《摩尼教中的蘇路支新考》，刊香港《饒宗頤國學院院刊》第三期，2016 年 5 月，第 289—315 頁；有關論證見第 296—301 頁。

[19]　有關考證詳參拙文《明教五佛崇拜補說》。

[20]　獲原雲來編纂《漢譯對照梵和大辭典》，漢譯對照梵和大辭典編纂刊行會，鈴木學術財團，昭和十五年（1940），p. 669/b。

[21]　慧琳撰：《一切經音義》第二十七卷，《大正藏》(54)，No. 2128，第 767 頁下。

[22]　見於整理者名為《請神科儀合抄本》的科册，收藏者為當地陳培生法師，內文凡 78 頁。陳進國先生曾過錄部分文字刊佈，見陳進國、林鋆《明教的新發現——福建霞浦縣摩尼教史跡辨析》，第 354—356 頁；完整釋文見拙著《華化摩尼教補說》，第 451—456 頁。

[23]　陳進國、林鋆：《明教的新發現——福建霞浦縣摩尼教史跡辨析》，有關引文見第 375—377 頁。

[24]　見《大正藏》(54)，No. 2126，第 253 頁中。

[25]　張小貴：《祆教"蘇魯支"語源考》，榮新江、羅豐主編：《粟特人在中國：考古發現與出土文獻的新印證》，北京：科學出版社 2016 年，第 653—660 頁。B. Gharib, Sogdian Dictionary: Sogdian-Persian-English, Farhangan Pulications, Tehran, 2004, p. 465, §11420。

[26]　見張小貴《霞浦抄本所見"蘇魯支"史事考釋》。

[27] 參拙文《霞浦抄本祆教信息探源——跋〈霞浦抄本所見"蘇魯支"史事考釋〉》。

[28] M. Boyce, A Word-List of Manichaean Middle Persian and Parthian, with A Reverse Index by R. Zwanziger, (AcIr, 3. sér., II, Suppl., 9a; Textes et mémoires), Téhéran-Liège: Bibliothèque Pahlavi; Leiden: E. J. Brill, 1977, p. 105.

[29] 饒宗頤先生最早提示"蘇魯支"之讀音最接近 Zrušč，見氏著《穆護歌考》，載《大公報在港復刊三十周年紀念文集》下卷，香港：大公報，1978 年，第 733—771 頁；有關論述見第 768—769 頁。

[30] 慧琳撰：《一切經音義》卷第七十二，《大正藏》（54），第 776 頁下。

[31] 慧琳撰：《一切經音義》卷第二十七："釋迦文：釋迦能姓。劫初之時未有君長，衆推有道以為司契，共立一王，號莫訶三未多，云大等音樂，謂大衆齊等意樂立為王也，即佛高祖。以嫡相從，曾不失墜，共讚能為人帝。因斯遂姓釋迦。牟尼寂義，佛之別號，謂能寂默生死惡法，亦能證得涅盤寂理。姓號雙舉，故云'釋迦牟尼'。今語略云'釋迦文'。《智度論》云釋迦文尼即牟尼同譯，殊略尼字也，云釋迦文也。"《大正藏》（54），第 485 頁中。

[32] 獲原雲來編纂：《漢譯對照梵和大辭典》，昭和十五年（1940），第 1320 頁 b。

[33] Durkin-Meisterernst 2004, p. 314; Boyce 1977, p. 84.

[34] B. Gharib, Sogdian Dictionary: Sogdian-Persian-English, Farhangan Pulications, Tehran, 2004, p. 369, §9150.

[35] Paul Pelliot, "Les influences iraniennes en Asie centrale et en Extrême Orient," Revue Indochinois 18 (1912), pp. 1-15, 引文見 p. 7; 是文復見 Revue d'histoire et de littérture religieuses, n. s. III, 2, Mars-Avril 1912, pp. 97–119.

[36] 《西安景碑釋文》，見拙著《中古夷教華化叢考》（余太山主編：歐亞歷史文化文庫），蘭州，蘭州大學出版社 2011 年，頁 259—268。

[37] 《景教三威蒙度讚釋文》，見《敦煌文書與夷教研究》，第 226—228 頁。

[38] 日藏敦煌景教寫本《志玄安樂經》（羽 013），釋文見《敦煌文書與夷教研究》，第 314—323 頁。

[39] 洛陽經幢版《宣元至本經釋文》，見《敦煌文書與夷教研究》，第 262—263 頁。

[40] 吳其昱：《景教三威蒙度讚研究》，《中央研究院歷史語言研究所集刊》第 57 本第 3 分，1986 年，第 423 頁。

[41] 詳參拙文《霞浦抄本元代天主教讚詩辨釋——附：霞浦抄本景教〈吉思呪〉考略》，《清代霞浦"靈源教"之"夷數和佛"崇拜》。

[42] François de Blois and Nicholas Sims-Williams (ed.), Dictionary of Manichaean Texts, Vol. II, Texts from Iraqand Iiran (Texts in Syriac, Arabic, Persian and Zoroastrian Middle Persian), Brepols n. v., Tunhout, Belgium, 2006, pp. 9, 152.

[43] M. Boyce, A Reader in Manichaean Middle Persian and Parthian, p. 10.

[44] Cf. "Jesus (the name)", in New Catholic Encyclopedia, 2nd ed., Vol. 7, Thomson, New York 2002, p. 795.

[45] 詳參拙文《霞浦抄本元代天主教讚詩辨釋——附：霞浦抄本景教〈吉思呪〉考略》。

[46] 參拙文《清代霞浦"靈源教"之"夷數和佛"崇拜》。

[47] Durkin-Meisterernst 2004, p. 231; Boyce 1977, p. 57.

[48] Durkin-Meisterernst 2004, p. 226.

[49] 初刊《敦煌石室秘書》及《石室秘寶》，收入《大正藏》（54），No. 2139，引文見第 1266 頁中。見中國社會科學院歷史研究所、中國敦煌吐魯番學會敦煌古文獻編輯委員會、英國國家圖書館、倫敦大學亞非學院編：《英藏敦煌文獻》（3），S. 1857/4－5，成都：四川人民出版社 1990 年，第 165 頁下—166 頁上；上海古籍出版社、法國國家圖書館編：《法藏敦煌西域文獻》（1），P. 2007/6，上海

古籍出版社 1995 年，第 72 頁下。

[50] 參見窪德忠：《宋代におる道教とマニ教》，刊《和田博士古稀記念東洋史論集》，昭和三十六年（1961），第 365—366 頁。

[51] 《大正藏》（49），第 431 頁上—中。

[52] （唐）杜佑撰，王文錦等點校：《通典》卷四〇，北京：中華書局，1988 年，第 1103 頁。

[53] （明）何喬遠《閩書》（1），第 171 頁。

[54] Paul Pelliot, "Les traditions manichéennes au Fou-Kien", T'oung Pao, XXII, 1923, pp. 193–208; see pp. 122–123; 馮承鈞譯：《福建摩尼教遺跡》，見《西域南海史地考證譯叢九編》，北京：中華書局，1958 年，第 125—141 頁，有關論述見第 137 頁，註三三。

[55] S. Muramatsu, "Eine nestorianische Grabinschrift in türkischer Sprache aus Zaiton", Ural-Altaische Jahrbücher, XXIV, 1964, pp. 394–395.

[56] Durkin-Meisterernst 2004, p. 118.

[57] Durkin-Meisterernst 2004, p. 297.

[58] Durkin-Meisterernst 2004, p. 227; 並參 Pavel B. Lure, Personal Names in Sogdian, Osterreichische Akademie der Wissenschaften Wien, 2010, p. 235, §653.

[59] 詳參拙文《霞浦抄本夷偈"弗里真言"辨釋》。

[60] Pavel B. Lure, Personal Names in Sogdian, Osterreichische Akademie der Wissenschaften Wien, 2010, p. 235, §655.

[61] Durkin-Meisterernst 2004, p. 193.

[62] Durkin-Meisterernst 2004, pp. 380–381.

[63] Yoshida Yutaka, "Manichaean Aramaic in the Chinese Hymnscroll", Bulletin of the School of Oriental and African Studies, XLVI, 1983, pp. 326–331, see pp. 328, 330; Boyce 1977, p. 62; 吉田豊：《漢訳マニ教文献にぉける漢字音寫された中世ィラン語について》（上），刊《内陸アジア言語研究》1986 年 11 號，第 1—15 頁，see §98; Boyce 1977, p. 103.

[64] Durkin-Meisterernst 2004, pp. 376–377.

[65] 見拙文《霞浦抄本夷偈"弗里真言"辨釋》。

[66] 參拙文《霞浦抄本夷偈〈四寂讚〉釋補》，《文史》2016 年第 1 輯，第 169—200 頁。

[67] 參拙文《霞浦抄本夷偈〈天女呪〉〈天地呪〉考察》。

[68] Boyce 1977, p. 50; Durkin-Meisterernst 2004, p. 197.

[69] Boyce 1977, p. 51; Durkin-Meisterernst 2004, p. 201.

[70] 如見於摩本頁 18 總第 144—151 行之"四天王偈"，詳參拙文《霞浦抄本明教"四天王"考辨》，刊余太山、李錦繡主編《歐亞學刊》新 3 輯（總第 13 輯），北京，商務印書館，2015 年 11 月，第 166—204 頁；另參拙文《霞浦抄本夷偈〈天女呪〉〈天地呪〉考察》，刊余太山、李錦繡主編《絲綢之路》第 5 輯，北京，商務印書館，2016 年 6 月，第 109—139 頁。

（作者單位：廣州中山大學歷史系）

YH127 坑和花園莊東地甲骨

赵 诚

YH127 坑和花園莊東地所出甲骨意義重大，且可相互補充、證明，故放在一起加以簡述。由於內容太豐富，不能面面俱到，只得分而言之，且各部分僅能略言其一二。說明一點：YH127 坑所出甲骨，基本上已收入《殷虛文字乙編》；張秉權《殷虛文字丙編·序》云："在《乙編》編到下集的時候，我們已經發現其中尚有若干甲骨，還可以拼兌復合，但是《乙編》的圖版和拓本的次序，已經排定，不易更動，上中兩輯，且已付印，更是無法重排重編的了。""為了想使這一批復原了的甲骨，能夠早日貢獻給國內外的學者，作為研究的資料，所以我們決定將它們另編一部《殷虛文字丙編》，選擇一些比較大的，比較完整的，比較有特殊意義的甲骨，優先傳拓，依類編次，分期付印，陸續出版。"張氏又云："《丙編》，是由《乙編》及其編餘的甲骨，拼兌，復原，重新傳拓，重新編輯，加以考釋而成。所以，這一編，也可以說是一部：《殷虛文字乙編甲骨復原選集》。"可知，論述 YH127 坑甲骨，不宜只根據《乙編》，還必須參考《丙編》，有時甚至要以更為完整的《丙編》為主。這裡先講三點：

一，殷墟卜辭有"大示"、"小示"之稱而有別。商代人根據什麼把某些先王歸於大示，而把另一些先王歸於小示，至今學術界無定論。有學者如陳夢家，在《殷虛卜辭綜述》374 頁認定商代先王大乙至祖丁的大示為：大乙、大丁、大甲、大庚、大戊、中丁、祖乙、祖辛、祖丁。而將羌甲列為小示（陳氏以大示為直系，以小示為旁系，可商，將另文討論，此不贅），主要的根據是《殷契佚存》986（《甲骨文合集》32385）：

□未卜，奉自上甲、大乙、大丁、大甲、大庚、大戊、中丁、祖乙、祖辛、祖丁十示，率牛。

僅從這一條刻辭來看，祖辛之後，祖丁之前，沒有羌甲，和《史記·殷本紀》合，有一定道理。但是，1937 年出版的《殷契粹編》250（《合集》22911）有這樣一條刻辭：

乙丑卜，大貞。於五示告：丁、祖乙、祖丁、羌甲、祖辛。

又 1973 年出土的《小屯南地甲骨》2342 辭有"告於父丁、小乙、祖丁、羌甲、祖辛"之語，其世次與《粹編》250 完全相同，說明並非孤證，則羌甲當是大示。

此外，還有這樣的刻辭：

庚辰卜，□貞。王賓羌甲奭妣庚翌，亡尤。（《合集》23325）

根據商代周祭卜辭的原則，只有先王為大示者，其法定配偶才能進入周祭。也可以反過來說，凡是進入周祭的先妣，其所配之先王必是大示。則《合集》23325也可證羌甲實是大示。這一刻辭陳夢家也已看到，並於《綜述》380頁肯定："在先妣之中，只有直系（大示）的先妣可以入祀，我們稱之為法定配偶。"同時在下面列出了這一條卜辭。另外，在《綜述》381頁又特別指出："羌甲如我們以前所論，與祖辛同世而均為有當直系（大示）的資格。"既然有資格為什麼又不是呢？陳氏無說，學術界也無人回答，這就成了一個疑案。

張秉權於1965年出版的《殷虛文字丙編》中輯（二）的《考釋》辨認出屬於一期的395（394之反，即《合集》1772反。由YH127坑出土的若干個碎片拼兌而成。這些碎片是13.0.3968 + 13.0.6590、13.0.6594、13.0.6597 + 13.0.15858 – 13.0.15862、13.0.15865、13.0.15866 + 13.0.4095 + 13.0.4096 + 13.0.4097 + 13.0.4102 + 13.0.4099，有的已見於《乙編》，有的則為《乙編》之編餘）之第二辭有"南庚壱，祖丁壱，大示祖乙、祖辛、羌甲壱"之語，證明殷商武丁時代確實是以羌甲為大示，因而幾十年的疑案得以判定。這是YH127坑出土甲骨的一大貢獻。這其中當然有張先生的貢獻。

1991年在殷墟花園莊東地H3出土了完整的一坑甲骨，也是做了一個大木箱，將整坑甲骨套在木箱裡，運到室內進行清理[1]，情況和YH127坑的出土、套裝、運回室內清理近似。東地甲骨，據該書《前言》考證其時代"當屬殷墟文化一期晚段"，約當武丁早期或其前段；所祭祀的近祖，"多為南庚以前先王，且以祖乙、祖甲（沃甲）為主"，在一定意義上可以說明當時的祭祀者確認羌甲（沃甲）為大示，也可作為旁證。

二，YH127坑甲骨的第二大貢獻是首先證明商代有成套卜辭和成套甲骨，而成套卜辭與同文卜辭有別；也有成套卜辭和不成套卜辭在同一版的現象。這一些，學術界之前並無認識。張秉權在《殷虛文字丙編》上輯（一）的《序言》中肯定："成套卜辭與同文卜辭的性質是不同的，'同文'的著眼點，在求卜辭的相同，不管序數的能否聯繫，而成套的關係，則完全建立在序數上。在一套中，有些卜辭，可以省簡到僅存一二個字，這是無法用同文的關係來加以解釋的，也不是用同文的觀點，所能發現的，所以成套卜辭，未必同文，同文卜辭，也未必成套。"張氏繼續指出："只有從成套的卜辭中，才能看出卜辭省簡的由來，進而研究卜辭省簡的語法。從成套卜辭的辭例中，可以了解另一些零碎的，省簡的卜辭的真義，進而了解那些像謎一樣難解的卜辭的意義。"張氏又特別說明："占卜的時候，如果同時用幾塊不同的甲骨，來貞問同一的事件，便須將成套的卜辭，分別刻在幾塊不同的甲骨之上，這就是成套的甲骨了。"關於成套卜辭、成套甲骨、成套卜辭和不成套卜辭同版者，YH127坑出土甲骨中多見，此僅列出一例，以供考察。

《丙編》圖版玖零之九八版，相當完整，由《乙編》的1976 + 2416 + 3198 + 3468 + 7975拼兌而成，其刻辭如下：（標點符號以及行文格式一依張氏）

（1）貞：乎取黍。一二
（2）貞：勿乎取。一二

(3) 貞：勿乎取。一
(4) 貞：多介眔。一二
(5) 介眔。三上吉四五
(6) 介。六
(7) 貞：之五月陟至。一
(8) 羽癸卯狩擒。一
(9) 羽癸卯勿狩。一
(10) 丁巳卜，㱿貞：告□於祖乙，勿㞢歲禍，一二
(11) ［貞］：祖乙鴨不蝠。一二
(12) 丁巳卜，賓貞：禍於祖乙告王囧。一
(13) 貞：勿䩱禍於祖乙告囧。一二
(14) 㞢祖乙告王囧。一二
(15) 勿㞢禍祖乙。一二
(16) 貞：王不禍示左。一上吉二
(17) 貞：示弗左王不禍。一二
(18) 示左王。三
(19) 示弗左。三
(20) 一
(21) 一
(22) 一二

張秉權在《丙編》上輯（二）142頁的考釋中指出："從卜兆的序數來看，第（4）、（5）、（6）辭是一套成套卜辭，其卜日為甲午，貞人為賓，著在反面的相當部位。第（16）、（18）與（17）、（19）等辭，又是一套對貞的成套卜辭，其卜日為己未，貞人為賓，著在反面的相當部位。從成套的卜辭中，我們可以很清楚地看出它的省略的路綫，與彼此之間的關係。如果我們沒有發現這一事實，沒有成套卜辭的觀念，那末第（5）、（6）、（17）、（19）等辭，都將成為很費解的卜辭了，尤其第（6）辭，只剩了一個字，從一個字裡去猜測整條卜辭的意義，即使是絕頂聰明的天才，也難辦到。現在發現了它們之間的成套關係，這條僅著一字的卜辭的意義，也就可以明白了。"確為實事求是之論。如果用成套卜辭的觀念，再來重讀所有已經讀過的卜辭，很可能會讀出一些過去未能理解、或以前被忽略的某些東西，從而有新的發現新的收穫。

花園莊東H3出土的甲骨也有成套關係的刻辭。如6（H3:19）有5條刻辭：

(1) 甲辰夕：歲祖乙黑牡一，叀子祝，若，祖乙永用，翌丁舌。一
(2) 乙丑卜：又吉亨，子具㞢其以入若永，又𢍏值。用。一二三四
(3) 乙丑卜□。
(4) 乙丑卜：用。五
(5) 子炅貞。一

又如 333（H3∶1032）有一條刻辭：

(1) 乙丑卜：又吉亯，子具㞢其［以］若永，又岂值。用。五六七八

《殷墟花園莊東地甲骨》第六冊《釋文》1695 頁 333（H3∶1032）下指出："本書 6（H3∶19）第 2 辭與本版卜辭同文，且序數為一二三四，知此兩條卜辭為成套卜辭。"本版卜辭序數為五六七八，兩者正好銜接，故據以定為成套卜辭。可見有成套關係的卜辭並非僅見於 127 坑所出甲骨，而是當時存在的一種實際現象。以前不認識，現在被發現，應該說是一種學術進步。說明一點，對於上引花東卜辭，朱歧祥有正補。朱氏認為，上引卜辭 6 之（1）的"翌丁"當是"翌日"，333 之（1）的"亯，子"當是"辛巳"，但不反對成套卜辭之說[2]。

三，主要是由於 YH127 坑出土的甲骨，學術界認識到殷墟甲骨有"王卜辭"和"非王卜辭"。陳夢家《殷虛卜辭綜述》156 頁云："1936 年春季第十三次的發掘，在 C 區 C113 的 M156 墓葬之下發現了一個未經擾亂滿儲龜甲的圓坑，就是 YH127。""這一大批龜甲，十分之九是賓組卜辭，十分之一是子組、午組和其它。我們根據這批材料，來研究賓、子、午三組和其它少數一群龜甲，並論其時代。"所謂賓組被認為是王卜辭，子組和午組被認為是非王卜辭。陳氏又云："下述賓組稱謂，以出於 YH127 者為主。"並於 158 頁指出："既然 YH127 大多數都是賓組卜辭，摻合在這坑之中的子組、午組和其它少數卜辭是否也屬於武丁時代的？我們認為子組、自組和賓組常常出於一坑，而同坑中很少武丁以後（可能有祖庚）的卜辭，則子組、自組應該是武丁時代的，YH127 坑中的午組及其它少數卜辭也是屬於這一時代的。"林澐指出，"非王卜辭"中，"數量最多而特別有研究價值的"有三種，其中"乙種，集中出於小屯 YH127 這個灰坑"[3]，"丙種，也集中出於 YH127 這個灰坑"。有關學者的類似論述還有一些，此從略。僅從以上所引，已可說明，YH127 坑出土的甲骨，對認識、研究非王卜辭意義重大。

在非王卜辭中有一種所謂的"子組卜辭"值得注意。"子組卜辭"的主體是"子"而不是商王，所以被稱為"非王卜辭"，或稱為"子組卜辭"。"子組卜辭"的"子"究竟是什麼身份？陳夢家《綜述》161 頁以為"子是武丁卜人"。主要證據是曾毅公《甲骨綴合編》（1950 年）330 的兩條卜辭：

己丑，子卜，貞：子商乎（呼）出敦。（敦或釋墉）
己丑，子卜，貞：余又（有）乎（呼）出敦。（敦或釋墉）

理由是孫海波《甲骨文錄》（1938 年）519 有一辭：

丙寅卜，㕜貞：卜㠯曰☑王曰☑。

陳氏指出："㕜是祖庚時代的卜人，則卜㠯也延到祖庚之世，此可證子商和㠯似屬於武丁的晚期。"如果僅從前辭來看，"子"似乎可以看成是卜人。若從整個子組卜辭來看，則陳氏之說不確。貝塚茂樹《甲骨學概論》[4]推斷子是武丁之子，從整個子組卜辭來看，此說也不適宜。所以，林澐在《從武丁時代的幾種"子卜辭"試論商代的家族形態》一文中，肯定這種"說法是

靠不住的"。林氏認為"子在商代是對子商那樣的男性貴族所通用的尊稱"。又推測"'多子'最有可能是指和商王同姓的貴族"、"而'子'則是這些家族的首腦們通用的尊稱"。在林氏之前的島邦男,於所著《殷墟卜辭研究》亦認為"子某與殷室有著特別親近的關係",子"乃是稱與殷為同姓氏的一族"[5]。林、島二氏的看法,得到多數學者的支持。如裘錫圭《關於商代的宗族組織與貴族和平民兩個階級的初步研究》[6]、彭裕商《非王卜辭研究》[7]、朱鳳瀚《商周家族形態研究》[8]。學術界能夠得到如此的認識,在一定意義上可以說得益於YH127坑所出甲骨。有了這種認識,充分說明殷墟甲骨文研究又上了一個臺階,進入了一個新的境界。

1991年10月,中國社會科學院考古研究所安陽工作隊在殷墟花園莊東地發掘了一個甲骨坑,編號為花東H3,出土有字甲骨689片,以大塊和完整的卜甲為多,是繼1936年殷墟小屯北地YH127坑、1973年小屯南地甲骨發現以來殷墟甲骨文第三次重大發現。這一批甲骨的全部拓本、摹本、釋文以及發掘經過等等,已編成《殷墟花園莊東地甲骨》一書共八開本六冊,由雲南人民出版社於2003年12月出版。值得注意的,也可以說極有意思的,是這一批卜辭的"占卜主體是'子'而不是王",屬於"非王卜辭"。但是,"這個'子'同YH127坑'子組'卜辭之'子'是不同的兩個人"。據發掘者研究,"H3卜辭主人'子'很可能是沃甲之後,而原子組卜辭主人'子'則可能是祖辛之後,祖丁之孫,是武丁的兄弟或堂兄弟"。"H3卜辭的主人'子'","不僅是族長,可能是沃甲之後這一支的宗子"(均詳見該書前言)。我們基本上同意這一推斷,可參看拙著《甲骨文研究史中焦點之一探索》[9]、《花園莊東地甲骨意義探索》[10]、《商代家族形態新探》[11]。這裡需要補充的是:以前將所有的卜辭分為王卜辭和非王卜辭兩類,可能不太合宜。因為,所謂的王卜辭,並非都是王卜;而所卜內容相當一部分是國家大事,有的僅是例行公事,也屬於國家事務之類,似可以稱之為國家卜辭;當然也可稱之為王室卜辭,因為當時的王室代表國家。此外,有相當一些祭祀卜辭或涉及商王世系之內容,明顯屬於王室,比較起來以稱為王室卜辭為好。王室卜辭一說,最先似由林澐提出,見《從武丁時代的幾種"子卜辭"試論商代的家族形態》一文。這裡僅是補充申述。

所謂非王卜辭,並非沒有商王貞卜之辭,如:

丁未卜,王貞:盤不唯喪羊由若。(《合集》20676)

這是一條公認的子組卜辭,卻是王貞,說成是非王卜辭,顯然不合事實。雖然子組卜辭的主體可能是祖辛這一宗族後代的宗子,因與商王為兄弟行,商王偶爾來宗族參與貞卜,完全是自然現象,可以理解,但一定要說成是非王卜辭,確實詭理。為了區別,將有宗子身份為主體的子組卜辭稱之為宗族卜辭,似乎更為合適。同理,H3卜辭也可稱之為宗族卜辭。

非王卜辭中,尚有一些卜辭的主體不具有宗子身份,如午組卜辭等等,當然不宜稱為宗族卜辭。但這一些卜辭所祭先祖、先妣、先父、先母有與王室卜辭同者,也有與宗族卜辭同者,詳見《殷墟花園莊東地甲骨·前言》之表三《男性祖先稱謂比較表》和表四《女性祖先稱謂比較表》,可見其關係密切,顯然是同在一個同姓的大家族之中。既然不能稱為宗族卜辭,則以稱為家族卜辭為宜,以便於區別。這樣,殷墟卜辭共有三類:王室卜辭、宗族卜辭和家族卜辭。

殷墟花園莊東地甲骨面世之後,學術界對殷墟卜辭內容的認識又深入了一步。但這種認識的發展,是在YH127坑甲骨出土的基礎上的進步。而沒有H3卜辭的發現,也不會有這種進步。由此可以深刻地感受到，YH127 和 H3 甲骨僅僅作為材料而言，它們之間也存在著微妙的互補互證的關係。

YH127 坑和花園莊東地甲骨，如果結合起來，必將還有更多有意思的內容，豐富人們的認識。

以上簡述，僅為探索性質，不當之處，乞指正。

注　釋：

[1] 其詳可見中國社會科學院考古研究所《殷墟花園莊東地甲骨·前言》，昆明：雲南人民出版社 2003 年版。
[2] 朱歧祥：《殷墟花園莊東地甲骨釋文正補》，臺北中研院語言所第五屆國際漢語語法研討會，2004 年 8 月。
[3] 林澐：《以武丁時代的幾種"子卜辭"試論商代的家族形態》，《古文字研究》第一輯，北京：中華書局 1979 年。
[4] [日] 貝冢茂樹著，鄭茂清譯：《甲骨學概論》，《大陸雜誌》17 卷 2 期。
[5] [日] 島邦男：《殷墟卜辭研究》，東京：汲古書院 1975 年，第 445、447 頁。
[6] 裘錫圭：《關於商代的宗族組織與貴族和平民兩個階級的初步研究》，《文史》第十七輯，北京：中華書局 1983 年。
[7] 彭裕商：《非王卜辭研究》，《古文字研究》第十三輯，北京：中華書局 1986 年。
[8] 朱鳳瀚：《商周家族形態研究》，天津：天津古籍出版社 1990 年。
[9] 越誠：《甲骨文研究史中焦點之一探索》，《甲骨文發現百週年紀念國際會議論文集》，法國巴黎，2001 年。
[10] 越誠：《花園莊東地甲骨意義探索》，《甲骨學國際學術研討會論文集》，臺灣東海大學中文系，2005 年。
[11] 趙誠：《商代家族形態新探》，《東方文化》第 42 卷第 1、2 期合刊，香港大學中文學院、史凡福大學中華語言文化研究中心聯合出版，2009 年。

書目簡稱表：《殷虛文字乙編》——《乙編》
　　　　　　　《殷虛文字丙編》——《丙編》
　　　　　　　《殷契粹編》——《粹編》
　　　　　　　《甲骨文合集》——《合集》
　　　　　　　《殷虛卜辭綜述》——《綜述》

（作者單位：中華書局）

花束甲骨刻辭貞卜人物考

譚步雲

自從董作賓先生作《大龜四版考釋》並建立起以貞人集團為中心的斷代學說以來，對貞人的研究日漸成為甲骨學者重要的研究課題，而以饒宗頤先生的《殷代貞卜人物通考》最為系統而全面。時至今日，饒著仍是甲骨學者的案頭必備之一。筆者不才，亦願踵武前賢，對迄今為止未有系統研究的花東卜辭所見貞人作一董理工作[1]。

花束甲骨出一坑（H3）之中，對其貞人集團進行研究，將有助於進一步瞭解商代貞人集團的內部構成以及占卜制度，也有助於甲骨文的分期斷代。

一、子（🪧）

舊出小屯卜辭亦有名"子"之貞人，為獨立子組貞人（可能處於武丁後期）。一般認為二者並非一人[2]。如同以往所出卜辭，花東卜辭的"子"通常也是占問的主體。涉及貞人"子"的卜辭凡39版，大約有以下幾類文例。

（一）僅署貞人名於貞字之前者。

舊見殷墟卜辭有整版甲骨僅署"某貞"二字者。例如《合集續》535，止刻"𣪘貞王"三字，"王"字遠離"𣪘貞"二字。甚至有整版僅署貞人姓字者，例如《丙》23，整龜之上止有一"我"字，當"子組"之貞人"我"。花東甲骨也見這類辭例，例如《花東》485，整版止有一"子"字，不過，僅刻"子貞"二字更常見。例如：

1. 子貞：（《花東》12）

相似辭例尚見《花東》111、125、129、145、131、143、164、216、224、232、306、317、326、339、414、418、499、514等。頗疑此類甲骨為某貞人所掌有的備用品。因此，某些甲骨止一辭刻寫"某貞"，其餘諸辭不署貞人名，可視為貞人名之省略。例如：

2. 三牢/三牢/五牢/子貞：/三牢（《花東》70）
3. 子貞：/甲寅歲且（祖）甲白豕？/甲寅歲且（祖）甲白豕𢦒泲，自西祭？/甲寅甲入

滄？用。／癸丑宜鹿才（在）入？（《花東》170）

4. 戊申卜，子[炅]：／丁亥卜，子炅：其往，亡巛？／甲寅卜，子炅：／子貞：（餘略）（《花東》247）

5. 子貞：／丙卜，貞：其……／甲卜，子令……（餘略）（《花東》268）

6. 子貞：／貞：馬不死？其死？（《花東》431）

7. 豐亡至咼（禍）？／子貞：／貞：夌亡至囏（艱）？（餘略）（《花東》505）

8. 癸酉卜，且（祖）甲？永、子。（《花東》449）

以上諸例，署"子貞"二字者均為獨立段落，其後並無命辭，同版其餘諸辭則不署貞人名而止有命辭，聯繫其他甲骨的貞卜體例，同版諸辭的貞卜工作也應是由"子"完成的。例4例8則可能是"子"與"子炅"、"永"共貞之物。

（二）貞人兼卜、占二事者。

如同舊出卜辭，"子"有時身兼幾職，既卜又貞且占，例如：

1. 乙未卜，子：宿才（在）𢀛，冬（終）夕……自？子囧曰：不隹……／乙未卜，才（在）𢀛丙……子囧曰：不其雨。𣪠。（《花東》10）

2. 冓𨸏鹿？子囧曰：其冓。（《花東》14）

3. 癸亥夕卜，日征雨？子囧曰：其征雨。用。（《花東》227）

4. 辛未卜，禽（擒）？子囧曰：其禽（擒）。用三毙。（《花東》234）

5. 甲寅卜，乙卯子其學商？丁、永。子囧曰：其有壽囏（艱）。用。子尻。／丙辰卜，歲匕己豕一？告子尻。／丙辰卜，歲匕己豕一？告尻。／丙辰卜，于匕（妣）己御？子尻。用。（《花東》336）

6. 庚戌卜，子于辛亥狀？子囧曰：俋卜。子尻。用。（《花東》380）

7 甲寅卜，乙卯子其學商？丁、永。用。／甲寅卜，乙卯子其學商？丁、永。子囧曰：又（有）祟。用。子尻。（《花東》487）

8. 庚子，歲匕（妣）庚才（在）狀牢？子卜曰：未子兇。（《花東》267）

上引《花東》10及《花東》267，可證"子"既卜又貞且占。舊出卜辭，除了"王"既可貞又可占外，亦偶見貞人兼有占者。例如："戊子卜，屮［貞：］亦屮聖？屮囧曰：聖。"（《合》20153）又如："丙寅卜，屮：王告取兒？屮囧曰：若，往。"（《合》20534）再如："戊戌卜，扶占：妫（嘉）！"（《合》21069，即《續》5.7.4）

（三）未參與貞卜占者。

有時，"子"並不參與貞卜，而只對命辭內容下判斷並作出取捨。因此，這類卜辭的貞卜工作可能是由專職人員完成的。而"子"，可能只是視兆者。例如：

1. 辛丑卜，翌日壬子其以周于狀？子曰：不其……（《花東》108）

2. 己卯卜，貞：竈不死？子曰：其死。（《花東》157，二辭）

3. 甲夕卜，日不雨？／甲夕卜，日雨？子曰：其雨。用。（《花東》271）

4. 乙酉卜，入A（肉?）？子曰：俐卜。（《花東》490）

二、丁（囗）

此"丁"疑即舊出殷墟卜辭之"兄丁"[3]。董作賓先生云："疑兄丁為小乙之子，母己所出，故武丁於祀父乙母己時並祀及之。"[4] "兄丁"除了董先生所舉武丁期《後》上7.5外，尚見《懷特》B0910，辭云："貞：不佳兄丁它？／貞：佳兄丁它？"若推論可信，則進一步證實花東甲骨是早至小乙之物。貞人"丁"所貞卜辭不多，明確者僅見以下四例：

1. 乙卜，入？？丁貞：又入？／庚卜，丁各？永。（《花東》446）
2. 甲寅卜，乙卯子其學商？丁、永。用。子尻。／甲寅卜，丁、永：于子學商？用。（《花東》150）
3. 辛酉卜，丁：其先有伐，迺出獸？／辛酉卜，丁：先有伐，迺獸？（（《花東》154）
4. 甲辰卜，丁：各夭（妖）于我……于大甲？（（《花東》169）

例2或署名於命辭之前，或署名於命辭之後，是卜辭常見的文例之一。例3、4"丁"後省略"貞"，也是常見辭例（詳下文）。《花東》72整版只見四"丁"字，估計也是"丁"所掌有而待貞卜的甲骨。別有不能確知為"丁"所貞卜者，例如：

5. 壬卜，才（在）麓丁曰：余其啟子臣。允。（《花東》410）
6. 辛亥卜，丁曰：余不其往，母盍。／辛亥卜，子曰：余□盍。丁令子曰：往眔帚（婦）好于受麥！子盍。（《花東》475）

例5切合舊日所出卜辭"某曰例"[5]。例5可證"丁"地位之高，貞卜之後並非命辭，卻是"丁"對"子"發佈命令。

三、允（）

舊出小屯卜辭有貞人"允"，為武丁期賓組貞人，與方、爭等有同版關係[6]。花東甲骨所見貞人"允"親臨貞問者不多，僅見二例：

1. 允貞：／貞允：不死？（《花東》78）
2. 允貞：（《花東》464，二辭）

四、友（𪺴）

舊出卜辭有名為"友"者。例如："……勿鼒？友曰：若。"（《合》26846）但不能確定為貞人。花東甲骨中涉及貞人"友"的卜辭見下：

1. 友貞：子炅？/友貞：子炅？（《花東》2）
2. 友貞：子炅？（《花東》152）
3. 乙亥卜，子宮？友。敎又復弗死？（《花東》21）

例1、2為"友"所親貞者，有此二辭，即可確定"友"是貞人。例3則屬於"記名於辭末例"[7]。舊出卜辭"記名於辭末例"並不鮮見，例如："貞：佳䢅司耂尋好？殸。"（《乙》7143反）又如："貞：王卩豕父乙？宁。/貞：勿卩豕父乙？宁。"（《乙》3068）再如："丙午……今日其雨？大采雨自北，征……戌，少雨。扶。"（《乙》16）

除了上引三例，"友"所參與的貞卜活動還見於以下甲骨刻辭：

4. 叀匕（妣）己友龘？（二辭）（《花東》39）
5. 甲辰，歲莧友且（祖）甲龘，叀子祝用？（《花東》179）
6. 乙巳，叉（？）祭且（祖）乙友羍？/庚戌，叉（？）祭匕庚友白豕？/甲辰，叉（？）祭且（祖）甲友羍？（二辭）（《花東》267）
7. 丙寅卜，才（在）𩵋，凵（由）友用，佳（唯）其又吉？（《花東》300）
8. 壬子卜，其改截友若用？（《花東》316）
9. 甲辰歲莧且（祖）甲又友用？/甲辰歲且（祖）甲莧友龘？/甲辰歲且（祖）甲莧友龘？（《花東》338）
10. 乙丑卜，我人？子炅召（劦）友。/征又凡凵（由）友其艱（艱）？（《花東》455）

上引諸例中，例6、7、9、10所記錄的貞卜活動"友"可能也負責貞卜，尤其是例10，恐怕是"友"與"子炅"的共貞之辭；而例3、5、8所記錄的貞卜活動，"友"可能負責獻牲，所以貞問是否奉祭"友"的白豕、龘及羍。

五、永（𣱛𣱐）

𣱛、𣱐，挖掘整理者原釋作"永"。但是，𣱛、𣱐與舊見"永"略異。於是，或改釋為"衍（侃）"[8]。竊以為釋𣱐為"衍（侃）"頗缺乏理據。舊出小屯卜辭亦見貞人"永"，為武丁期貞人。其卜辭形式或有同於花東者。例如："乙未卜，永：其雨？"（《乙》3398）這種署名格式也見於其他貞人所貞的卜辭，例如："癸未卜，扶貞：弗疾？出疾，咼（骨）凡？"（《合》21050，即《前》8.6.1）"貞"字未省。然而以下例子："庚午卜，扶：日羽……雨？允多［雨］。"（《乙》17）"庚午卜，扶：日雨？"（《乙》386）二例貞人後的"貞"字或省略。又如："癸巳卜，亙貞：自今五日雨？貞：自今五日不雨？辛丑卜，亙：其雨？辛丑卜，亙：不雨？"（《乙》5388）貞人"亙"後的貞字或省。因此，饒宗頤先生歸納說："此甲（步雲案：指上引《乙》3398）同版上'卜永其雨'之辭凡數組，並省'貞'字。"[9]《甲骨文編》收 ⿰、⿰、⿰ 三形作"永"（孫海波：1965：450—451 頁）。從字形上看，⿰ 或可作"辰"（永、辰無別，可於《前》4.11.3、《前》5.7.5 二辭中得到證明，前者作 ⿰，後者作 ⿰，而均作貞人名。字亦作地名）。⿰ 或可作"泳"。《合集續》521 見 ⿰ 貞，凡二例，有兆側刻辭"二告"，則 ⿰ 亦為武丁時貞人。《甲骨文字典》云："從彳從人，人之旁有水點，會人潛行水中之意，為泳之原字。""甲骨文正反每無別，故永、辰初為一字。"（徐中舒：2006：1235 頁）因此，不排除 ⿰ 也是"永"。⿰ 或可作"衍"，為"行"之繁構[10]。那麼，⿰ 可能並不是"永"。《甲骨文字集釋》只把 ⿰⿰ 作"永"（李孝定：1991：3411 頁），可稱矜慎。就 ⿰、⿰ 的形體而言，近於 ⿰、⿰ 是毋庸置疑的，尤其是他作為貞人的角色，讓人聯想到古時中國職官的世襲制度或許在商代就存在。因此，花東所見的 ⿰、⿰ 實在應該作"永"。"永"參與的貞卜活動，見於以下刻辭：

1. 乙亥卜，永：／乙亥卜，永：／乙亥，永：（《花東》5）
2. 丙寅夕卜，永：不 ⿰ 于子？（《花東》9）
3. 甲辰夕歲且（祖）乙黑牡，叀子祝若？永。用。翌日 ⿰（⿰）。（《花東》6）
4. 庚辰卜，三匕（妣）庚用牢，又牝匕（妣）庚？永。用。（《花東》226）
5. 戊寅卜，舟嚨告卣旦弗 ⿰？永。（《花東》255）
6. 壬辰卜，子心不吉？永。／庚寅卜，子往于舞？永。若用。（《花東》416）
7. 甲子卜，子其舞？永。不用。／甲子卜，子戠弜舞？用。（《花東》305）
8. 咸（二辭）／巳／⿰／永。（《花東》346）
9. 癸酉卜，且甲？永、子。（《花東》449）
10. 丁卯卜，子其入學？若？永。用。（《花東》450）
11. 甲申，子其學羌？若？永。用。（《花東》473）

上引例 1、2，"永"位於"卜"字之後而省略"貞"字，其例與舊出卜辭相同；例 3、4、5、6、7、8、10、11 則署名於卜辭之末，亦同舊例，其貞人身份可據以確定。例 9 則是永與子共貞之辭。

六、亞奠（⿰）

名為"亞奠"者或略作"奠"，原釋為"奠"，在沒有更好的解釋之前，不妨從之。舊出殷墟卜辭也見名為"奠"者，辭云："奠來五。"（《丙》292）為甲橋刻辭，記錄進貢占卜材料事。則"奠"可能也是與商王室有著血緣關係的貴族。

"亞奠"所貞者只見一例：

1. 癸卯卜，亞奠貞：子固曰：**叺**用。/癸卯卜，亞奠貞：子固曰：冬卜用。/甲辰歲匕（妣）庚家一？（《花東》61）

舊出卜辭或有"卜貞"連辭者，可證貞人在貞問的同時也可以掌"卜"事。例如："［癸］卯，王卜貞：旬亡咼（禍）？王占曰：吉。在六月。……**餗**。"（《寧滬》3.278）如果"奠"就是"亞奠"的話，"亞奠"也身兼貞卜二職。例如：

2. 壬戌，奠卜：（《花東》295）[11]

"亞奠"似乎不是專事貞卜者，以下卜辭可證：

3. 丙卜，隹（唯）亞奠乍子齒？（《花東》28）
4. 叀亞奠□弜告？（《花東》260）
5. 戊卜，矦奠其乍（作）子齒？/戊卜，矦奠不乍（作）子齒？（《花東》284）

據例3、例5文義，可知"亞奠"即"矦奠"，似乎是位有爵位的人物。

6. 貞奠：不死？（《花東》186）

疑此為"奠貞"倒文，或為"卜貞某卜例"辭式（詳下文）。

七、夫

署有"夫"的卜辭，僅見一例：

1. 夫貞：（《花東》57）

通版止此二字，如同前述"子貞"者，當為貞人"夫"所擁有。

八、子炅

"子炅"的"炅"原篆作，或釋為"金"。似有可商。"子炅"所貞卜辭如次：

1. 子炅貞：（《花東》6）
2. 子炅貞：其又鞎（艱）？（《花東》122）
3. 庚子卜，子炅：/庚子卜，子［炅］：其又至美？（《花東》416）

4. 戊申卜，子[炅]：/丁亥卜，子炅：其往，亡巛？/甲寅卜，子炅：/子貞：（餘略）（《花東》247）

5. 庚卜，子炅：/其才（在）槲？若？（《花東》235）

6. 己卜，子炅：/乙歲羊匕（妣）庚？/庚卜，子炅：十月丁出獸？（《花東》337）

7. 丙辰卜，子炅：丁往于黍？（《花東》379）

8. 壬卜，子又祟？曰：見丁官。/壬卜，子又祟？曰：往乎守。/壬卜，子炅：（二辭）（《花東》384）

9. 用。/戊卜，子炅：/一牛。/用。/其乍（作）宮東？（《花東》419）

10. 甲卜，乎多臣見翌于丁？用。/乙卜，子炅：（《花東》453）

11. 乙丑卜，我人？子炅召（劦）友。/子炅南/征又凡凵（由）友其艱（艱）？（《花東》455）

12. 甲卜，子炅：/庚卜，子炅：（《花東》469）

13. 甲子卜，子炅：（《花東》474）

14. 乙卯卜，其卯（禦）大于癸子曹豕一又二鬯用又疾？子炅。（《花東》478）

15. 壬寅卜，子炅：子其䇂□于帚？若？用。（《花東》492）

以上諸辭，"子炅"後或省"貞"字，與上引卜辭辭例相同。《花東》15、140整版有刮削痕跡，只剩下"子炅"、"用"、"才（在）入"、"乙卜"、"丁卜"等文字，可能也是"子炅"所貞卜者。

九、刅

貞人"刅"所作三見：

1. 刅貞：（《花東》22）
2. 己巳，刅：亡莫？（《花東》240）
3. 子征言？刅。若？（二辭）/勿言？刅。（二辭）（《花東》285）

舊出卜辭亦見名"刅"者，例如《合》4205、《合》8300等，或用為人名，或用為地名。

十、子阞

貞人"子阞"所作止一見：

1. 子阞貞：（《花東》33）

十一、𡧏（𦕩 𦕪 𦕫 𦕬）

貞人"𡧏"所作如次：

1. 彈貞：𡧏貞：（《花東》174）
2. 辛酉宜𡧏牝眔㺇豕？／辛酉宜𡧏牝眔㺇豕叀啟？（《花東》226）
3. 辛未卜，子往？𡧏、子。乍子叀邑。／丁丑卜，其合彈眔𡧏。／丁丑卜，弜合［彈］眔𡧏。（《花東》370）
4. 庚申夕卜，子其乎㝅𡧏于㓞？（《花東》437）
5. 甲戌卜，子乎𡧏妣帚（婦）好用在㓞？（《花東》480）
6. 叀𡧏人乎先奏？／叀𡧏人乎［先奏］？（《花東》252）

饒宗頤先生說："占卜人數，卜辭所見，有二人至三人共貞者。"[12] 例如："己丑卜，彭、㱿貞：其禹且（祖）丁門，于㕣（召）衣邛彡？"（《甲》2769）又如："癸亥卜，大、即：王其田，禽？"（《甲》1274）據《花東》174、《花東》370，由二人或以上的貞人合作貞卜一事的事實可以得到進一步的證明。

十二、彈（𢑳、𢑴）

舊出卜辭，"彈"亦有𢑳、𢑴二形（孫海波：1965：502頁），或作"弦"而分為二字（島邦男：1971：377頁）。從文義上看，此二形恐怕是一字之異體。據《粹》528："癸亥卜，㱿貞：翌丁卯酚彈牛百於方（祊）……"可知"彈"為武丁時代人物。

花東卜辭所見的"彈"親自參與貞卜活動有以下幾版甲骨：

1. 彈貞：𡧏貞：（《花東》174）
2. 庚戌，宜一牢？彈。／庚戌，宜一牢，才（在）入？彈。（二辭）（《花東》178）
3. 己酉，夕伐羌，才（在）入，庚戌宜一牢？彈。（《花東》376）
4. 辛未卜，子往。𡧏子乍子叀邑？／丁丑卜，其合彈眔𡧏。／丁丑卜，弜合［彈］眔𡧏。（《花東》370）
5. 癸卯卜，才（在）糞，彈：以馬？子固曰：其以用。（《花東》498）

花東卜辭所見的"彈"恐怕也是個貴族，下列卜辭可證：

6. 辛亥卜，彈啓帚（婦）好幻三，㐱啓帚（婦）好幻二？用。往𢍰。／辛亥卜，叀彈見于帚（婦）好？不用。（《花東》63）
7. 歲二羊于庚，告彈來？（《花東》85）
8. 卜，弜乎彈燕寧？／弜乎彈燕？（《花東》255）

9. 壬辰卜，子乎射，彈取又車，若？／癸巳卜，子叀又取，彈从，乎大令車，若？／壬辰卜，子乎从射，彈吏若？（《花東》416）
10. 庚戌卜，子叀彈乎見丁眔大，亦燕用叚？（《花東》475）

"彈"與"子"、"婦好"素有過從，社會地位當不低。

十三、受（◯）

貞人"受"所作止一見：

1. 受貞：／驫其⿱？／驫不⿱？／戊卜，其日用，驫不⿱？（《花東》191）

曹定雲先生云："'受'是武丁時就存在的諸侯國，傳世的'受'國銅器有'亞受方鼎'（《商周彝器通考》307頁，附圖一二七）。在卜辭中，也保留著有關'受'的記載：'……貞：受歸？'（《卜》93）'受不雉王眾？'（《佚》922）'□受其追方，叀……'（《京》4391）"[13]如所論可信，則諸侯國有任職於京畿的占卜機構者。

十四、母（◯）

貞人名"母"，頗讓人困惑：是名字還是親屬稱謂呢？"母"所貞的卜辭都只有不署"干支卜"的前辭，而並無命辭，據《花東》349，也許這是"母"與其他貞人共同主持貞卜的甲骨。例：

1. 陰貞：／爵凡：／三小子貞：／貞母：／貞征：（《花東》205）
2. 其丁又疾？母貞：／陰貞：（二辭）爵凡貞：／冐貞：／子貞：／子又鬼夢，亡咼（禍）？子夢丁，亡咼（禍）？（《花東》349）
3. 辛未卜，母：叀？（《花東》253）

據例2，可知例1的"貞母"為倒文。以此類推，同版的"貞征"也是倒文。不過也有可能是饒宗頤先生所謂"卜貞某卜例"辭式的變例[14]。例3的"叀"可能是"叀"的異體。

十五、陰（◯）

如同貞人"母"，貞人"陰"所貞的卜辭也都只有不署"干支卜"的前辭。例：

1. 圣貞：/爵凡：/三小子貞：/貞母：/貞延：（《花東》205）
2. 其丁又疾？母貞：/圣貞：（二辭）爵凡貞：/早貞：/子貞：/子又鬼夢，亡咼（禍）？子夢丁，亡咼（禍）？（《花東》349）
3. 圣貞：/配貞：/夕貞：/遇貞：/貞圣：/貞冎貞：又示司（后）庚？貞爵凡：（《花東》441）

例3，"圣"或在"貞"字之前，或在其後，可證貞人署名之隨意。

十六、爵凡（ 𝌂 ）

如同貞人"母"，貞人"爵凡"所貞的卜辭大都只有不署"干支卜"的前辭。例：

1. 圣貞：/爵凡：三小子貞：/貞母：/貞延：（《花東》205）
2. 其丁又疾？母貞：/圣貞：（二辭）爵凡貞：/早貞：/子貞：/子又鬼夢，亡咼（禍）？子夢丁，亡咼（禍）（《花東》349）
3. 圣貞：/配貞：/夕貞：/遇貞：/貞圣：/貞冎貞：又示司（后）庚？貞爵凡：（《花東》441）
4. 癸巳，爵：（《花東》93）
5. 爵（《花東》51）

例3的"爵凡"后置，或亦"卜貞某卜例"辭式的變例。例4的"爵"，以"亞酋"例之，當即"爵凡"。例5整版止一"爵"字，原篆作 𝌂 ，原釋作"畢"[15]。殆非。

十七、三小子（ 三小子 ）

名為"三小子"者僅一見：

1. 圣貞：/爵凡：/三小子貞：/貞母：/貞延：（《花東》205）

如前所述，舊出卜辭有貞人共貞現象，因疑"三小子"是相對於"母"而言的"延"、"圣"和"爵凡"的合稱。這裡姑且視"三小子"為一獨立貞人備考。

2. 癸酉卜，才（在）𠂤，丁弗窒且乙？三子固曰：弗其窒。用。（《花東》480）

疑此辭"三子"即"三小子"。

十八、征（𢓊）

貞人"征"所作僅一例：

1. 陷貞：/爵凡：/三小子貞：/貞母：/貞征：（《花東》205）

如前所述，"貞征"當作"征貞"，當然也可能是前辭文例的變體。

十九、大（大）

舊出殷墟卜辭有貞人名"大"者，在祖庚祖甲之朝。則花東所見之"大"可能為其父輩祖輩。花東甲骨名為"大"者所貞止見二例：

1. 癸丑卜，大：叙弜卬（禦）子口疾于妣庚？（《花東》247）
2. 貞大：（《花東》307）

同樣地，《花東》307 的"貞大"也是"大貞"的倒文，當然也可能是前辭格式的變例。

二十、配（配）

貞人"配"所貞止見一例：

1. 陷貞：/配貞：/夕貞：/迴貞：/貞陷：/貞凡/貞：又示司（后）庚？/貞爵凡：（《花東》441）

二十一、迴（迴）

貞人"迴"所貞止一見：

1. 陷貞：/配貞：/夕貞：/迴貞：/貞陷：/貞凡/貞：又示司（后）庚？/貞爵凡：（《花東》441）

"迴"原釋作"通"[16]。可能是正確的。

二十二、⿸

貞人"⿸"所貞止一見：

1. 陞貞：/配貞：/夕貞：/貞迴：/貞陞：/貞⿸/貞：又示司（后）庚？/貞爵凡：（《花東》441）

以上二十二人，其名或署於貞字之前，或署於貞字之後命辭之前，或署於命辭之後，都可確定為貞卜人物。以此律之，下列三人雖署名於命辭之後，亦貞卜人物無疑。

二十三、子屍（⿸）

"子屍"其人，亦見於舊出殷墟甲骨，例："丙戌卜，㱃貞：子屍其㞢□？"（《乙》5451）花東卜辭所見之"子屍"可能是王室貴族而兼主貞卜之事者。例：

1. 甲寅卜，乙卯子其學商？丁、永。用。子屍。/甲寅卜，丁、永：于子學商？用。（《花東》150）
2. 庚申卜，歲匕（妣）庚牝？子屍。卬（禦）往。（《花東》209）
3. 甲寅卜，乙卯子其學商？丁、永。子囧曰：其有壽蔑（艱）。用。子屍。/丙辰卜，歲匕己豕一？告子屍。/丙辰卜，歲匕己豕一？告屍。/丙辰卜，于匕（妣）己卬（禦）？子屍。用。（《花東》336）
4. 庚戌卜，子于辛亥狀？子囧曰：偁卜。子屍。用。（《花東》380）
5. 甲寅卜，乙卯子其學商？丁、永。用。/甲寅卜，乙卯子其學商？丁、永。子囧曰：又祟。用。子屍。（《花東》487）

如前所述，殷墟卜辭有二三人共貞一事的現象，上引例1、3、5當是"子屍"與"丁"、"永"共貞之辭。

二十四、子祝（⿸/⿸）

子祝原篆作"⿸"、"⿸"二形。據《花東》17、29、291等文例文意，並據干支"子"之字形（略異，殆避諱之故），⿸當為"⿸"之繁構，也就是《說文》中"子"的籀文"巤"。因此，⿸祝即⿸祝。⿸字亦見於舊出殷墟卜辭，《甲骨文編》收入附錄上一○九，凡三見（孫海波：1965：854 頁）。今天可據花東所見考定為"子"。

如同"子尻"，"子/夒祝"恐怕也是在其位者，貞卜只是他日常生活的一部分。

若從使用頻率看，"子/夒祝"辭例很多，大致與"子"相當。

（一）署名為"㝅祝"者凡30例：

1. 丁酉歲宜甲牝、🅇一才（在）麗？子祝。（《花東》7）
2. 甲午歲且（祖）甲牝一？子祝才（在）🅇。/乙未歲且（祖）乙牝？子祝才（在）🅇。/叀子祝歲且（祖）乙牝？用。/弜子祝叀之用于且（祖）乙？用。/乙巳歲且（祖）乙牝？子祝才（在）🅇。/乙巳歲三且（祖）乙牝？子祝才（在）🅇。（《花東》13）
3. 甲辰歲且甲一牢？子祝。/巳歲且乙一牢？夒祝。（《花東》17）
4. 乙亥夕歲且（祖）甲黑牝？子祝。/乙亥夕歲且乙黑牝一？子祝。（《花東》67）
5. 辛酉昃歲匕（妣）庚黑牝？子祝。（二辭）（《花東》123）
6. 辛未歲且（祖）黑牝一叀🅇？子祝曰：……/乙亥夕歲且乙黑牝一？子祝。（《花東》161）
7. 辛酉，昃歲匕（妣）庚黑牝？子祝。（《花東》175）
8. 乙巳，歲且（祖）乙三豕？子祝🅇二□才（在）[🅇]。（《花東》171）
9. 甲辰卜，歲夒友且（祖）甲🅇？叀子祝用？（《花東》179）
10. 辛未卜，子弜祝用？/辛未卜，弜祝用？/戊寅卜，歲且（祖）甲牢且乙牢酉（酒），自西祭？子祝。（《花東》214）
11. 庚辰歲匕（妣）庚牝二豕一？子祝。（《花東》215）
12. 乙巳歲且（祖）乙牝？子祝才（在）□。（《花東》264）
13. 甲辰卜，又祭且（祖）甲，叀子祝？/戊申卜，叀子祝用？（二辭）（《花東》267）
14. 庚辰歲匕（妣）庚小牢？子祝才（在）麗。/甲申歲且（祖）甲小牢🅇🅇二？子祝才（在）麗。/乙酉歲且乙小牢牝三🅇？夒祝才（在）麗。（《花東》291）
15. 乙丑歲且（祖）乙黑牡一？子祝固：卯（禦）🅇才（在）🅇。（二辭）（《花東》319）
16. 子歲且（祖）甲牝二？子祝才（在）🅇。（《花東》330）
17. 甲辰夕歲且（祖）乙黑牡？子祝翌日召（劦）。（《花東》350）
18. 乙亥歲且（祖）乙小宰？子祝才（在）麗。/甲申歲且（祖）甲小宰叀🅇？子祝才（在）麗。（《花東》354）
19. 辛未歲且（祖）乙黑牡🅇🅇？子祝。（《花東》392）
20. 丙戌歲且（祖）丙羊歲且（祖）乙羊？才（在）曰子祝。（《花東》428）
21. 辛酉昃歲匕（妣）庚黑牝一？子祝。（《花東》437）
22. 庚午歲匕（妣）庚黑牡又六羊？子祝。（《花東》451）
23. 庚戌歲匕（妣）庚牝一？子祝才（在）麗。（《花東》452）
24. 癸卯歲且（祖）乙牝🅇🅇？才（在）麗子祝。（《花東》463）
25. 乙亥歲且（祖）乙牡一又牝一？叀子祝用又🅇。（《花東》481）
26. 甲辰夕歲且（祖）乙黑牡，叀子祝若？永。用。翌日召（劦）。（《花東》6）

27. 庚寅卜，叀子祝不咼（禍）？（《花東》29）
28. 甲午卜，叀子祝曰非？（《花東》372）
29. 乙亥，歲且乙黑牡一又䄅☒？子祝。／乙亥，歲且乙黑牡一又䄅［☒］？子祝。（《花東》252）
30. 辛酉昃歲匕（妣）庚黑牝？子祝。（《花東》437）

例15"子祝囧"云云，則子祝非普通貞人可無疑。例10一辭殆有錯簡闕文："辛未卜，子弜祝用？／辛未卜，弜祝用？／戊寅卜，歲且（祖）甲牢且乙牢酉（酒），自西祭？子祝。"當讀為："辛未卜，弜子祝用？／辛未卜，弜［子］祝用？／戊寅卜，歲且（祖）甲牢且（祖）乙牢酉（酒），自西祭？子祝。"試比較："甲午歲且（祖）甲䄅一？子祝才☒。／乙未歲且（祖）乙䄅？子祝才（在）☒。／叀子祝歲且（祖）乙䄅？用。／弜子祝叀之用於且（祖）乙？用。／乙巳歲且（祖）乙䄅？子祝才（在）☒。／乙巳歲三且（祖）乙䄅？子祝才（在）☒。"（《花東》13）

除了例25—28不能確定"子祝"親與貞卜外，其餘都為"子祝"所貞問無疑：或署名於命辭之後，或並書卜地於後[17]。

（二）署名為"☒祝"者凡6例：

1. 甲辰歲且（祖）甲一牢？子祝。／巳歲且（祖）乙一牢？☒祝。（《花東》17）
2. 庚寅卜，叀子祝不用？／庚寅，歲且（祖）□牝？☒祝。／乙巳，歲且（祖）乙白麕一，又☒且乙？永。（《花東》29）
3. 丁亥，子其學□□？用。／癸巳歲匕癸一牢？☒祝。（《花東》280）
4. 庚辰歲匕（妣）庚小宰？子祝才（在）麗。／甲申歲且（祖）甲小宰䄅二？子祝才（在）麗。／乙酉歲且（祖）乙小宰䄅三？☒祝才（在）麗。（《花東》291）
5. □子［卜，歲］匕（妣）庚小宰？☒祝才（在）狀。（《花東》323）
6. 甲申，歲且甲䄅？☒祝。用。（《花東》220）

二十五、子臣（☒）

貞人"子臣"文例止一見：

1. 甲戌貞，羌弗死？子臣。（《花東》215）

二十六、夕（☒）

"夕"原疑為"肉"[18]。從字形看，亦近"夕"。通觀全部卜辭，頗疑"丁"之誤刻。姑附於此：

1. 陰貞：/配貞：/夕貞：/貞迥：/貞陰：/貞爾貞：又示司（后）庚？/貞爵凡：（《花東》441）

二十七、𢀩

𢀩無釋。疑"子"之異體[19]。𢀩所貞者只見下例：

1. 其丁又疾？/母貞：/陰貞：（二辭）/爵凡貞：/𢀩貞：/子貞：/子又鬼夢，亡咼（禍）？子夢丁，亡咼（禍）（《花東》349）

同版有"子"，則𢀩是否為"子"之異體不無疑問。

二十八、俎（朋）

朋，原隸定為"舢"。止二見：

1. 庚戌卜，子于辛亥狀？子固曰：俎卜。子尻用。（《花東》380）
2. 乙酉卜，入Ａ（肉？）？子曰：俎卜。（《花東》490）

"俎"很有可能只是卜人，即卜而不貞者，儘管"俎"也可能用為"卜"的修飾語。如前"亞酉"條所述，"貞"、"卜"關係密切，姑且附"俎"於此。

二十九、殸（𣪊）

貞人殸所貞，花東甲骨止見一例：

1. 甲戌卜，殸貞：曰衆勿章？/貞：曰衆勿章，弗其［伐］？（《村中村南》附二.3）

儘管同出花園莊東地，這版甲骨卻非發現於 H3 中，而是發現於 HDT2 中。因此，發掘整理者認為此名"殸"者即殷墟舊出賓組之貞人[20]。正是有了此例，就可知道花東所出與舊出之殷墟卜辭恐怕都是王室之物，即便出土地、貞人有所不同也是如此。此外，這也間接證明了 H3 所出甲骨的時代不可能晚於武丁。

結　語

　　貞人的考定，不可不明卜辭的刻寫體例。饒宗頤先生已經為我們作了精到的歸納和總結，我們完全可以之為圭臬考察新出的甲骨卜辭。

　　花東甲骨卜辭的辭例大體同於以往所出殷墟甲骨，也有略異者，例如一併署貞人名與貞卜地名於命辭之後，就是新見之例。明乎此，卜辭的分章斷句始可保無誤。僅就貞人的署名而言，至少我們應注意以下三種情況：

　　一、貞人的名字，據花東卜辭可知，既可署於前辭，前辭的"貞"字如同此前所見卜辭一樣可以省略；也可如此前所見卜辭一樣署於命辭之後。這個現象證明了前辭格式其實是存在變例的。因此，某些卜辭的斷句應尤其小心，例如署有"永"等的卜辭前辭，"永"等宜獨立成句，其後應標示冒號。又如《花東》215，應標點為："甲戌貞，羌弗死？子臣。"通常的語序應是："甲戌，子臣貞：羌弗死？"再如："甲辰夕歲且（祖）乙黑牡？子祝。翌日召（𢓜）。"（《花東》350）其實相當於："甲辰，[子祝：]夕歲且（祖）乙黑牡？子祝翌日召（𢓜）。"只是因為"翌日召（𢓜）"的主語仍是"子祝"，所以前辭可以不署其名。這可以視之為承前省略。這種辭例，很可能屬於補錄貞人名字性質，以說明該貞問是由誰主持的。當然也可能是占卜者的習慣使然。

　　二、貞人與其後的命辭在同一版中，"（某）貞"後的命辭如內容相同，"（某）貞"或止一見，餘皆可省略。《花東》191即其典型例證。有時整版之上止署"某貞"二字，可知此版為某氏所掌有，俟後再視具體內容而作刻錄。

　　三、如同以往所出甲骨，花東卜辭可能有兩位甚至三四位貞人共貞一事的現象。例如《花東》174僅署"彈貞"、"𠭰貞"四字而全版空白，分明留待日後貞卜之用。又如《花》349，"其丁又疾？"一事，可能是母、陟、爵凡等人共貞的。再如《花東》370："辛未卜，子往。𠭰子乍子叀㘭。／丁丑卜，其合彈眔𠭰。／丁丑卜，弜合[彈]眔𠭰。"當指占卜某事是否宜集合彈、𠭰兩位貞人為之。因此，《花東》205云"三小子貞"恐怕指同版共貞一事的三位貞人。這類卜辭的分章斷句應尤其小心。

　　因花東甲骨同出一坑，花東卜辭所見的二十六位貞人不妨視為同一集團。這麼龐大的貞人集團，為以往卜辭所不見，是研究貞人制度及其活動的重要資料。事實上，大部分的貞人都存在直接或間接的同版關係，只有"允"、"利"、"子𫍙"、"受"、"子臣"等幾位例外。而從卜辭所記述的內容看，"丁"和"子祝"等與"子臣"也有所交集。那麼，把這二十多位貞人編為一組大概沒什麼問題。當然，分為兩組也是可以的（請參看本文所附同版貞人關係圖）。

　　倘若把目光投向以往所出甲骨，可以發現，花東某些個貞人可能與之前所見貞人有著某種聯繫，則貞卜的官職可能在家族中傳承。假設花東卜辭早於武丁期卜辭，則花東所見之子、永、允、大等皆前朝貞人之在武丁朝任職者，或是其後嗣。

　　據此前所見甲骨刻辭及商代銅器銘文，可知京畿占卜機構的貞人有來自方國者。換言之，貞人為之服務的仍可能為"王"，則花東所出甲骨是否為"非王卜辭"當存疑問，即便主持占卜者為"子"也不例外，畢竟他仍是王室的一員。然而，方國（例如周）所出則又當別論。

　　貞人的貞卜職能多樣。像"丁"、"子"，既是權傾一方的政治首領，又掌貞卜之術，卜、貞、占皆能。

貞人是否即書手，可以通過花東一字異形的情況加以判斷：在花東卜辭中，子作"✦✦"，巳作"✦✦"，王作"✦✦"，貞作"✦✦"，寮作"✦✦"，于作"✦✦"，有作"✦✦"等。可惜的是，這項研究迄今尚無專論。尤冀方家有以教我。

附記： 數年前，陳偉武教授賜贈饒宗頤先生《殷代貞卜人物通考》兩大冊，適值饒公百歲華誕，謹以此文為賀，因志謝忱！

附：花東卜辭同版貞人關係圖

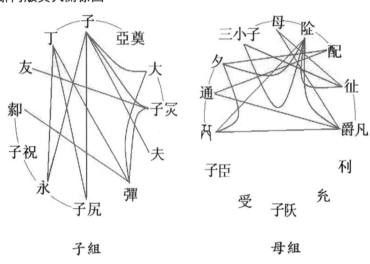

子組　　　　　　　　　母組

本文徵引文獻及簡稱表：

1. 中國社會科學院考古研究所（孫海波）：《甲骨文編》，北京：中華書局1965年。本文甲骨文著錄簡稱悉參是書"引書簡稱表"。
2. 島邦男：《殷墟卜辭綜類》，東京：汲古書院1971年。
3. 郭沫若主編，胡厚宣總編輯：《甲骨文合集》，北京：中華書局1979—1982年。本文簡稱《合》。
4. 李孝定：《甲骨文字集釋》，臺北：中央研究院歷史語言研究所，1991年。
5. 中國社會科學院歷史研究所（彭邦炯、謝濟、馬季凡）：《甲骨文合集補編》，北京：語文出版社1999年。本文簡稱《合集補》。
6. 中國社會科學院考古研究所：《殷墟花園莊東地甲骨》，昆明：雲南人民出版社2003年。本文簡稱《花東》。
7. 徐中舒：《甲骨文字典》，成都：四川辭書出版社2006年。
8. 中國社會科學院考古研究所：《殷墟小屯村中村南甲骨》，昆明：雲南人民出版社2012年。本文簡稱《村中村南》。

注　釋：

[1] 筆者只見挖掘整理者及魏慈德略有提及。參看中國社會科學院考古研究所《殷墟花園莊東地甲骨·

前言》第一分冊，昆明：雲南人民出版社 2003 年，第 25—26 頁；又參魏慈德《殷墟花園莊東地甲骨卜辭研究》，臺北：臺灣古籍出版有限公司，2006 年，第 93—94 頁。

[2] 參看劉一曼、曹定雲《殷墟花園莊東地甲骨卜辭選釋與初步研究》，《考古學報》1999 年第 3 期；又參劉一曼、曹定雲《再論殷墟花東 H3 卜辭中占卜主體"子"》，《考古學研究》（六），北京：科學出版社 2006 年；又參曹定雲《三論殷墟花東 H3 卜辭中占卜主體"子"》，《殷都學刊》2009 年第 1 期。

[3] 關於"丁"的身份，學界論說紛紜：或以為即武丁，或以為讀如"帝"，或以為通作"辟"。參看曹定雲《殷墟花東 H3 卜辭中的"王"是小乙——從卜辭中的人名"丁"談起》，《古文字研究》第二十六輯，北京：中華書局，2006 年，8—18 頁；又參張永山《也談花東卜辭中的"丁"》，《古文字研究》第二十六輯，北京：中華書局，2006 年，第 19—23 頁。

[4] 參看氏著《甲骨文斷代研究例》，《慶祝蔡元培先生六十五歲論文集》（上冊），北平：國立中央研究院歷史語言研究所，1933 年，第 109 頁。

[5] 參看饒宗頤《殷代貞卜人物通考》，香港：香港大學出版社 1959 年，第 50 頁。

[6] 參看饒宗頤《殷代貞卜人物通考》，第 1220 頁。

[7] 更多的類似辭例參看饒宗頤《殷代貞卜人物通考》，第 57—58 頁。

[8] 參看陳劍《說花園莊東地甲骨卜辭的"丁"——附：釋"速"》，《故宮博物院院刊》2004 年第 4 期，第 53 頁。

[9] 參看氏著《殷代貞卜人物通考》，第 46 頁。

[10] 參看屈萬里《殷虛文字甲編考釋》，臺北：中央研究院歷史語言研究所，1961 年，第 90 頁。

[11] 原釋者云：奠即前述卜辭中的亞奠。參看中國社會科學院考古研究所編著《殷墟花園莊東地甲骨》第六分冊，第 1684 頁。

[12] 參看氏著《殷代貞卜人物通考》，第 26 頁。陳夢家先生也有類似論述，參看氏著：《殷墟卜辭綜述》，北京：中華書局，1988 年，第 175—176 頁。

[13] 參看氏著《殷墟婦好墓銘文研究》，昆明：雲南人民出版社 2007 年，第 30 頁。

[14] 參看氏著《殷代貞卜人物通考》，第 48 頁。

[15] 參看中國社會科學院考古研究所《殷墟花園莊東地甲骨》第六分冊，第 1581 頁。

[16] 參看中國社會科學院考古研究所《殷墟花園莊東地甲骨》第六分冊，第 1729 頁。

[17] 參看氏著《殷代貞卜人物通考》，第 55—56 頁。

[18] 參看中國社會科學院考古研究所《殷墟花園莊東地甲骨》第六分冊，第 1729 頁。

[19] 挖掘整理者釋"子"。參看中國社會科學院考古研究所《殷墟花園莊東地甲骨》第六分冊，第 1699 頁。

[20] 參看中國社會科學院考古研究所《殷墟小屯村中村南甲骨》，昆明：雲南人民出版社 2012 年，第 747 頁。

（作者單位：廣州中山大學中文系）

肇尊銘文小考

曹錦炎

2016年初，因機緣所得，於某藏家處獲見一件西周時期的有銘青銅尊，承藏家厚意，惠贈該器及銘文的照片，並囑余考證。茲作小考，以求正於藏友及同好。

銅尊形制為侈口，束頸，鼓腹下垂，圈足外撇；頸部飾弦紋三道，兩弦紋間雲雷紋地、飾回顧式小鳳紋，中間的前後各飾一浮雕小獸首；圈足飾弦紋一道（圖1：器物照片）。從器形和紋飾分析，年代屬於西周中期。

銘文鑄於內底，6行共45字（圖2：銘文照片；圖3：銘文摹本）。下面先依行款寫出釋文，然後再作討論。

隹（惟）六月丁亥，侯氏（氏）大
室，肇御，易（賜）肇鬲一、貝
五朋。侯曰："肇，夙夕明
乃事。"余庫（肇）敢昜（揚）侯
休，用乍（作）寶尊彝，其
萬年用永盲（享）日庚。

惟六月丁亥

六月丁亥，記錄事情發生的時間。銘文簡潔，既未署年份，也未加"初吉"或月相等常見辭彙。

侯氏大室

侯，《說文》謂："春饗所射侯也"，指射箭時用的靶子。《小爾雅·廣器》："射有張布謂之侯。侯中者謂之鵠，鵠中者謂之正。"銅器銘文中的"侯"是諸侯國君主的通稱，典籍也常見，

《書·酒誥》："越在外服，侯、甸、男、衛、邦伯。"是周王分封在王畿之外的邦君。本銘的"侯"前未貫國名，不清楚是指哪國君主，這猶如銅器銘文常常只記"王"，而我們不知道指哪位周王一樣，但作器者自然是知道的。

氏，讀為"氐"。林義光指出：氏、氐為雙聲字，"《說文》云：'氐，至也，本也，從氏下著一，一地也。'按氏古作𔒀，當與氐同字。氏氐音稍變，故加一以別之，一實非地。氏象根，根在地下，非根之下復有地也。"[1]本銘"氏"字通"氐"，可為林說佐證。《說文》："氐，至也。"段玉裁注："氐之言抵也。"氐訓至、到達義，後世作"抵"。《史記·律書》："明庶風居東方，……南至於氐。氐者言萬物皆至也。"

室，宮室。《爾雅·釋宮》："宮謂之室，室謂之宮。""大室"之名常見於西周銅器銘文，是王城宗廟中心舉行政治與禮制活動的廳堂類建築，當即文獻中的"太室"。《書·洛誥》："王入太室，祼。"孔穎達疏："太室，室之大者。故為清廟，廟有五室，中央曰太室。"本銘之"大室"當也指周都王城中的大室而言，但不清楚是在宗周還是成周。

肇　御

肇，原篆構形將"戈"旁寫在中間位置，與常見寫法有別。《說文》："肇，上諱。"徐鉉等注："後漢和帝名也。"段玉裁注指出："按古有肇無肈，从戈之肇，漢碑或从殳，俗乃从攵作肇。"從迄今所見的青銅器銘文看，確實是有"肇"無"肈"，段說甚是。又吳大澂《說文古籀補》指出："古文肇、肇、肁三字並同。"本篇銘文"肇"字出現四處，三處作"肇"，一處作"肁"，亦可為證。本銘的"肇"是用作人名，即作器者。

御，《說文》謂"使馬也"，並以"馭"為古文"御"字。從古文字看，馭字的出現要晚於御字。西周銅器銘文中表示"駕馭"詞義的字皆寫作"駿"，象執鞭策馬之形，"馭"為其後起省形字。而"御"字除了衛簋（《集成》4044）的"卸（御）足（胥）衛"之"御"可能與"馭"義有關外，其餘的"御"字皆不作"駕馭"義，特別是大盂鼎（《集成》2837）銘文中"卸（御）"、"駿（馭）"二字同時出現而用法有別，更能說明問題。陳初生先生的《金文常用字典》雖然據《說文》仍將"御"、"馭"二字同列於卷二"御"字條下，卻準確地列出了金文"御"字的七條義項[2]。對照陳書的"釋義"，本銘的"御"字符合《金文常用字典》中兩條義項：

⑤侍奉。牧師父簋："牧師父弟叔㚄父御於君。"《尚書·五子之歌》："厥弟五人，御其母以從。"《商君書·更法》："孝公平畫，公孫鞅、甘龍、杜摯三大夫御於君。"

⑩通"迓"，迎接。讀作yà（亞）。麥盉："侯易（賜）麥金，乍（作）盉，用從井侯征事，用旋徙（奔走）佰（風）夕，雩御（迓）吳（虞）。"郭沫若謂"雩御吳"當讀為"燕迓虞"。《詩·召南·鵲巢》："之子於歸，百兩御之。"《釋文》："御，五嫁反。本作訝，又作迓，同。王肅：魚儣反。"

用迎接、侍奉之義來訓釋本銘的"御"字，甚為合適。

賜肇鬲一、貝五朋

鬲字從容庚先生釋，原篆構形從"鬲"從"口"，也見於麥盉（《集成》9451）、麥鼎（《集成》2760）、鬲攸比鼎（《集成》2818）等器[3]。唐蘭先生隸定作"䰙"，認為："䰙就是甗的象形字，但表現出這種甗可以分為上下兩層的形狀，《說文》譌為䰙，讀若過。"[4] 從本銘來看，無論釋作"鬲"還是"甗"皆可，都是指所賞賜的青銅器而言。

"貝五朋"，從西周銅器銘文來說，也算是不小的賞賜。

夙夕明乃事

夙夕，夙夜，亦即"朝夕"。《詩·大雅·韓奕》："夙夜匪解，虔共爾位。"師望鼎（《集成》2812）："虔夙夜出內（入）王命。"

明，本訓為明白、清楚。《論語·顏淵》："浸潤之譖，膚受之愬，不行焉，可謂明也已矣。""明"字可通"勉"，訓為努力、盡力。《書·盤庚中》："明聽朕言，無荒失朕命。"王引之《經義述聞·尚書上》："《爾雅》：'孟，勉也。'孟與明，古同聲而通用，故勉謂之孟，亦謂之明。……《顧命》曰：'爾尚明時朕言。'言當勉承朕言也。《洛誥》曰：'明作有功。'言勉作事也。"乃事，你的事。

本銘言"明乃事"即"努力作事"，與《洛誥》"明作有功"意思相同。

余肇敢揚侯休

余，第一人稱代詞。《禮記·曲禮下》"予一人"，鄭玄注："余、予，古今字。"余肇，作器者自稱。

"敢揚侯休"猶他器言"對揚王休"，金文習語，凡臣受君賜時多用之，兼有答受、稱揚的意思。楊樹達先生在總結若干金文相關辭例後指出："尋金文對揚王休之句，必為述作器之原因，君上賞賜其臣下，臣下作器紀其事以為光寵，此所謂揚君之賜也。"[5]

用作寶尊彝，其萬年用永享日庚

永享日庚，永遠享祀廟號為"庚"的先人。以上一段話是銅器銘文中常見之套話。

肇尊銘文大意是說，在六月丁亥這一天，某諸侯抵達太廟，是名字叫"肇"的這個人迎奉侍候。侯賞賜給肇一件鬲（銅禮器）、五朋貝幣，侯說："肇，你要日夜努力做好你擔任的事情。"我肇敢於稱頌侯對我的恩寵，因此做了一件寶貴的祭祀用器，一萬年用來永遠祭祀我的廟號為

"庚"日的先人。

圖1

圖2   圖3

注　釋：

[1]　林義光:《文源》卷一"氏"字條，第68頁，中西書局2012年。
[2]　陳初生:《金文常用字典》第205—208頁，陝西人民出版社1987年。
[3]　可參看容庚《金文編》第172、173頁所引各例，中華書局1985年。
[4]　唐蘭:《西周青銅器銘文分代史徵》第254頁注27，中華書局1986年。
[5]　楊樹達:《積微居小學述林》第348頁，上海古籍出版社2007年。

（作者單位：浙江大學文化遺産研究院）

隨州文峰塔曾侯與鐘銘小考

宋華強

2009 年，湖北省文物考古研究所和隨州市博物館在隨州文峰塔發掘了兩座春秋墓葬，其中 M1 出土多件具銘銅器，尤其是帶有"曾侯與"的編鐘銘文為研究曾國族屬和曾隨關係等問題提供了重要材料，引起學術界的關注。這批材料發表於《江漢考古》2014 年第 4 期，同期還刊發了李學勤、凡國棟等多位學者的研究論文[1]。像很多人一樣，我也對其中編號為 M1:1 的曾侯與編鐘銘文特別感興趣，拜讀過幾位學者的論文之後，獲益良多，同時也對銘文的釋讀有了一點自己的想法。這篇小文主要討論編鐘正面鉦部銘文的四個字，先把相關銘文按照行款釋寫如下：

隹（唯）王正月吉
日甲午，曾戻（侯）
與曰："白𥷚上
䣈，𡉏（左）砓（右）文武，（正面鉦部）
達（撻）殹（殷）之命，罘（撫）
毀（定）天下。（正面左鼓）

第三行第四字作 （𥷚）[2]，李學勤先生隸定為"𥷚"，把"𥫗"下"止"上的部分分析為從"爪"從"舌"（即"昏"，上部從"氐"），"白𥷚"讀為"伯括"，即《尚書·君奭》的"南宮括"，也就是銘文所說的"南公"。整理者和凡國棟先生意見相同。第四行首字作 （𦉩），黃鳳春、胡剛先生讀為"帝"[3]，顯然是把下部所從的 看作是"帝"。李天虹先生對字形的看法與黃、胡二先生相同，認為字的下部更像從"帝"，也可以說從"啻"，但"到底應該讀為什麼字，還值得再考慮"[4]。李學勤先生認為下部從"甬"，隸定為"𦉩"，讀為"庸"，"上庸"與《尚書·堯典》的"登庸"、《舜典》的"徵庸"同義，都是為君上錄用的意思。但是西周銘文稱述時代較遠的先祖事跡，往往稱"某祖"，如李學勤先生引到的南宮乎鐘（《集成》181）

"先祖南公"、"亞祖公仲必父之家"都是；又如扶風莊白村所出牆盤銘文"青幽高祖—乙祖—亞祖祖辛"，眉縣楊家村所出逑盤銘文"皇高祖單公—皇高祖公叔—皇高祖新室仲—皇高祖惠仲猛父—皇高祖零伯—皇亞祖懿仲"，這些都是學者熟知的例子。曾侯與鐘銘稱揚先祖，若只稱其字，而不稱"某祖"，與西周稱謂習慣不合。

從字形上看，把字釋為"簠"是有問題的。"竹"下右側的和一般的"爪"形方向相反，其下部中間的一點更像是銹蝕，而非筆劃，這個偏旁更像是"刀"。左側"竹"下"止"上的形和"乇"字也頗有差距，同銘背面右鼓"乇"字作，寫法明顯不同。的右側是"乇"，同銘正面左鼓"宅"字作，所從"乇"旁不難參照。此字除去"竹"、"刀"以外的部分，見於下揭楚子鼎和古璽文字：

（《集成》02231）

（《璽匯》4137）　　（《璽匯》3178）

趙平安先生把鼎銘釋為"适"（偏旁"舌"即"舌"的俗寫，下同），璽文釋為"佸"[5]。和曾侯與鐘銘之字對照，鼎銘之字上部左側當是"亻"而不是"彳"，和璽文是一個字。璽文若去掉"口"旁，"人"和"乇"合成之字，多見於齊國刀幣，字例如下[6]：

此字裘錫圭先生最先疑為"刀"字繁文，認為其左旁似"刀"而不似"人"，其右旁頗似"乇"字，"乇""刀"二字聲母極近，韻亦不遠[7]。吳振武先生後來也提出相同看法，並有詳細論證，已經廣為學界熟知[8]。把上揭刀幣文字和曾侯與鐘銘相對照，其左旁恐怕仍應看作是"人"而不是"刀"，可以隸定為"侂"，在刀幣銘文中假借為"刀"。古文字經常贅加"口"旁，上揭璽文應是"侂"的異體，可以隸定為"佸"。楚子鼎之字下部又添加了"止"旁，可以隸定為"䞴"。鐘銘之字"竹"下的部分是在"䞴"字基礎上又在右上角加上了"刀"旁，可以隸定為"䞴"。"䞴"與"刀"讀音相近，"䞴"可以看作是個兩聲字。這樣鐘銘之字就可以隸定為"簠"。

"簠"字在銘文中的用法要結合上下文來看。我認為黃鳳春、胡剛先生對第四行首字的釋讀是可信的。"上帝"是"左右文武"的主語。"左右"可以是上對下，如：

后以財成天地之道，輔相天地之宜，以左右民。（《周易·泰》）

帝曰："臣作朕股肱耳目，予欲左右有民，汝翼。"（《尚書·皋陶謨》）

曾侯膑鐘銘"××上帝，左右文武"，句式和默鐘"唯皇上帝、百神，保余小子"（《集成》260）一樣。由此不難看出，"上帝"上面的字當是修飾語。上文說過，"簹"字讀音與"刀"相近，"刀"是"昭"的基本聲符，此處"簹"字疑讀為"昭"。以"昭"稱美上帝，見於《詩經·周頌·臣工》"明昭上帝"，及《初學記》十二引後漢崔寔《諫議大夫箴》"于昭上帝"。

"簹"上之字作 ▨ ，學者都釋為"白"。古"囟"（"思"所從）與"由"（"鬼"、"畏"所從）同字[9]，鐘銘背面左鼓銘文"愚忌"之"愚"字作 ▨（▨），上部的"由"寫作"白"形，"由"可以寫作"白"，"囟"也有可能寫作"白"。楚簡"惠"字或作 ▨（郭店簡《尊德義》32），中間作"囟"形，或作 ▨（郭店簡《緇衣》41），中間作"白"形，也是類似的例子。按照這種看法，則銘文所謂"白"字有可能是"囟"字的變體，可讀為"思"，句首語氣詞。"思昭上帝"這種句式在《詩經》時代較早的篇章多見，如"思文后稷"（《周頌·思文》）、"思皇多士"（《大雅·文王》）、"思齊大任"（《大雅·思齊》）。"思昭上帝"和崔寔《諫議大夫箴》"于昭上帝"意思相同。

曾侯膑鐘銘記載曾侯先祖為"南公"，由於學者把銘文中的"簹"釋為"擻"，所以認為這個先祖就是《尚書·君奭》的"南宮括"。如本文所論，"左右文武"之上的四個字並不是說曾侯的先祖，"擻"當改釋為"簹"，是修飾"上帝"之語，銘文開頭自"囟（思）昭上帝"至"撫定天下"，是說上帝佐助文王、武王撫定天下；自"王遣命南公"以下，才開始敍述曾人之事，所以鐘銘中並不存在曾侯先祖是南宮括的證據。

注　釋：

[1]　湖北省文物考古研究所、隨州市博物館：《隨州文峰塔 M1（曾侯與墓）、M2 發掘簡報》；李學勤：《曾侯膑（與）編鐘銘文前半釋讀》；凡國棟：《曾侯與編鐘銘文柬釋》，《江漢考古》2014 年第 4 期。

[2]　由於銘文刻畫淺而纖細，多有磨滅殘泐不清之處，所以有的字形在出具拓片時，括弧中同時給出整理者的摹本以為參照。

[3]　黃鳳春、胡剛：《說西周金文中的"南公"——兼論隨州葉家山西周曾國墓地的族屬》，《江漢考古》2014 年第 2 期。

[4]　見《"隨州文峰塔曾侯與墓"專家座談會紀要》，《江漢考古》2014 年第 4 期。

[5]　趙平安：《續釋甲骨文中的"乇"、"舌"、"䎽"》，收入趙平安《新出簡帛與古文字古文獻研究》，商務印書館 2009 年。

[6] 吳良寶:《先秦貨幣文字編》,福建人民出版社 2006 年,第 58 頁。
[7] 王毓銓:《中國古代貨幣的起源和發展》附錄一"裘錫圭先生來函"(1981 年 4 月 3 日),《王毓銓史論集》第一卷,中華書局 2005 年,第 189 頁。
[8] 吳振武:《戰國貨幣銘文中的"刀"》,《古文字研究》第 10 輯,中華書局 1983 年。
[9] 姚孝遂、肖丁:《小屯南地甲骨考釋》,中華書局,1985 年,第 87 頁;季旭昇:《說文新證》,福建人民出版社 2010 年,第 745 頁。

(作者單位:武漢大學歷史學院、簡帛研究中心)

商周文字形義系統對比研究淺探

陳英傑

殷商文字形義系統與西周文字形義系統是有差別的。每一個文字形義系統的研究難度都很大，殷商的尤其大，其中原因：一、待識字數量很大，二、已識字中形音義都已確鑿的數量有限，三、文字構件的功能、構件之間的關係與區別仍有很多難以說清楚，四、形聲字和非形聲字的界限、形聲字的確認方法、形聲字聲符的認定仍是一個難題[1]，五、甲骨文、金文字形整理的方法不能滿足實際研究的需要，唐蘭先生在上世紀30年代提出的、和文字發生的理論一貫的自然分類法，至今仍是一個有待繼續探索的課題[2]。

一

關於商周文字形義系統研究，學界有不少重要的論述，今擇其與本文關係較大者略述之。

（一）唐蘭：商周兩個時代的文字，有好些地方是截然不同的[3]；周時人對商時文字已多誤認；周時認識古文字的學者，正不亞於漢代的經生。

唐蘭先生在論述中國文字的起源也即文字的發生時代時曾說：

"夏初起已有了歷史的記載（按：此語下雙行小注列舉七個理由）。這種記載，當然是文字十分完備後才產生的"，"在這種記載裡，可以追述前數百年的傳說，所以夏以前的兩昊諸帝的歷史或神話，正像《舊約》裡的古史一樣，決不是完全子虛的。據《左傳》說，太昊氏的官名用龍，少昊用鳥，黃帝用雲，炎帝用火，共工用水。而少昊的官有爽鳩氏，所居的都邑，就是後來的齊，可以證明這種傳說是有根據的。那末，這種官名的本身，恐怕都是些圖形文字。爽鳩氏只畫一個爽鳩，玄鳥氏只畫一個玄鳥。現在的名字，是後人用近代文字來轉譯的。""如果我的假定不錯，那末，夏初的文字和商周決不相同，因為那是純用象形象意文字的時期。以古代文字變化的劇烈，周時人對商時文字已多誤認，何況夏初。楚史倚相能讀《三墳》、《五典》、《八索》、《九丘》之書，可知別人不能讀。但就《虞夏書》多訛誤一層看來，周時認識古文字的學者，正不亞於漢代的經生。《山海經》裡有好些地名，和周以後的古書歧異，恐怕也由於傳譯的關係。"（《古文字學導論》上編第80—82頁，1936年改訂本沒有了後一段話）"演變是由時代不同而變化，雖說在周初還保存一部分圖形文字，商時甲骨🅇和🅇，🅈和🅇同被應用，但圖形文字終於消滅了，🅇和🅈也終於遺忘了，兩個時代的文字，有好些地方是截然不同的。"(《古文字學導論》下編第231頁)[4]

以上論述有三點值得注意：1. 商周兩個時代的文字系統是有差別的；2. 在文獻被傳抄的歷史過程中，前代文獻被後代人用當時的文字進行過翻譯；3. 後代人對於前代文字會發生誤認現象。

對於文字或偏旁的誤認，可以唐書中的例子為證。如甲骨文中"上甲"稱為⊞，唐先生云其"原和🅂（報乙）、🅃（報丙）、🅄（報丁）同，囗、匚均即方字，方——即祊——即報祭，是⊞當讀為'報甲'，然援形聲之例，可僅讀甲聲，後人就沿用下來，金文兮甲盤的⊕字、小篆的🅲字（後訛為甲）都是，人們早已忘卻牠是上甲的專名了"。[5]這種誤認可能受到漢字一般一字記錄一個音節的特點以及形聲造字法的雙重影響。又如古文字中，凵、ㄩ容易殽亂，凵象人口，問、啓、名、鳴等字從之；ㄩ象山盧，在古文字多作凵，和人口無別，古、魯、晉等字從之[6]，《說文》把古當作從人口的口，魯字變作魯從白（自之省），晉字變作晉從曰（曰從口），都錯了[7]。這是由於文字演變中偏旁形近而混造成的誤認。《左傳》"止戈為武"的說法也是後世之人對文字偏旁構意功能的誤認，儘管有時這種誤認受到某種時代思潮的影響，可能有某種功利性的目的[8]。

（二）裘錫圭：在講漢字形體演變的時候，應該充分注意甲骨文作為一種俗體的特點；在文字形體演變的過程裡，俗體所起的作用十分重要。

裘先生說：商代的甲骨文和金文在字體上有不同的特點，"我們可以把甲骨文看作當時的一種比較特殊的俗體字，而金文大體上可以看作當時的正體字。所謂正體就是在比較鄭重的場合使用的正規字體，所謂俗體就是日常使用的比較簡便的字體。商代人有時也在獸骨上刻記跟占卜無關的有紀念意義的事件，這種刻辭的作風就往往跟一般的甲骨文不同，而跟銅器銘文相似，如著名的宰丰骨"；"在講漢字形體演變的時候，應該充分注意甲骨文作為一種俗體的特點。例如在甲骨文裡很早就出現了寫作▢的'日'字，而在時代較晚的商代金文以至周代金文裡，'日'字卻仍然寫作比較象形的⊙、⊖等形。如果機械地按照時代先後編排字形演變表，就會得出'日'字由▢演變為⊙這種不合事實的順序來"。"歷來的統治階級都輕視俗體字。其實，在文字形體演變的過程裡，俗體所起的作用十分重要。有時候，一種新的正體就是由前一階段的俗體發展而成的（如隸書）。比較常見的情況，是俗體的某些寫法後來為正體所吸收，或者明顯地促進了正體的演變"，"在商代後期文字裡，正體的演變顯然是受到甲骨文一類俗體的強烈影響的"。"西周春秋時代一般金文的字體，大概可以代表當時的正體。一部分寫得比較草率的金文，則反映了俗體的一些情況"。

裘先生在討論戰國文字時，是按照六國文字和秦系文字兩系來討論的，秦系文字包括春秋和戰國時代的秦國文字以及秦代的小篆，六國文字的實際範圍是把戰國時代東方各國的文字全都包括在內的。春秋戰國之交，文字開始擴散到民間，進入戰國以後，文字的應用越來越廣，使用文字的人越來越多，文字形體發生了前所未有的劇烈變化，這主要表現在俗體字的迅速發展上。秦國地處西僻，繼承了西周王朝所使用的文字的傳統，文字的劇烈變化開始得比較晚，大約從戰國中期開始，俗體才迅速發展起來。秦國的俗體比較側重於用方折、平直的筆法改造正體，其字形一般跟正體有明顯的聯繫。戰國時代秦國文字的正體後來演變為小篆，俗體則發展成為隸書，俗體雖然不是對正體沒有影響，但是始終沒有打亂正體的系統。而且在戰國時代的秦國文字裡，繼承舊傳統的正體仍然保持著重要的地位。戰國時代東方各國通行的文字，跟西周晚期和春秋時代的傳統的正體相比，幾乎已經面目全非。而且由於俗體使用得非常廣泛，傳統的正體幾乎已經被衝擊得潰不成軍了。在能看到的六國文字資料裡，幾乎找不到一種沒有受到俗體的明顯影響的資料。在戰國晚期，至少在某些國家裡，俗體字已經在很大程度上取代了傳統的正體字[9]。

裘先生在研究漢字形體演變時，把每一個時代通行的文字區分為正體和俗體來觀察，而且特別注意文字演變中俗體對正體所起的影響和作用。裘先生關於正體和俗體的意見，提示我們，在研究商周文字形義系統時，既要注意因時代而造成的不同，也要注意因用途不同而產生的俗體對正體文字系統所造成的影響。

二

我們現在看到的商代文字資料甲骨文是大宗，其次是商金文，由於載體的特殊性，商金文的局限性更大。兩周時期的文字材料主要是金文，且多長篇鉅製，記事性高於商金文，具有多方面的史料價值。商周文字形義系統是有差別的，這種差別一方面是歷時的、由於文字發展階段不同而造成的，另一方面是因使用場合和文字載體的不同而造成的正體、俗體上的差別。現在的文字形體演變研究存在如下一些不足：

（一）現在的字形演變譜系表圖無法全面反映商周文字形義關係（或字詞關係）的不同之處，另外受到客觀和主觀兩方面的局限，在文字說明中又不能補足這方面的缺陷。殷商甲骨文形義關係的複雜程度大大高於周金文。不同時期、不同類組的卜辭在文字形體和用字習慣上存在着明顯的差異，這種現象學界稱之為"類組差異"。周金文在繼承商文字系統時有一個揚棄的過程。比如甲骨文中"帝"有 ![字形]、![字形]、![字形]、![字形]、![字形] 等寫法，而且 ![字形] 和 ![字形] 在用法上不完全相同，賓組中區分嚴格，前者表示動詞禘祭之禘，後者表示名詞至上神、宗族神的帝[10]。周族金文一般寫作 ![字形]，作 ![字形] 者多見於商金文和商遺民作器。周金中表示禘祭之祭則寫作"啻"，如《集成》[11]4165 大簋之 ![字形]。

二、文字演變譜系表圖一般注重梳理與今天楷書字形有脈絡關係的主綫，而對文字演變過程中出現的多種探索路徑的支綫缺乏細緻的反映。

三、未能充分注意甲骨文和金文之間俗體與正體的差別，二者會在文字形體演變中表現出諸多差異。

今試以最新出版的《字源》[12]為例，觀察現在的文字演變脈絡研究中存在的不足。

《說文》曰："天，顛也。"早期的象形寫法突出圓形的頭部。甲骨文乃鍥刻，不便作圓形，便刻成方形如"囗"，又或把方形改為一橫，復於一橫上加一短橫，在殷商甲骨文中"天"的字形演變已經完成了。周代金文的演變過程以及演變路徑與甲骨文相同，但"大"上從一橫的寫法西周中期開始出現，從兩橫的寫法則遲至春秋才發生。我們主張把殷商甲骨文和商、周金文分成兩條綫，周金沿襲商金的正體道路，雖然這條路發生了跟甲骨文相同的演化現象，但不必把西周中期出現的大上一橫、春秋時期出現的大上兩橫的寫法跟甲骨文中相同的寫法相牽連。金文正體一條綫，甲骨文俗體一條綫，正體演變中又出現俗體，則另立支綫（圖1、3、5是我們重新做的"天"、"王"、"皇"三字的字形演變圖）。我們的圖有主綫，有支綫，儘可能較完整地呈現出各個歷史階段的主要寫法，並儘量指出支綫與主綫、支綫與支綫之間可能存在的關係，能夠指實的關係用實綫繫連，可能存在的關係則連以虛綫[13]。

從字形演變圖看，"天"字從春秋晚期開始出現多種演變路徑，主要表現在筆勢上的差異，有一路是添加飾畫。"王"字出現多種演變路徑的時間與"天"相同，但演變特點有異，《說文》古文一路的演變當是為了與形近的"玉"相區別，頂部橫畫上加一短橫的現象同於"天"，但東周金文中未見鳥形裝飾的"天"字。"皇"字的演變歧異出現在西周和戰國兩個時期，西周時期注意點放在下部構件，戰國時期則把注意力放在了上部構件的改造。

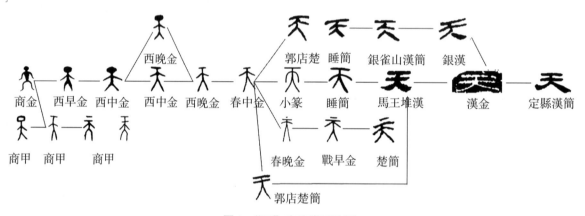

圖1 "天"字演變脈絡圖

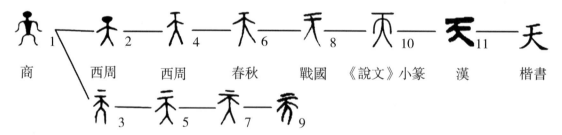

1、2、4、5《金文編》3頁。3《甲文編》2頁。6、7《類編》28頁。8、9《戰文編》2頁。10《說文》7頁。11《篆隸表》2頁。

圖2 《字源》"天"字形演變圖[14]

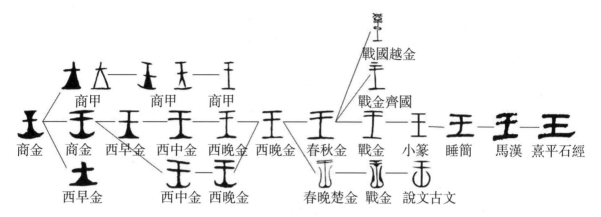

图 3 "王"字演變脈絡圖

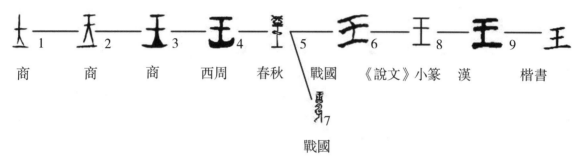

1、2、3《甲文編》15頁。4、5、7《金文編》18、20頁。6《戰文編》14頁。8《說文》9頁。9《篆隸表》15頁。

圖 4 《字源》"王"字形演變圖[15]

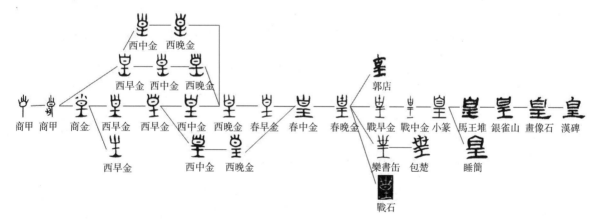

圖 5 "皇"字演變脈絡圖

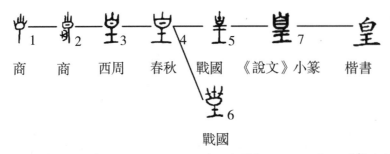

1、2《甲文編》906頁。3、4、5《金文編》21~23頁。6《戰文編》15頁。
7《說文》10頁。8《篆隸表》15頁。

圖6 《字源》"皇"字形演變圖

三

在研究周金文形義系統時，要注意把游離於此系統之外的、屬於商文字系統的因素排除開。也就是說，對於周金文形義系統的研究，要多角度、分層次（包括時代層次、地域層次、族屬層次等），不可籠統地置於同一平面上進行討論。

甲骨文"歲"作 ◌、◌、◌、◌（《新甲骨文編》修訂本第88頁），周金作 ◌ 及其變體，作 ◌ 者僅見於武王時期的利簋（《金文編》第87頁）。◌ 是"卅"之本字，甲骨文中習見，周金僅見於明公尊（《集成》4029，西周早期），使用其假借義。這些寫法都是游離於周金形義系統之外的。辛伯鼎（即《集成》2712乃子克鼎，西周早期）之 ◌ [16]，這個構形屬於商文字系統，《金文編》所收楷叔奴父鬲（《集成》542，西周早期）之 ◌ 才是進入周金構形系統的寫法。周代"矢"字典型寫法作：◌、◌（《金文編》第369頁）。商代"矢"字寫作：◌、◌，[17] 黃組中出現 ◌ 的寫法，"侯"寫作 ◌（《新甲骨文編》修訂本第332、334頁）。

商周文字形義有別，"吉"字也是一個很好的例子。甲骨文作 ◌ 及其變體 ◌ 等形，上為圭形或戈頭之象。周金作 ◌ 及其變體 ◌、◌，上為斧鉞之形。

金文中有一個字，作 ◌，見於伯㚤鼎（《集成》2185，西周中期前段）。◌，見於農卣（《集成》5424，西周中期前段），用於人名"伯㚤"，可能與伯㚤鼎之伯㚤是同一人[18]。按照周金文的構形系統，這個字是從"矢"的。甲骨文有 ◌、◌、◌，見於黃組，《新甲骨文編》釋為"䂋"[19]。李宗焜《甲骨文字編》釋同，但把第一形摹作 ◌。周金中的字有兩種可能，一種可能是跟甲骨文中的字不是同一字，一從黃，一從矢；另一種可能是二者是同一字。從甲骨文的相關異體材料看，我們傾向於後者。如果持這種看法，這個字的寫法與周金的構形系統不合，它仍然保留着甲骨文時期的構形，這就如同後世楷書文字系統中的"隸古定"字形[20]。也就是說，西周金文中有可能存在西周金文構形系統之外的、承襲自殷商甲骨文的古字形。但也可能，周人在自己的文字系統裡把此字認作從矢的，是由於文字系統的歷時演變而導致的偏旁誤認。

"效"字情況與 ▧ 相類。《金文編》第212頁 "效" 寫作 ▧、▧、▧ 等形。甲骨文有 ▧、▧、▧，《新甲骨文編》第一版釋為 "效"[21]，第二版釋為 "戟"[22]。相應地，第一版的 "交"字頭（第578頁）在第二版中取消，併入 "黃"字（第770頁）[23]。

西周金文有如下字形：

交矛（《集成》11423 商代晚期）的 ▧。

交鼎（《集成》2459 西周早期）中作器主名的 ▧。

交卣（《集成》5321 西周早期）中的作器者名 ▧，族名為 "史"。

琱我父簋（《集成》4048—4050 西周晚期）中的作器對象 ▧、▧（4048 蓋、器），▧、▧（4049 蓋、器），▧、▧"（4050 蓋、器）。琱我父，字我父，琱氏，據有關材料，琱氏屬妘姓。

函交仲簋（《集成》4497 西周晚期）▧，器主為函氏，據函皇父諸器，該氏曾與妘姓通婚。

交車戈（《集成》10956 西周晚期）的 ▧。

慭公戈（《集成》11280 春秋早期，圖四）▧，文例為："慭公之元戈，壽之用交。"

除交鼎族屬無法確定外，其他基本都是商代器或非姬姓族器。除最後兩例外，其他字跟甲骨文中的 "黃" 是不是也有聯繫呢？

西周晚期的交君子敔簋（《集成》4565）中的 ▧（蓋）、▧（器）[24]，近年或改釋為 "黃"。周金中公認的 "黃" 字，除：

子黃尊（《集成》6000 商代晚期）▧，商人。

黃簋（《集成》3663 西周早期）▧，為 "父癸" 作器，族名 ▧。

黃子魯天尊（《集成》5970 西周中期前段）▧，為 "父己" 作器，商族。

士上盂（《集成》9454 西周早期）中的 "史▧"，舊釋 "寅"，《新金文編》釋 "黃" 可從。商族器。

大祝追鼎（《通鑑》2396 西周晚期）"黃耇"字 ▧。銘云 "伯大祝追作豐叔姬將彝"，該鼎是伯大祝追為其妻豐叔姬而作，則伯大祝追屬於非姬姓貴族。[25]

師餘簋蓋（《集成》4277 西周中期）"朱黃"字作 ▧，"黃耇"字作 ▧。

以上數器外，均作繁體的 及其變體[26]。而且，除師旂簋外，其他均是商族或非姬姓族作器。甲骨文中這種寫法的"黃"參見李宗焜《甲骨文字編》下冊第972—973頁。該書收有一例繁寫的 ，見於小屯南地甲骨，屬無名黃間組。""類寫法是承襲商代文字的，而且僅局限於很小的範圍內。

圖7　交君子叕簠蓋、器銘　　　圖8　交君子叕鼎　　圖9　交君子叕鼎壺

圖10　悤公戈

甲骨文中"黃"寫作 ，見於第一、二期卜辭，多屬於歷組，且並不常見。如果金文中 類字形是"黃"的話，這種寫法是非周系統的。而且，在繁體的"黃"成為規範而通行的寫法後， 如果是"黃"的異體的話，它能否被整個社會正常認讀，是很可值得懷疑的。交君子器銘具有山東地區的特徵，或以為即《左傳》哀公二年中的"絞"[27]。

如果把以前一般釋為"交"的字改釋為"黃"，商周文字中的"交"就得重新認定。《說文》："交，交脛也。"按照這個解釋，交鼎（《集成》1481 商代晚期）的 、交开觚（《集成》6924 商代晚期）的 、交父辛觶（《通鑑》10453 西周早期，洛陽出土）的 、吠作祖己觚

(《集成》7289 西周早期，洛陽出土）的 ▨、交戈（《通鑑》16044 商代晚期）▨、交戈（《集成》10637 商代晚期）▨，釋爲"交"還是可從的，其均爲人名或族名。字形上可以區分出上半身胸腹和下半身交脛兩部分，而 ▨ 類字形著重在突胸凸肚的特徵，身子粗短[28]。

以上字例説明，周文字形義系統是非常複雜的，必須進行多角度、分層次的考察、研究。

2016 年 11 月 16 日

2017 年 1 月 25 日修訂

附記：本文部分内容曾在研究生課堂上講過，研究生吳思雯同學協助蒐集相關材料，韓宇嬌博士亦提供有價值的意見，在此一併致以謝忱。

本文爲國家社科基金青年項目"兩周金文作器用途銘辭綜合整理與研究"（12CYY034）、教育部人文社會科學研究規劃基金項目"東周金文作器用途銘辭與東周社會研究"（12YJA740008）、首都師範大學"首都文化建設協同創新中心"項目的階段性成果。

注 釋：

[1] 比如"信"字，唐蘭先生起初判定爲"從人言聲"，参《古文字學導論》（增訂本，1935 年初版），濟南：齊魯書社 1981 年，第 263、269 頁。後認爲"只能是從言人聲的一個形聲字"，参《中國文字學》（1949 年初版），上海：上海古籍出版社 2001 年，第 63 頁。

[2] 参《古文字學導論》（增訂本）第 275—287 頁"古文字的分類——自然分類法和古文字字彙的編輯"。

[3] 陳夢家先生曾説："大體上説，殷的文字和語法與西周文字是相承襲的，屬於一個系統。但文字系統或語法系統可以是一個，殷文字的特殊的差異性還是存在的，不過不太顯著而已。"並以詞彙和合文爲例説明這種差異性。参《殷虚卜辭綜述》，北京：中華書局 1988 年，第 80 頁。

[4] 齊魯書社版《古文字學導論》有兩部分内容：一是 1935 年手寫石印的講義本，分上編、下編兩册；二是 1936 年秋的改訂本，只有上册，與講義本上編相當。本文引用時分别爲三部分，即上編、下編和改訂本。

[5] 参《古文字學導論》上編第 121 頁，另参《中國文字學》第 84 頁。唐蘭先生對"甲"的意見，認識前後不一，在《中國文字學》"文字的演化"一章"趨簡·好繁·尚同·别異"一節中説："小篆比大篆簡易，可也有反而繁複的，如'甲'字本祇作'十'，現在改作'甲'，連'早'、'戎'等字都從了'甲'了。""許多簡化、繁化的字，是受了同化作用的關係……'十'字變成了'甲'，'戎'、'早'、'卓'等字都跟着改。"（第 114、115 頁）在本章"淆混·錯誤·改易·是正·淘汰·選擇"一節中説："錯誤是無心的，改易是有意去改的，'甲'字的由'十'形變作'甲'，以致'早'、'草'、'戎'、'卓'等字都跟著改易。"（第 123 頁）

▨ 字，陳夢家亦認爲是合文，"是甲和囗的合文"，這種合文本是兩個字的專名，後變成一個字的專名或變成普通義的字（参陳氏《中國文字學》，北京：中華書局 2006 年，第 53、54 頁）。方框象盛主之匱，所以此字應釋爲"主甲""匱甲"或"匣"（参《殷虚卜辭綜述》第 406 頁）。

新出獄簋作器對象"文考甲公"，蓋銘作"▨公"，器銘作"▨公"，而獄所作其他器均寫作前者。參吳鎮烽《商周青銅器銘文暨圖像集成》5275 獄簋（一式），另參 5315—5318 獄簋（二式）及 5676 獄盨，上海古籍出版社 2012 年 9 月。甲骨文中的 ⊞ 字，作為上甲專字，也可能只讀 "甲"，並非合文。後世當作普通的 "甲"，已與上甲無關。

[6] 唐氏云："凡從曰從甘的字，大都從凵盧形的口變來，《說文》從人口誤。"（《古文字學導論》，第 245 頁）

[7] 參《古文字學導論》下編第 245 頁。唐氏所列舉的 "喜" 或認為是用壴（鼓）和口來表示喜悅的心情，"合" 會上蓋下器相合之意，䜝即《說文·曰部》訓 "告" 的䜝，從口從冊、冊亦聲。參黃天樹：《殷墟甲骨文形聲字所佔比重的再統計——兼論甲骨文 "無聲符字" 與 "有聲符字" 的權重》，李宗焜主編《出土材料與新視野——第四屆國際漢學會議論文集》，臺北："中央研究院"，2013 年，第 59、60、112 頁。另《古文字學導論》上編第 116 頁講象意字聲化規律時，例舉了魯、䜝，云："魯（即魯字）、䜝（即䜝字）等字裡的 凵 形，指明在器裡。"

[8] 唐蘭先生說："古文字只有象意，沒有會意。象意字是從圖畫裡可以看出它的意義的。'武'字從戈從止，止是足形，我們決不能把它當做停止的意思，因為停止的意義，在圖畫裡是沒有的。'武'字在古文字裡本是表示有人荷戈行走，從戈形的圖畫，可以生出 '威武' 的意義，從足形的圖畫裡，又可以看出 '步武' 的意義，可是總不會有 '止戈' 的意義。" "象意字往往就是一幅小畫……但是，文字跟圖畫究竟有時不同，所以有些畫法是極簡單的，畫一個眼睛就可以代表有人在瞧（如相字），畫一張嘴就可以代表有人在說話（如問字），畫一個腳印就可以代表有人在走路（如武字），傳的久遠一些，寫的更簡單一些，人們把原來的意義也忘了，就有 '止戈為武' 一類的新說出來，時代愈久，新說愈多，又有許多新字是依據這種新說的原則推演出來的，本來用圖畫表達的象意字，現在變做用兩個或更多的文字來拼合，這種變體象意字，便是前人所謂 '比類合誼' 的會意字了。"（參《中國文字學》第 62、81 頁）

[9] 裘錫圭：《文字學概要》（修訂本），北京：商務印書館 2013 年 7 月修訂版，第 48、49、53、58、63—64 頁。另參《殷周古文字中的正體和俗體》，《裘錫圭學術文集》第三卷 "金文及其他古文字卷"，上海：復旦大學出版社 2012 年。該文 1987 年 1 月在日本某學術討論會上發表，主要內容、觀點基本上與《文字學概要》第四章《形體的演變（上）：古文字階段的漢字》相重合，應該是《概要》出版前，對該主題內容的集中與提煉，其對推動古文字中俗體文字的研究具有指導意義。裘先生在該文中說："要從根本上瞭解殷周時代古文字形體的演變，必須研究殷周時代古文字裡的正體和俗體的關係"，"如果我們不好好把握正體、俗體關係的綫索，就難以闡明殷周古文字演變的過程"。（第 395、410 頁）並同時指出："戰國時代俗體的情況相當複雜，一般以為是六國文字特有的字形，不一定都是戰國時代或春秋戰國之交開始出現的寫法。某些字形其實是在較早的時代就已出現的俗體。有些字形早就在俗體裡有，但其影響力不大。到了戰國時代，在東方的某些地區流行了起來。" "我們不能認為戰國時代所見俗體都是戰國時代才出現的，其相當部分是比較早期的寫法，到了戰國時代才流行起來。"（第 405、406 頁）這個意見是針對戰國時代的文字的，但對研究西周金文的字體也有建設意義，值得注意。

[10] 參王子楊《甲骨文字形類組差異現象研究》，上海：中西書局，2013 年，第 152—153 頁。

[11] 中國社會科學院考古研究所：《殷周金文集成》，北京：中華書局，1984—1994 年。

[12] 李學勤主編：《字源》，天津：天津古籍出版社 2012 年。

[13] 比如甲骨文的 "棄"（棄，劉釗：《新甲骨文編（修訂本）》，福州：福建人民出版社 2014 年，第 253 頁）與戰國時的 之間應連以虛綫，因為戰國跟商年代差距很大，中間有字形缺環，但如裘錫圭先生所說，中山王器中的 "棄" 也有可能是由商代一直傳下來的（參《殷周古文字中的正體和俗

[14] 第五形時代標注有誤，當為春秋時期。第八、十一二形列進主綫也是不妥的。

[15] 該圖把正體和俗體混列，未能反映出"王"在甲骨文中的演變實際情況，把鳥蟲書列入主綫也是不妥的。

[16] 《金文編》212頁釋為"效"，誤，其與第373頁"奴"為一字。劉釗主編《新甲骨文編》（修訂本）釋為"疌"，第77頁。

[17] 李宗焜：《甲骨文字編》（北京：中華書局，2012年）把此二形分立兩個字號：3163、3165，均隸為"矢"，其凡例十云："有些隸定相同的字，因代表不同的詞，所以編為不同的字號。"

[18] 《金文編》分列二處，前者見第75頁159號，後者收入附錄下第1173頁第35號。

[19] 劉釗主編：《新甲骨文編》（修訂本），第298頁。另參裘錫圭：《說卜辭的焚巫尪與作土龍》，《甲骨文與殷商史》，上海：上海古籍出版社1983年；收入氏著《裘錫圭學術文集》第一卷"甲骨文卷"，第197頁。

[20] 魏晉南北朝碑刻隸古定字主要有筆劃描寫性和構件對應性兩種隸定方式。前者指用隸、楷書筆形盡可能地描畫出古文字的形體風格，如 𣅀；後者是指將古文字的構件或構件組合轉寫成對應的隸、楷書構件，並保持字形結構基本不變，如 𠦄、𠔼。參何山《魏晉南北朝碑刻文字隸古定構件研究》，《繼承與創新——慶祝西南大學漢語言文獻研究所建立三十周年論文集》，重慶：西南師範大學出版社2014年。

[21] 劉釗、洪颺、張新俊：《新甲骨文編》，福州：福建人民出版社2009年，第191頁。

[22] 劉釗主編：《新甲骨文編》（修訂本），第200頁。

[23] 裘錫圭先生在《說卜辭的焚巫尪與作土龍》一文中說："甲骨文裡過去被人認為'交'的字，可能多數是'黃'字。"《裘錫圭學術文集》之"甲骨文卷"，第197頁。

[24] 另有鼎（《集成》2572，圖二）、壺（《集成》9662，圖三）。

[25] 參陳英傑《西周金文作器用途銘辭研究》，北京：綫裝書局，2008年，第13頁。

[26] 參董蓮池《新金文編》，北京：作家出版社2011年，第1898—1907頁。黃簋字形未收。

[27] 參張世超、孫凌安、金國泰、馬如森《金文形義通解》，日本：中文出版社1996年，第2481頁引陳槃說。

[28] 參《裘錫圭學術文集》之"甲骨文卷"，第197頁。

（作者單位：首都師範大學文學院、出土文獻與中國古代文明研究協同創新中心）

金文札記三則

商艷濤

一、臤鼎

吳鎮烽《商周青銅器銘文暨圖像集成續編》收錄有一件臤鼎（第 1 冊 294 頁，0228 號），此鼎口內壁鑄有銘文 50 字，其中合文 2：

隹（唯）十又二月，辰才（在）甲申，王大射，才（在）魯。王眔右即西六自（師），ナ（左）即東八自（師），王克西自（師），ナ（左）克東自（師），臤克辜（厥）䛒（敵）。王休易（賜）臤貝百朋，用乍（作）寶尊鼎。

吳書將此鼎時代定為西周中期，可從。從器形看，臤鼎斂口厚沿，雙立耳，鼓腹圓底，三柱足上粗下細，形體與穆王時期的標準器剌鼎非常接近。從器物上的花紋看，該鼎頸下飾有垂冠卷喙分尾長鳥紋[1]，腹部飾有垂冠卷喙分尾大鳥紋[2]，均以雲雷紋襯底。此類鳥紋都是西周中期流行的紋飾[3]，在考古發掘和傳世器中都以穆王時期最為多見[4]，而這種以雲雷紋襯底的垂喙分尾長鳥紋與西周中期穆王時期的師旂鼎紋飾極為近似[5]。據此，臤鼎似當斷代為中期穆王前後為宜。

剌鼎[6]

師旂鼎[7]

臤鼎銘記載了西周時期的一次大射活動，活動時間在十二月，地點在魯地。大射參加者有周王、王左、右、西六師、殷八師、臤。大射的結果是周王、左及臤獲勝，臤因此還獲得百朋的賞賜。此鼎銘與義盉蓋銘（《集成》15.9453）、柞伯簋銘（《文物》1998年9期）都有"大射"的記載，特別是臤鼎銘與義盉蓋銘關係密切[8]，這對於探討西周大射之禮有着重要價值，對此將擬專文論述。

銘文中的"東八𠂤（師）"及"東𠂤（師）"、"西𠂤（師）"於金文中首次出現，對於研究西周軍事制度意義重大。根據銘文內容看，"東𠂤（師）"、"西𠂤（師）"當分別是"東八𠂤（師）"與"西六𠂤（師）"的省稱，東、西當是指"八𠂤（師）"、"六𠂤（師）"所在方位而言，此"東八師"也即金文中的"殷八師"、"成周八師"。銘文中臤因克敵有功而受到周王百朋的賞賜，百朋在金文中是一種很高的獎賞，由此也可見臤地位之高、功績之大。

"臤"字見於《說文》："臤，堅也。從又臣聲，凡臤之屬皆從臤。讀若鏗鏘之鏗。古文以為賢字。""臤"字殷商時期既已出現，甲骨文作 ◉ （《合集》1590），金文作 ◉ （仲子觥15.9298.2商代），戰國楚簡中作 ◉ （郭店緇衣17），《說文》小篆作 ◉ ，象以手抉目之形。字又作 ◉ （柞伯簋《文物》1998年9期西周） ◉ （郭店唐虞之道2戰國），原來象目之形的"臣"變成了一點[9]，有研究者指出其為"擎"或"搴"字的表義初文[10]。"臤"在本銘中用作人名。

《集成》收錄有一件西周中期臤尊銘：

> 隹（唯）十又三月既生霸丁卯，臤從師䧹（雍）父戍於古𠂤（師）之年，臤蔑曆，中競父易（賜）赤金。臤拜頶首，對揚競父休，用乍（作）父乙寶旅彝，其子=（子子）孫=（孫孫）永用。（《集成》11.6008）

該器屬於西周中期穆王時期，銘文中器主臤曾跟隨上司軍事首領師雍父一同戍守軍事要地。此器與臤鼎時代相近，且二器銘中器主臤的職守都與軍事有關，以此來看，二器中的臤或為同人[11]。

二、肇貯簋

《西清古鑒》27.30 為一件方座簋，該簋長子口內斂，圓腹，一對獸首耳，耳下有勾狀垂珥，圈足，口下和圈足均飾有雲雷紋襯底的花冠夔紋，器口下前後增飾浮雕犧口，四壁飾有雲雷紋襯底的花冠夔紋（據吳鎮烽《商周青銅器銘文暨圖像集成》第 10 冊 338 頁）。該簋原係清宮舊藏，後不知所在。該簋器內底鑄銘文 4 行 23 字，釋文如下：

《西清古鑒》27.30

□肇[12]貯[13]眔子鼓
冪鑄旅簋。隹（唯）巢
來伐，王令東宮
追吕（以）六㠯（師）之年。

令 簋[14]

關於此器時代諸家皆認為屬西周時期，但又有早期、中期、晚期的不同。從青銅器形制發展來看，方座簋是西周時期出現的一種新器形[15]，為周文化的產物。從現有材料看，方座簋主要流行於西周早期，中期開始減少，晚期亦有少量發現，春秋晚期雖有方座簋，但數量遠遠不及西周時期。因此，該簋屬於西周早期的可能性最大。此外，與該簋屬於同一器形的另一斂口、鼓腹方座器令簋亦為西周早期器[16]。從紋飾看，此簋器身、底座所飾之夔龍紋是殷商中期到西周早期常作為主要紋飾出現在銅器上[17]，亦可作為西周早期的又一證據。銘文中紀時語置於銘尾，此種紀時方式殷商甲骨文中常見，一直延續到西周時期。通過以上幾個方面的綜合考察，此簋的時代似以西周早期為宜。

銘文首句中"眔"字在甲骨、金文等先秦古文字材料中常用作連詞，義為及、與，文獻中作"暨"，如靜簋銘（《集成》8.4273）"王令靜司射學宮，小子眔服眔小臣眔夷僕學射"、令彝銘（《集成》16.9901）"明公朝至於成周，誕令舍三事令，眔卿事寮，眔者（諸）尹，眔裡君，眔百工，眔者（諸）侯：侯、甸、男，舍四方令"。"眔"在"□肇貯眔子鼓𦊑鑄旅簋"中亦屬於此類用法，"肇貯"與"子鼓𦊑"當是人名，二人共同作器[18]。據此，該器名當稱肇貯眔子鼓𦊑簋，舊稱陝貯簋、周般敦、陂貯簋、啟貯敦、子鼓𦊑簋等均未確。

"𦊑"字又見於殷商小子簋銘（《集成》8.4138）、小子𩛥銘（《集成》10.5417）之"夷方𦊑"，上海博物館藏甲骨文亦見"夷方伯𦊑"，"夷方𦊑"與"夷方𦊑伯"蓋為同人，均指夷方首領名，"𦊑"此處亦用作人名[19]。"𦊑"又見於日本出光美術館收藏的西周早期靜方鼎銘（《文物》1998年5期86頁）"易（賜）女（汝）鬯、旂、市，采𦊑"，"𦊑"在銘文中用為采邑之名[20]。有研究者言"𦊑"字於字書未見[21]，此失於查檢。"𦊑"見於《說文·網部》："𦊑，網也。從網每聲，莫栳切。"該字又見於《玉篇》、《篆隸萬象名義》（音"亡乳反"，訓"雉網、內"，音義皆與《說文》有異）、《廣韻》、《集韻》、《龍龕手鑒》、《正字通》、《四聲篇海》、《重訂直音篇》、《康熙字典》以及《中華大字典》、《漢語大字典》、《中華字海》等，訓罔、鳥網、雉網。張舜徽《說文解字約注》云"𦊑與冂雙聲，謂覆取之也"[22]。

"𦊑"字從金文𦊑（商代《集成》10.5417）到《說文》小篆𦊑，再到傳抄古文𦊑（宋代《集傳古文韻海》1.12，《傳抄古文字編》749頁），字形一脈相承，但由於古文字隸定及漢字流變過程中的變化，於是後世就出現了多種形體，見於歷代字書的有𦊑（《說文長箋》）、𦊑（《篆隸萬象名義》亡乳反、《龍龕手鑒》音武）、𦊑（《玉篇》、《廣韻》、《集韻》、《正字通》）、𦊑（《玉篇》、《廣韻》、《集韻》、《四聲篇海》）、𦊑（《集韻》、《類篇》、《正字通》）；讀音一為《說文》"莫栳切"，一為《玉篇》"亡乳切"、《龍龕手鑒》"音武"，另一音為《玉篇》"莫厚切"。

第二行中"巢"字為國族名，又見於陝西張家坡西周墓出土的蔡侯鼎銘（《集成》4.2457）："蔡侯獲巢，孚卑（厥）金胄，用乍（作）旅鼎。"周原甲骨文H11：110片亦有"征巢"的記載。按"巢"地文獻記載有二：一為周至春秋時小國，偃姓。在今安徽巢湖市東北。《書序》："巢伯來朝，芮伯作《旅巢命》。"《春秋》文公十二年（前615）"夏，楚人圍巢"。又昭公二十四年（前609）"冬，吳滅巢"。一說在今六安市東北。一為春秋衛邑，在今河南睢縣南。《左傳》哀公十一年（前484）"城鉏人攻大叔疾，衛莊公復之，使處巢"。另有一鄛地見於《說文》："鄛，南陽棘陽[23]鄉。"其地在今河南南陽盆地一帶。據銘文看，有巢來犯，東宮以六𠂤（師）追之，此六𠂤（師）似應指西六𠂤（師）而言。西六𠂤（師）為駐扎於周西部地區的直屬部隊，以此來看，巢地應近西周西部，三處巢地當以《說文》南陽之鄛最為接近[24]。

第三行中"敀"字除見於本銘外，又見於春秋時期的叔夷鐘銘（《集成》1.272）、叔夷鎛銘（《集成》1.285）：

余易（賜）女（汝）馬車戎兵，鼙僕三百又五十家，吕（以）戒戎伇。

"伇"字《說文》未載，見於明代張自烈《正字通·攴部》："伇，同作，興起也。"叔夷鐘、鎛銘中"吕（以）戒戎伇"亦見於《詩經·大雅·抑》"修修爾車馬，弓矢戎兵，用戒戎作，用遏蠻方"，可證"伇"、"作"一字之說。郭沫若《兩周金文辭大系圖錄考釋》（上海書店出版社1999年）以為"伇"即笮迫之"笮"，䣄羌鐘銘（《集成》1.157—161）"率征秦迮齊"即用此"伇"字義。《銘文選》承郭說，以為"伇"通"迮"或"笮"，為迫、侵迫義，引《後漢書·陳忠傳》"共相壓迮"李賢注"迮，迫也"。孫稚雛老師指出"伇"、"迮"皆"乍（作）"之異文，此處亦為"迫"義[25]；劉雨引《禮記·內則》"魚曰作之"注"作"、"斲也"，以為即殺、伐、斬等義[26]。從文義來看，肇貯簋銘之"伇"與叔夷鐘、鎛銘之"伇"以及䣄羌鐘銘之"迮"當屬同一用法，䣄羌鐘銘"征秦迮齊"中"征"、"迮"對文同義，有征伐、入侵之義。學界普遍認為《竹書紀年》所載"（晉）烈公十二年，王命韓景子、趙烈子、翟員伐齊，入長城"[27]與䣄羌鐘銘"征秦迮齊"為同一事件[28]，益證鐘銘之"迮齊"即指伐齊。"伇"字又見於清華簡《繫年》"乃乍帝伇"，簡文中用作"籍"、訓為借。

銘文末句"王令東宮追吕（以）六𠂤（師）之年"為商周古文字材料常見的以事紀年語，句中"東宮"或說人名或說指太子。"東宮"金文中又見於東宮鼎（《集成》1484）、召鼎（《集成》2838）、效卣（《集成》5433）、效尊（《集成》6009）、馭簋（《圖像集成》5243）、衝鼎（《圖像集成續》222），銘文中為人名或宮室名[29]。

三、"乃"與"迺（廼）"

"乃"與"迺（廼）"都是先秦古文字材料及傳世文獻中的常用字，二者字形雖異，用法上也有一些差別，但二者代表的很可能是同一個詞[30]，後世字書、詞典均將其視為異體字關係，1955年頒布的《第一批異體字整理表》中更加明確了"乃"與"迺"、"廼"的這種異體關係[31]。

"乃"與"迺（廼）"在殷商甲骨文中既已出現，甲骨文中"迺（廼）"出現的頻率大大高於"乃"，而到了西周金文中，"乃"的使用頻率高於"迺（廼）"，一直到秦、漢的出土文字資料中，"乃"字占了絕對優勢，"迺（廼）"在睡虎地秦簡、敦煌漢簡中只有寥寥幾例，只是在居延漢簡中，"迺（廼）"（110次）的使用頻率超過了"乃"（51次）。在傳世先秦文獻中"乃"與"迺（廼）"的使用情況與出土文獻相類，只有《詩經》之《雅》部中較多使用"迺（廼）"，在其他文獻中基本上都是使用"乃"[32]。

從具體用法來看，"乃"與"迺（廼）"各有分工，"乃"在殷商、西周時期主要作代詞（第二人稱代詞、指示代詞）、副詞，"迺（廼）"主要用作副詞。"乃"與"迺（廼）"在副詞用法上有交叉的情況，但是"迺（廼）"主要用作指示代詞，而絕不作人稱代詞，這一點已經得到了學界的普遍認可。直到秦漢以後，"迺（廼）"出現了少量人稱代詞的用法[33]。"乃"與"迺（廼）"同出時二者也多有分工[34]。

有學者認為，"迺（廼）"在西周時期有第二人稱代詞的用法[35]，但除了所舉唯一一例西周甲骨文之外，尚未有其他例證。根據"迺（廼）"在整個西周時期的用法來看，無論出土文獻還是傳世文獻並未發現有人稱代詞的用法，"迺（廼）"人稱代詞說僅憑此一孤證並不能成立，而且就是這唯一的例證本身也值得懷疑。論者所舉例證為西周甲骨 H31∶5，將其釋為"咎迺（乃）城"。而根據出土實物來看，第二字是否"迺（廼）"字學者間尚有分歧。

西周甲骨 H31∶5 有實物照片和摹本兩種形式，如下圖所示：

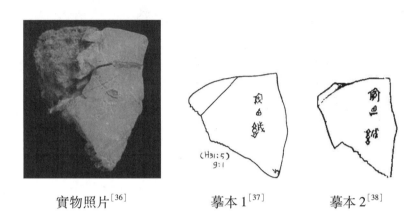

實物照片[36]　　摹本 1[37]　　摹本 2[38]

下將有代表性的觀點列舉如下：

1. 陳全方據摹本 1 釋為"𡧊（密）囟城"，指出"囟"作"斯"，"密斯城"即密於城，當指密須國已經被佔領[39]。

2. 徐中舒釋為"密西城"，並指出密在周原之西，所指為克密之事[40]。

3. 陝西考古隊、岐山文管所釋為"𠆢鬼城"[41]。

4. 徐錫臺據摹本 2 釋為"安迺城"，"迺"與"乃"同，此處作"汝"解，"安迺城"意謂平定這個城[42]。

5. 朱歧祥釋作"咎迺（乃）城"，語譯為"降禍於此城址"[43]。

6. 曹瑋據實物圖片釋作"□□城"，前二字闕而未釋。

7. 陳全方、侯志義、陳敏據摹本 1 釋為"密甫城"，將"甫"讀為"惟"，"惟"又讀為動詞"為"，"密為城"即密築城，此指文王征密後築密城之事[44]。

以上諸說對第二字的釋法不一，其中只有朱歧祥、徐錫臺二人釋為"迺（乃）"。從《周原甲骨文》實物照片看，該字字跡不清，難以確認，故《周原甲骨文》中缺而未釋。我們認為這種闕疑待問的做法較為穩妥，在字未正確釋讀之前，任何結論都是不可靠的，因而西周"迺（廼）"的人稱代詞用法也就不能成立。即使是"迺（廼）"字，是否屬於人稱代詞的用法也尚待研究。《周原甲骨文》中"迺"、"囟"多次出現，二者區別僅僅在於下部筆畫之有無，H31∶5 片中所謂"迺"字極有可能就是"囟"字[45]。

H31：4

H11：42

附記：本文曾在"紀念中山大學古文字學研究室成立60周年學術研討會"（2016年12月2—5日，廣州）上宣讀，會上承蒙沈培教授、施謝捷教授、傅修才博士指正，筆者又曾就銅器斷代問題向朱鳳瀚教授請教，於此謹向各位師友致以謝忱！

注 釋：

[1] 朱鳳瀚：《中國青銅器總論》，上海：上海古籍出版社2009年，第564頁，圖五·一四·4。

[2] 1975年陝西扶風莊白伯疑墓出土的伯疑簋上有類似的紋飾，參朱鳳瀚：《中國青銅器總論》，上海：上海古籍出版社2009年，第567頁圖五·一六B·14。

[3] 朱鳳瀚：《中國青銅器總論》，上海：上海古籍出版社2009年，第560—562頁。

[4] 彭裕商：《西周青銅器年代綜合研究》，成都：巴蜀書社2003年，第315頁。

[5] 根據器物形制、花紋、銘文等諸因素分析，師旂鼎當屬中期穆王時期，參彭裕商《西周青銅器年代綜合研究》，成都：巴蜀書社2003年，第315頁；張振林：《師旂鼎銘文講疏》，《黃盛璋先生八秩華誕紀年文集》，北京：中國教育文化出版社2005年，第156頁。

[6] 韓欣：《中國青銅器收藏與鑒賞全書》，天津：天津古籍出版社2005年，第334頁。

[7] 陳佩芬：《中國青銅器辭典》第二冊，上海：上海辭書出版社2013年，第396頁。

[8] 臤鼎銘與義盉蓋銘所載舉行大射的地點都在魯，時間一在十一月甲申，一在十二月甲申，都有周王參加，二銘記述的內容非常相近，此二器或均屬穆王時期。

[9] 或以為字像以手持丸擊目之形，義為擊，字或省目作以手持丸之形，見《古文字譜系疏證》（商務印書館，2007年5月）第3476頁。以手持丸之說似未當，析形釋義不能以後出字形為據，從早期的甲骨文字形來看，字作以手抉目形甚明，表目形之"臣"後才演變為點。

[10] 陳劍：《柞伯簋銘文補釋》，《傳統文化與現代化》1999年第1期，第50頁。

[11] 臤鼎中"臤"與周王一起參加大射有功，並受到周王的賞賜，其很可能是"左師"或"右師"中的主帥或將領，而臤尊中的商"臤"只是師雍父手下的一名將領，前者的地位明顯高於後者，此或是同人而職位升降所致。商周金文中人名"臤"多次出現，這些人名之間的關係尚待研究，金文中的人名"臤"參吳鎮烽：《金文人名彙編》（修訂本），北京：中華書局2006年，第193頁。

[12] 該字舊多釋"叜"，後多認為即"肇"字，見方稚松：《談談甲骨金文中的"肇"字》，《中原文物》2012年第6期，第52—59頁。另外，此字陳秉新等釋為"𨸏"，以為即古"垊"字，《說文》："垊，氣出土也。一曰始也"，參陳秉新、李立芳：《出土夷族史料輯考》，合肥：安徽大學出版社2005年，第198頁。

[13] 銘文中的"貯"字，尚有"賈"、"責"、"賭"等釋法，參高明《商周金文"󰀀"字資料整理和研究》，《考古學研究》（一），北京：文物出版社1992年，第301—311頁，又收入高明《高明論著選集》，北京：科學出版社2001年，第127—136頁。邵鴻：《卜辭、金文中"貯"字為"賈"之本字說補正》，《南方文物》1993年第1期，第89—93頁。彭裕商：《商周金文中的"賈"》，《考古》2003年第2期，第57—61頁。李㟁：《󰀀為賈證》，《考古》2007年11期，第71—77頁。李學勤、劉宗漢等亦有專文論述，見邵鴻文後注釋。

[14] 圖像採摘自 http://www.baike.com/ipadwiki/%E6%98%AD%E7%8E%8B、http://www.hm-3223.net/html/62/list_8538.html。

[15] 有研究認為方座簋乃是簋與禁的結合物，有人直接稱之為禁簋，轉引自張懋鎔《古文字與青銅論集》，北京：科學出版社2002年，第88—97頁。

[16] 張懋鎔：《古文字與青銅論集》，北京：科學出版社2002年，第88—97頁、第98—111頁。

[17] 朱鳳瀚：《中國青銅器總論》，上海：上海古籍出版社2009年，第547—548頁。

[18] 金文中常"肇貯"（或"肇賈"）連言，對此二字的釋讀、訓釋多有分歧，迄今未有定論，"肇"字訓釋參武振玉《金文"肇"之詞義試探》，《中山大學學報》2016年第4期，第56—62頁；"賈"字訓釋參劉傳賓《西周青銅器銘文土地轉讓研究》，吉林大學碩士學位論文，2007年，第81—97頁；陳夢家亦認為渚司徒逨簋（《集成》7.4059）是二人共同作器。此說雖未被普遍接受，但其也認為當有二人共同作器之可能，見陳夢家《西周銅器斷代》上冊，北京：中華書局2004年，第13頁。本文初稿完成後，又見陳秉新論此器時亦持二人作器說，與本文相合，見陳秉新、李立芳《出土夷族史料輯考》，合肥：安徽大學出版社2005年，第198頁。

[19] 謝明文：《商代金文的整理與研究》，復旦大學博士論文，2012年，第226—227、293—294頁。陳秉新認為此處"霏"通"敏"，訓為敬，參陳秉新、李立芳《出土夷族史料輯考》，合肥：安徽大學出版社2005年，第198頁。"霏"通"敏"訓敬看似合理，但銘文恒言"某作器"，未見"某敬作器"之例；甲金文中"霏"用例甚少，且多用作人名，此似仍以人名視之為宜，通"敏"訓敬說姑存疑待考。

[20] "霏"地或以為地即《史記·魯仲連鄒陽列傳》中之"勝母"附近，說見王長豐《〈静方鼎〉的時代、銘文書寫者及其相關的地理、歷史》，《華夏考古》2006年第1期，第56—72頁。

[21] 董蓮池編著：《商周金文辭彙釋》（上），北京：作家出版社2013年，第104頁。

[22] 張舜徽：《說文解字約注》，武漢：華中師範大學出版社2009年，第1856頁。

[23] 《說文》原作"棗陽"，今據鈕玉樹《校錄》改為"棘陽"。

[24] 當然也有可能西周時期"巢"另有其地。

[25] 孫稚雛：《󰀀羌鐘銘文匯釋》，《古文字研究》第十九輯，北京：中華書局1992年，第109頁。春秋戰國器銘"󰀀"多用為"作"，參張亞初《殷周金文集成引得》，北京：中華書局2001年，第222頁。

[26] 劉雨：《西周金文中的軍事》，《胡厚宣先生紀念文集》，北京：科學出版社1998年，第229頁。

[27] 《水經·汶水注》所引，見方詩銘、王修齡《古本竹書紀年輯證》（修訂本），上海：上海古籍出版社2005年，第101頁。

[28] 持此說者如唐蘭《󰀀羌鐘考釋》（《唐蘭先生金文論集》，北京：紫禁城出版社1995年，第2頁）、《商周青銅器銘文選》（四）（北京：文物出版社1990年，第590頁）、湯餘惠《戰國銘文選》（長春：吉林大學出版社1993年，第11頁）等。

[29] 文獻中"東宮"有幾種不同的用法：太子所居之宮、太后所居之宮、諸侯妾媵所居之宮、東側住室、太子、軍營名、星區名。也有學者指出，金文中的"東宮"、"西宮"或非寢宮之稱，而是一種專門處理政事的官署之宮，"東宮"、"西宮"可指主政官署的具體人員——王侯之子及其宗親，

"東宮"、"西宮"遂由官署演變為官名，參黃鳳春《由葉家山新出曾伯爵銘談西周金文中的"東宮""西宮"問題》，《江漢考古》2016年第3期，第80—84頁。

[30] 張玉金：《甲骨卜辭語法》，廣州：廣東高等教育出版社2002年，第169—170頁。

[31] "迺"與"廼"為一字之分化，商代甲骨文作 ![字], 西周金文作 ![字], 秦簡作 ![字]，漢代隸書中已經出現了"迺"與"廼"，楷化后則變成了"迺"與"廼"。"迺"所從之辶與"廼"所從之廴均由古文字形體凵、一、乚演變而來，象托盤形，或為皿之省，與建、廷等所從之廴（金文作乚，象庭宇之形）及述、進等所從之辶（辵）不同。對於"迺"與"廼"的關係，後世多以"迺"為正體，"廼"為或體。

[32] 張國艷：《居延漢簡中的"乃"和"迺"》，《中國文字研究》第五輯，南寧：廣西教育出版社2004年，第176—180頁。

[33] 張國艷：《居延漢簡中的"乃"和"迺"》，《中國文字研究》第五輯，第176—180頁。

[34] 西周金文中情況較為複雜，同銘中二者並見時"乃"多用為代詞，"迺（廼）"多用作副詞。居延漢簡中"乃"與"迺（廼）"並出時，用法也絕不相混，前者只作副詞，後者只作指示代詞，參張國艷：《居延漢簡虛詞通釋》，北京：中華書局，2012年，第183頁。當然這種分工並非絕對，有時"乃"和"迺"同現時用法也有相互交叉的情況，如西周晚期多友鼎銘文（《集成》5.2835）中，"乃"既有第二人稱代詞的用法，又有副詞的用法，而"迺"只用為副詞，並無人稱代詞的用法。

[35] 張玉金：《西周漢語代詞研究》，北京：中華書局2006年，第93頁。

[36] 曹瑋：《周原甲骨文》，北京：世界圖書出版公司2002年，第140頁。

[37] 四川大學古文字研究室：《古文字研究論文集》，《四川大學學報》叢刊，成都：四川人民出版社1982年，第396頁。陳全方：《周原與周文化》，上海：上海人民出版社1988年，第112頁。

[38] 徐錫臺：《周原甲骨文綜述》，西安：三秦出版社1987年，第116頁。

[39] 陳全方：《陝西岐山鳳雛西周甲骨文概論》，《古文字研究論文集》，《四川大學學報》叢刊，成都：四川人民出版社1982年，第332頁。新近出版的《古文字研究》第31輯中（北京：中華書局2016年，第174頁），劉源引用該片甲骨時釋文也作"密斯城"。

[40] 徐中舒：《周原甲骨初論》，《古文字研究論文集》，《四川大學學報》叢刊，成都：四川人民出版社1982年，第8頁。

[41] 陝西考古隊、岐山文管所：《岐山鳳雛村兩次發現周初甲骨文》，《考古與文物》1982年第3期，第10—22頁。

[42] 徐錫臺：《周原甲骨文綜述》，西安：三秦出版社1987年，第116頁。

[43] 朱歧祥：《周原甲骨研究》，臺北：臺灣學生書局1997年，第72頁。

[44] 陳全方、侯志義、陳敏：《西周甲文注》，北京：學林出版社2003年，第68頁。

[45] 曹瑋：《周原甲骨文》，北京：世界圖書出版公司2002年，第140頁。

（作者單位：華南師範大學國際文化學院）

一粟居讀簡記（九）

王　輝

一

清華楚簡《封許之命》簡二："則隹（惟）女（汝）呂丁，肁（肇）□玟（文王），祕光乓（厥）剌（烈）……"□字原作"■"，影本隸作櫜，云："'櫜'字疑從又聲，讀為'右'，《左傳》襄公十八年杜注：'助也'。"[1] 按，櫜字書未見，字中間所從疑為"缶"即缶字，而非又字。橐字西周金文作"■"（散氏盤）、"■"（毛公鼎），戰國楚簡作"■"（信陽楚簡2·3）、"■"（上博楚簡《容成氏》），秦文字作"■"（《石鼓文·汧殹》），馬王堆帛書《五十二病方》作"■"（"黑實橐"）。橐字上部"甫"戰國文字或作"屮"，或作"屮"，或作"止"（睡虎地秦簡《日書》甲簡159"腹為百草囊"囊字作"■"）[2]，"止"與"土"形近，故"■"以隸作橐為近是。

缶及从缶得聲之字可讀為保。殷墟甲骨文《鐵》191·4："帝弗缶于王。"陳夢家先生說："缶即保，《韓非子·難勢篇》'而勢位足以缶賢者也'，《多士》'惟時上帝不保，降若茲大喪'。"[3]《甲骨文字詁林》收入陳說，姚孝遂先生按語云《鐵》191·4為殘辭，補足應為"王敦缶于……帝弗受（授）右（祐）"，缶為地名。張亞初《殷墟都城與山西方國考略》云："甲骨文中的國族之缶，文獻上稱為保。《左傳》成公十三年，晉侯使呂相絕秦云：'伐我保城，殄滅我費滑。'此保城殆即甲骨文中的缶地。"[4]《莊子·齊物論》："此之謂葆光。"《淮南子·本經》葆作瑤。高亨按："瑤當作珤，珤古寶字。"[5]

保，安也。《尚書·召誥》："保受王威命明德。"《顧命下》："保乂王家。"《孟子·滕文公上》："古之人若保赤子。"《尚書·周官》："立太師、太傅、太保。"孔氏傳："保，保安天子於德義者。"春秋楚器中子化盤："中子化用保楚王。"（《殷周金文集成》10137）

關於呂丁，影本注云："呂丁，呂氏，名丁，據簡文為許國始封之君。許慎《說文·敘》：

'呂叔作藩，俾侯于許。'同書'鄦（許）'字下云：'炎帝太嶽之胤，甫侯所封，在潁川。'甫即呂國。《左傳》隱公十一年《正義》引杜預云：'許，姜姓，與齊同祖，堯四嶽伯夷之後也。周武王封其苗裔文叔于許。'文叔，《漢書·地理志》潁川郡許縣下本注作'大叔'，簡文'呂丁'當即其人，但據簡文其受封實晚於武王時。"[6]

按呂為封國，丁為其日名。許非姬周族，故在周代初期仍依殷商人習慣用日名，猶伯憲盉（《集成》9430）召公家族稱"召公父辛"。大與文字形近易訛，"大叔""文叔"必有一訛。春秋人稱大叔者習見，如鄭莊公弟大叔段，段為其名，大叔則其排行；又如鄭臣游吉稱"子大叔"，周王子帶稱"大叔帶"[7]。又《集成》11786～11788"邵大叔之貪車之斧"、"邵大叔以新金為貪車之斧"。而稱"文叔"者幾無一例。由此而論，"文叔"殆為"大叔"之誤。

許之初封，杜預、《元和姓纂》、《通志》、《古今姓氏書辨證》皆云在周武王之時[8]。影本注謂"其（大叔）受封實晚於武王時"，可商。簡3～5云："亦佳（惟）女（汝）呂丁，旗（捍）楠（輔）珷（武王），攼（干）敦殷受，咸成商邑，……命女（汝）侯于鄦（許）。"簡文出現了"武王"，周初已有謚法，可見是武王以後的事；又簡4缺失，或述及後王之事，影本注大概據此判斷呂丁受封晚於武王時。不過，這兩條理由是可以討論的。簡文的時代是戰國，是後人追述前人之事，所謂"封許之命"乃後人代擬或改寫之辭，非當時實錄，故出現"武王"是不奇怪的。簡4缺失，不知其具體內容，無從推論其會述及後王之事。簡文說呂丁"肇□文王"，不管□字是解為右還是保，其曾輔佐、保安文王是無疑的；呂丁又"司明刑"，則其年齡到武王時已不會太小。到武王時，呂丁曾捍輔武王，從之攻伐商紂，平定商邑，是立有大功的，則其受封在武王時，無法否定。

《封許之命》記封呂丁時的賜物極多，其中有玉器蒼珪、蔥衡、玉瑵〈瞏（環）？〉；有薦彝，如龍鬻、簠、鏞（鑵）、鉦（盨？）、勺、盤、鑒、鋚、匜、鼎、簋、觥；有車馬器，如敀（路）車、鑾鈴素旂，朱笄軑、攸勒、脅、毴鹽、羅繾、鉤膺、杌、馬等，這在金文和典籍中都是極為罕見的，只有西周晚期的毛公鼎銘文中宣王賞賜給重臣父曆的器物差可比擬。《左傳·定公四年》子魚述周初封賜諸侯物品，說："昔武王克商，成王定之，選建明德，以藩屏周。故周公相王室以尹天下，於周為睦。分魯公以大路大旂、夏后氏之璜，封父之繁弱，殷民六族，……備物典策，官司彝器。……分康叔以大路、少帛、綪茷、旃旌、大呂、殷民七族。……分唐叔以大路、密須之鼓、闕鞏、姑洗、懷姓九宗。……三者皆叔也，而有令德，故昭之以分物。不然，文武成康之伯猶多，而不獲是分也。"《尚書·旅獒》太保曰："明王慎德，四夷咸賓。無有遠邇，畢獻方物，惟服食器用。王乃昭德之致于異姓之邦，無替厥服；分寶玉于伯叔之國，時庸展親。"《國語·魯語下》仲尼論楛矢，云："古者，分同姓以珍玉，展親也；分異姓以遠方之職貢，使無忘服也。"可見周初封賜諸侯，稀世珍寶只給予宗室子弟，異姓諸侯即使功勳卓著如燕召公、齊大公，也無法得到。景紅艷說："周王朝是一個以血緣紐帶為基礎，以同姓諸侯為主要藩屏建立起來的宗法制國家，……因此，政治生活中十分重視和關懷同姓貴族的利益，所謂'周之宗盟，異姓為後'（《左傳·隱公十一年》）。周初的分封賞賜是一次巨大的利益分配，'異姓為後'的思想勢必首先在分封賞賜中貫徹執行。"[9]許只是周初的一個異姓小諸侯國，其地位遠不能與齊、燕等相比，其賞賜物之多不合通例。這只能說明簡文是後人所擬，是以後例前，所以很多器物非周初所能有。

二

《封許之命》簡五～六："易（賜）女（汝）……毾㲪。"影本注："二字從毛，當係毛織品名。"未做進一步討論。

毾、㲪二字字書未見，疑毾可讀為氍，㲪可讀為毹，"氍毹"是一種毛麻混織的毛布、地氈類物。

䒱與巨聲字通用。《詩·大雅·靈臺》："虡業維樅。"《說文》業下引作"巨業維樅"；《史記·司馬相如列傳》："立萬石之鉅。"《漢書·司馬相如傳》引鉅作虡[10]。巨與瞿聲字通用。《莊子·達生》："工倕旋而蓋規矩。"釋文："司馬本矩作瞿。"[11]古毛織氈物有名氍毹者。《說文新附》："氍，氍毹、氀毺，皆氈毯之屬，蓋方言也。"《三輔黃圖·未央宮》："溫室殿，武帝建，冬處之溫暖也。《西京雜記》曰：'溫室以椒塗壁，被之文繡，香桂為柱，設火齊屏風，鴻羽帳，規地以罽賓氍毹。'"何清谷注："罽賓：古西域國名，罽音計，漢時在今喀布爾河及克什米爾一帶。所產毛織的地毯，最為西漢宮廷所喜用。氍毹，音渠書，毛織的地毯。言規劃室内地面鋪上罽賓產的地毯。"[12]又《三國志·魏志·烏丸鮮卑東夷傳評》裴松之注引《魏略·西戎傳》："（大秦國）其俗人長大平正，似中國人而胡服，自云本中國一別也，常欲通使於中國。……有織成細布，言用水羊毳，名曰海西布。此國六畜皆出水，或云非獨用羊毛也，亦用木皮或野繭絲作，織成氍毹、氀毺、罽帳之屬皆好，其色又鮮於海東諸國所作也。又常利得中國絲，解以為胡綾，故數與安息諸國交市於海中。"

以上二條引文皆說氍毹產自西域，但具體國名則不同。罽賓在今中亞南部，古印度北部；大秦今意大利，屬南歐，但皆在古絲綢之路上，與中國早有密切來往。

氍這一名稱出現時代會否早到戰國？是饒有趣味的問題。

《三輔黃圖》說未央宮溫室殿"武帝建"，何清谷注："溫室殿：長樂宮、未央宮皆有。未央宮溫室殿有優良的取暖設施，是冬天皇帝與大臣議事的殿堂。《漢書》卷七十五《翼奉傳》：翼奉說文帝時未央宮已有溫室殿，與本文'武帝建'不一致。"這說明溫室殿之始建起碼可到漢初文帝時。又《漢書·高帝紀》："賈人毋得衣錦繡綺縠絺紵罽。"顏師古注："罽，織毛若今氀及氍毹之類也。"《龍龕手鑒·网部》："罽，氈類，毛為之。"《正字通·网部》："罽，同劚。"罽的異體劚作為人名已見於出土秦文字，秦有私璽"賈劚"、"田劚"[13]。可見秦漢之際已有罽。

罽賓得名應與罽有關，而罽本指氈毯類毛織物。《說文》："罽，魚網也。"朱駿聲通訓定聲："罽，叚借為繡。"《廣雅·釋器》："氀，罽也。"王念孫疏證："繡與罽通。"《說文》："繡，西戎毳布也。"段玉裁注："亦叚罽為之。"《逸周書·王會》末附《商書·伊尹朝獻》："正西昆侖、狗國、鬼親、枳巳、閻耳、貫胸、雕題、離丘、漆丘，請令以丹青、白旄、紕罽、江歷、龍角、神龜為獻。"朱右曾集訓校釋引顏師古云："罽，氍毹之屬。"[14]《王會》的時代，黃懷信云："《王會解》前人或謂'怪誕'，正說明其時代較早。唯有末段所記國名或較晚見，論者以之作為此篇晚出的依據，實不知該段乃校書者所附益，因為其文明曰該段'不［在］《周書》，錄中以事類來附。'"[15]將其時代定在"本出西周而經春秋加工改寫者"[16]，《伊尹朝獻》的時代較晚，但最晚也當在戰國或秦代。

《周禮·天官·掌皮》："共其毳毛為氈，以待邦事。"又《掌次》："王大旅上帝，則張氈案。"鄭玄注："張氈案，以氈為牀於幄中。"賈公彥疏："'王大旅上帝'者，謂冬至祭天於圓丘。'則張氈案'者，案謂牀也，牀上著氈，即謂之氈案。"《周禮》之時代，約在戰國，其時已有氈。此氈是中國自產還是來自西域，無法詳究。我們所知道的，是秦代甚或戰國晚期已有氈。睡虎地秦簡《秦律十八種·司空》："城旦春衣赤衣，冒（帽）赤氊。"[17] 末字原圖版不很清楚，從新圖版看確應是氊字[18]，讀為氈。氊從毛，爰聲，古音元部匣紐；氈古音元部照紐。二字疊韻，氊是否氈字異體或讀為氈，不無可能。

《漢書·東方朔傳》："木土衣綺繡，狗馬被繢罽。"顏師古注："繢，五綵也。罽，織毛也，即今氍毹之屬。"罽或氍毹乃狗馬所被（披）。簡文"毬毯"也應是駕車之馬冬季所服之毛織物。

三

《封許之命》簡五~六："易（賜）女（汝）……□綷。"□字影本隸作纂，讀為纂，云："纂，《說文》：'似組而赤。'弁，《文選·張衡〈西京賦〉》薛注：'馬冠也。'"[19] 依其說，"纂綷"即有赤色的纓組的馬冠。

□字原作"（圖）"，下從木，上部與楚文字算字，如望山簡算字作"（圖）"[20]，新蔡簡算字作"（圖）"[21] 絕不類，而與簟字作"（圖）"（毛公鼎）相近。疑□應隸定為篳，即簟字之省，或簟字之繁化。《說文》："簟，竹席也。"《詩·小雅·采芑》："路車有奭，簟茀魚服，鉤膺鞗革。"鄭玄箋："茀之言蔽也，車之蔽飾象席文也。"又《詩·齊風·載驅》："載驅薄薄，簟茀朱鞹。"毛傳："簟，方文席也。車之蔽曰茀。"茀字古文字多作弴。毛公鼎："易（賜）女（汝）……金簟（簟）弴。"曾侯乙墓竹簡1："右敏（令）建所乘大輴（旆）：縢輪、弴、鏧（靷）……"[22] 裘錫圭、李家浩《曾侯乙墓竹簡釋文與考釋》注11云："弴，原文從因從弓，'因'即'簟'的初文。……王國維以'弴'為茀的本字（《觀堂集林·釋弴》）。"蕭聖中說："簡文敘述'弴'的文字一般緊接於敘述'輪'的文字之後，而在記錄'靷'的文字之前。《爾雅·釋器》：'輿革，前謂之鞎，後謂之茀；竹，前謂之禦，後謂之蔽'。一般的車都是單用一'弴'字，即以韋革為車之蔽，只有簡117所記一乘路車用'白金之弴'，顯然是十分豪華的。在西周金文材料中，冊命賜物甚多，但只有少數重要的冊命才賜以'弴'，如毛公鼎、番生簋所記冊命有'金簟弴'之賜。"[23] 因為簟之初文，則從因之弴與簟關係密切，二者義近。曾侯乙簡省稱"弴"，《封許之命》簡省稱"簟"，應該都指車蔽。

簡文"簟"與"綷"是並列關係，而非前者修飾後者。

四

《封許之命》簡五~七："易（賜）女（汝）……釴（觚）、鎬、㿾(格)。"影本在鎬字後括一卣字，注謂："'鎬'字從舀聲，與'卣'同屬喻母幽部。"[24] 今按此說似不可從。簡上文"易

（賜）女（汝）倉（蒼）珪、巨（秬）鬯一卣"，卣字作"⿳"，與卣甲骨文作"⿳"（《甲骨文合集》19496）、"⿳"（《戰後京津新獲甲骨集》4234），金文作"⿳"（大盂鼎）、"⿳"（毛公鼎）、"⿳"（虢叔鐘）、春秋秦石鼓文作"⿳"〔作原鼓"君子卣（攸）樂"〕形近。且同篇之中，一用本字，一用假借字，似無必要。

鎬疑可讀為鎬。滔與夲通用。《說文》："夲，進趣也。……讀若滔。"夲聲字與高聲字通用。《爾雅·釋天》："五月為皋。"釋文："皋本或作高。"《禮記·明堂位》："天子皋門。"鄭玄注："皋之言高也。"夲上古音宵部透紐，鎬宵部匣紐，二字疊韻。《說文》："鎬，溫器也。"實際上是溫食器。上世紀30年代，安徽壽縣朱家集李三孤堆楚王墓出土二器，深腹，折腹，上腹壁豎直，斜折之下腹略圓曲內收成小平底，上腹有四小耳銜環，近似於鑒[25]。二器一銘："秦客王子齊之歲，大廈（府）為王飤（食）晉鎬。"另一件銘："鑄客為王后六室為之。"器之時代，朱鳳瀚先生定為楚國戰國青銅器第五期；劉彬徽先生定為楚青銅器東周第七期[26]，具體時間為楚幽王熊悍（前237～前228年）時，已是戰國末。

如果以上所說不誤，則可以說明《封許之命》的最後寫定，已到戰國末年。

五

清華楚簡《湯處於湯丘》簡1—2："湯凥（處）於湯（唐）丠(丘)，取妻於又＝邙＝（有莘。有莘）嬭（媵）以少＝臣＝（小臣，小臣）善為飤（食）亯（烹）之和。又（有）邙（莘）之女飤（食）之，鹺（絕）肪（芳）旨以飺（粹）。"影本注："《史記·殷本紀》：'伊尹名阿衡。阿衡欲奸湯而無由，乃為有莘氏媵臣，負鼎俎，以滋味說湯，致于王道。'正義引《括地志》：'古莘國在汴州陳留縣東五里，故莘城是也。'在今山東曹縣北。有莘氏或作有侁氏，《呂氏春秋·本味》：'湯聞伊尹，使人請之有侁氏，有侁氏不可。伊尹亦欲歸湯，湯于是請取婦為婚，有侁氏喜，以伊尹為媵送女。'亦為同類傳說。"[27]

今按：說莘國在曹縣北，似不確。曹縣與陳留之莘國漢時中間隔有外黃、成安、黃國、甾縣，當非一國。唐在今山西翼城西，當即曲沃天馬曲村遺址，與曹縣之莘相距八九百里，而與今陝西合陽之莘相距約二百里，故簡文莘極可能是合陽之莘。陳槃先生《春秋大事表列國爵姓及存滅表譔異》[28]列莘地可考者凡八（陝西合陽縣，河南陝縣、汝南縣、杞縣東六十里、陳留縣、嵩縣、山東莘縣、曹縣），然後加以歸納，云："以上所述莘地，屬陝西者一，河南者五，山東者二。古代不可能有如許多莘國，當由莘國不恆厥居故也。《史記·六國表敘》：'禹興於西羌'；皇甫謐引《孟子》'禹生石紐，西夷人也。'（同上表集解引）又所謂夏者，其區域'包括今山西省南半，即汾水流域；西有陝西一部分，即渭水下流。'（《夷夏東西說二·夏跡》）然則禹母有莘氏女，殆亦西土人也。若太姒母家莘國之在陝西郃陽，又學者所習知也。以是言之，則莘之初始，蓋西方之國，厥後河南陝以至伊水、鄭、汝南、杞、山東莘、曹諸縣並有莘地者，其東向遷徙之遺跡也。"陳先生未做肯定，但他傾向於莘國初始在合陽，曹縣等地是其後遷徙，是有道理的。其後的遷徙時間無法確知。但夏末商初，唐丘在今'山西翼城西'；莘國之太姒為周文王妻，文王被紂囚於羑里時，"閎夭之徒患之，乃求有莘氏美女……因紂嬖臣費仲而獻之紂"。《史記·周本紀》正義引《括地志》云："古莘國城，在同州河西縣南二十里。《世本》云：'莘國姒姓，夏禹之後。'即散宜生求有莘美女獻紂者。"莘商末尚未在合陽，則商初肯定不在山東曹縣。

注　釋：

[1]　李學勤主編：《清華大學藏戰國竹簡》（伍），上海：中西書局 2015 年，下冊第 119 頁。
[2]　王輝主編：《秦文字編》，北京：中華書局 2015 年，第 973 頁。
[3]　陳夢家：《殷虛卜辭綜述》，北京：中華書局 1988 年，第 569 頁。
[4]　王輝：《古文字通假字典》，北京：中華書局 2008 年，第 219 頁。
[5]　高亨：《古字通假會典》，濟南：齊魯書社 1989 年，第 784 頁。
[6]　同［1］，第 119 頁。
[7]　楊伯峻、徐提：《春秋左傳詞典》，北京：中華書局 1985 年，第 39 頁。
[8]　巫惠聲：《中華姓氏大典》，石家莊：河北人民出版社 2000 年，第 705 頁。
[9]　景紅艷：《以出土文獻為據再論召公不是文王之子——兼與張懋鎔商榷青銅器上的"日名"與"族徽"問題》，《考古與文物》2015 年第 6 期。
[10]　同［5］第 871—872 頁。
[11]　同［5］第 172 頁。
[12]　何清谷：《三輔黃圖校注》，西安：三秦出版社 2006 年，第 184 頁。
[13]　同［2］第 1250 頁。
[14]　宗福邦等：《故訓匯纂》，北京：商務印書館 2003 年，第 1800 頁。
[15]　黃懷信：《逸周書校補注釋》，西安：三秦出版社 2006 年，第 61 頁。
[16]　同［15］第 63 頁。
[17]　睡虎地秦墓竹簡整理小組：《睡虎地秦墓竹簡》（精裝本），北京：文物出版社 1990 年。
[18]　陳偉主編：《秦簡牘合集》（壹下）秦律十八種圖版簡 147，武漢：武漢大學出版社 2014 年。
[19]　同［1］下冊第 121 頁。
[20]　何琳儀：《戰國古文字典》，北京：中華書局 1998 年，第 1050 頁。
[21]　高明、涂白奎：《古文字類編》（增訂本），上海：上海古籍出版社 2008 年，第 1061 頁。
[22]　湖北省博物館：《曾侯乙墓》，北京：文物出版社 1989 年。
[23]　蕭聖中：《曾侯乙墓竹簡釋文補正暨車馬制度研究》，北京：科學出版社 2011 年，第 197 頁。
[24]　同［1］第 122 頁。
[25]　朱鳳瀚：《古代中國青銅器》，天津：南開大學出版社 1995 年，第 1013 頁，又第 1067 頁圖一三·五三：5。
[26]　劉彬徽：《楚系青銅器研究》，武漢：湖北教育出版社 1995 年，第 358 頁。
[27]　同［1］第 136 頁。
[28]　陳槃：《春秋大事表列國爵姓及存滅表譔異》，臺灣中央研究院歷史語言研究所，1959 年，第 1209—1215 頁。

（作者單位：陝西省考古研究院）

重慶酉陽傳抄古文《根書》概說

喻遂生

2006、2007年，重慶市酉陽縣一名叫周永樂的文物愛好者在鄉鎮收購舊物時發現了兩本手抄古書。其字形怪異，遍詢諸人，無人能識，遂將其發到網上，引來網絡和報紙一陣爆炒，有人說是土家族苗族文字，有人說是堯舜商周古文，稱其為"酉陽天書"。2011年，李春桃先生根據記者提供的部分照片作《近年重慶酉陽縣新發現古書文字性質新探》，指出這其實是用傳抄古文字書寫的古書，"第一本古書為字書性質，據介紹，該書名為《根書》，成書於嘉慶十六年（1811年）；第二本《古三字經》抄寫於民國時期。"[1] 2011年以來，筆者有三篇論文對"酉陽天書"作過初步的研究[2]。

2014年1月，在重慶工商大學白俊奎先生的幫助下，筆者得到了現已披露的《根書》和三本古文《三字經》的全部圖像資料。本文擬對《根書》作簡要介紹，以供學界朋友參考。原書收藏者周永樂先生在酉陽桃花源景區開辦了一座武陵土家民俗博物館，出於旅遊開發的考慮，約定筆者暫不能將圖像全文刊佈，因此本文只能刊佈部分圖像，希望讀者諒解。

一、《根書》的版本特徵

據《重慶晨報》報道："2007年春夏，龔灘古鎮因烏江修建水電站進行整體搬遷。周永樂到一座古宅收購舊物，突然，一本缺了封面的舊書讓其眼前一亮：這本書上的字跟自己先前收回的那本書（引按，即《古三字經》）上的居然一模一樣！買回家後，周永樂細細端詳，發現這是一本字典類的古書籍，同樣為毛筆抄寫，豎排綫裝，其內容大字為先前發現的神秘文字，緊隨其下的小字為漢字注解。把兩本書進行對比，周永樂發現，兩書文字寫法相同的，其漢字注解也相同，因此可以判斷兩本書是使用的同一種語言文字。"該報還同時刊出了周永樂及《根書》首頁的照片[3]：

圖 1　周永樂展示"天書"（報載）

圖 2　"天書"部分文字（報載）

我們現在看到的《根書》，為薄皮紙，豎長 21 公分，寬 13 公分，天頭寬 2 公分，地腳寬 1 公分，47 頁，綫裝。海藍色封面，上面用傳抄古文題寫了書名"酉陽天書𣥂根典"（𣥂字可能是傳抄古文"屮之"的變形），並鈐有一方陰文印"樂"。首頁鈐有"酉陽天書""酉陽周氏""淘古齋""淘古齋鑒藏""永樂藏書"5 印；末頁稍殘，鈐有"酉陽周氏珍藏""桃花草堂藏金石書畫印""武陵土家民俗博物館藏"3 印，比照《重慶晨報》最初的報道和照片可知，封面和圖章都是收藏者收購後新加的。

圖 3　《根書》封面

圖 4　《根書》首頁

關於該書的書名和時代，《重慶晨報》報道："重慶師範大學著名古文教授鮮于煌研究發現，其中一本古書叫《新鐫古三字經》，內容與現行的《三字經》一致，是用秦以前不規範的字來寫的，是民國時期的手抄本，原本沒有找到。另一本出於嘉慶十六年，名為《根書》，即現在的字典。"[4] "根書"其意當為字形根源之書，但書名和時代從該書本身看不出來，其根據待考，書名本文暫從衆稱其為《根書》。

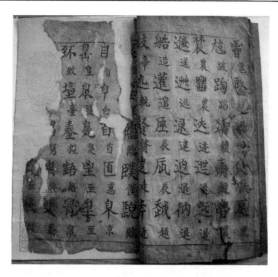

圖 5　《根書》46—47 頁（末頁）

二、《根書》的編排

《根書》為傳抄古文與通用漢字的對照字彙。每頁竪排 6 行，每行排列"傳抄古文—通用漢字"對照字形 5 組，每頁 30 組，全書 47 頁，包括末頁殘缺的幾組，共收字 1410 組。每組字中，傳抄古文字大，通用漢字字小，以通用漢字標註詮釋古文的意圖十分明顯。

編排的順序，大致是按傳抄古文字形的部首排列，全書各頁的部首是：

1 頁：儿、八、冂、宀、几、凵、刀、力；2 頁：力、勹、匚、巾、卜、卩、厂、又、口；3 頁：口、囗、土；4 頁：土、夕、大、女、子、宀；5 頁：宀、寸、小、尸、山；6 頁：山、巛、工；7 頁：工、巳、巾；8 頁：干、幺、广；9 頁：广、廾、弋、弓；10 頁：弓、彐；11 頁：彐、彡、彳；12 頁：彳；13 頁：人、井、一、丨；14 頁：丨、丶、丿、乙、亅、二；15 頁：亠、口；16 頁：口；17 頁：口；18 頁：口；19 頁：口、囗；20 頁：囗、土；21 頁：土、心；22 頁：心；23 頁：心；24 頁：心、戈；25 頁：戈、户、手；26 頁：手；27 頁：手、支；28 頁：支、斗、方、虫；29 頁：血、行、衣、目；30 頁：角、言；31 頁：言、象、豆、丰、豕、豸、貝；32 頁：貝、走、足；33 頁：身、辵、邑、酉；34 頁：酉、里、宀、寸；35 頁：寸、小、几、尸；36 頁：尸、屮、山；37 頁：山、艸；38 頁：艸、虍、虫、艸；39 頁：十、上、兀、厂；40 頁：厂、厶、又；41 頁：人、土；42 頁：土、夂、夕、大；43 頁：女；44 頁：女、子、宀；45 頁：阜、隹、雨；46 頁：足、車、辵；47 頁：臣、自、至、臼。

《根書》的編排不如一般傳世字書嚴謹，有以下幾點需要注意：

1. 部首重出。《根書》中有 20 個部首前後重出，最多的重複 3 次。這些部首和出現的頁碼是：

土（3、20、41）、宀（4、34、44）、几（1、35）、屮（2、36），厂（2、39）、又（2、40）、口（2、15）、囗（3、19）、夕（4、42）、大（4、42）、女（4、43）、子（4、44）、寸（5、34）、小（5、35）、尸（5、35）、山（5、36）、人（13、41）、虫（28、38）、足（32、46）、辵（33、46）

另有不重出的部首 72 個，共計 92 部。

2. 歸字有時遷就通用漢字字形。《根書》字的歸部，按其體例是根據傳抄古文的字形，如4頁"叒舜"歸入土部，5頁"寞苗"歸入宀部。但很多時候是遷就通用漢字字形，按通用漢字字形歸部，如6頁將"岭嶺"歸入山部，"丂巧""扚巧"歸入工部，7頁將"砌席""匡幃"歸入巾部，這種情況有150多字。

3. 字的排列有時比較混亂。如12頁彳部突然插入"忙怨"字，13頁人部中插入"蹼臣"字。同部同字的傳抄古文一般排在一起，但也有一些被其他字隔開，如2頁同為厂部的"辰席庶席初"，3頁同為口部的"日目國國日"。46頁的3個"農"字 、 、 排在一起，主要是考慮意義，而沒有考慮字形。

4. 有的字歸部比較勉強。如19頁將"艱"歸入口部，29頁將"匙竟"歸入目部，此類情況甚多。

圖6　《根書》2—3頁

三、《根書》的收字

因《根書》的圖片暫時不能全部發表，我們先將書中傳抄古文下面標註的通用漢字全部抄錄如下，從中可以看出《根書》收錄傳抄古文的情況。有幾點説明：

1. 書中有幾處殘缺，以"［殘］"標明；有幾處原書缺標通用漢字或通用漢字模糊不清，以"［？］"標明。

2. 14頁"才"字下標"非哉"二字，應是説明性的文字。即相對於16頁"才哉"而言，此字非"哉"，應讀如20頁之"才垂"。36頁"尸"字下標"下良"二字，其下"屋"字下標"上歹"二字，是説"尸"下之"屋"應讀"良"，猶如19頁之"同良"；"屋"上之"尸"應讀"歹"，猶如5頁之"尸歹"，這三處我們改作了"垂、歹、良"。

3. 有的通用漢字原書寫作簡體，如7頁的"跻"、8頁的"继"，抄錄時一仍其舊。

1頁：簪長死始兩、齒冬寅人終、容古密居否、凬爽由正甘、王制別列断、制戮剖則弼；
2頁：勳協旬宜廏、次藏是［？］抵、世庶西麗專、仰怨全卷侯、辰席庶席初、奉事甚衰誨；
3頁：㕯箕寿喪謨、嚚化吾君君、君讎皀嗇商、良淵日目國、國日直罪封、堂地坤野經；
4頁：忌基舜子嚚、初黃凤晴掖、比軍壹介青、自瑟婁妻孫、子好嗣使厚、李岡貧肉旁；
5頁：宅實響煙突、居雨家寧寢、家苗究賔叔、得守受道貶、尋示省寇歺、仁克奏尾会；
6頁：岊山地嶺［？］、歷災畎浍列、州州州［？］荒、㞈邕箕子新、工工工巨巨、已巧巧巨巫；
7頁：差初朕跻巽、寅布豕帆殺、尹希希禹帝、帝帥師卓師、師席幛牟万、冀綱逐肄搜；
8頁：幬平年汀幸、叔幻糸幼兹、几几緫彝絕、継度厎奋番、鬼度親堆廉、庶庶康松牆；
9頁：廟逾籃廉廉、廏恢箕與举、戒承弆弇奐、弁誥蠹棄言、擎擇遵戎武、弒引彈卷引；
10頁：弔殳氏弟弟、弦張弛弻弭、卷西羿羿弼，乃號弦弻弻、弼弛鏘驚弥、煮羹戮巍肆；
11頁：彞豪彙囊工、施文丹諸彬、馬变馬靜变、馬变影或禑、影彬從退返、徙役作往征；
12頁：徂徂佻会後、吾徒退通御、得得徙徙徑、俯動過復遷、徵徵徵徹徹、遠達還徽怨；
13頁：倉臣怹儒夏、傻卜僕俊儉、化地偵儴尽、滿儺錫井丹、終呵不丘且、且丘麗卜中；
14頁：丰乖事龜伊、丹主左乏攀、棗垂手會举、始乾截鉈懦、龜乱乱垂乃、幻周爭亙聇；
15頁：老交亦亨享、衰襄口口旨、古古史協司、只右吾吁嘿、吁吟吟吝吝、舌舌噴化甚；
16頁：吳吳是字啟、嗜皮呼嗛和、和謀郶嘯呴、昪呇笑裏哉、坐嚇呻喃哲、齧唁問唐唶；
17頁：箕唱音咋商、商啓嘼師啼、咽嚛善善善、善咋喜喜喜、喟咤噴諺喪、喪喪吹嗲箕；
18頁：苟胡断嘎殂、嗇嗇炋嗟嗣、能群噉嘆嘷、壺呢喘畜嚚、喫囂噴要游、謾響器型噫；
19頁：喟啪喫嘻嚮、嚮嚴歌曝㘗、嘈喚曰起因、四窗曰囟囟、良因困模囯、圃曰固婁國；
20頁：國曰古古圖、國國冒零罪、獄囷圢坐地、地基封垂垂、至厚垠垣墺、堯峻堤腆域；
21頁：埩臺臺坏墾、宇藏堅重岡、壤墿塍亞臺、填陣陧廛壇、塵塵堅墳慣、墥圻墺恰惱；
22頁：悉慶勇悉悉、姦愁怖肅悔、悔慈悚悟悶、患意宋情悠、德悼怸情惇、雠悁惚憐和；
23頁：辱惕惟惠惠、惠減悶惡憐、惰惰惻悖悆、哀慇懶憂恨、愛感怸惛懼、悱整憂慎慎；
24頁：慶憲嫉憹慕、常憂憂儚慟、德報愕懼萌、慄懈憿辨惰、憤懸憀勞戀、讐哉我我我；
25頁：戒戠堪或弟、勇歲戟蠱鍋、創襲截呼穢、戰韶誖户户、厄卯所戾扁、肩辜靈收執；
26頁：托扶扸損毛、拘承投撫披、抵拓拙拜拔、將辜牽遷指、弄括遷挑插、搖揣握揮插；
27頁：掤揖摩摽播、撻捷據攘支、支頒放佛作、教教敏敗敗、殺寇敢敢散、敖穆敲敷竊；
28頁：敵乱斗尉旋、旌誓佛断断、方旁於於施、施旅旅旡燒、蚯毐蠠蛙蜜、蟻螽繭蠹蜂；
29頁：蠱脉圖盟軌、衡往怹衡率、表表袞袖裔、裔裙補裸裹、袈覃襲冥要、竟視視親觀；
30頁：觸觶言詞誕、咽［？］訕訓誾、訟詩訶詛辨、察話誇誥誘、誼詁競競監、諄誓奇諺諫；
31頁：諾謨謨謨證、辯象豆豆豆、丰丰豕豕兕、鳳貌貌貞貨、財賰貨貨責、貿貶貴睍賈；
32頁：財賚商貰賣、賴賦賵贅奱、赤走赳起起、越越趣足正、跛踵夏蹈蹠、躊蹯蹲跻跻；
33頁：厥厥進遒遒、遂遂遂遄遇、遊遊運逍遙、我我遲遵遺、避避边邦邦、邦都鄙鄭酸；
34頁：醜醬采量氂、宣毫居寅叟、寒寧寢寒苗、寅宝宝審寯、實寓究礙叵、爵封契將守；
35頁：專專專貶尋、受尋剛治剬、麽塵隙就寇、尫屶良身孕、夭歹尾屐看、肩居克屈屈；

36頁：屋屑展辜祖、履奏甲青青、青南幸奏岳、本扈危岳嵐、岍岐岐崛岳、岳岳巁崇崩；

37頁：岷羌塗島崎、隨友死芰花、花疑苟若若、茂莫茭茲茲、董荊草莫次、葢堇菴萌荵；

38頁：葬龍万万葬、草解蓋蕡蔡、芄蕡蓫藉藝、薦虛虛虞虎、盧虧蚤蚊莊、伊芰芰芰苗；

39頁：南師敦近乃、麗虖粟衡我、乗夘夘夘厃、宇辰吟侯斥、席辰猛房原、原盾存厚益；

40頁：庶錯原巨穹、去徒六三畜、箏去及反厷、及孝桑守叔、受奔若啓弁、桑康付乍夀；

41頁：斎鬢捍閙仡、低企役仿似、似酣區作奇、法夙次佽備、儉侮塊皇坤、埴堀〔殘〕壚埶；

42頁：𡌨壤〔殘〕塾磬、壹壺寿壹終、學覚黃勝婚、外多夙亦夜、立亦泰比哭、奉牢夐載韋；

43頁：瑟奴姐姣姬、好姐姒姓姓、母姦姦始嬪、威威娭嬪屢、妃妖婦麗婦、媚奱嬪弥嬉；

44頁：孏嫖婬孔子、孫孕好孚孛、孩殊信犀純、姪教宄宂突、終寂官宛宜、害寂瘖𤸅宰；

45頁：陰陳陳陳陵、陸陽陽隙隧、隨隱隱隱隤、雄集雖〔殘〕雍、難零電雨〔殘〕、雨雷雷雷霓；

46頁：雹〔殘〕〔殘〕赦定、跛蹈輚轂農、農農迹退退、送逃逮退退、造遒辰辰越、辛軌贅走近；

47頁：臣望臨僕臨、自白首惠京、皇暨臭至至、致臺握語鼠、〔殘〕〔殘〕舅與要、〔殘〕〔殘〕〔殘〕〔殘〕般。

從以上可以看出，有的通用漢字對應多個傳抄古文，會重複出現多次。有的是同頁重複，如3頁"君"出現3次，"日"出現2次，"國"出現2次；46頁"辰"出現2次，"農"出現3次，"退"出現4次。有的是不同頁重複，如"子"出現在4、6、44頁，"我"出現在24、32、39頁。所以全書傳抄古文的字頭是1410個，若從通用字的角度看，則遠遠少於此數。

另外，《根書》中還有一些傳抄古文和通用漢字完全相同而前後重複收錄的字，如"𠀠箕"見於3頁和17頁，"苟苟"見於18頁和37頁，"尘塵"見於20頁和35頁，等等。

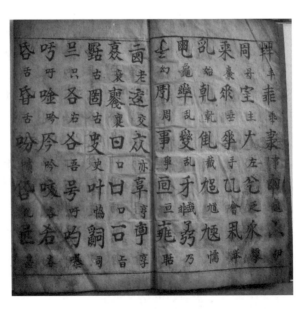

圖7　《根書》14—15頁

四、《根書》與古文《三字經》的關係

　　酉陽古文《三字經》和《根書》都是傳抄古文文獻，又出於同一個縣，二者應當有密切的關係。但比較三個版本的《三字經》和《根書》，會發現二者收字和字形互有出入。下面舉《三字經》卷首 12 句 36 字列表比較如下。《根書》字形後的數字為《根書》頁碼，在多頁出現的只標一處，《根書》未收的字空缺。

	人	之	初	性	本	善	性	相	近	習	相	遠
根書	[字]1	[字]2				[字]36	[字]17		[字]39			[字]12
甲本												
乙本												
丙本												

	苟	不	教	性	乃	遷	教	之	道	貴	以	專
根書	[字]37	[字]13	[字]27		[字]10	[字]26	[字]27		[字]5	[字]31		[字]2
甲本												
乙本												
丙本												

	昔	孟	母	擇	鄰	處	子	不	學	斷	機	杼
根書			姥 43	羿 9	仏 33		孛 4	尭 3	孖 42	亶 1		
甲本	筲	孟	娶	羿	瓜	瓶	常	尭	野	創	岡	䌷
乙本	筲	盂	奋	羿	勑	凯	芇	不	学	劫	囦	厐
丙本	筲	孟	母	擇	鄰		子	尒	學	卽	機	杼

以上36字，去除重複（"性"3次，"之"2次，"相"2次，"不"2次，"教"2次）餘30字。30字中，見於《根書》的有20字，《根書》未收錄的有"之、性、相、習、以、昔、孟、處、機、杼"10字。《根書》所收字形，與三本《三字經》完全不同的有"貴、母、學"3字。

從《根書》的角度看，《根書》中有很多字在《三字經》中並沒有出現。如：10頁"弼、鷺、煮"，23頁"悶、悖、辱"，36頁"屋、屑、履、展、辜、扈、岳、幽、嵐"，37頁"茭、花、羌"，43頁"姦"，44頁"嫖、孚"，46頁"鼗、贅"等。

這說明《根書》並不是古文《三字經》的字彙，《根書》的取材有更廣泛的來源，其編纂有更廣泛的用途。換言之，那個時代在當地，應該還存在其他古書的傳抄古文抄本。聯繫到酉陽古文《三字經》和《根書》的收集地宜居、龔灘、南腰界分別位於縣境的中部、最西部、最南部，另外在板溪（縣中部）也發現古文《三字經》，在後溪（縣東部）、麻旺（縣中部）等鄉鎮的許多墓碑上還刻有傳抄古文的"夶冋"（大人）等字[5]，分佈相當廣泛，加上有《根書》這樣的工具書，說明清代晚期傳抄古文在酉陽一帶有較廣泛的流傳和使用，進一步深入調查，應該還有更大的收穫。

《根書》研究還有一項重要的內容，就是《根書》所收字來源的探求和結構的分析，以及與其他傳抄古文字書的比較，因為時間和篇幅的關係，筆者擬另文研究。

圖 8　《根書》35—36 頁

注　釋：

[1]　李春桃:《近年重慶酉陽縣新發現古書文字性質新探》,《四川文物》2011 年第 5 期, 第 69 頁。
[2]　喻遂生:《"酉陽天書"解析》, 重慶市語言學會第八屆年會論文, 2011 年 11 月, 重慶萬州。《重慶新出傳抄古文〈三字經〉解析》, 紀念何琳儀先生誕辰七十周年暨古文字國際學術研討會論文, 2013 年 8 月, 安徽大學; 收入安徽大學漢字發展與應用研究中心《漢語言文字研究》第一輯, 上海古籍出版社 2015 年。《重慶新出傳抄古文〈三字經〉的版本和年代》, 紀念容庚教授誕辰一百二十周年國際學術研討會暨中國古文字研究會第二十屆年會論文, 2014 年 10 月, 廣州—東莞。
[3]　劉虎:《神秘古書無人能識, 土家文字橫空出世?》,《重慶晨報》2008 年 2 月 15 日 9 版。
[4]　陳靜:《"酉陽天書"原為古文〈三字經〉》,《重慶晚報》2009 年 4 月 12 日 7 版。
[5]　楊再道、歐道陸:《又現"酉陽天書"疑是土家文字》,《重慶日報》農村版 2010 年 7 月 1 日。

（作者單位：西南大學漢語言文獻研究所）

上博楚簡《采風曲目》中的"趨商"與"趨羽"

王志平

饒 公
雅擅琴藝，
常浸楚聲，
於華古樂，
發明良多。
晚生愚魯，
願步先武，
謹撰此文，
為長者壽。

上博楚簡《采風曲目》中宮、商、徵、羽等聲名都有一些前後綴詞，對其字面含義以及樂理分析，學者各有推測，至今仍莫衷一是[1]。但是多數學者只是把有關聲名視為單純的音階異名，而沒有深入把握"分類聲名"的基本性質。對此現狀，吳洋先生一針見血地指出各家解讀的流弊所在：

> 要想對"分類聲名"有相對可靠的解讀，就必須首先把握其性質。如上所述，馬承源先生已經指出，"分類聲名"使"每首歌曲弦歌時可依此類別定出歌腔"，體現了不同的樂調類別。這已經指明了"分類聲名"的基本性質，可惜馬先生並沒有就此再進行深入論述。而其他研究者，如董珊先生也指出"《采風曲目》簡文的基本格式，是以某個標準律的各個音階標準所屬曲目調式的音準所在"，然而他在具體的釋讀中卻並沒能時刻把握住這一"基本格式"。

我們知道，一首歌曲的演唱或演奏，必須首先確定其調高和調式。所謂調高，指由音階構成的音列的音高位置。我國傳統的十二律在不同時代具有不同的確定音高，只要確定了宮音所屬律位，就可以確定一首歌曲的調高。如黃鐘為宮，那麼這首歌曲的調高就屬於黃鐘調。所謂調式，指在確定調高的前提下，以某一個音為中心所構成的音階關係體系，作為中心（主音）的音就可以作為調式名稱，如黃鐘宮徵調式就是以調高為黃鐘的徵音（sol）為中心的調式，不同的調式具有不同的表現特性。漢代的"相和歌"有所謂平調、清調、瑟調、楚調、側調，北魏陳仲儒解釋說："其瑟調以宮為主，清調以商為主，平調以角為主"，這就是在確定調高前提下的宮、商、角三種不同調式。

《采風曲目》在每一個"分類聲名"之後，記錄有若干詩歌篇名。這種分類方式，其意義在於標明所屬詩歌的調高或調式。如果其只是如上述多數意見所解釋的單純的音階名稱，那麼它的分類和後面所附詩目就沒有任何意義。[2]

吳洋先生有的放矢，剖析入理，所言極是。既然"分類聲名"是樂官依據五聲次序並按各自不同樂調類別整理的采風曲目，"每首歌曲弦歌時可依此類別定出歌腔"，[3]那麼上博楚簡《采風曲目》中有關聲名的任何解讀都要服從這一宗旨。也就是說，只有能否依類定調"弦歌"，才是判斷有關聲名解讀正確與否的關鍵所在。只有具備確定調高和調式雙重作用的"分類聲名"才可以定調"弦歌"，僅僅解讀為單純的音階異名是無助於實現這一宗旨的，就如吳洋所說——"沒有任何意義"。

準乎此，本文將在這一前提下，擬就《采風曲目》中"趑商"、"趑羽"等聲名作一重新解讀，如有不當之處，敬請方家指正。

"趑"，簡文字形作" "、" "等，上博楚簡整理者隸定為"趑"。董珊先生把該字隸定為"趑"[4]，從字形角度來看，董文分析甚是。當從之。

對於"趑商"、"趑羽"的解讀，整理者並未明確解說，僅僅釋為"趑商"、"趑羽"，指樂調分類聲名。而董珊則改釋為"趑"，並解說道：

"趑"从"畟"聲，可讀為"曾"。"畟"與"曾"古音同為精母，韻屬職、蒸，可以構成入陽對轉。曾侯乙編鐘銘有後綴詞"曾"，構成"宮曾"、"徵曾"、"商曾"、"羽曾"四個音名。實測表明，"曾"表示某音下方386音分的大三度。[5]

但是，"畟"讀為"曾"除了音韻對轉之外，再無任何文字通假的實例。而且，"趑商"、"趑羽"中，"趑"是前綴；而"宮曾"、"徵曾"、"商曾"、"羽曾"中，"曾"是後綴，難道"宮曾"、"徵曾"、"商曾"、"羽曾"等於"曾宮"、"曾徵"、"曾商"、"曾羽"？所以，類似的解說頗為可疑。

至於"趑商"、"趑羽"等的樂理分析，上博楚簡《采風曲目》整理者馬承源先生早已指出，除第一簡"宮訐"之外，"其中第二簡趑商、訐商和第四簡的趑羽、訐羽前後排列次序相同，可知其排列有某種程式。"[6]甚是。因此我們有必要深入探討其中的音樂程式。

我們前面已經指出，只有具備確定調高和調式雙重作用的"分類聲名"才可以定調"弦歌"，僅僅解讀為單純的音階異名是沒有任何意義的。因此《采風曲目》中"趑商"、"趑羽"等聲名的解讀同樣應當起到確定調高和調式的雙重作用，而不能僅僅理解為單純的音階異名。只有這樣才能實現使相應歌曲"弦歌時可依此類別定出歌腔"，呈現出不同的樂調類別。

我們認為簡文的"趑商"、"趑羽"可讀為"側商"、"側羽"，而"側商"、"側羽"又與古書中記載的"側調"有關。下面詳述一下我們的看法。

"趑"字按照古文字一般規律，當分析為從"走"、"畟"聲之字，"畟"為聲符。從"畟"得聲的"稷"字常與"側"字互相通假。《史記·田敬仲完世家》"是以齊稷下學士復盛，且數百千人"《索隱》:"劉向《別錄》曰:'齊有稷門,齊城門也。談說之士期會於其下。'《齊地記》曰:'齊城西門側,系水左右有講室,趾往往存焉。'蓋因側系水出,故曰稷門,古側、稷音相近耳。"[7] 馬王堆帛書《陰陽十一脈灸經》甲本40:"[不]可以反稷(側)。"乙本"稷"作"則"("側"字的聲符)。整理者注:"《史記·秦本紀》索隱云秦昭王'名則,一名稷',是稷讀為側的旁證。"[8]《史記·樗里子甘茂列傳》"其弟立為昭王"《索隱》:"《趙系家》昭王名稷,《系本》云名側也。"[9] 今《史記·趙世家》名"稷",而《世本》名"側"。"趣"、"稷"同從"畟"聲,故可得與"側"字通假。

"側商"、"側羽",當然可以簡單地理解為商音之側,羽音之側。但如果這樣理解的話,同樣僅有調高的分別,沒有任何實際意義。因此,"側商"、"側羽"等調名最好理解為某種"側調"音階的"商調式"和"羽調式"。這樣的話,調高、調式俱備,才合乎"分類聲名"的宗旨。

與傳世文獻對照的話,"側調"、"側商調"之辭也見於唐宋古籍。宋·沈括《夢溪筆談》卷五《樂律一》:

> 古樂有三調聲,謂清調、平調、側調也。王建詩云"側商調裡唱《伊州》"是也。今樂部中有"三調樂",品皆短小,其聲噍殺,唯道調、小石、法曲用之。雖謂之"三調樂",皆不復辨清、平、側聲,但比他樂特為煩數耳。[10]

宋·姜夔《琴曲》有《側商調》:

> 琴七弦,散聲具宮、商、角、徵、羽者為正弄,慢角、清商、宮調、慢宮、黃鐘調是也;加變宮、變徵為散聲者曰側弄,側楚、側蜀、側商是也。側商之調久亡。唐人詩云:"側商調裡唱《伊州》。"予以此語尋之:《伊州》大食調,黃鐘律法之商,乃以慢角轉弦,取變宮、變徵散聲,此調甚流美也。蓋慢角乃黃鐘之正,側商乃黃鐘之側,它言側者同此;然非三代之聲,乃漢燕樂爾。

宋·王灼《碧溪漫志》卷三《伊州》:

> 《伊州》見於世者凡七商曲:大石調、高大石調、雙調、小石調、歇指調、林鐘商、越調,第不知天寶所制七商中何調耳。王建《宮詞》云:"側商調裡唱《伊州》。"林鐘商,今夷則商也,管色譜以凡字殺,若側商則借尺字殺。[11]

明·彭大翼《山堂肆考》卷一百六十《音樂·伊州曲》有類似記載:

> 《伊州》,商調曲。西涼節度蓋嘉運所進也。其曲五首:前七言二絕,後五言三絕,入破五音,前七言三絕,後五言二絕。商調,乃無射,以凡字殺;後入破則無射羽,林鐘也,名商角調。調借尺字殺,謂之側商。故王建曰:"側商調裡唱《伊州》。"

又《太平廣記》卷二百五《琵琶·王氏女》也有"側商"的記載：

> （王氏女）所傳曲，有道調宮、玉宸宮、夷則宮、神林宮、蕤賓宮、無射宮、玄宗宮、黃鐘宮、散水宮、仲呂宮；商調：獨指、泛清商、好仙商、側商、紅綃商、鳳抹商、玉仙商；角調：雙調角、醉吟角、大呂角、南呂角、中呂角、高大殖角、蕤賓角；羽調：鳳吟羽、背風香、背南羽、背平羽、應聖羽、玉宮羽、玉宸羽、風香調、大呂調。其曲名一同人世。有《涼州》、《伊州》、《胡渭州》、《甘州》、《綠腰》、《莫靼》、《項盆樂》、[12]《安公子》、《水牯子》、《阿濫泛》之屬。凡二百以上曲。所異者，徵調中有《湘妃怨》、《哭顏回》，當時胡琴不彈徵調也。[13]

沈括等把"側調"和"側商調"聯繫起來，並非偶然。"側調"為古樂三調中的一調，也是相和五調中的一調。《文選》卷二十八謝靈運《會吟行》："六引緩清唱，三調佇繁音。"唐·李善注引齊·沈約《宋書》曰：

> 第一平調，第二清調，第三瑟調，第四楚調，第五側調。

李善注並自加按語云："然今三調蓋清、平、側也。"[14]
宋·王灼《碧溪漫志》卷五《清平樂》：

> 按（唐）明皇宣（李）白進《清平調》詞，乃是令白於清平調中制詞。蓋古樂取聲律高下合為三：曰清調、平調、側調。此之謂三調。明皇止令就擇上兩調，偶不樂側調故也。[15]

宋·郭茂倩《樂府詩集》卷二十六《相和歌辭一》：

> 《唐書·樂志》曰："平調、清調、瑟調，皆周房中曲之遺聲，漢世謂之三調。"又有楚調、側調。楚調者，漢房中樂也。高帝樂楚聲，故房中樂皆楚聲也。側調者，生於楚調，與前三調總謂之相和調。[16]

但《樂府詩集》"相和歌辭"下實際並未收"側調"一類，僅卷六十二《雜曲歌辭》於《傷歌行》下題解曰："《傷歌行》，側調曲也。"但卻列入"雜曲歌辭"而非"相和歌辭"，不知何故。而《六臣注文選》卷二十七《樂府上》於《傷歌行》題注"五言"，呂向注："側調。"《樂府詩集》當本此[17]。

《樂府詩集》注明為"側調曲"者，僅《傷歌行》一首。但在無歌辭之琴曲中頗見其實。《初學記》卷十六《樂部下》引《琴曆》曰：

> 琴曲有《蔡氏五弄》、《雙鳳》、《離鸞》、《歸風》、《送遠》、《幽蘭》、《白雪》、《長清》、《短清》、《長側》、《短側》、《清調》……

《長側》、《短側》等琴曲傳說是嵇康所作。宋·陳暘《樂書》卷一百四十三《琴曲下》：

> 有以嵇康為之者，《長清》、《短清》、《長側》、《短側》之類也。

《長側》、《短側》應當都是"側調曲"，惜乎已不得其詳。文獻中還有"側聲"，也當與"側調"有關。宋·沈括《夢溪筆談》卷五《樂律一》：

> 隋柱國鄭譯始條具七均，輾轉相生，為八十四調。清濁混淆，紛亂無統，競為新聲。自後又有犯聲、側聲，正殺、寄殺，偏字、傍字、雙字、半字之法，從變之聲，無復條理矣。[18]

此外，唐宋詩詞中都有一些關於"側商"、"側商調"、"側調"的記述。前蜀·王建《王司馬集》卷八《宮詞》：

> 琵琶先抹《六麼》頭，小管丁寧側調愁。

又：

> 新學管弦聲尚澀，側商調裡唱《伊州》。[19]

宋·賀鑄《鷓鴣天》詞：

> 側商調裡清歌送，破盡窮愁直幾錢。

宋·王珪《華陽集》卷五《宮詞·夫人閣》：

> 金縷新幡翠鳳翹，側商催酒轉宮腰。

宋·朱敦儒《漁家傲》詞：

> 誰轉琵琶彈側調，征塵萬里傷懷抱。

可見"側商調"、"側調"在唐宋時期頗為流行。

除了唐·李善注引齊·沈約《宋書》等之外，有關"側調"的記載還見於佛教文獻的梵唄轉讀。梁·慧皎《高僧傳》卷十三：

> 時有道朗、法忍、智欣、慧光，並無餘解，薄能轉讀。道朗捉調小緩，法忍好存聲切，智欣善能側調，慧光喜騁飛聲。

唐·崔致遠《雙溪寺真鑒銘》:

(真鑒)雅善梵唄,金玉其言,側調飛聲,爽快哀婉。[20]

但是,也有學者懷疑漢魏清樂是否已有"側調"。如繆大年《跋白石〈琴曲〉"側商調"說》謂:"然清商雖古調,而清、平、側之名則後起。……以平、側為名者,實借自梵唱。敦煌所出《維摩經講經文》偈句有云'平'、'側'、'斷'者,此見'平調'、'側調'諸名所出。"[21]也有學者據"側調"後起之說,將"側調"的起源與佛教唄贊音樂聯繫起來[22]。這些說法又與古書的有關記載多有不合。

如果我們的簡文釋讀可以成立的話,不但解決了"側調"起源的早晚時代,也解決了"側調"起源的東西地域。我們楚簡《采風曲目》"趨(側)調"的釋讀,不但正面印證了傳世文獻中關於漢代"相和五調"已有"側調"之說,而且還把"側調"的時代提前到戰國時期的楚國。在我們看來,無論是質疑"側調"晚起,還是懷疑"側調"西來,類似說法也都不能成立了。

簡文之"趨(側)商"是否即姜夔、王灼等所謂唐宋時期的"側商調"呢?我們認為可能只是僅僅沿用了"側商調"這一歷史名稱,其調高隨著歷代尺律的變化都會有所不同,不能將二者簡單地等同起來。戰國時期楚國的"側調"與漢魏六朝抑或唐宋時期甚至近現代甘陝等地流行的"側調"相比[23],更可能只是名同實異。從音樂考古學所反映的一般規律來看,我們懷疑楚國的"側調"與後世各個時期的"側調"除了名稱偶同之外,實際並不同律[24]。考慮到歷代尺律變遷,要想據此復原戰國時期"側調"的調高,也未免太不現實了。

綜上所述,上博楚簡《采風曲目》中的"趨商"疑指某種側調音階之商調式(側商調),"趨羽"疑指某種側調音階之羽調式(側羽調)。側商調、側羽調都屬於某種特別的"側調"音階。雖然楚簡《采風曲目》中"側調"音階的調高今天已很難復原,但是在戰國時期的楚國,"側調"音階必然有著確定的調高則是毫無疑問的。只有這樣,當時的樂官才有可能依據各自不同的樂調類別整理采風曲目,"每首歌曲弦歌時可依此類別定出歌腔"。"側商調"、"側羽調"的不同就是依據某種"側調"音階的商調式和羽調式分別定調弦歌的。

按照我們的重新解讀,"趨商"、"趨羽"這些聲名都有基本確定的調高和調式,完全合乎我們前面所說的解讀宗旨。而且"側商調"、"側調"等還可以與傳世文獻相印證。較之舊說僅僅解釋為音階異名,似乎更有條理,也更為系統。

上博楚簡《采風曲目》未見角音,也未見變宮、變徵二變音,這究竟是簡文有闕還是楚國樂制確實如此,現在已不得而知。因此,《采風曲目》究竟採用的是五聲音階還是五聲二變七聲音階,今天也無法準確判斷。但即使簡文有闕,卻偏偏遺漏二變,未免過於巧合[25]。所以我們傾向於認為《采風曲目》採用的或是五聲而非七聲音階。

從各簡的"分類聲名"中不難看出,《采風曲目》的音樂程式並不特重宮調,除角調未見之外,以商、徵、羽調為多。雅樂重宮調,清樂重商調。不少學者認為,漢魏清商樂的平、清、瑟三調即《宋書·律志》所記載的正聲、下徵、清角三調[26],顯非雅樂正聲之制。從楚簡"側調"與漢代相和五調之"側調"等的有機聯繫來看,"側商"、"側羽"以商調、羽調為主,與雅樂以宮調為主並不相同。戰國時期的楚國"側調"可能也是某種五聲音階的變體音階,而非雅樂系統的古音階。

因此，《采風曲目》不但不象吳洋所說——"符合雅樂傳統的標調方式"[27]，反而更為符合漢魏清商樂的調式結構。舊說"側調"源出"楚調"，而"楚調"即漢"房中樂"，與"楚聲"一脈相承。上博楚簡《采風曲目》"側調"的發現，證明有關記載言之有據。結合詩目來看，《采風曲目》採用的或許是不同於雅樂正聲的某種"楚聲"標調方式。《采風曲目》當是采自各國民間，經過楚國樂人整理使用的樂曲。從調式結構來看，整理者稱之為"郢曲"[28]，還是很有道理的。

註　釋：

[1]　參見梁靜《上博（四）〈采風曲目〉等六篇集釋》，武漢大學碩士學位論文，2006 年；陳思婷《〈采風曲目〉譯釋》，季旭昇主編《〈上海博物館藏戰國楚竹書（四）〉讀本》，臺北：萬卷樓圖書股份有限公司 2007 年；陳思婷《上海博物館藏戰國楚竹書（四）·采風曲目、逸詩、內豊、相邦之道研究》，臺北：花木蘭文化出版社 2008 年等。

[2]　吳洋：《上博簡（四）〈采風曲目〉"分類聲名"淺析》，《出土文獻研究》第九輯，北京：中華書局 2010 年

[3]　馬承源：《上海博物館藏戰國楚竹書（四）》第 162 頁，上海：上海古籍出版社 2004 年。

[4]　董珊：《讀上博藏戰國楚竹書（四）雜記》，簡帛研究網 2005 年 2 月 20 日；又董珊：《簡帛文獻考釋論叢》第 61 頁，上海：上海古籍出版社 2014 年。

[5]　董珊：《讀上博藏戰國楚竹書（四）雜記》；又董珊《簡帛文獻考釋論叢》第 61 頁。

[6]　馬承源：《上海博物館藏戰國楚竹書（四）》第 162 頁。

[7]　《史記》第 1895 頁，中華書局，1959 年。

[8]　馬王堆漢墓帛書整理小組：《馬王堆漢墓帛書》（肆）第 10 頁，北京：文物出版社 1985 年。

[9]　《史記》第 2313 頁。

[10]　胡道靜：《夢溪筆談校正》第 233 頁，上海：上海古籍出版社 1987 年。

[11]　岳珍：《碧溪漫志校正》第 79 頁，成都：巴蜀書社 2000 年。又第 80—82 頁注④引知不足齋按語云："'林鐘商'當作'黃鐘商'。又《越九歌》內，'側商調'亦注云'黃鐘商'"。岳珍據姜夔說以為，"按照現代音樂音理來理解，側商調的調弦法，即是降低第三、第四、第六弦的音高。與之相對應，調緊琴弦，提升音高，則稱為'緊'。通過調弦，改變演奏時的指法以強化散聲的特殊音響效果，這就是'側弄'。"據姜夔記載，"側商調"是由"黃鐘商"調弦而成。姜夔《越九歌》之四《越相》，即注明"側商——黃鐘商"，其旁譜注明殺聲用"太"字，證明此調無"黃鐘商"無誤。而王灼所謂"林鐘商，今夷則商也"，謂宋樂高唐樂一律，唐代的"林鐘商"，相當於宋代的"夷則商"，"管色譜以凡字殺"也只能是"夷則商"，決不可能是"黃鐘商"。姜夔的"側弄"僅僅是一種調弦演奏的方法，宮、商、角、徵、羽都可有側弄，黃鐘、大呂、太簇乃至林鐘、夷則諸律亦不妨有側弄。在有關琴曲側弄的史料中，姜夔記載了大食調黃鐘律側弄的調弦之法，王灼記載了夷則商側弄的借殺之法：夷則商本以凡字殺，其側弄則借尺字殺。二者都是後人研究側弄的寶貴資料。以姜夔的記載來否定王灼的記載，是不恰當的。

[12]　中華書局本第 1569 頁校記："明鈔本'項'作'傾'，疑當作'傾'。"

[13]　《太平廣記》第 1568—1569 頁，中華書局 1961 年。

[14]　按今《宋書·樂志》有平、清、瑟三調及楚調曲，無側調曲。李善注引五調之文，不見今沈約《宋書·樂志》。《四庫總目提要》卷四十五謂《宋書》"至北宋已多散失"，今本《樂志》難保沒有殘缺。（王運熙：《清樂考略》，《樂府詩述論》第 190 頁，上海：上海古籍出版社 1996 年）孫楷第先生則"疑善所見《宋書》是原本，故其文獨完。凡南朝人皆以'平、清、瑟'為三調，無言'清、

平、側'者。善宿儒，必不誤解謝客詩，以'清、平、側'為三調。今《文選》李注作'側'。'側'蓋'瑟'字之誤。然《樂府詩集》'雜歌謠辭'所引'側調曲'《傷歌行》古辭，《玉臺新詠》以為魏明帝樂府。是側調自漢魏時有之，淵源亦古。"（孫楷第：《唐代俗講軌範與其之體裁》，潘重規：《敦煌變文論輯》第67頁，臺北：石門圖書公司1981年）但宋・王灼《碧溪漫志》亦言"古樂取聲律高下合為三：曰清調、平調、側調"，"清、平、側"三調之說恐非文字之誤。不得遽疑李善注。清・凌廷堪《燕樂考原》卷一引《夢溪筆談》按云："'側調'即《宋書》之'瑟調'。"（《燕樂三書》第26頁，哈爾濱：黑龍江人民出版社1986年）王運熙《清樂考略》則認為："案'側''瑟'聲近。王灼、沈括均解音律，兩人談古樂三調，僅舉清平側，而不提及瑟調。因此，凌氏的話或許是可信的。"（王運熙：《樂府詩述論》第190頁，上海：上海古籍出版社1996年）平按：李善注引《宋書》五調：平、清、瑟、楚、側，"瑟"、"側"並列，分別甚嚴，不得言字誤或聲近也。

[15] 岳珍：《碧溪漫志校正》第118頁，成都：巴蜀書社2000年。

[16] 《六臣注文選》卷二十七《樂府上》於《君子行》題注"五言平調"，呂向注曰："瑟有三調：平調、清調、側調。此曲處於平調，善本無此一篇。"則"瑟調"或有廣狹之分。狹義之"瑟調"即相和三調之"瑟調"，而廣義之"瑟調"則包括平、清、側三調。

[17] 王運熙：《清樂考略》，《樂府詩述論》第190頁。

[18] 胡道靜：《夢溪筆談校正》第281頁。

[19] "新學"或本作"求守"，"尚澀"或作"款逐"。

[20] 陸耀通：《金石續編》卷二十一，《金石萃編》第五冊第四頁下，北京：中國書店1985年據1921年掃葉山房本影印。

[21] 夏承燾：《姜白石詞編年箋校》第347頁，上海：上海古籍出版社1981年。

[22] 王小盾：《佛教唄贊音樂與敦煌講唱辭中"平""側""斷"諸曲符號》，《中國詩學》第一輯，南京：南京大學出版社1992年；王昆吾（王小盾）：《隋唐五代燕樂雜言歌辭研究》第390—394頁，北京：中華書局1996年；李小榮：《敦煌變文"平"、"側"、"斷"諸音聲符號探析》，《敦煌學輯刊》2001年第2期。

[23] （清）嚴長明：《秦雲擷英小譜・小惠傳》："唯同州腔有平側二調。"孫楷第：《唐代俗講軌範與其本之體裁》據此而言："然則調分平側，秦隴之音今古所同。"（潘重規：《敦煌變文論輯》第68頁，臺北：石門圖書公司1981年。）

[24] "側調"最早的起源究竟是弦律還是鐘律，很難斷定。"側調"也有可能得名於商周青銅雙音鐘的側鼓音，俟再考。

[25] 李純一先生曾經據曾侯乙墓編鐘銘文中曾、楚十二律俱備，而僅僅有二變；周僅見二律名，卻出現三個變音，因此懷疑變音來源於周。參見李純一《曾侯乙編鐘考索》，《音樂研究》1981年第1期；又李純一《困知選錄》第55頁，上海：上海音樂出版社2004年。

[26] "清"一般認為即清商調，"平"、"瑟"二調至今仍未有定論。參見成軍《清商三調研究》，河南大學碩士論文2006年。

[27] 吳洋：《上博簡（四）〈采風曲目〉"分類聲名"淺析》，《出土文獻研究》第九輯。

[28] 馬承源：《上海博物館藏戰國楚竹書（四）》第163頁。

（作者單位：中國社會科學院語言研究所）

續說楚簡用作"迎"的"迺"字

楊澤生

"迺"字見於新蔡簡和上博簡《柬大王泊旱》與《鄭子家喪》甲、乙篇,字形如下:

(1) 新蔡甲三99 (2) 上博四·柬大17

(3) 上博七·鄭甲7   上博七·鄭乙7

原整理者對其相關文句所作釋文如下[1]:

(1) 犧馬,先之㠯(以)一璧,迺而遆(歸)之。

(2) "……牺(將)為客告。"大剌(宰)記(起)而胃(謂)之:"君皆楚邦之牺(將)軍(軍),复(作)色而言於廷,王事可(何)。"

(3) 夫=(大夫)皆進曰:"君王之記(起)此帀(師),㠯(以)子豪(家)之古(故)。含(今)晉人牺(將)救子豪(家),君王必進帀(師)㠯(以)迺之!"王安(焉)還軍迺之,與之戰於兩棠,大敗晉帀(師)安(焉)。

對於(1)中的"迺"字,何琳儀先生說:

"乃",原篆下從"辶",見《集韻》。訓"往"或"及",即《說文》訓"驚聲"之"廼"(五上十二)的異文。

"乃而",應讀"乃若"。("而""若"相通,典籍習見。)王引之曰"乃若,亦轉語詞也。《墨·兼愛》篇曰,然而今天下之士子君曰然,乃若兼而善矣。《孟子·離婁》篇曰,乃若所憂則有之。"[2]

對此,宋華強先生說:

讀"迺"為"乃"無疑是對的,但是把"乃而"讀為"乃若"卻不可從。……
我們認為葛陵簡和《柬大王泊旱》的"乃而"就是由表示順接關係的"乃"和"而"組成的複合連詞,仍然是表示順接,連接兩個有順承關係的分句。其用法似與"乃"無別,"乃而歸之"即"乃歸之","乃而謂之"即"乃謂之"。馬建忠說表示順承的"而"字"有

'因'字、'則'字之意",簡文中的"乃而"似也可以替換為"因","乃而歸之"即"因歸之","乃而謂之"即"因謂之"。

沈培在給筆者的來信中指出:"乃而"雖不見於早期傳世文獻,但是見於中古以後的文獻,例如五代人編著的《祖堂集》卷二"達摩大師乃而告曰:……"。他認為"新蔡簡有多處反映口語的特色,而口語的詞彙往往在正統的傳世文獻中不見。"這個意見無疑是值得重視的。葛陵簡有"巫祈"(零448+零691),傳世文獻中始見於唐末,可以和"乃而"參看。[3]

對於(2)中的所謂"起"字,陳斯鵬先生說:"察其字形實是一從辶從乃之字,其義待考。當然,也可能是'起'字的訛寫。"何有祖先生認為:"是'迺'字。《集韻·增韻》:'迺,及也。'《廣韻·增韻》:'迺,往也。''太宰迺而謂之'上文有缺失,文意待考。"宋華強先生指出"這個'迺'字寫法與葛陵簡'迺'字完全相同","絕非'起'之誤字";而周鳳五先生釋作"仍",引《說文》"仍,因也"和《廣雅·釋詁》"仍、鄭、復,重也",說"仍而謂之"意為"照樣重述一遍"[4]。

對於(3)中的所謂"起"字,復旦大學出土文獻與古文字研究中心研究生讀書會指出整理者所釋"不確",並說"'迺'應表示'迎擊'一類意思,疑讀為'應'或'膺'",並從傳世文獻中舉出下列相關的文句[5]:

《戰國策·齊策一》:"使章子將而應之。"
《戰國策·燕策二》:"夫以蘇子之賢,將而應弱燕,燕必破矣。"
《詩·魯頌·閟宮》:"戎狄是膺,荊舒是懲。"
《孟子·滕文公下》:"無父無君,是周公所膺也。"趙岐注:"是周公所欲伐擊也。"

單育辰先生跟帖贊同讀書會的意見,說"此篇甲7的'迺'字又見於'上博四'《柬大王泊旱》簡17……新蔡甲3·99……此'迺'字《柬大王泊旱》那個原多釋為'起',新蔡那個或釋'乃',看來是釋錯了。從字義看,讀為'應'都是有可能的";網友"月有暈"跟帖指出"將'迺'讀為'應'或'膺',從文義上看非常恰切,然於音有所隔礙。乃,古音屬泥母之部,'迺'屬日母蒸部。與'應'或'膺'雖同,而聲紐遠隔。史牆盤銘文在講述周昭王事跡時,提到他'廣戲楚荊'。裘先生將'戲'讀作'笞',這裡的'戲'字毫無疑問表示打擊義。而'能'和'乃'古音相同。古書也有'能'、'乃'相通之例。……這裡的'迺'和'戲'一樣也可讀作'笞',表'打擊'義"。而陳偉先生認為"似當釋為'仍',因、從義";何有祖先生認為"此當釋為迺,訓作及"[6]。此後孟蓬生先生連續發表兩篇文章,"從諧聲字和假借字兩方面找出一些同類的例證",說明"影紐跟日紐的關係並不如大家所想像的那樣遠","希望祛除大家的疑惑",同時指出他"只是贊成把'迺'讀為'應',但並不贊成讀為'膺'。根據本篇敘述,楚師是在即將班師時由於晉人出兵救鄭才掉頭跟晉師作戰,其為'迎擊'之義甚明。讀書會所舉《戰國策》的兩個例句也都是在別國出兵的情況下進行'迎擊'作戰。而在上博四《柬大王泊旱》中,則可以把'應'理解為'應對'(見上單育辰說)……史牆盤'廣戲楚荊'之'戲'實際就是'戎狄是膺'的'膺'"[7]。

筆者曾發表過將(3)中的"迺"讀作"迎"的意見[8],今轉錄於下:

我們認爲復旦讀書會指出"迖"應表示"迎擊"一類的意思是有道理的，但其上列傳世文獻中的"應"和"膺"都爲"擊"義，與簡文"迖"還表示"迎"的意思並不密合，所以我們懷疑"迖"應讀作"迎"。"迖"古音屬日母蒸部，"迎"屬疑母陽部。從聲母來說，日、疑二母分別爲舌上音和喉音，看起來頗有差別。但在形聲字中有日、疑二母的字相諧的情況，如饒繞蕘橈嬈等屬日母宵部，其聲旁"堯"屬於疑母宵部。而在一些方言中，日、疑二母的字更是混而不分。從韻母來說，蒸部字可以和陽部字相通，如《左傳·昭公二十五年》"章爲五聲"，《昭西元年》作"徵爲五聲"；《禮記·檀弓下》"杜蕢洗而揚觶"，鄭玄注："《禮》'揚'作'騰'。"《禮記·鄉飲酒義》"盥洗揚觶"，鄭玄注："'揚'，今《禮》皆作'騰'。"《禮記·射義》"揚觶而語"，鄭玄注："今《禮》'揚'皆作'騰'。"《呂氏春秋·舉難》"則問樂騰與王孫苟端孰賢"，《新序·雜事四》"樂騰"作"樂章"。"徵"、"騰"爲蒸部字，"章"、"揚"屬陽部字。這是從讀音來說的。從簡文文義看，說"與之戰於兩棠，大敗晉師焉"才是切實的"打擊"，而之前的"迖"表示"迎敵"的"迎"無疑非常合理。《越絕書》卷七："吳晉爭疆，晉人擊之，大敗吳師。越王聞之，涉江襲吳，去邦七里而軍陣。吳王聞之，去晉從越。越王迎之，戰於五湖。三戰不勝，城門不守，遂圍王宮，殺夫差而僇其相。伐吳三年，東鄉而霸。"所說"越王迎之，戰於五湖"與簡文"王焉還軍迖（迎）之，與之戰於兩棠"文例正相同。

當時由於成文倉促，沒有結合（1）和（2）來討論。現在綜合（1）（2）（3）考慮，筆者更加相信讀"迖"爲"迎"是正確的。下面略作補證。

第一，蒸部字和陽部字相通例子，除了上舉"徵"、"騰"和"章"、"揚"相通之外，還可以再舉一些。如《莊子·天運》："使民競心。"《太平御覽》卷三六〇引"競"作"兢"；《史記·龜策列傳》"陰兢活之。"《集解》："引徐廣曰：'兢一作競。'"[9]此爲蒸部的"兢"與陽部的"競"相通。又如《說文·艸部》"薎讀若萌"；《周禮·秋官·薙氏》："春始生而萌之。"鄭注："故書萌作薎。杜子春云：'薎當爲萌。《書》亦或爲萌。'"馬王堆漢墓帛書《老子》乙本卷前古佚書《十六經·觀》："……寺（待）地氣之發也，乃夢者夢而茲（孳）者茲，天因而成之。"句中夢與孳連言，讀爲萌生之萌；又《十六經·行守》："逆節夢生，其誰骨〈肯〉當之。"影本注讀夢爲萌，引《漢書·主父偃傳》偃論吳楚七國之反，言："今以法割削之，則逆節萌起。"與此句式相同[10]。此爲蒸部字的"薎""薎""夢"與陽部字的"萌"相通。

第二，（3）中簡文在表述上與《越絕書》卷七中的有關文句完全相同，可見"迖"與"迎敵"之"迎"相當。上引復旦讀書會和孟蓬生先生指出簡文"迖"爲"迎擊"義是接近事實的，而所讀"應"或"膺"本身並無"迎"義。

第三，（2）中"太宰迖而謂之"的相關方職位很清楚，就是"楚邦之將軍"，如果"迖"讀作"應"，其關係未免太平淡，何況古籍似乎未見"應（回應、應對、答應）而謂之"的說法；如果讀"迎"，不僅符合太宰身份，而且很多古籍有類似的說法，如《管子·戒》："桓公明日弋在廩，管仲、隰朋朝。公望二子，弛弓脫釬而迎之曰：……"《韓詩外傳》卷二："楚莊王聽朝罷宴，樊姬下堂而迎之曰：……"《晏子春秋》外篇第七："於是明年上計，景公迎而賀之曰：……"朱熹《晦菴集》卷七十四："故孟子於其去而復來，迎而謂之曰：……"張居正《四書集注闡微直解·論語》卷十二："陽貨遇見孔子，孔子迎而謂之說：……"

第四，（1）中"迎而歸之"之"迎"指迎牲。《禮記·郊特牲》："灌以圭璋，用玉氣也。既灌，然後迎牲，致陰氣也。"《詩·小雅·信南山》："祭以清酒，從以騂牡，享於祖考。"鄭玄箋："祭之禮先以鬱鬯降神，然後迎牲，享於祖考納亨時。"簡文"先之以一璧"，然後"迺（迎）而歸之"，與古書所記禮儀相合。

總之，將"迺"讀作"迎"，相關簡文可以通讀無礙，而讀作"乃""仍""應""膺"等皆難免顧此失彼。

附記： 本文為國家社會科學基金重點項目"殷墟甲骨文與戰國文字結構性質的比較研究"階段成果。曾於 2016 年 10 月在北京召開的中國古文字研究會第二十一屆年會上宣讀，主持人陳煒湛先生說"書證充分，可以成立"；在討論環節，馮勝君先生針對"迺"字舊讀"乃""仍""應"等不同說法，根據此字從"辵"，認為從字形角度考慮亦以訓動詞義為好；張玉金先生提出戰國時候有沒有"迎"字的問題，范常喜先生指出目前沒有發現，楚簡用"逆"字表迎義。謹誌謝忱。

注 釋：

[1] 河南省文物考古研究所編著：《新蔡葛陵楚墓》，鄭州：大象出版社 2003 年，第 191 頁、圖版八六；馬承源主編：《上海博物館藏戰國楚竹書（四）》，上海：上海古籍出版社 2004 年，圖版第 6 頁、釋文考釋第 210 頁；《上海博物館藏戰國楚竹書（七）》，上海：上海古籍出版社 2008 年，圖版第 39 頁、第 49 頁，釋文考釋第 178 頁、第 184 頁。

[2] 何琳儀：《新蔡竹簡選釋》，簡帛研究網，2003 年 12 月 7 日；《安徽大學學報》2004 年第 3 期。

[3] 宋華強：《新蔡葛陵楚簡初探》，武漢：武漢大學出版社 2010 年，第 313—314 頁。

[4] 陳斯鵬：《〈柬大王泊旱〉編聯補議》注釋 12，簡帛研究網，2005 年 3 月 10 日；何有祖：《上博楚竹書（四）劄記》，簡帛研究網，2005 年 4 月 15 日；宋華強：《新蔡葛陵楚簡初探》，第 312 頁；周鳳五：《上博四〈柬大王泊旱〉重探》，《簡帛》第一輯，上海：上海古籍出版社 2006 年，第 126 頁。

[5] 復旦大學出土文獻與古文字研究中心研究生讀書會（葛亮執筆）：《〈上博七·鄭子家喪〉校讀》，復旦大學出土文獻與古文字研究中心網，2008 年 12 月 31 日。

[6] 陳偉：《〈鄭子家喪〉初讀》，簡帛網，2008 年 12 月 31 日；《〈鄭子家喪〉通釋》，簡帛網，2009 年 1 月 10 日；何有祖：《上博七〈鄭子家喪〉劄記》，簡帛網，2008 年 12 月 31 日。

[7] 孟蓬生：《"迺"讀為"應"補證》，復旦大學出土文獻與古文字研究中心網，2009 年 1 月 6 日；《"迺"讀為"應"續證》，復旦大學出土文獻與古文字研究中心網，2009 年 1 月 10 日；《"迺"讀為"應"補證——兼釋金文的"𢿐"和〈老子〉的"仍（扔）"》，《簡帛研究 2009》，桂林：廣西師範大學出版社 2011 年，第 57—62 頁。

[8] 楊澤生：《〈上博七〉補說》，復旦大學出土文獻與古文字研究中心網，2009 年 1 月 14 日；《〈上博七〉釋讀補說（四則）》，《中國文字學報》第三輯，北京：商務印書館 2010 年，第 79 頁。

[9] 高亨纂著，董治安整理：《古字通假會典》，濟南：齊魯書社 1989 年，第 32 頁。

[10] 高亨纂著，董治安整理：《古字通假會典》，第 46 頁；王輝編著：《古文字通假字典》，北京：中華書局 2008 年，第 455 頁。

（作者單位：廣州中山大學中文系）

清華簡第六冊字詞補釋

石小力

清華簡第六冊是清華簡研究的又一重要成果，整理者已經作了高水平的釋文和注釋[1]，但楚簡整理難度大，不可避免會有遺漏之處，本文是初讀整理報告後對一些字詞釋讀的補充意見，供讀者參考。

《鄭武夫人規孺子》簡7：乳＝（孺子）亦母（毋）以爇豊（豎）、卑御，勤力、弞（射）馭（馭）、娨（媚）妬之臣躳（躬）共（恭）亓（其）㡭（顏）色，盦（掩）於亓（其）丂（巧）語，以䚇（亂）夫＝（大夫）之正（政）。

"爇"字整理者括注為"嫛"，並引《詩·雨無正》"嫛御"為證，卑御之"卑"，整理者訓為"卑微"（第106頁注19）。"爇"字還見於簡15"爇嬖"，整理者亦括注為"嫛"。嫛，《說文·日部》："日狎習相慢也。"古書常寫作"褻"，《國語·楚語下》："居寢有褻御之箴。"韋昭注："褻，近也。"《禮記·檀弓下》："（李）調也，君之褻臣也。"鄭玄注："褻，嫛也。"嫛豎，即親近、寵幸之侍。卑御之"卑"，可讀為"嬖"，寵愛、寵幸。《說文·女部》："嬖，便嬖，愛也。""嬖御"與"褻豎"意近同，皆指近侍。"嬖御"見於《禮記·緇衣》引《葉公之顧命》："毋以小謀敗大作，毋以嬖御人疾莊后，毋以嬖御士疾莊士、大夫、卿士。"上博簡《緇衣》簡12作"毋以辟（嬖）御盡莊后"，郭店《緇衣》簡23作"毋以卑（嬖）御息莊后"。"嬖御"還見於《逸周書·祭公解》："汝無以嬖御固莊后，汝無以小謀敗大作，汝無以嬖御士疾莊士大夫卿士。"清華簡《祭公之顧命》簡7作"汝毋以俾（嬖）訽（御）息（疾）爾莊后。"

《管仲》簡6：鋻（賢）磴（質）不匡（枉），執即（節）逯（緣）縄（繩），可執（設）於承。

鋻磴，整理者注："鋻，疑讀為'賢'。磴，從䖒，端母質部字，讀為章母質部的'質'，《小爾雅·廣言》：'信也。'"（第114頁注14）今按，賢質一詞見於《晏子春秋·問下·景公問為臣之道晏子對以九節》："肥利之地，不為私邑，賢質之士，不為私臣。"張純一校注："士之有才德而樸實者，舉之於朝，不使屈為家臣。"賢質指才德兼備，作風樸實。

《管仲》簡9：野里霝（零）茖（落）

野里，整理者釋為"廷里"，注："廷，都邑治政的處所，如後世縣廷。里，疑讀為理，訓為治。"（第115頁注24）今按，整理者釋作"廷"之字原形作"⿱丄土"，與楚文字中的"廷"字不類，疑該字為"野"字。此字還見於古璽和貨幣文：

《古璽彙編》0253 "會亓野鉨"

《歷史博物館館刊》79.1.87 "會至（其）市鉨（璽）"

《古璽彙編》1569 "絑野"

《古璽彙編》2528 "□野"

《古璽彙編》3995 "東野蒽"

《古璽彙編》3996 "東野蒼"

《古錢大辭典》39 方足小布 "野王"

字從爪，從土，只不過簡文此字"爪"旁從"土"形的左上方移到了右上方，與古錢"野"字相同，此字舊或釋"户"[2]，或釋"蒼"[3]，或釋"垣"[4]，近來有一些學者指出，該字可能是"野"字的一種特殊寫法[5]。釋"野"雖然在字形上還有待進一步證明，但可以讀通相關文例，故釋"野"是目前較爲合理的一種說法。

"野"在簡文中指鄙野，《說文》："野，郊外也。"《詩·魯頌》："駉駉牡馬，在坰之野。"毛傳："邑外曰郊，郊外曰野。"里，則用爲本字，指閭里，與野相對。《爾雅·釋言》："里，邑也。"《漢書·刑法志》："在野曰廬，在邑曰里。"此處"野""里"對舉，泛指整個國家。古書亦見"里"、"野"對舉之例。《鹽鐵論·備胡》："匈奴處沙漠之中，生不食之地，天所賤而棄之，無壇宇之居，男女之別，以廣野爲閭里，以穹廬爲家室，衣皮蒙毛，食肉飲血，會市行，牧豎居，如中國之麋鹿耳。"《漢書·五行志》："或乘小車，御者在茵上，或皆騎，出入市里郊野，遠至旁縣。"《戰國策·齊策四·齊宣王見顏斶》："今夫士之高者，乃稱匹夫，徒步而處農畝，下則鄙野、監門、閭里，士之賤也，亦甚矣！"

《鄭文公問太伯》甲簡 2：今天爲不惠，或爰（援）肤（然）與不享（穀）爭白（伯）父。

今按，"或"當讀"又"，"又爰然"與"與不穀爭伯父"當連讀，"爰然"作其狀語。

《鄭文公問太伯》甲簡 4：故（古）之人有言曰：爲臣而不諫，卑（譬）若䶅而不戡。

今按，"䭀"字首見，疑為"饋"字異體。

《鄭文公問太伯》甲、乙簡5：以猷（協）於攸瓜（偶）。

整理者釋作"攸"之字原作 ❏（甲本05）、❏（乙本05），認為該字右部從"夂（終）"得聲，讀為"庸"（121頁注13）。今按，該字右部與"夂（終）"不類，左半亦非"允"旁，故釋"攸"不確。該字當由勹、人、亻三部分組成，其中勹（丩）為聲符，古音見母幽部，疑可讀為禪母幽部之"仇"或群母幽部之"逑"。"仇、逑"與"偶"同義連用，表示與之匹偶之人或者國家。

《鄭文公問太伯》甲本簡8：遺鄙（陰）、桑𢘻（次）。

"桑"字原作"❏"，乙本簡7作"❏"，整理者釋為"櫺"，讀作"鄂"，認為即山西寧鄉縣之"鄂"地（第122頁注23）。今按，該字即桑樹之"桑"，從木，喪聲。楚簡"桑"字多為上下結構，如❏（上博二《民之父母》6）、❏（同上7）、❏（同上12）等，《太伯》之桑字不過將楚簡中常見的上下結構改易為左右結構，故而導致誤釋。此外，《太伯》中"喪"字作❏（甲1）、❏（乙1），所從"喪"旁與"桑"字所從相同，乙本"桑"、"喪"所從"喪"旁中間皆有一豎筆，可證此字從木，喪聲，無疑就是"桑"字。"桑"字在楚簡中多用為"喪"，在本簡中讀法待考。

《鄭文公問太伯》甲本簡10：不能莫（慕）虐（吾）先君之武敝（徹）臧（莊）𢀾（功），印（抑）淫𢆶（媱）於庚（康）。

"印"字原簡作"❏"，整理者釋作"色"，此字對應乙本簡9作"孚"，整理者認為甲本誤，當從乙本作"孚"，訓為"信"（第123頁注29）。今按，該字當釋"印"，從乙本多訛字的情況看，乙本作"孚"當是"印"之訛，字在簡文中用作連詞"抑"，表示轉折，相當於可是、但是。

《子產》簡8：宅大心張，岜（美）外溓（怠）端（矜），乃自遶（失）。

"端"整理者讀為懫，訓為亂（第140頁注30）。"宅大"和"美外"分別對應前文"大宅域"和"飾美車馬衣裘"，皆為逸樂之事，"心張"和"溓端"應為追求逸樂之事而導致的一種心理狀態，"心張"之"張"，整理者訓為"自侈大也"，"溓端"疑與"心張"意思相近。循此，"端"可讀為"矜"。矜本從令得聲（參"矜"字段注），今本《老子》"果而弗矜"之"矜"字，《郭店·老子甲》簡7作"䘵"，從矛，命聲，命、令一字分化，故端、矜音近可通。"矜"，誇也。《公羊傳·僖公九年》："矜之者何？猶曰莫若我也。"何休注："色自美大之貌。"《戰國策·秦策三》："大夫種……多功而不矜，貴富不驕怠。"美外會導致內心的矜誇。《說苑·反質》："男女飾美以相矜而能無淫泆者，未嘗有也。"《晏子春秋·諫下·景公自矜冠裳遊處之貴晏子諫》》："且公伐宮室之美，矜衣服之麗。"

《子產》簡17：緄（怠）絣（兌）繲（懈）思（？緩）。

"絣"整理者讀為"兌"，訓為"急"（第142頁注55）。今按，"緄絣"疑可讀作"怠慢"，古書又作"怠嫚"。絣、慢皆唇音元部字，古音相近，可以通用。怠慢，懈怠輕忽之義。《周禮·春官·宗伯》："巡舞列而撻其怠慢者。"《荀子·君道》："百吏官人無怠慢之事。"《國語·鄭語》："虢叔恃勢，鄶仲恃險，是皆有驕侈怠慢之心，而加之以貪冒。"

《子產》簡23：勑（飾）岂（美）宮室衣裘，好畲（飲）飤（食）酭（智）釀。

整理者釋作"釀"字原形作"![]"，下部從酉，但上部與"襄"差距較大，釋"釀"不確，疑上部所從乃"鼎"之變形。

《子產》簡26：為民型（刑）程，上下膗耳（輯）。

"膗"字整理者讀為"維"，注86曰："維，《周禮·大司馬》注：'猶連也。'"（第143頁）今按，"膗"字當從心，雁聲，雁即鶚字異體。鶚從月聲，月，古音影母元部，疑可讀為同音之"晏"，《詩經·衛風》"言笑晏晏"，《傳》："和柔也。"與輯意近。

《子產》簡27-28：虞（獻）勋（損）和意，可用而不勋（耦）大=或=（大國，大國）古（故）肙（肯）复（作）亓（其）恩（謀）。

"虞勋"整理者讀作"處溫"，此從趙平安師釋讀。[6]"勋"字整理者讀作"遇"。今按，"勋"從力，禺聲，疑為"耦"之異體，在簡文中用作"耦"。《說文》："耦，耒廣五寸為伐，二伐為耦。"引申二人為耦，又引申為匹、配。《左傳·桓公六年》："人各有耦，齊大，非吾耦也。"《左傳·桓公十八年》："初，子儀有寵於桓王，桓王屬諸周公。辛伯諫曰：'並后，匹嫡，兩政，耦國，亂之本也。'周公弗從，故及。"《左傳·閔公二年》狐突之言曰："昔辛伯諗周桓公云：'內寵並后，外寵二政，嬖子配適，大都耦國，亂之本也。'"又可用作動詞。《禮記·內則》："舅姑若使介婦，毋敢敵耦於冢婦，不敢並行，不敢並命，不敢並坐。"《淮南子·兵略訓》："今人之與人，非有水火之勝也，而欲以少耦眾，不能成其功，亦明矣。兵家或言曰：'少可以耦眾。'此言所將，非言所戰也。"簡文"耦"字也用為動詞，"耦大國"即匹敵大國，與大國爭強之意。

附記：本文是國家社科基金項目"新出楚簡與金文疑難問題研究"（批准號：16CYY032）階段性成果。

注　釋：

［1］　清華大學出土文獻研究與保護中心編，李學勤主編：《清華大學藏戰國竹簡（陸）》，上海：中西書局2016年。下文引此書不再出注，引用整理者意見隨文標註頁碼。
［2］　吳振武：《古璽姓氏考（複姓十五篇）》，《出土文獻研究》第三輯，北京：中華書局1998年，第78—79頁。
［3］　劉釗：《古文字構形學》，福州：福建人民出版社2006年，第296—297頁。
［4］　董珊：《從三年武垣令鈹的地名釋讀談到一些相關問題》，《戰國題銘與工官制度》，北京大學博士學位論文，指導教師：李零教授，2002年，第250—258頁。
［5］　吳良寶：《先秦貨幣文字編》，福州：福建人民出版社2006年，第201頁；裘錫圭：《釋古文字中的有些"悤"字和從"悤"、從"兇"之字》，《出土文獻與古文字研究》第二輯，上海：復旦大學出版社2008年，第7頁；田煒：《古璽探研》，上海：華東師範大學出版社2010年，第116—117頁。
［6］　"虞"字在《子產》篇出現4次，整理者分析為從貝，虍聲，此從趙平安師釋作"獻"。（《〈清華簡（陸）〉文字補釋（六則）》，清華大學出土文獻研究與保護中心網站，2016年4月16日）

（作者單位：清華大學出土文獻研究與保護中心）

加強對戰國文字變例現象的理論研究

林志強

一

　　文字的演變和使用，既有通例，也有變例。變例是通例的補充，二者互為表裡，同時表現了文字演變和使用的複雜性。變例自有變例的緣由，其中奧秘，引人關注。《說文·敘》說戰國時期"文字異形"，已經得到大量出土的戰國文字材料的證明。研究顯示，戰國時期"文字異形"所呈現的各種文字變例現象是很豐富的，比如有訛變、變形音化、變形義化、類化、分化、同形字、專字、雙聲符字、雜糅字等等不同的文字變例現象，雖然這些文字變例現象在不同的時期都有所表現，但在材料豐富字量龐大的戰國文字裡應該有更充分的表現。這些變例現象給文字學的理論研究提供了很多啟示，現象背後的奧秘需要進一步的整合性研究和闡釋，因此加強對戰國文字變例現象的理論研究是十分必要的。

二

　　漢字作為手工書寫的符號，在發展過程中，訛變是不可避免的現象。所謂訛變，指的是某些漢字在演變過程中，由於各種原因，使用者把本來是有理據的結構或構件偏旁誤寫成了與之相似而音義不相干的結構或構件偏旁，從而使得文字的形體結構喪失或脫離了原來的構形理據的錯誤現象。戰國時期的漢字，發展快、變化大，異形十分普遍，訛變的現象更為突出。早在上世紀80年代，林澐、張桂光、湯餘惠等先生就對古文字特別是戰國文字的訛變現象作了深入的研究[1]，創獲甚豐。此後，訛變作為漢字發展過程中的重要現象得到了很多學者的關注。

　　訛變可以導致各種類型的變化，"變形音化"和"變形義化"都可以算是訛變的一種下位類型。變形音化指的是有些字本來不是形聲字，但在字形的發展過程中，由於各種原因，使用者把某字的構件偏旁寫成了另一個與之相似的其他偏旁，而這個有所訛變的偏旁，恰好又與這個字的讀音相同或相近，就充當了這個字的聲符，從而變成了形聲字。對變形音化現象的研究，唐蘭、裘錫圭、劉釗等先生都有很精彩的論述[2]。變形音化是文字受逐漸增強的音化趨勢的影響而產生的現象[3]，而漢字是表意體系的文字，追求形義的關聯和統一也是必然的趨勢，因而也有與變形音化相向而動的變形義化現象。所謂變形義化，就是偏旁訛變後能與該字字義產生聯繫、可以從形義關係上作出解釋的現象，已有部分學者開始注意這種文字現象的研究[4]。

有些訛變還導致"類化"，又稱"同化"，是指文字在發展演變的過程中，本來並不相同的偏旁受到各種因素的影響，逐漸變為相同的偏旁，因此也可以叫做"訛混"。劉釗先生在《古文字構形學》中專列"類化"一章，列舉了許多類化的例子，指出類化現象反映了文字"趨同性"的規律，是文字規範化的表現[5]。曾憲通先生的《再說"蟲"符》一文，根據"蟲"符的不同來源，提出"雙向訛混"說，是對古文字訛混現象的一種新的解釋[6]。

訛混的另一種表現是可能造成"同形字"現象。所謂同形字，就是本來是不同的字，但字形卻是相同的[7]。同形字有的是由於造字的偶然巧合而形成的，特別是異代同形，巧合的可能性更大；有的是由於訛變等演變的原因造成的。裘錫圭先生在《文字學概要》中對同形字有非常精闢的分析，陳偉武先生有《戰國秦漢同形字論綱》給予專題討論[8]。

與"訛混"相反的是"分化"，分化是基於字詞關係不斷調整的需要而採取的一種比較普遍的文字衍生現象，有一字分化、簡省分化等不同的類型，方式很多，情況複雜，其中也有不少屬於變例，是一種很值得再深入研究的重要文字現象。

文字是記錄語言的符號系統，漢字是記錄漢語的符號系統。上述變形音化、變形義化、異字同形和漢字分化等現象，都跟語言詞彙有密切關係。既是文字學問題、又是語言學問題的還有專字現象。所謂"專字"，也稱"專用字"、"專製字"或"專造字"，從造字的角度說，是為表示語言中的某一特殊意義而專門創造的文字，其形成的方式各有不同，有的是在通用字的基礎上通過隨文改字的方式來實現，這種情況也是文字分化的一種方式；有的則是專門創造的。"專字"的概念大概很早就有，現代學者比較集中討論"專字"問題的，有劉釗、劉興林、陳偉武、金國泰、陳斯鵬等先生[9]，也有碩士論文進行專題研究[10]。筆者也另有專文對專字問題進行概述和討論。

還有一些特殊的文字構形現象。比如鄭樵《六書略》有"子母同聲"，林義光《文源》有"二重形聲"，即兩個偏旁都是聲符的字。現代學者稱之為"雙聲符字"或"兩聲字"，從名實關係看，應該更為準確。這是一種比較特殊的構字類型，引起了學者們的較大興趣。陳偉武、葉玉英等學者有專文論述[11]。又如"雜糅字"也是一種比較特殊的類型，或稱"異體糅合"，即兩個或幾個異體字的不同部件糅合在一個構形單位之中，從而構成一個新的異體的現象。江學旺先生有文章討論了這一現象[12]。

《說文解字》所揭示的"省形""省聲"等特殊現象也屬文字構形的變例，很早就引發學者的研究興趣。從字詞的關係來說，一詞借用多字和一字借表多詞的現象，更是關涉文字學和語言學的深層複雜關係，當屬文字使用的變例，裘錫圭、李運富、陳斯鵬等先生都有論述[13]。除上述諸現象外，由學者們揭示的各種文字變例現象應該還有很多，限於見聞，在此不能一一敘述。

三

上述的文字變例現象當然沒有窮盡漢字豐富複雜的面貌，需要進一步的發現和整合，但就上述有關現象的研究而言，似乎還存在著模糊不清或各自為陣的情況。比如，有學者主張專字就是表專義，理論上當然是可行的，但實際上可能並不全面，如郭店簡的"賣"是公認的專字，從貝以示財物亡失之專義，但在九店簡中還表示"死亡""逃亡"等意義[14]；學者們研究專字，大都隨文指出，所舉字例感覺上也都是對的，但理論上如何概括說明，卻還沒有明晰起來。又比如，各種變例現象如何準確界定？此種現象與彼種現象的界限在哪裡？是上下位的關係還是並列平行的關係？等等。當然已經有學者對有關現象之間的關係有所注意，比如劉釗先生曾對"訛混"與"訛變"、"義近偏旁通用"以及"類化"的關係做了分析，他說：

"訛混"是指一個文字構形因素與另一個與其形體接近的構形因素之間產生的混用現象。發生訛混的構形因素既可以是單獨存在的字，也可以是構成字的偏旁。從廣義上看，"訛混"與"訛變"有相同之處，"訛混"可以列為"訛變"的一個小類。從狹義上看，"訛混"與"訛變"又有區別。"訛混"與"訛變"的區別主要表現在：1."訛變"所指的構形因素可大可小，既包括獨立的字和偏旁的訛變，也包括筆劃的訛變，而發生"訛混"的構形因素基本是指可以獨立的字和構形偏旁；2."訛變"一般是指構形由一種形態向另一種形態的轉變，大都是不能逆轉的單向發展，而"訛混"則不光有單向的發展，還有兩種形態之間的混用，有時是可以互換的雙向互動。"訛混"與"義近偏旁通用"不同，"義近偏旁通用"的"偏旁"之間一般情況下形體並不接近，只是因為"義近"才產生互換，而"訛混"的主要特徵就是形體接近，混用的偏旁之間"音"和"義"都沒有關係（偶然的巧合不算）。"訛混"和"類化"也有一定的關係，有些"訛混"就可以歸入"類化"的範疇。

因文字構形實際情況的複雜性，以上對"訛混"所下的界定不能保證十分嚴密，容許有溢出限定的例外。[15]

顯然這樣的分析在有關變例的研究中還比較少見，今後還需要宏觀和微觀兼而有之的全面梳理和準確分析，做到事實清楚、說理透徹。在事實清楚方面，除了學界已經揭示的變例現象，還有哪些尚未發現和研究的變例現象？要把出土戰國文字材料中屬於文字變例現象的所有實例進行分門別類的收集和整理，形成基礎性材料彙集；在說理透徹方面，要在事實清楚的基礎上解釋有關現象，挖掘現象背後的奧秘和理據，準確把握各種現象的內涵和外延，理清各種現象之間的相互關係，把對變例的研究變成一門有系統的文字學分支學問，真正提高文字研究的理論水準，如此，則《說文》所謂戰國時期"文字異形"，就不僅有事實依據，而且有理論闡釋，則名副其實矣。

2015年初趙平安教授在接受媒體採訪時曾說過："關於古文字學研究面臨的問題，我完全同意裘先生的分析。裘先生說理論性總結做得不夠，指的大概是古文字研究的碎片化。造成這樣的原因，我想，一是古文字學研究深度還不夠，二是研究者本身學養還不夠。"[16]把有關的文字變例現象集中起來進行綜合探討，把事實講清楚，把道理說明白，大概也是避免碎片化的有效途徑之一。我們不妨借用哲學上的"現象學"一詞，把漢字變例現象的綜合研究叫做"漢字變例現象學"，可以先從文字材料最為豐富的戰國時期的漢字變例現象開始研究。如上所述，目前學界已有不少學者的前期成果作為範本，有志者加以整合深究，或有新的拓展和新的發現。

附記： 本文原為 2015 年提交給復旦大學出土文獻與古文字研究中心主辦的"'戰國文字研究的回顧與展望'國際學術研討會"的論文，後因故不能與會，未作交流，今略作修訂，呈請方家雅正。

注　釋：

［1］　參見林澐《古文字研究簡論》（長春：吉林大學出版社 1986 年）、湯餘惠《略論戰國文字形體研究中的幾個問題》、張桂光《古文字中的形體訛變》（二文並載《古文字研究》第 15 輯，北京：中華書局 1986 年）。

［2］　參看唐蘭《中國文字學》（上海：上海古籍出版社 2001 年）、裘錫圭《文字學概要》（北京：商務印書館 1988 年）和劉釗《古文字構形學》（福州：福建人民出版社 2006 年）等。

［3］　劉釗：《古文字構形學》，福州：福建人民出版社 2006 年，第 108 頁。

［4］　吳文文：《漢代文字中的"變形義化"現象——兼談漢碑、漢簡中與字義有關的字形演變規律》，《遼東學院學報》第 14 卷第 6 期，2012 年 12 月。劉釗先生有《再論"變形義化"》一文（中國文字學會第八屆年會論文，2015 年中國人民大學）。

［5］　參見劉釗《古文字構形學》，第 95—108 頁。

［6］　《再說"蛊"符》，《古文字研究》第 25 輯，北京：中華書局 2004 年。

［7］　裘錫圭先生說："同形字這個名稱是仿照同音詞起的。不同的詞如果語音相同，就是同音詞。不同的字如果字形相同，就是同形字。"見《文字學概要》，第 208 頁。

［8］　陳偉武：《戰國秦漢同形字論綱》，《于省吾教授百年誕辰紀念文集》，長春：吉林大學出版社 1996 年。

［9］　參見劉釗《古文字構形學》，第 64—67 頁；劉興林《甲骨文田獵、畜牧及與動物相關字的異體專用》，《華夏考古》1996 年第 4 期；陳偉武《簡帛兵學文獻探論》，廣州：中山大學出版社 1999 年，第 147—151 頁；陳偉武《愈愚齋磨牙集》，上海：中西書局 2014 年，第 222—234 頁；金國泰《論專字的本質及成因》，《北華大學學報》2003 年第 1 期；《論專字的源、流及整理》，《北華大學學報》2003 年第 4 期；陳斯鵬《楚系簡帛中字形與音義關係研究》，北京：中國社會科學出版社 2011 年，第 299—314 頁。

［10］　張為：《楚簡專字整理和研究》，福建師範大學 2014 年碩士學位論文。

［11］　參見陳偉武《雙聲符字綜論》，《中國古文字研究》第 1 輯，長春：吉林大學出版社 1999 年；葉玉英《〈文源〉"二重形聲"箋證》，《中國文字》新 30 期，臺北：藝文印書館，2005 年。

［12］　江學旺：《淺談古文字異體揉合》，《古漢語研究》2004 年第 1 期。按，江文"糅"作"揉"。

［13］　參見裘錫圭《文字學概要》；李運富《漢字漢語論稿》，北京：學苑出版社 2008 年；陳斯鵬《楚系簡帛中字形與音義關係研究》。此外，董琨《楚系簡帛文字形用問題》、張連航《郭店楚簡古本〈老子〉所反映的語言現象》（二文皆載《康樂集——曾憲通教授七十壽慶論文集》，廣州：中山大學出版社 2006 年）等都涉及字詞關係的研究。

［14］　詳陳斯鵬《楚系簡帛中字形與音義關係研究》，第 312—313 頁。

［15］　參見劉釗《古文字構形學》，第 134 頁。

［16］　張傑：《加強協作，推動古文字學研究走向深入——訪清華大學歷史系教授趙平安》，中國社會科學網，2015 年 2 月 15 日（http://www.cssn.cn/lsx/slcz/201502/t20150215_1517842_1.shtml）。

（作者單位：福建師範大學文學院）

據古文字用字習慣說《周易》大壯卦"壯"的訓釋

禤健聰

今本《周易》大壯卦爻辭作：

> 初九，壯于趾，征凶，有孚。九二，貞吉。九三，小人用壯，君子用罔，貞厲，羝羊觸藩，羸其角。九四，貞吉，悔亡，藩決不羸，壯于大輿之輹。六五，喪羊于易，无悔。上六，羝羊觸藩，不能退，不能遂，无攸利，艱則吉。[1]

卦名應是來源於爻辭。"壯"字馬王堆帛書《周易》同，帛書《繫辭》和《衷》則分別作"莊""牀"。"壯"歷來主要有兩種不同的解釋，一如字讀，訓強健；一訓為傷。

訓"壯"為強健，是傳統易學的觀點。《彖》："大壯，大者壯也。剛以動，故壯。"孔穎達疏："壯者，強盛之名。以陽稱大，陽長既多，是大者盛壯，故曰'大壯'。"《釋文》："莊亮反，威盛強猛之名。鄭云：氣力浸強之名。王肅云：壯盛也。《廣雅》云：健也。"

訓"壯"為傷，自漢儒始。《釋文》："馬云：傷也。郭璞云：今淮南人呼壯為傷。"李鼎祚《周易集解》引虞翻曰："陽息，泰也。壯，傷也。"[2] 李道平《周易集解纂疏》："陽息過盛而為陰傷，故云'壯，傷也'。物過則傷，不云傷而云壯者，陰陽之辭也。揚子《方言》曰'凡草木刺，北燕、朝鮮之間謂之策，或謂之壯'，郭璞注云'今淮南亦呼壯為傷'是也。"[3]

近世學者如李鏡池、高亨、周振甫等，多從訓傷之說，如高亨謂："壯借為戕，傷也。"[4] 所不同者，高亨於爻辭三處"壯"，皆訓為傷，如釋"小人用壯，君子用罔"謂："小人，庶民之通稱。壯借為戕，戕害也。君子，統治者之通稱。罔，古網字，以喻法律，即所謂法網。……庶民用搶劫、殺傷、暴動等手段以逞其志，統治者用法網以制裁之。"又釋"壯于大輿之輹"謂："觸傷大車之輻條。"[5] 李鏡池、周振甫則仍將"小人用壯"之"壯"訓為強壯，李鏡池謂："奴隸捕獸靠力氣大，貴族捕獸用網。"[6] 周振甫謂："小民（相爭）用強力，貴族（相爭）用法網。"[7]

關於訓傷一說，丁四新批評說："'壯'有'傷'義，乃從陰陽消息之理引申說之，見馬、虞說，非本訓'傷'也。郭璞說涉及方言音變，其理有別，不可混看。"[8] 其實，是虞翻、李道平等人附會陰陽學說來解釋"壯"的"傷"義，並不能以此為據，反過來否定"壯"本可訓

"傷"。本卦爻辭言"羝羊觸藩，羸其角""藩決不羸，壯于大輿之輹""喪羊于易""羝羊觸藩，不能退，不能遂"等等，李鏡池認爲"在於說明由狩獵發展爲畜牧業，再發展到農業"[9]，應是有道理的。而卦名"壯"，當是"以多見辭'壯'爲形式聯繫標題"[10]。以"強健"義代入爻辭，文義並不允洽，更多是引申發揮哲學思想，而非立足於文辭的實際釋讀。如"壯于大輿之輹"，孔穎達疏"言四乘車而進，其輹壯大無能脫之者"，與漢語一般的語法表達習慣並不相符。

抛開所謂陰陽消息之理，僅就爻辭本身來看，將"壯"讀爲"戕"訓爲"傷"可謂怡然理順。初九"壯于趾"，自可訓釋爲"傷於趾"。孔穎達釋"藩"爲"藩籬"，釋"羸"爲"拘纍纏繞"，則九四"藩決不羸，壯于大輿之輹"，即可從李鏡池解爲"羊終於把籬笆撞破，擺脫了拘繫……又被大車的輪子撞傷了"[11]。

需要稍加討論的是九三爻辭"小人用壯，君子用罔"。孔穎達疏謂："罔，羅罔也。"《釋文》云："罔，羅也。""罔"是"網"的古字。或據馬王堆帛書《周易》字作"亡"（33行上）及《釋文》記"馬、王肅云：无"，將本爻的"罔"訓爲"無"。不可信。馬王堆帛書《周易》及其後《二三子問》《繫辭》諸篇有無之"無"通作"𠘳（无）"，偶作"無"，與"亡"用法有別，從用字情況看，"亡"通篇皆沒有讀爲"無"之例。"罔"本從"亡"得聲，帛書作"亡"，應是假借。先秦出土文獻有無之"無"多記寫作"亡"，本爻或本之所以作"无"，很可能是漢儒據古文通常的用字習慣，將借字"亡"類推轉寫所致。"小人用壯，君子用罔"當與其下"羝羊觸藩，羸其角"意義相承，李鏡池以爲是"捕獸"方式。既然君子稱"用網"，小人完全可以稱"用戕"。《說文》："戕，搶也。他國臣來弒君曰戕。从戈、爿聲。"徐鍇《繫傳》"搶"作"槍"。段玉裁注："槍者，歫也。歫謂相抵爲害。《小雅》曰：'予不戕。'傳曰：'戕，殘也。'此戕之正義。下又稱左氏例，爲別一義。"《書·盤庚中》："汝共作我畜民，汝有戕則在乃心。"孔傳："戕，殘也。"《周易·小過》："弗過防之，從或戕之。"李鼎祚《集解》引虞翻曰："戕，殺也。"是"戕"有殺害、傷害義。值得注意的是，今本《周易》小過卦九三爻辭云"弗過防之，從或戕之"，上六爻辭則云"弗遇過之，飛鳥離之"，"離"馬王堆帛書《周易》（36行上）及上海博物館藏竹簡本《周易》（簡56）皆作"羅"。"羅""離"與"網"義近，小過卦"戕""羅／離"對文，與本爻"壯／戕""罔（網）"對文正可相參照。

"戕"何以在今本及帛書本《周易》中皆寫作"壯"，可以從早期古文字的用字習慣中找到綫索。

《說文》："壯，大也。从士、爿聲。"先秦出土文獻與"壯"字同一字形序列的用例，最早見於春秋晚期金文者㓶鐘"用穪烈𢆶"（《殷周金文集成》123），字從"立"。又戰國金文中山王𠁩鼎"今余方壯"（《集成》2840），"壯"從"士"，表人強壯之義。此外，"壯"還有其他用字。西周晚期虢季子白盤"🈘武于戎工"（《集成》10173），與春秋晚期配兒鉤鑃"戕于戎攻且武"（《集成》426）辭例相近，"🈘""戕"無疑指武功事，均當讀爲"壯"。上博九《陳公治兵》簡12"戕士"即"壯士"，是以"戕"記寫"壯"之明證。春秋中期周王孫季𠧪戈"孔戚元武"（《集成》11309），清華一《耆夜》簡5"方戚方武"，"戚"亦讀爲"壯"，"戚"是"戕"增口旁的分化字。

早期古文字壯武之"壯"的用字與尊號"莊"的用字多有交集。《說文》："莊，上諱。𤖎，古文莊。"段玉裁注："其說解當曰：艸大也。从艸、壯聲。……此形聲兼會意字。壯訓大，故莊訓艸大。古書莊、壯多通用。""莊"字出土文獻最早見於睡虎地秦簡"莊王"（《編年紀》簡

5）。戰國楚簡表示王侯謚號之"莊"專寫作"戕"（如郭店簡《窮達以時》簡8、上博四《曹沫之陳》簡1、清華一《楚居》簡10等），又見鄭莊公之孫鼎（《近出殷周金文集錄》355）、莊王之楚戟（《中國歷史文物》2007年第5期，第16頁圖4）等春秋戰國金文。一般認為"戕"即臧善之"臧"的本字，如臧孫鐘"臧孫"作"戕孫"（《集成》94、95、100、101等）；然同是臧孫鐘，"臧孫"實又作"牂孫"（《集成》97、98、99）。《逸周書·謚法》："兵甲亟作曰莊；睿通克服曰莊；死於原野曰莊，屢征□伐曰莊；武而不遂曰莊。"張守節《史記正義》"通"作"圉"、"伐"上缺字作"殺"，另尚有"勝敵志強曰莊"。由此可見，謚為"莊"者，多與武功有關。故如前所述，"戕"是在"戕"的基礎上加注"口"旁，很可能是尊號"莊"之專字。

值得注意的是，尊號之"莊"齊系庚壺作 （《集成》9733），宋趠亥鼎作 （《集成》2588），前者从"戈"，後者與虢季子白盤之 、郭店《語叢三》簡9之 （簡文中讀為莊敬之"莊"）、《說文》"莊"字古文 實為一字之異寫。由庚壺的用例可知，"莊"的用字，亦與武功有關。由此可見，《說文》於"莊"字下繫古文 ，說明的其實並非一字異體關係，而是不同時代同一音義的對應用字關係，即表示尊號之"莊"的用字，古文（春秋戰國時期很可能是齊系文字）用 ，秦漢以後用"莊"。齊璽有字作 （《璽彙》3087），上从"戕"，下所从即 、 等所从之 ，李家浩先生認為其與庚壺之 為一字異體[12]。

清華一《楚居》簡9有楚先祖名" 囂"，整理者指出："即堵敖熊囏。《左傳》莊公十四年：'楚子如息，以食入享，遂滅息。以息媯歸，生堵敖及成王焉。''皇'古書或作'堵'、'杜'、'壯'、'莊'等，古音皆近，當是所本不同。"又疑"皇"為"堵"字或體[13]。很多學者指出，" "字"土"旁以上的部分即 、 、 、 等字共同的所從部分，故" "與"壯""莊"為異文。復旦研究生讀書會將此" "字與上博二《從政》甲簡17之 聯繫在一起[14]，正確可從。後者辭例為：

（1）小人先人則 戠之，[後人] 則暴毀之。（簡17—18）

春秋楚器王孫誥鐘（《近出》60）銘有"戕戠"：

（2）溫恭獸遲，畏忌翼翼，肅哲戕戠，聞于四國。

曾子斿鼎（《集成》2757）銘作"戕敔"：

（3）戕敔集□，百民是奠。

從前述"莊"與"戕"" "的關係看，" 戠"與"戕戠""戕敔"應是一詞異寫。

從出土文獻情況看，"壯"與尊號"莊"應同源，本義應為壯武，早期用字作"戕"或" "，皆从"戈"示意，" "" "為聲符，" "則是雙聲符字，"戕"是在"戕"的基礎上增口旁而造的專字。齊璽" "，可視為"戕"與" "的結合。作"壯"、作"莊"者，皆後起字形。今本《周易》卦名"大壯",馬王堆帛書《繫辭》作"大莊",亦是"壯""莊"通用之例。

由此可知,"壯"之與"戕""戔",形音義皆有密切關係。《周易》大壯卦爻辭之"壯",很可能本作"戕"或"戔",漢儒傳抄轉寫時,據"戔"與"壯""莊"的對應關係,改字為"壯"。而之所以將用字選定為"壯",顯然又與其同時作為卦名,合於易學家對卦象卦義闡釋所需的所謂"陰陽之辭"有關。

今本《周易》夬卦爻辭"壯于前趾""壯于頄"之"壯",也應訓為"傷"。不過,其字在馬王堆帛書本《周易》中寫作"牀"(57 行),這與帛書本大壯卦的用字有所不同,卻與帛書本《衷》記"大壯"作"大牀"正合。這仍可據古文字用字習慣作出解釋。古書人名"臧文仲",上博五《季庚子問於孔子》簡 9 作"牀文仲";今本《周易》剝卦爻辭"剝牀以足"等的"牀",帛書本則作"臧"(12 行)。而前揭今本《周易》小過卦之"戕",帛書本《周易》卻作"臧"(35 行下)。《說文》:"臧,善也。从臣、戕聲。𤖬,籀文。"楚簡以"牂"記寫"臧"。清華二《繫年》簡 70 之"牂孫許",即《左傳》所記之"臧孫叔";上博三《周易》簡 7 師卦之"牂",今本及帛書本《周易》作"臧",讀為臧否之"臧"。古璽有"行牂"(《璽彙》2630),亦有"行𤖬"(《璽彙》2628),皆讀為"行臧"[15]。"牂""𤖬"當皆"臧"之專字。前揭臧孫鐘"臧孫"作"戔孫""戕孫",是古文字又或借"戔"記寫"臧"。臧善之"臧"作"臧"者,當由"𤖬"字孳乳,又與古文常見之"戔"字合併。故"臧"與"戔""戕"常可通作。要之,"牀"與"戕""壯"自可通作。

至於清華四《別卦》簡 4 本卦卦名又記寫作"大寶"(合文),"寶"顯屬假借。戰國楚文字"藏"多記寫作"贊"(上博四《曹沫之陳》32、郭店《老子》甲 36、仰天湖簡 12)、"寢"(《珍秦齋藏印·戰國篇》5 號璽)或"寶"(九店簡 56·50),最後一形與《別卦》之"寶"僅是从"戔"从"戕"之微別,為一字異寫。故从"宀"、从"貝"、"戕"聲之"寶",本是收藏之"藏"的專字。還是今本《周易》夬卦爻辭"壯于頄"之"壯",上博三《周易》簡 38 作"藏","藏"从"艸""戔"聲,應是與《說文》"臧"相對的古文用字。這與上述清華四《別卦》簡 4 以"藏"的另一古文用字"寶"記寫"大壯"之"壯"正相對應。"臧"《說文》籀文作"𤖬",下从"上",徐鍇《說文繫傳》則作"𤖬",下从"土"。秦漢文字多以"臧"記寫收藏之"藏",則"𤖬"自也可作為記寫"藏"的用字;上博六《競公瘧》簡 9 "藏"記寫作"𤖬","𤖬"與"𤖬"也正是相對的用字。郭店《老子》甲本簡 35 "物𤖬則老","𤖬"又假讀為"壯",此與"壯"記寫作"藏"、作"寶"亦是同類的情況。

總之,用字錯綜是戰國到漢初出土文獻普遍存在的突出現象,這種錯綜往往由不同時空層次的用字習慣堆疊而成。典籍在傳抄轉寫過程中,字形的選用有時與傳抄者對經文內容的理解或詮釋有關。就大壯卦而論,解《易》者既有"大壯,大者壯也。剛以動,故壯"之說,故後來的用字自然更易選擇"壯"而非其他字形來記寫經文。

附記:本文為國家社科基金項目(16BYY121)研究成果。

注 釋:

[1] 經文及下引傳注皆據阮元校刻《十三經注疏》,北京:中華書局 1980 年影印本。

[2]　李鼎祚:《周易集解》,北京:中國書店1984年,卷七第7頁。
[3]　李道平:《周易集解纂疏》,北京:中華書局1994年,第333頁。
[4]　高亨:《周易大傳今注》,濟南:齊魯書社1998年版,第235頁。
[5]　高亨:《周易大傳今注》,第236、237頁。
[6]　李鏡池:《周易通義》,北京:中華書局1981年,第68頁。
[7]　周振甫:《周易譯注》,北京:中華書局1991年,第122頁。
[8]　丁四新:《楚竹書與漢帛書〈周易〉校注》,上海:上海古籍出版社2011年,第311頁。
[9]　李鏡池:《周易通義》,第69頁。
[10]　李鏡池:《周易通義》,第67頁。
[11]　李鏡池:《周易通義》,第68頁。
[12]　李家浩:《庚壺銘文及其年代》,《古文字研究》第19輯,北京:中華書局1992年,第95頁。
[13]　李學勤主編:《清華大學藏戰國竹簡(壹)》,上海:中西書局2010年,第188頁。
[14]　復旦大學出土文獻與古文字研究中心研究生讀書會:《清華簡〈楚居〉研讀札記》,復旦大學古文字與出土文獻研究中心網(http://www.gwz.fudan.cn/SrcShow.asp?Src_ID=1353),2011年1月5日。
[15]　蕭毅:《楚系成語璽輯略》,《漢字研究》第1輯,北京:學苑出版社2005年,第529頁。

(作者單位:廣州大學人文學院)

帛書《周易》補釋三則

張富海

一

馬王堆帛書《周易》否卦六三爻辭："枹（包）憂"，《長沙馬王堆漢墓簡帛集成（叁）》[1]沿襲原整理者釋文，"憂"字後直接括注"羞"（13頁），蓋以"憂"為今本"羞"之通假字。按"憂"與"羞"聲母不近，恐怕不能直接相通，古書中亦未見"羞"或其他"丑"聲字與影母字相通者。即使僅從用字習慣的角度來看，用"憂"為"羞"也是很奇怪的。疑帛書此"憂"字是"夒"字之訛變，猶"擾"字訛體作"擾"。西周金文"夒"字作 （無夒卣，《殷周金文集成》5309，西周早期）、 （伯夒觶，《殷周金文集成》6175，西周早期）、 （毛公鼎，《殷周金文集成》2841，西周晚期）等。前兩例為人名，毛公鼎銘中的"夒"有文例可尋，其辭云："俗（欲）我弗乍（作）先王夒。"王國維《毛公鼎銘考釋》云："，徐明經、吳中丞釋為顛，吳閣學、孫比部釋為惡。余疑即古羞字，象以手掩面之形。怠羞恥之本字也。《書·康王之誥》云：'毋遺鞠子羞'，《春秋左氏傳》云：'毋作神羞'，又云：'無作三祖羞'。與此文例正同。"[2] 又王氏《古史新證》第三章《殷之先公先王》釋出甲骨文中的"夒"字後，謂毛公鼎此字即"夒"，又指出金文中從西從夒之字讀為"柔"，"夒、羞、柔古音同部，故互相通假"[3]。按從聲母看，中古音"夒"是泥母，"柔"是日母，上古音相同。"羞"的中古音是心母，與泥、日有別，但"羞"從"丑"聲，從"丑"聲的字如"紐"、"忸"等多讀泥母，故"羞"的上古音聲母應包含n-成分[4]，因此夒、柔、羞三字的上古音是十分相近的，不只古音同部而已。王國維對金文"夒"字所作釋讀確無可疑，而《金文編》及《新金文編》皆從誤說釋讀為"憂"[5]，是不應該的。帛書的祖本大概正同西周金文，以"夒"表示羞恥之"羞"，是較古的用字習慣。因"夒"與"憂"字形相近，兩字易混，且"夒"字不太常用，遂在傳抄過程中訛作"憂"。

另一種可能，帛書《周易》的祖本是用楚文字抄寫的，此"包羞"之"羞"本寫作"愿"。楚文字用"愿"或"愿"表示羞恥之"羞"，用"愿"者，如：上博簡《周易》28號簡："不經（恆）亓（其）惪（德），或承亓（其）愿（羞）。"上博簡《仲弓》26號簡："忑（恐）怠（詒）虗（吾）子愿（羞）。"又楚文字"憂"作"惡"，與"愿"字形相近。"愿"先誤作"惡"，再轉寫為秦文字之"憂"，或"愿"誤認為"憂"，這種可能性應該也是存在的。

帛書《周易》恆卦九三爻辭："不恆亓（其）德，或拯（承）之羞"（《長沙馬王堆漢墓簡帛集成（叁）》24頁），"羞"不作"憂"，但易傳《二三子問》引作"或拯（承）之憂"（54頁），誤作"憂"，同否卦爻辭。孔子的解釋"能毋憂乎"（54頁），亦誤作"憂"。

"包羞"之"羞"，一般理解為"羞恥"，是"羞"字的假借義。但高亨《周易古經今注》按"羞"字本義來理解，"包羞"解釋為"以茅葦包熟肉也"[6]。從帛書異文來看，高說非是。

二

馬王堆帛書《周易》艮卦九三爻辭："戾亓（其）肥"，《長沙馬王堆漢墓簡帛集成（叁）》引張政烺注："肥，從肉，巳聲，與肥字形不同。王弼本作'夤'。《廣韻》（六脂）寅字讀'以脂切'，故夤肥可以通假。《釋文》云：'夤，馬云：夾脊肉也。鄭本作䏝。'肥或即䏝之異體字。"其下陳劍先生按語："此說可疑，待考。"（16頁）按"肥"字原形作▇，右旁為"巳"，應該沒有太大問題。此字上博簡《周易》作"胤"（原形作▇），與今本之"夤"讀音上僅有聲調的區別（夤，《釋文》："徐又音胤"，則兩字讀音完全相同），故能假借為"夤"；且字從"肉"，表示訓夾脊肉之"夤"，未嘗不可以看作形借。所以，今本和上博本是一致的，帛書之"肥"恐怕也難以作它解，張說當可信。"巳"、"夤"聲母至近，韻部分別是上古之部和真部。之部和真部雖說關係不太密切，但也有"思"（之部）從"囟"（真部）聲這樣的例子。如張說，"寅"中古有脂韻的異讀，又"寅"與"矢"（脂部）兩字本是同源分化，所以上古"寅"當有脂部的讀音。如果夾脊肉之"夤"上古亦有脂部的讀音，那麼帛書之"肥"從"巳"聲就是之部和脂部的關係。之部和脂部的關係更密切一些，楚簡中頗見相通之例，如：郭店簡《窮達以時》6號簡"管夷吾"之"夷"（脂部）作"寺"（之部），上博簡《周易》55號簡"非夷所思"之"夷"作"㠯"（之部），上博簡《史蒥問於夫子》11號簡："邦豩（家）㠯（以）㣈"之"㣈"（脂部）讀為"治"（之部）[7]，清華簡《周公之琴舞》2號簡"天隹（唯）㬎（顯）帀"等處之"帀"（即師字，脂部），李學勤先生讀為"思"[8]。又馬王堆帛書《十問》之二"狸"（之部）讀為"黎"（脂部）[9]。見於《方言》的"錍"（義為無刃的戟），《廣韻》有脂韻和之韻兩讀。可見，張說"肥或即䏝之異體字"應能成立。

三

馬王堆帛書《周易》漸卦初六爻辭："鳴（鴻）漸于淵"，《長沙馬王堆漢墓簡帛集成（叁）》引張政烺注："淵，王弼本作干。《釋文》：'干，荀、王肅云：山間澗水也。'按《廣雅·釋山》：'淵，谷也。'淵、干同義。"（36頁）按今本之"干"有訓為岸和訓為澗二說（俱見《釋文》），義皆通。此字上博簡《周易》作"䦘"（原形作▇），象兩阜（阜本象山形）夾水形，與《爾雅·釋山》"山夾水，澗"相合，整理者釋為"澗"，正確可從。張政烺先生取"干"之澗義，與竹簡本相合，但他認為帛書本之"淵"字亦是澗谷之義，則不無可疑。《廣雅·釋山》："𡿨、㕡、𡽺、谿，谷也。"王念孫《廣雅疏證》但云"𡿨與淵同"[10]，無任何書證，實際上古書中"淵"僅有深潭、深邃等義，確實沒有谷義，《漢語大字典》、《漢語大詞典》、《辭源》等工具書也不列谷義。因此，《廣雅》"肙，谷也"之訓於古無徵，蓋不足為據。黃人二先生說："帛書本作'淵'，則為意義不同之異文，不能以音、義與'澗'、'干'溝通，故並存之可也。"[11]大概即按照深潭義來理解帛書之"淵"。侯乃峰先生說："竹本'䜭'字釋為'澗'的看法可從，其餘異文皆當為音近相通關係。"[12]大概認為帛書本之"淵"應讀為"澗"。二說似皆有未安處。頗疑帛書本之"淵"可能就是"䜭"字之誤。《說文》十一上水部："淵，回水也。从水，象形。左右，岸也；中象水皃。肙，淵或省水。困，古文从口、水。"上博簡中"淵"多同《說文》古文之形[13]；清華簡中"淵"作形[14]，則與"䜭"在字形上更接近些。蓋帛書《周易》之祖本相當於今本"干"之字同上博簡《周易》作"䜭"，先訛作"肙"，再轉寫為"淵"，或直接誤認為"淵"字。

注　釋：

[1]　裘錫圭主編，湖南博物館、復旦大學出土文獻與古文字研究中心編纂：《長沙馬王堆漢墓簡帛集成》，北京：中華書局2014年。

[2]　王國維：《古史新證——王國維最後的講義》，北京：清華大學出版社1994年，第133—134頁。

[3]　同上注，第7頁。

[4]　"羞"的上古音，鄭張尚芳先生擬作snu，見氏著《上古音系》（第二版），上海：上海教育出版社2013年，第290頁。

[5]　容庚：《金文編》，北京：中華書局1985年，第384頁。董蓮池：《新金文編》，北京：作家出版社2011年，第709頁。

[6]　高亨：《周易古經今注》（重訂本），北京：中華書局1984年，第197—198頁。

[7]　䶊，整理者括注"遲"，又說"亦可讀為'治'"，讀"治"為是。見馬承源主編《上海博物館藏戰國楚竹書（九）》，上海：上海古籍出版社2012年，第287頁。

[8]　李學勤：《新整理清華簡六種概述》，《文物》2012年第8期，第71頁。

[9]　見《長沙馬王堆漢墓簡帛集成（陸）》，第141頁。但原整理者引《論語·雍也》皇疏"犁音貍"為證卻為疏誤，皇侃（南朝梁吳郡人）會說"犁音貍"，是由於中古時南方脂之兩韻已經不分（陸德明《經典釋文》注音亦如此），無關乎上古音。

[10]　（清）王念孫：《廣雅疏證》，北京：中華書局影印1983年，第303頁。

[11]　黃人二：《上海博物館藏戰國楚竹書（三）研究》，臺灣：高文出版社2005年，第93頁。

[12]　侯乃峰：《〈周易〉文字彙校集釋》，臺灣：臺灣古籍出版有限公司2009年，第429頁。

[13]　參徐在國《上博楚簡文字聲系》，合肥：安徽大學出版社2013年，第2178—2180頁。

[14]　見清華簡《周公之琴舞》5號簡、《芮良夫毖》26號簡，《厚父》12號簡、《湯處於湯丘》18號簡。

（作者單位：首都師範大學文學院、甲骨研究中心；出土文獻與中國古代文明研究協同創新中心）

楊筠如《尚書覈詁》精義補說二則

雷燮仁

楊筠如先生的《尚書覈詁》是二十世紀《尚書》研究最重要的成果之一。王國維先生特為撰序，認為其書"博采諸家，文約義盡，亦時出己見，不媿作者"，給予很高的評價。我在研讀《尚書》時，曾反覆閱讀《尚書覈詁》一書，為楊筠如先生的不少新見、精義所折服。個人認為二十世紀出版的幾部重要的《尚書》注釋類著作，包括曾運乾先生《尚書正讀》、屈萬里先生《尚書集釋》、周秉鈞先生《尚書易解》以及顧頡剛、劉起釪先生合著的《尚書校釋譯論》，在"時出己見，不媿作者"方面，沒有一部能超過《尚書覈詁》。很多新見、精義已被廣泛接受，但也有一些非常好的見解，由於種種原因，沒有受到應有的重視。這篇小文補證、推闡楊筠如先生有關《尚書》字詞釋義的兩條重要見解，以表達對前輩學者的敬意。

一

清華簡《周公之琴舞》云：

> 六啟曰：其余沖人，服在清廟，惟克小心，命不夷䈞（歌），𢕒天之不易。亂曰：弻（弗）敢荒在位，龏（恭）畏在上，敬顯在下。……

這段文字中比較費解的"命不夷䈞（歌），𢕒天之不易"句，李學勤先生《論清華簡〈周公之琴舞〉"𢕒天之不易"》[1]有很好的論述。李先生認為《周公之琴舞》的"𢕒"字以及金文中的許多"𢕒"字，都應該讀作"對"，是精當可取的。所謂"天之不易"，李先生拿它與《尚書·大誥》"爾亦不知天命不易"和《君奭》"不知天命不易"對照。我在小文《也談"天命不易"、"命不易"、"不易"、"𢕒天之不易"》[2]中指出，"天命不易"、"命不易"的"易"既不能理解為"變易"的"易"，也不能理解為"難易"的"易"，而應理解為《左傳》哀公二年"反易天明（命）"、《漢書·京房傳》"易逆天意"的"易"，義為違反、違逆；而"天之不易"即《左傳》桓公十三年"天之不假易"之省。高郵王氏父子認為"假易"猶寬縱，正確可從。表寬縱義的“易”通“弛”，“天之不易（弛）”即天命甚嚴，不寬緩、鬆弛。

“顯”，本作“㬎”。整理者李守奎先生先是認為“敬㬎，讀為‘警顯’，警告顯示”，並引《詩·大雅·文王》“明明在下，赫赫在上”，以及虢叔旅鐘（《集成》238）“皇考嚴在上，異（翼）在下”，以資說明[3]；後來發表的《〈周公之琴舞〉補釋》則認為“㬎（顯）”應理解為顯揚，並引《孟子·公孫丑上》“管仲以其君霸，晏子以其君顯”為例[4]。從文意來看，“恭畏在上”與“敬㬎在下”並言，而金文中又常見“嚴在上，翼在下”之類的套辭。過去對“嚴”、“翼”兩字的理解多有分歧，近來多數學者主張“嚴”、“翼”皆義恭、敬[5]。而“恭畏在上，敬㬎在下”中的“恭”、“畏”、“敬”都是恭、敬之類的意思，這不能不使我們合理推測，“㬎（顯）”所用來表達的文意也是恭、敬之類。而楊筠如先生在《尚書覈詁》中早已指出，《尚書》中的某些“顯”字，義猶敬畏也。楊先生在注釋《酒誥》“罔顯于民祇”句時說：

> 顯，猶祇畏也。《多士》“誕罔顯于天”，謂罔敬畏于天也。《康誥》“庸庸祇祇威威顯民”，謂庸庸祇祇威威以敬畏民也。此文“罔顯于民祇”，亦謂罔敬畏于民祇耳。《詩·敬之》：“敬之敬之，天惟顯思!”此顯之所以有敬畏之意也。

“敬之敬之，天惟顯思”的“顯”，歷來都釋為明。上博簡《三德》云“敬之敬之，天命孔明”，亦與“顯”釋明相合。楊先生所論的這幾例“顯”字，過去也都以“顯”義明來解之。比如《多士》“誕罔顯于天”，孫星衍《尚書今古文注疏》釋為“大無顯德于天”，以顯德釋“顯”。屈萬里《尚書集釋》釋為“紂無美德顯聞于天”。顧頡剛、劉起釪《尚書校釋譯論》“校釋”部分未注“顯”字，但“今譯”中譯為“不明天道”。曾運乾《尚書正讀》釋“誕罔”為欺誕誣罔，未注“顯”字，大概以此句意謂“欺誕誣罔上顯於天”，也以明、顯一類詞義解之。《酒誥》“罔顯于民祇”，或以“民”為句絕，但對比《多士》“罔顧于天顯民祇”以及《康誥》“弗念天顯”，則“民祇”顯為一詞，不能從中斷開。

楊筠如讀“顯”義猶敬畏，於這幾處文句除“庸庸祇祇威威顯民”外，都十分通順，但“顯”為什麼有敬義，楊氏以“敬之敬之，天惟顯思”解之，很難信服。故楊著之後出版的《尚書》注釋類書籍，大都沒有採信楊說。

“嚴”是傳世古書和出土文獻中的常見字，但出土文獻中也出現了以通假字代“嚴”者。如上博簡《從政》、《季康子問於孔子》篇中“嚴則失眾”的“嚴”字，一作“滷”，一作“鹵”。陳劍先生認為，簡文“滷”字與字書中“郎古切”、訓為苦的“滷”字，並無關係，兩字僅字形相同而已。簡文“滷”還有“鹵”字應該都是“鹽”字異體，在簡文中顯然應該讀為“嚴”[6]。而《尚書》和《周公之琴舞》中表祇畏、恭敬義的“顯”字，我認為也是“嚴”的音近借字。這類通假辨識，都是從上下文意入手，且合乎音理，但卻不見於傳世典籍，難免質疑之聲。下面我們從音理上分析為什麼“顯”可以讀為“嚴”。

《說文·日部》：“㬎，眾微杪也。从日中視絲，古文以為顯字。或曰眾口皃。讀若唫唫。或以為繭。繭者，絮中往往有小繭也。”這段說解中，“或曰眾口皃。讀若唫唫”最值得注意。《說文·口部》:"唫,口急也。""或曰眾口皃"者,必非"唫"字。"讀若唫唫"言"朂"聲可與"金"聲通假而已。《穀梁傳》僖公三十三年"女死,必於殽之巖唫之下",陸德明《釋文》:"唫,本作峊。"《說文·山部》:"峊,山之岑峊也。"《類篇·山部》:"峊,或作巖、喦。"《說文·山部》:"喦,山巖也。从山、品。讀若吟。"而"唫"為古"吟"字。《漢書·息夫躬傳》"秋風為我唫"、《匈奴傳》"今歌唫之聲未絕",顏師古注:"唫,古吟字。"《說文》云"朂"讀若"唫(吟)",又云"喦"讀若"吟",是"朂"亦可讀若"喦"或"巖"。《書·召誥》"用顧畏于民碞",王應麟《困學紀聞》卷二云:"《說文》:'顧畏于民喦,多言也。'"萬斯同《尚書集證》云:

> 今本《說文》"喦"凡兩見:一,《品部》"喦"下云:"多言也。從品相連。《春秋傳》曰:次于喦北。讀與聶同。"一,《山部》"喦"下云:"山巖也。從山、品。讀若吟。"皆不引《書》"顧畏于民喦"句。惟《石部》"碞"下云:"磛碞也。從石、品。《周書》曰:畏于民碞。讀若巖同。"王氏所引似誤。不然,其所見本異也。

近、現代學者如俞樾《羣經平議》、屈萬里《尚書集釋》皆主《困學紀聞》之說,以為《召誥》"碞"字應作"喦",多言也[7]。"眾口皃"即"多言也"。古文字中"嚴"的初文作,裘錫圭先生認為:"字形象很多張嘴相通,正可表'多言'、絮聒之意。字書訓為'多言'的'讘'和'囁',應該就是'喦'的後起形聲字。"[8]《說文》云"朂""或曰眾口皃",即言"朂"通"喦"。"朂"之通"喦",與"朂"讀若"唫(吟)"而"喦"亦讀若"唫(吟)",相符相通,故"朂(顯)"可讀為"嚴"。"誕罔顯于天"即大不敬于天,"罔顯于民祇"即不敬于民之所敬。"祇"義敬,《尚書》習見。"敬朂在下"應讀為"敬嚴在下","朂(嚴)"亦義恭、敬。"恭畏在上,敬朂在下"與"嚴在上,翼在下"文意完全相同。

"朂(顯)"可通"嚴",可以幫助我們正確理解《尚書》中凡三見的"天顯"一詞:

> 子弗祇服厥父事,大傷厥考心;于父不能字厥子,乃疾厥子;于弟弗念天顯,乃弗克恭厥兄;兄亦不念鞠子哀,大不友于弟。(《康誥》)
>
> 在今後嗣王,誕罔顯于天,矧曰其有聽念于先王勤家?誕淫厥泆,罔顧于天顯民祇。(《多士》)
>
> 在昔殷先哲王迪畏天顯小民,經德秉哲。(《酒誥》)

"天顯",偽孔傳釋為"天之明道";孔穎達疏:"即《孝經》云'則天之明',《左傳》云'為父母兄弟姻婭以象天明',是于天理常法,為天明白之道。"蔡沈《書集傳》承其說,補充云:"尊卑顯然之序也。"吳澄《書纂言》謂:"天顯,長幼之分乃天之顯道也。"近代學者大多遵從此說。如楊筠如《尚書覈詁》："天顯，古語。《詩·敬之》：'敬之敬之，天惟顯思。''天顯'猶天明、天命也。"屈萬里《尚書集釋》於《康誥》"于弟弗念天顯"句注云："天顯，古成語，又見《多士》，猶言天道、天理也。昭公二十五年《左傳》云：'為父子、兄弟、姑姊、甥舅、昏媾、姻亞，以象天明。'天明，猶天顯，意謂上天所顯示之道理。"顧頡剛、劉起釪《尚書校釋譯論》云："（天顯）其義雖難定，由其與'小民'對舉，可知它是有一種在上的尊貴者的概念。"又云："古人語言中的'天顯'，意為上天所明顯規定的關於倫理的常道。"都以"顯"義明、"天顯"即"天明"也就是"天命"而論之。當然也有一些不同意見。如章太炎《古文尚書拾遺定本》據《詩·大雅·假樂》"顯顯令德"，《禮記·中庸》作"憲憲令德"，謂"天顯"即"天憲"。《爾雅·釋詁》云："憲，法也。"今按"天明"一詞又見於《左傳》哀公二年，云"范氏、中行氏反易天明"，楊伯峻《春秋左傳注》："天明即天命。明與命，依江有誥《二十一部諧聲表》，古音同，自能通用。"其說可信。《大誥》云："用寧〈文〉王遺我大寶龜，紹天明。""天明"，諸家多以為即"天命"之假借，"紹天明"即"卲天命"。古書中亦不乏"明"、"命"相通之證。《易·賁》"君子以明庶政"，陸德明《釋文》："蜀才本作命。"《易·繫辭下》"繫辭焉而明之"惠棟《周易述》："明或作命。"《大戴禮記·虞戴德》云"明法于天明"，王聘珍《解詁》云"天明"即天象，實"天明"也應該讀為"天命"。"天命"義同"天道"，《左傳》昭公二十六年云"天道不謟"，昭公二十七年云"天道不慆"，哀公十七年云"天命不謟"。《逸周書·小開武》"明勢天道"，"勢"通"式"，訓為法，"明法天道"即《大戴禮記》之"明法于天明（命）"。《詩·周頌·維天之命》朱熹《集傳》亦云："天命，即天道也。"朱熹《四書集注》之《論語·為政》"五十而知天命"注進一步指出："天命，即天道之流行而賦於物者。"《論語·季氏》注："天命，天所賦之正理也。"《書·無逸》"嚴恭寅畏，天命自度"蔡沈《集傳》："天命，即天理也。"表天道、天理義的"天明"，實乃"天命"之假借，這樣所謂"天顯"即"天明"也就是"天道"之說也就失去了依據。

根據"㬎（顯）"可通"嚴"這一新的認識，"天顯"應該讀為"天嚴"，義同"天威"。《詩·大雅·常武》"赫赫業業，有嚴天子"毛傳："赫赫然盛也，業業然動也。嚴然而威。"朱熹《集傳》則徑釋"嚴"為"威也"。《戰國策·中山策》"大勝一臣之嚴也"鮑彪注："嚴，猶威也。"《易·家人·彖傳》"家人有嚴君"焦循《章句》亦謂"嚴，猶威也"。《戰國策·楚語下》"無有嚴威"，"嚴"、"威"同義連言。《康誥》"弗念天顯"即"弗念天嚴"、"弗念天威"，《君奭》亦云"弗永遠念天威"。《多士》"天顯民祇"即"天嚴民敬"、"天威民敬"。《泰誓》云："民之所欲，天必從之。""民祇"即民之所敬，亦當如同天之所敬。黃式三《尚書啟幪》以"祇"通"祇"訓病，顯然是不對的。《酒誥》一例，或斷句、標點為："在昔殷先哲王，迪畏天，顯小民，經德秉哲。"屈萬里《尚書集釋》即主此斷句，所以他認為"天顯"一詞僅見於《康誥》和《多士》。《君奭》"弗永遠念天威"後接言"越我民"，"越"義為及，"念天威越我民"亦可換言為"念天威我民"，與《酒誥》"迪（肅）畏天顯（嚴）小民"句式、文意幾乎完全相同。《酒誥》"天顯"顯為一詞，同《康誥》、《多士》之"天顯"，讀為"天嚴"，義同"天威"，不能從中斷開。而《酒誥》"罔顯（嚴）于天"即不敬上天，與"弗念天顯（嚴）"是一個意思。

以上，我們補證、推闡了楊筠如先生《尚書覈詁》中關於"顯"義敬畏之說，指出《尚書》中的某些"顯"字，以及清華簡《周公之琴舞》"恭畏在上，敬顯在下"的"顯"字，其實就是"嚴"的通假字，並以上博簡以"鹽"之異體"灡"、"窞"通"嚴"為參照。

最後還要附帶說一說，上博簡還有一個"鹽"字，應讀為"儼"。《競建內之》說：

> 百姓皆怨悐，鹽然將喪，公弗詰。

這段話，整理者編入《鮑叔牙與隰朋之諫》篇，今從陳劍先生的編聯意見，納入《競建內之》篇[9]。"怨"字從季旭昇先生釋。季先生同時疑"鹽"應讀為"奄"，"奄然"即忽然、遽然之義[10]，於此文意未臻熨貼，故季先生僅疑之。我意"鹽然"應讀為"儼然"。"儼然"即矜莊、恭肅貌。《戰國策·秦策一》"今先生儼然不遠千里而庭教之"高誘注："儼然，矜莊貌。"《文選·司馬相如〈難蜀父老〉》"儼然造焉"劉良注："儼然，恭肅貌。""儼然將喪"，是說百姓表情嚴肅，如同即將喪亡，文意熨貼流暢。

二

《尚書》、《逸周書》都有"殷獻民"、"殷獻臣"等詞：

> 孺子來相宅，其大惇典殷獻民，亂為四方新辟，作周恭先。（《尚書·洛誥》）
> 俘殷獻民，遷於九畢。（《逸周書·作雒》）
> 汝劼毖殷獻臣、侯、甸、男衛；矧太史友、內史友越獻臣、百宗工；……；矧汝剛制於酒。（《尚書·酒誥》）

古書故訓中，"獻"有時音義同"賢"。《論語·八佾》"文獻不足故也"何晏《集解》引鄭玄曰："獻，猶賢也。"《皋陶謨》"萬邦黎獻"偽孔傳："獻，賢也。""黎獻"之"獻"，漢孔廟碑、費鳳碑、斥彰長田君碑作"儀"。《大誥》"民獻有十夫"，《漢書·翟方進傳》載"莽誥""獻"作"儀"。《周禮·春官·司尊彝》"鬱齊獻酌"鄭玄注引鄭司農云："獻讀為儀。"而《廣雅·釋言》亦言："儀，賢也。""獻"古音曉紐元部，"賢"古音匣紐真部，聲紐同為喉音，真元旁轉亦不乏其證；而"儀"古音疑紐歌部，與"獻"古音同屬喉音，韻部歌元為陰陽對轉。可以說"獻"讀為"賢"於音理協洽，又有"獻"、"儀"相通且"儀"亦有訓"賢"者為旁證，故舊注皆以"殷獻臣"、"殷獻民"之"獻"通"賢"。《逸周書》孔晁注："獻民，士大夫也。"也大致同"賢民"之說。

楊筠如《尚書覈詁》提出新說：

"獻臣",猶言遺臣也。《逸周書·作雒解》:"俘殷獻民,遷於九畢。"[11]注云:"獻民,士大夫也。"是"獻臣"、"獻民"當非"賢臣"、"賢民"明矣。《說文》:"櫱,伐木餘也。一作枿。"是"獻"與"櫱"聲音相近。《詩·碩人》"庶姜孽孽",韓詩作"𤔔𤔔"。《呂覽·過理篇》注:"櫱多為蘗。"又曰:"蘗與𤔔,其音同耳。"《說文》:"孼,庶子也。"一曰"餘子"[12]。在木為"蘗",在人為"孼"。"獻臣"之義,正取諸孼餘也。舊以"賢"釋之,非矣。

楊氏這段注釋有些小毛病,比如引《逸周書》孔晁注後接言"是'獻臣'、'獻民'當非'賢臣'、'賢民'明矣",說服力較弱。猜測其本意是想說:既言"俘",則難言"賢人"也。但他說"獻"與"櫱"、"孼"、"枿"音近相通,例證豐富,毋庸置疑。"蘗"有餘義,《詩·商頌·長發》"苞有三蘗"毛傳:"蘗,餘也。"段玉裁《說文解字注》於《木部》"櫱"字注云:

《商頌》傳曰:"櫱,餘也。"《周南》傳曰:"肄,餘也。斬而復生曰肄。"按"肄"者,"櫱"之假借字也。韋昭曰:"以株生曰櫱。"《方言》:"烈、枿,餘也。陳鄭之間曰枿,晉衛之間曰烈,秦晉之間曰肄,或曰烈。""枿"者,亦"櫱"之異文。

古書中,"蘗"、"櫱"、"孼"、"枿"多通用。段注中引《商頌》傳"櫱,餘也",阮刻《十三經注疏》作"蘗"。"烈,餘也"除見於《方言》卷一,也見於《爾雅·釋詁下》,郭璞和邢昺注皆云:"餘,謂遺餘也。"而"遺"有餘義,除見於《廣雅·釋詁三》,古書故訓如《禮記·樂記》"有遺味者矣"鄭玄注亦云:"遺,猶餘也。"故"殷獻(孼)民"、"殷獻(孼)臣"即"殷餘民"、"殷餘臣"或"殷遺民"、"殷遺臣"。《多士》云"殷遺多士",與"殷獻臣"、"殷獻民"構詞法相通,亦可旁證"獻"通"櫱"訓"餘",義同"遺"。

"殷餘民"之說見於傳世古書和出土文獻。《史記·太史公自序》:"收殷餘民,叔封始邑,申以商亂,《酒》、《材》是告。……嘉彼《康誥》,作《衛世家》第七。"《書序》則說"以殷遺民封康叔"。孔穎達疏引鄭玄注:"成王殺武庚,伐三監,更於此三國建諸侯,以殷餘民封康叔於衛,使為之長,後世子孫稍併彼二國。"清華簡《繫年》第四章說:"乃先建衛叔封於庚丘,以侯殷之餘民。"

應該說,楊筠如的新說論證嚴密,是可以信從的。但遺憾的是,楊著之後出版的不少《尚書》注釋類著作,比如大家熟知且推崇的屈萬里《尚書集釋》,顧頡剛、劉起釪《尚書校釋譯論》等,都沒有徵引楊說,仍沿襲舊說,讀"獻"為"賢"。顧、劉在《洛誥》、《酒誥》兩處"校釋"中都沒有提及楊說,《洛誥》"今譯"卻將"獻臣"譯為"遺臣",又同於楊說。

楊筠如先生注釋《皋陶謨》"萬邦黎獻"時說:

獻,漢碑作"儀"。《大誥》"民獻有十夫",大傳亦作"民儀"。是古文作"獻",今文作"儀"。《廣雅》:"儀,賢也。"《論語》鄭注:"獻,猶賢也。"是字異而義相同矣。按

"獻"假為"櫱",字一作"蘖",意與"萌"同。萌為民,故獻亦為民也。或謂為黎之餘民。《說文》:"櫱,伐木餘也。"

這段注釋有三層意思。第一,今文作"儀",古文作"獻",而今文"儀"義賢也。第二,古文作"獻"通"蘖",而"蘖"、"萌"同義,故"黎獻"即"黎蘖"即"黎萌"即"黎民"。第三,"獻"通"蘖","黎蘖"或即黎之餘民。楊先生在這裏再次強調"獻"讀為"蘖",對我們準確理解"萬邦黎獻"的準確含義,很有啟發。如"黎"訓眾、庶,古書故訓習見,可參看《故訓匯纂》"黎"字頭"黎,眾也"、"黎,庶也"等條。《說文·子部》:"孼,庶子也。"而"庶子"又稱"餘子",如《漢書·食貨志》"餘子亦在於序室"顏師古注引蘇林曰:"餘子,庶子也。""孼子"稱"庶子"、"餘子",很容易認為乃取分蘖、支出、庶出義,與"庶"有眾、多義無關。如段玉裁《說文解字注》就說:"凡木萌旁出皆曰櫱,人之支子曰庶。"此說或是。但不少古書故訓將"孼子"、"庶子"、"餘子"的"孼"、"庶"、"餘"釋為眾、多之義,也是事實。《墨子·節喪下》"然後伯父叔父兄弟孼子其",孫詒讓《閒詁》:"孼子,即眾子。"《禮記·燕義》"有庶子官"鄭玄注:"庶子,猶諸子也。"《周禮·夏官·序官》"諸子下大夫二人",鄭玄注:"諸子,主公卿大夫士之子者,或曰庶子。"主公卿大夫士之子肯定不都是庶出,這裡所謂"庶子"的"庶"必當訓眾、多。故《禮記·燕義》"庶子官職諸侯卿大夫之庶子之卒",孔穎達疏就將"庶子"的"庶"徑注為"多也"。《尚書大傳》卷五"餘子皆入學",鄭玄注:"餘子,猶眾子也。"《逸周書·糴匡》"餘子務藝",孔晁注亦云:"餘,眾也。"而"餘"本身即有多義。《呂氏春秋·辯士》"亦無使有餘",高誘注:"餘,猶多也。"《爾雅·釋詁下》"烈,餘也",郝懿行《箋疏》:"餘,又羨也,多也。""孼"、"餘"皆有眾、多義,與"庶"同,故"孼子"稱"餘子"、"庶子"。據此,我認為楊筠如先生"黎獻"應讀為"黎蘖"的意見是對的,但"黎獻"應讀為"黎孼","孼"義庶,與"黎"同義連言。"萬邦黎獻"義同"萬邦黎庶"、"萬邦黎眾","獻"通"孼",與"賢"同樣沒有什麼關係。

《酒誥》"女劼毖殷獻臣……"一直到"矧女剛制於酒"乃一長句。在這一長句中,"殷獻臣、侯、甸、男衛"與"太史友、內史友越獻臣、百宗工"等並列,都是"劼毖"的對象,"剛制於酒"則是"劼毖"的具體內容。與"太史友、內史友越獻臣、百宗工"類似的說法又見於《逸周書·商誓》:"及太史比、小史昔,及百官、里居、獻民。"又云:"爾百姓獻民,其有綴芳。"關於"太史比、小史昔"與"太史友、內史友"之間的關係,前人有些說法,可參看黃懷信等撰《逸周書彙校集注》。無論怎樣理解,兩"太史"不應有別,各家意見是一致的。"宗工"一詞《酒誥》兩見,上文又云:"越在內服:百僚、庶尹,惟亞、惟服,宗工越百姓、里居,……"是殷商內服之一,與"百姓"、"里居〈君〉"並列。

孫星衍《尚書今古文注疏》以"宗工"即宗人,曾運乾《尚書正讀》、周秉鈞《尚書易解》從之。朱駿聲《尚書古注便讀》謂即宗人之官。楊筠如《尚書覈詁》疑如漢人宗臣之屬。《酒誥》屢屢以外服、內服對舉,於西周金文也是明顯可見的。令方彝(《集成》9901)云:

> 明公朝至於成周，徟令會三事令、眔卿士寮、眔諸尹、眔里君、眔百工、眔諸侯：侯、田、男。

《酒誥》與令方彝對照，"侯、田、男"即外服。內服則包括"百僚"（令方彝作"卿士寮"）、"庶尹"（令方彝作"諸尹"）、"宗工"（僅見於《酒誥》）、"百工"（僅見於令方彝）、"百姓"（僅見於《酒誥》）、"里居〈君〉"等。"百工"即"百官"。《堯典》"允釐百工"，《史記·五帝本紀》作"信飭百官"。"百工"、"百官"、"百姓"之"百"，非實數，僅言其多矣。如屈萬里《尚書集釋》注釋下文"百宗工"時說："百，言眾多也；義見《後漢書·明帝紀》注。"《漢書·郊祀志上》"懷柔百神"顏師古注與《後漢書·明帝紀》"百蠻貢職"李賢注皆云："稱百者，言其多也。"是"百工"猶言"眾工"。"眾"古音章紐冬部，"宗"古音精紐冬部，韻部相同，按照王力《漢語史稿》的擬音，聲紐章 $t_ɕ$ 與精 ts 亦相近。《廣雅·釋詁》："宗，眾也。"《逸周書·程典》"商王用宗讒"孔晁注："宗，眾也。"都以"宗"通"眾"。"眾"從乑得聲。《說文》云"乑"讀若"岌"，而從宗得聲的"崇"則與"岑"通。《禮記·明堂位》："崇鼎，天子之器也。"而《呂氏春秋·富己》、《新序·節士》則作"岑鼎"。"岌"與"岑"古通，猶如"唫"與"吟"古通。"乑讀若岌"而"崇"又與"岑（岌）"相通，即言從乑得聲的"眾"與"崇"之聲符"宗"音亦近，故"宗"可通"眾"。"宗工"應該讀為"眾工"。"百工"、"百官"、"百僚"、"百姓"、"庶尹"、"宗（眾）工"之"百"、"庶"、"宗（眾）"，文義相同，構詞方式亦同。而"百宗工"亦當讀為"百眾工"，"百宗（眾）"可能是同義連言，簡言即"百工"或"宗（眾）工"。《穆天子傳》卷五："百眾官人各□其職事以哭。"即"百眾"同義連言之例。郭璞注："百眾，猶百姓也。"恐非。"百眾官人"猶"百眾工"也。

《商誓》之"百官里居"應同《酒誥》之"百姓里居"。《尚書》"百姓"一詞凡十四見，偽孔傳、孔穎達疏皆以之為"百官"。"里居"乃"里君"之訛，已有定論，此不贅述。《逸周書·嘗麥》亦有"閭率、里君"等職官。學術界普遍認為"里君"猶"里長"，故與"閭率"連文。《詩·鄭風·將仲子》"無踰我里"，毛傳："二十五家為里。"《周禮·地官·遂人》："五家為鄰，五鄰為里。"毛傳應源自《周禮》，但《鶡冠子·王鈇》則說"五家為伍，十伍為里"，則是五十家為里。無論"里"的規模有多大，"里君"的地位肯定不如"百官"，大概僅在庶民之上。

《酒誥》中周公要求康叔封"劼毖"即力誡的對象包括：

> 殷獻臣，侯、甸、男衛
> 太史友、內史友越獻臣、百宗工
> 爾事：服休、服采
> 若疇：圻父薄違，農父若保，宏父定辟
> 女（汝）（指康叔自己）

揆諸情理，前有"殷獻臣"，後又言"獻臣"，如後一"獻臣"也讀為"孽臣"即"餘臣"、"遺臣"，則前後重複。為調和這一矛盾，顧頡剛、劉起釪《尚書校釋譯論》以"獻臣"為"殷獻臣"之省，以"百宗工"為"殷獻臣的百宗工"，即管理遺臣氏族的宗官，以"獻臣"為"百宗工"的限制語。此說實難信服。"殷獻臣"與"侯、甸、男衛"連言，而"侯、甸、男衛"為"外服"。"殷獻臣"與"侯、甸、男衛"之外，如"太史友、內史友"及"獻臣"、"百宗工"等，應屬"內服"。"獻臣"應該不是"百宗工"的限定語，兩者乃並列關係，如同《商誓》"獻民"與"百官"、"里君"並列，而《酒誥》又將"宗工"與"百姓"、"里君"並列。

《商誓》之"獻民"，劉師培《周書補注》的理解頗有代表性：

"獻民"者，世祿秉禮之家也。即《尚書·大誥》"民獻"之"獻"，《大傳》作"儀"，古籍"儀"均作"義"，故《尚書·酒誥》作"獻臣"，《立政》、《多方》二篇並作"義民"，實則一也。下文"百姓里君君子"、"百姓"即"百官"，"君子"即"獻民"。又《作雒解》"俘殷獻民"，亦與此同。（孔）注："士大夫也。"說近是。

劉氏顯然以"獻"通"儀"、通"賢"解之。如此理解，單看這幾處文例，似乎很難說有什麼大的不妥。劉氏以"獻民"比附《立政》、《多方》之"義民"，在不熟悉《尚書》各家注訓者看來，也好像頗有道理，實則《立政》、《多方》之"義民"應該如何理解，是有爭議的。《立政》之"義民"，王念孫認為"義"通"俄"，訓邪，"邪民"與"賢民"、"善民"尖銳對立。王說見其子王引之《經義述聞》所引。《多方》之"義民"，俞樾《群經平議》亦引王說解之，且云王說未及《多方》一例，實王念孫《廣雅疏證》已論及《多方》"義（俄）民"。顧頡剛、劉起釪《尚書校釋譯論》於《立政》採信王念孫之說，於《多方》既不採信"義民"即"獻民"、"賢民"之說，也不採信王說、俞說，而是宗奉于省吾《尚書新證》以"義"通"阻"訓難之說。而于說以今日之古文字學知識來看，所引大豐簋（又名天亡簋（《集成》4261））󰁑字，今皆釋"宜"不釋"俎"，其說難以成立。楊筠如《尚書覈詁》於《立政》、《多方》皆讀"義民"為"俄民"。屈萬里《尚書集釋》則於《立政》宗奉王念孫之說，於《多方》仍沿襲"義民"即良善之民之說。

如以上論"獻"通"孽"訓"庶"義同"眾"來看，不排除"獻（孽）臣"、"獻（孽）民"即"眾臣"、"眾民"之可能。《商誓》乃武王滅殷誅紂後，立武庚，戒殷之庶邦庶士庶民之誓。武王戒告殷遺民時，稱殷遺民為"賢民"、"良善之民"，似與情理不合。《商誓》"百姓"與"獻（孽）民"並言，"百"與"獻（孽）"都應該義眾。"百姓獻民"就是百官庶民、眾官眾民。《商誓》"百官、里君、獻民"，"獻（孽）民"也是庶民、眾民之義，且依次漸比而下。《酒誥》"獻臣"與"百宗（眾）工"並言，"獻"、"百"或者"百眾"的用法同《商誓》"百姓獻民"之"獻"、"百"，"獻"同樣讀為"孽"訓庶、眾。

《大誥》云：

……越茲蠢殷小腆，誕敢紀其敘。天降威，知我國有疵、民不康，曰："予復反。"鄙我周邦，今蠢今翼。日民獻有十夫予翼，以于敉寧武圖功。我有大事，休？朕卜並吉。

孫星衍《尚書今古文註疏》、皮錫瑞《今文尚書考證》皆斷讀為："今蠢，今翼日，民獻有十夫，予翼以于敉寧武圖功。"基本上依據"莽誥"之讀，理解為：今武庚蠢動之日及明日，民之賢者有十人，予敬以之往撫寧民心，以繼所謀功績也。其理解於幾處關鍵字詞都是不對的。

曾運乾《尚書正讀》從偽孔傳之釋："四國人賢者，有十夫翼佐我周。"認為理或然也。周秉鈞《尚書易解》亦引偽孔傳之釋，"言賢者歸心也"。

楊筠如《尚書覈詁》斷讀為："今蠢今翼日民獻，有十夫予翼……"他在注釋"民獻"一詞時論及"黎獻"猶"黎庶"之說，以"民獻"亦謂民庶，或"孽民"，"此謂今蠢動於殷之頑民耳"。又疑"日"為"曰"之訛，於也。其他未解釋或串講。

屈萬里《尚書集釋》斷讀為："今蠢，今翼日，民獻有十夫，予翼，……"引《爾雅·釋詁》孫賢注："即，猶今也。"以"今翼日"為"即翌日"；又以"民"，當作"人"，謂官吏；讀"獻"為"賢"；釋"翼"為助；又認為"于敉"之"于"，猶《詩·周南·葛覃》"黃鳥于飛"、《陳風·東門之枌》"穀旦於逝"之"于"，語詞，王引之《經傳釋詞》卷一有說。

顧頡剛、劉起釪《尚書校釋譯論》從俞樾《群經平議》之說，以"今蠢今翼"四字為句，理解為像蟲子那樣蠢動，像飛鳥那樣飛騰驅逐。又以"日民獻有十夫予翼"為句，"日"言近日。《左傳》文公七年："日衛不睦，故取其地。"云近日衛國內部不合睦。又以"民獻"即"獻民"之倒言，言"殷獻民"，其在《逸周書·商誓》中與"百官"、"里君"並舉，可知是殷的奴隸主貴族。舊的註疏把"獻"解釋為"七大夫"、"賢者"，實際還是指奴隸主貴族。郭沫若《兩周金文辭大系》認為，征服別族後，把俘虜中的上層分子獻給宗廟，就稱這些人為"獻民"或"民獻"。在"討論"部分，又說："當周朝的許多臣子還在躊躇著不想接受吉利的占卜時，許多殷方的奴隸主們卻擁護周公，甘願隨同出兵了。"顯然是解釋"日民獻有十夫"句的。

今知《尚書》中"獻"可通"孽"，義同"庶"、"眾"，則"日民獻有十夫予翼"無疑應理解為近日民眾有十夫翼我。"予翼"為"翼予"之例，"翼"義輔佐、讚成。《左傳》文公三年"以燕翼子"孔穎達疏："翼者，讚成之義。""十夫"的用法同《大誥》下文"爽邦由（宿）哲亦惟十人迪知上帝命越天棐忱"之"十人"，"十"非實指，言其少也。如同"百官"、"百工"之"百"亦非實指，言其多也。據《史記·周本紀》，盟津之會後，諸侯力勸武王伐紂，武王說："女未知天命，未可也。"指的正是邦中宿老、智者只有極少數"知上帝命"，而大多數諸侯、御事皆屬於"未知天命"之烈，故"十人"非實指，僅言其少。周公命龜時，如實陳述自己的處境，說諸侯、御事等臣眾中，只有極少數人支持他征伐叛軍，自在情理之中。此即"日民獻有十夫予翼"的準確含義。"民"非指萌氓，應指庶人在官者，或即"臣"之誤。《易·繫詞下》"陽一君而二民"，《後漢書·仲長統列傳》引"二民"作"二臣"。

綜上，《尚書》、《逸周書》中"獻臣"、"獻民"的"獻"，以及"萬邦黎獻"的"獻"，還有《大誥》"民獻有十夫予翼"的"獻"，都應該遵從楊筠如先生的新說，讀為"孽"，或義"餘"，如"殷獻（孽）民"義同"殷餘民"；或義"眾"，如"獻（孽）臣"、"獻（孽）民"

即"衆臣"、"衆民"之義,而"黎獻(孼)"則義同"黎衆"、"黎庶";"民獻(孼)"義同"民庶"、"民衆"。過去把這些"獻"字讀為"賢"或"義",是不對的。

最後還要說說另外一個表示衆民義的詞。《書序》有云:"成周既成,遷殷頑民,周公以王命誥,作《多士》。"孫星衍《尚書今古文注疏》注《書序》時說:

> "頑"有衆義。《皋陶謨》"庶頑讒說",《史記》釋為"諸衆讒嬖",以諸訓"庶"、衆訓"頑"是也。此"頑"不當以頑嚚之義為訓。

注《皋陶謨》時說:

> "頑"為衆者,《鄭語》云:"非親即頑。"謂非親戚即衆人也。"頑"以"元"為聲,元元即衆民也。

按"元元"有黎庶、百姓、衆人之義。《後漢書·光武帝紀上》"下為元元所歸"李賢注:"元元,謂黎庶也。"《文選·鍾會〈檄蜀文〉》"以濟元元之命"呂延濟注:"元元,百姓也。"《文選·陳琳〈為袁紹檄豫州〉》"割剝元元"呂向注:"元元,謂衆人也。"這是一種可能的解釋。我則懷疑"頑"訓衆,可能是"昆"之假借。"頑"古音疑紐元部,"昆"古音見紐文部。見、疑皆為喉音,文元旁轉。現有通假例證中,不乏"昆"、"元"輾轉相通之例。如《詩·大雅·皇矣》"串夷載路",《孟子·梁惠王下》"串夷"作"昆夷"。而元聲與串聲通假之例如:《說文·肉部》云"脘讀若患";《老子》"貴大患若身",馬王堆帛書甲本"患"作"梡"。又如"髡",或假"完"、"頖"、"悍"為之,參見《故訓匯纂》"髡"字頭。而軍聲與昆聲亦多通假,可參見高亨《古字通假會典》第114頁"鶤與昆"、"渾與鵾"、"渾與昆"等。《大戴禮記·夏小正》:"昆者,衆也。"《漢書·成帝紀》"則草木昆蟲咸得其所"顏師古注亦云:"昆,衆也。"《說文·䖵部》:"䖵讀若昆。"段玉裁《說文解字注》:"䖵之言昆,蟲之言衆也。"

從"殷頑民"義同"殷衆民",且"餘"亦有衆、多之義,使我們對"殷餘民"的理解有可能多一種選擇,既可以理解為義同"殷遺民",也不妨理解為"殷衆民",即"殷頑民"之類。在目前尚無明確證據證明"殷餘民"必須理解為"殷遺民"之前,不妨兩說並存,以俟來者。

注 釋:

[1] 原載《出土文獻研究》第11輯,中西書局2012年;又收入《初識清華簡》,中西書局2013年。
[2] 載《古文字論壇》第2輯,中西書局2016年。
[3] 清華大學簡牘研究與保護中心編《清華大學藏戰國竹簡(叁)》第140頁注[六六]。
[4] 李守奎:《〈周公之琴舞〉補釋》,《出土文獻研究》第12輯,中西書局2012年。
[5] 張德良:《金文套辭"嚴在上,翼在下"淺析》,《齊魯學刊》2009年第1期,第44—46頁。
[6] 陳劍:《上海博物館藏戰國楚竹書〈從政〉篇研義(三題)》,原載《簡帛研究(2005)》,廣西師範大學出版社2008年;收入陳劍《戰國竹書論集》,上海古籍出版社2013年。

[7] 以上內容轉引自屈萬里《尚書集釋》，第179頁注28，中西書局2014年。
[8] 裘錫圭：《說"郘"、"嚴"》，載《古文字論集》，中華書局1992年；又收入《裘錫圭學術文集·甲骨文卷》，復旦大學出版社2012年。
[9] 陳劍：《談談〈上博（五）〉的竹簡分篇、拼合與編聯問題》，收入陳劍《戰國竹書論集》，上海古籍出版社2013年。
[10] 季旭昇：《上博五芻議（上）》，載簡帛網（www.bsm.org.cn）2006年2月18日。
[11] 原脫"遷"字，黃懷信標校《尚書覈詁》未出校記。
[12] 黃懷信標改《尚書覈詁》誤將"一曰餘子"視為《說文》之文。

（作者單位：青海省西寧市104信箱）

秦漢簡帛拾遺（三則）

陳送文

一

張家山漢簡《蓋廬》簡五—六："日為地縶，月為天則。"縶，整理者無注。邵鴻先生認為："縶當讀為'徼'，《說文·亻（引者按：當為彳）部》：'徼，循也。'《藝文類聚》卷二十彌（引者按："彌"當為"禰"）衡《魯夫子碑》：'夫大明以動，天則也'；《國語·越語下》：'天道皇皇，日月以為常'，與此二句意近。"[1]白於藍先生認為："'縶'似當讀作'約'。"[2]

按，"縶"當讀為"效"，訓為"法"。與"則"字相對。《玉篇·支部》："效，法效也。"《墨子·小取》："效者，為之法也。""縶"從糸徼聲，徼從彳敫聲。效從支交聲。而從交與從敫之字古多相通，可參看《古字通假會典》【絞與徼】、【皎與曒】、【皎與皦】[3]條。阜陽漢簡《詩經·王風·大車》："□□不信，有如皎日。"[4]"皎"，傳世本作"曒"，亦可參。

文獻中"效"與"則"常對言。《詩經·小雅·鹿鳴》："君子是則是傚。"毛傳曰："傚，言可法傚也。"《左傳·昭公七年》和《孔子家語·正論解》引"傚"作"效"。《漢書·敘傳下》："雷電皆至，天威震耀，五刑之作，是則是效。"皆可參。

二

銀雀山漢簡貳《陰陽時令、占候之類·禁》簡一六九七："春毋伐木，華飴（苔）生。夏毋犯火，精薪絳（豐）。秋毋犯金，當銀昭。冬毋犯水，甘泉出。"整理者指出："此篇論四時禁令，與《管子》中《四時》《五行》《七臣七主》《輕重己》諸篇之部分內容相近。"[5]此不贅引。此外，睡虎地秦簡《秦律十八種·田律》、《呂氏春秋·上農》和《逸周書·大聚》亦有相關內容與《禁》相近。睡虎地秦簡《秦律十八種·田律》簡四："春二月，毋敢伐材木山林及雍（壅）隄水。不夏月，毋敢夜草為灰，取生荔、麛䴠（卵）鷇，毋□□□□□。"《呂氏春秋·上農》："然後制四時之禁：山不敢伐材下木，澤人不敢灰僇，繯網罝罦不敢出於門，罛罟不敢入於淵，澤非舟虞，不敢緣名。為害其時也。"《逸周書·大聚》："旦聞禹之禁：春三月山林不登斧，以成草木之長；夏三月川澤不入網罟，以成魚鱉之長。且以並農力埶，成男女之功。"

接下來順便談談《大聚》中的"埶"字。"並農力埶"，義不可解。《逸周書彙校集註》引劉師培說"疑'埶'即'力桑'二字之訛"[6]。按，"埶"當是"埶"字之訛。《玉海》六十"埶"引作"勢"，亦可證。"埶"、"執"形體相近，古籍常常訛混。《墨子·魯問》："越人因此若執，函敗楚人。"《荀子·修身》："體倨固而心執詐。"王念孫指出兩"執"字皆當是"埶"字之訛[7]。傳世典籍中有不少當讀為"設"的"埶"字，而在古籍中有些這樣的"埶"字已被誤讀為"勢"或訛作形近的"執"字的現象，裘錫圭先生曾詳加闡述[8]，可參看。"埶"，訓為"種"。《說文·丮部》："埶，種也。""力埶"猶言"力耕"。《楚辭·卜居》："寧誅除草茅，以力耕乎？"《漢書·匈奴傳上》："夫力耕桑以求衣食。""農"，亦當訓為"耕種"。《說文·晨部》："農，耕也。""並農"猶言"並耕"。《尸子》下："有虞氏身有南畝，妻有桑田，神農並耕而王，所以勸耕也。"《北堂書鈔》卷八"耕"作"農"。《孟子·滕文公上》："賢者與民並耕而食。""農"、"埶"意義相近，《管子·五輔》："庶人耕農樹藝，則財用足。""耕"、"農"、"樹"、"藝（即埶）"四者近義連用，泛指"農業生產"，可參。

三

馬王堆帛書肆《合陰陽》簡一一六："十莭（節）：一曰虎游，二曰蟬柎（附），三曰斥（尺）蠖。"馬繼興先生指出："尺與斥上古音，均昌母，鐸部韻。同音假借。"[9]《天下至道談》簡四二作"尺扜"，馬先生指出："蠖與扜上古音均影母紐。蠖為鐸部，扜為魚部。故扜假為蠖。"[10]張家山漢簡《引書》簡八作"尺汙"，"尺汙"又兩見於馬王堆帛書肆《十問》九。銀雀山漢簡壹《晏子春秋》簡六二六作"斥汙"，《爾雅·釋蟲》作"蚇蠖"。《周禮·弓人》："角環灂，牛筋蕡灂，麋筋斥蠖灂。"王褒《洞簫賦》："蟋蟀蚸蠖，蚑行喘息。""斥蠖"、"尺扜"、"尺汙"、"斥汙"、"蚇蠖"、"斥蠖"、"蚸蠖"皆"尺蠖"之異寫。

接下來我們再來討論《史記·屈原列傳》中的"溫蠖"一詞。《楚辭·漁父》："吾聞之，新沐者必彈冠，新浴者必振衣；安能以身之察察受物之汶汶者乎！寧赴湘流葬於江魚之腹中，安能以皓皓之白而蒙世俗之塵埃乎！"傳世典籍中引述此段者甚多。《荀子·不苟》："故新浴者振其衣，新沐者彈其冠，人之情也。其誰能以己之潐潐受人之掝掝者哉。"《韓詩外傳》卷一："故新沐者必彈冠，新浴者必振衣。莫能以己之皭皭容人之混污然。"《史記·屈原列傳》："吾聞之，新沐者必彈冠，新浴者必振衣；人又誰能以身之察察，受物之汶汶者乎！寧赴常流而葬乎江魚腹中耳，又安能以皓皓之白而蒙世俗之溫蠖乎！"《楚辭》"塵埃"，《外傳》作"混污"，《史記》作"溫蠖"。湯炳正先生指出"'塵埃'與'混污'是意義相近的異文。'溫蠖'當作'蠖溫'，'混污'當作'污混'，'蠖溫'當讀為'污混'。"[11]湯說正確可從。"尺蠖"又作"尺扜"、"尺汙"、"斥汙"正可為湯說讀"蠖"為"污"之佐證。又《說文·木部》："樗，木也。以其皮裹松脂。从木雩聲。讀若華。檴，或从蒦。""樗"的或體作"檴"，"樗"从木雩聲，"雩"从雨于聲,"樓"從木婁聲。从于與从婁之字相通,亦可参。

附記:本文受到2016年惠州學院教博啟動項目"簡帛佚籍異文研究"(2016JB007)和2016年惠州學院校級教研教改項目"《漢字學概論》教學內容與教學體系改革"(JG2016029)的資助。

注　釋:

[1]　邵鴻:《張家山漢簡〈蓋廬〉研究》,北京:文物出版社2007年,第41頁。
[2]　白於藍:《戰國秦漢簡帛古書通假字彙纂》,福州:福建人民出版社2012年,第432頁。
[3]　高亨纂著,董治安整理:《古字通假會典》,濟南:齊魯書社1989年,第794頁。
[4]　胡平生、韓自強:《阜陽漢簡〈詩經〉研究》,上海:上海古籍出版社1988年,第11頁。
[5]　銀雀山漢墓竹簡整理小組編:《銀雀山漢墓竹簡〔貳〕》,北京:文物出版社2010年,第210頁註釋〔一〕。按:關於《禁》與《管子》對讀的具體內容可參考劉嬌《言公與剿說——從出土簡帛古籍看西漢以前古籍中相同或類似內容重複出現現象》,北京:綫裝書局2013年,第362—364頁。
[6]　黃懷信、張懋鎔、田旭東撰:《逸周書彙校集註》(修訂本),上海:上海古籍出版社2007年,第406頁。
[7]　王念孫:《讀書雜志》,南京:江蘇古籍出版社2000年,第609、639頁。
[8]　裘錫圭:《古文獻中讀為"設"的"埶"及其與"執"互訛之例》、《再談古文獻以"埶"表"設"》,載氏著《裘錫圭學術文集》卷四"語言文字與古文獻",上海:復旦大學出版社2012年,第451—460頁、第484—495頁。
[9]　馬繼興:《馬王堆古醫書考釋》,長沙:湖南科學技術出版社1992年,第991頁。
[10]　同上注,第1048頁。
[11]　湯炳正:《釋"溫蠖"——兼論先秦漢初屈賦傳本中兩個不同的體系》,載氏著《屈賦新探(修訂版)》,北京:華齡出版社2010年,第90—91頁。

(作者單位:惠州學院文學與傳媒學院)

《銀雀山漢墓竹簡〔貳〕·地典》研究

洪德榮

壹、前　言

　　《地典》其書今已亡佚，著錄見《漢書·藝文志·兵書略》中的"兵陰陽家"，其著錄為《地典六篇》，從傳世文獻記載來看，地典應為黃帝臣，《世本·帝王世紀》："黃帝以風后配上臺，天老配中臺，五聖配下臺，謂之三公。其餘知天、規紀、地典、力牧、常先、封胡、孔甲等，或以為師，或以為將。"[1]又緯書《聖賢群輔錄》引《論語摘輔象》："黃帝七輔：州選舉，翼佐帝德……地典受州絡，力墨受準斥。"[2]但顏師古沒有如《風后》、《力牧》等體例註明其為黃帝臣，姚振宗認為是轉寫脫漏，同為《漢書·藝文志·兵書略》著錄的《鵝冶子一篇圖一卷》姚振宗也認為諸書言黃帝諸臣並無鵝冶子其人，顏師古未註明是黃帝臣，此一條在後二條《地典》之次，轉寫亂之[3]。筆者認為地典未註明是黃帝臣為脫漏，而鵝冶子亦然。

　　《銀雀山漢墓竹簡》有《地典》殘簡三十五枚，篇題即為"地典"，內容為黃帝與地典的對話，討論關於用兵的地形生死、向背及陰陽、刑德等，但全篇仍以論地形為主。原整理者認為本篇當為《地典》六篇，但簡本殘缺，不足六篇之數並非全帙。又本篇內容幾乎全與地形有關，疑地典乃黃帝輔佐中之地主者，其命名與職掌有關[4]。銀雀山簡本《地典》的發現對於傳世及出土兵學文獻的討論有著十分重要的意義，因為《漢書·藝文志·兵書略》中著錄的文獻除屬於"兵權謀"的《吳孫子兵法》八十二篇、《吳起》四十八篇；"兵形勢"的《尉繚》三十一篇"兵陰陽"、"兵技巧"中的著錄的書籍幾都失傳，《齊孫子》八十九篇也因為銀雀山簡本《孫臏兵法》出土才重見天日，也因此要一窺兵學文獻整體的流傳情況及內容演變發展有一定的難度，由此更可見銀雀山簡本《地典》的重要價值，以下就《地典》簡文的內容和性質做討論。

貳、《地典》的內容及結構

　　"力墨"亦即力牧，但力牧其事跡和特長文獻並無多載。而鵝冶子其人其事不詳。鬼容區見

《史記·封禪書》："卿有札書曰：'黃帝得寶鼎宛朐，問於鬼臾區。'鬼臾區對曰：'[黃]帝得寶鼎神策，是歲己酉朔旦冬至，得天之紀，終而復始。'""黃帝郊雍上帝，宿三月。鬼臾區號大鴻，死葬雍，故鴻冢是也。"[5]值得注意的是《世本·作篇》："臾區占星氣"張澍輯本按語曰："臾區即車區，亦作鬼容區，實一人也。"又引李奇曰："區，黃帝時諸侯。占星氣謂占星之昏明、流賈，主何瑞，禎變異及雲物怪變風氣方隅時候也。"[6]從佚文輯引看，鬼容區似長占星氣。

從上述的討論可以知道不論是傳世或出土文獻，目前所見對於黃帝臣有關的記載都相當有限，更看不到以其為名的書籍內容，因此簡本《地典》的出土，更別具意義。

叁、《地典》簡文疏證

一、内容概述

為便於討論全篇的討論疏證，先抄錄釋文如下：

地典__〇五背……

黃【帝】__〇五正……

……□夫東西為紀，南北為經，□__〇六……

……敗，高生為德，下死為刑，四兩順生，此胃（謂）黃帝之勝經。·黃帝召地典而問焉，曰："吾將興師用兵，亂其紀__〇七刚（綱），請問其方。"地典對曰："天有寒暑，地有兌（銳）方。天……天有十__〇八二時，地有六高六下。上帝以戰勝__〇九……

……十二者相勝有時。一曰□___〇。【四】曰林勝城，五曰城勝，六曰䉒【勝□】，七曰□勝□，八……【十日】□勝絫（溪），十一曰絫（溪）____勝溝。此十二者，地之貪也。凡高之屬，无（無）時，左之勝；下之屬，无（無）時____二……化（背）之勝。雖（唯）六月不可逆水南鄉（嚮），二月不可逆絫（溪）南鄉（嚮），上帝之禁，下□___三……

……皆下，左右高，左右下，前後高，前後下，左右□___四……

……得高之利得下之害戰必勝，得高之害得下之利戰【必敗】___五……

戰，得其丞下。化（背）丘而戰，將取尉旅。左丘而戰，得適（敵）司馬。化（背）陵而戰，得其士主。左陵而戰，適（敵）君分走。___六化（背）邑而戰，得其旅主。左邑火陳（陣），適（敵）人奔走。右水而戰，氏（是）胃（謂）順□，大將氏（是）取。___七……

……亓（其）忌。"地典對曰："丘上莫生，其名為秃丘___八……

……死山陵丘林，其名為□地□___九……

……有水其名曰□___二〇……

……棄去而居之死。水而不留（流），其名為樿，其骨獨，居之死。此胃（謂）大（太）陽者死，大（太）陰者【死】___二一……

……□之而居之死___二二……

……山林賁草澤，氏（是）胃（謂）₁₋₁₂₃……

……道，此之胃（謂）₁₋₁₂₄……

……者為陰地₁₋₁₂₅……

……者為陽，秋冬為陰，□₁₋₁₂₆……

……為陰₁₋₁₂₇……

……中有陽₁₋₁₂₈……

……為生，然而大（太）陽者死，大（太）陰者死₁₋₁₂₉……

……□蓬，毋居宿死，毋₁₋₁₃₀居簡魚，毋居□₁₋₁₃₁……

……簡（澗）澤，毋₁₋₁₃₂……

……不可食，殼（擊）之必剋，賞₁₋₁₃₃……

……□□軍法令，毋登丘而謼（呼），毋遂₁₋₁₃₄……

……地□毋₁₋₁₃₅……

……黃帝曰："大乎□₁₋₁₃₆……

……黃帝曰："吾已₁₋₁₃₇……

……□北。地典曰："上帝審此，以戰必剋，以攻必取₁₋₁₃₈……

……自降北，吾不頓（鈍）一兵，不殺一人，而破軍殺將。如此₁₋₁₃₉……

……加之，四方皆服。₁₋₁₄₀

簡本《地典》的殘損十分嚴重，現行三十五簡的排序也不容易排出較完整的段落，因此下文的討論將多引用或附註原整理者排列的簡序以便說明。簡一一○五背為篇題，二字字形皆有殘損，下文皆殘斷，原整理者言"'典'字殘存上端，據篇內其他'典'字釋"[7]。而"地"字仍可清楚辨識出來，本簡正面開頭為"黃"，據簡文可知是黃帝，雖然以下皆殘斷，但按照簡帛書寫常見的體例看，從簡一一○七簡首的墨團可知以下另起新段落，也就是一段新的敘事，為黃帝與地典關於用兵的問答。則簡文開頭應該是一段對陰陽、刑德、地形的論述，也可說是全篇思想的總論，如簡一一○六："夫東西為紀，南北為經"闡述天地間以東西、南北的軸綫構成整個立體的地形地景，因為《地典》全篇都不脫對地形的論述，因此開篇即對於天地和方位做論述。

二、簡序及簡文考論

簡一一○七："高生為德，下死為刑，四兩順生，此胃（謂）黃帝之勝經。"以高為生，亦為德；以下為死為刑，以地形的高低斷定為生死是兵家討論地形與作戰時常見的觀念，如《孫子兵法·始》："兵者，國之大事，死生之地，存亡之道，不可不察也"、"地者，遠近，險易，廣狹，死生也"；《孫子兵法·行軍》："絕山依谷，視生處高，戰隆無登，此處山之軍也"、"平陸處易，右背高，前死後生，此處平陸之軍也。"《孫子兵法·九地》："無所往者，死地也。"高位容易掌握敵方動態，也利於守備；低位無所遮蔽，亦容易被敵方包圍。同篇的簡一一一五也在敘述同樣的思想（詳下文討論）。至於其中的以死為刑，以生為德的觀念，可與《馬王堆帛書》中的《刑德》甲篇對照："左德右刑，戰，勝，取地"、"倍（背）德左刑，戰，勝，不取地。"[8]

由此也可見兵陰陽家對於刑德思想的吸收。而此段可說是全篇簡文的總論，言"黃帝之勝經"也提高了"陰陽"、"刑德"、"地形"的戰術思想地位。

簡一一〇七的分段墨團以下就是《地典》篇的正文，即運用黃帝與地典對話的形式，闡述其以地形為主結合陰陽的兵學思想。值得注意的是簡一一〇九中提到的"地有六高六下"，自簡一一一〇至簡一一一五有關的內容，將簡文抄寫如下：

……十二者相勝有時。一曰□＿＿＿。【四】曰林勝城，五曰城勝辥，六日辥【勝□】，七曰□勝□，八……【十曰】□勝衆（溪），十一曰衆（溪）＿＿＿＿勝溝。此十二者，地之貪也。凡高之屬，無時，左之勝；下之屬，無＿＿＿＿二……仳（背）之勝。雖（唯）六月不可逆水南鄉（嚮），二月不可逆衆（溪）南鄉（嚮），上帝之禁，下□＿＿＿三……

……皆下，左右高，左右下，前後高，前後下，左右□＿＿＿四……

……得高之利得下之害戰必勝，得高之害得下之利戰【必敗】＿＿＿五……

"地有六高六下"之後論述了"十二者相勝有時"，將六高及六下的地形做排序對比，先比較六高再比六下，但可惜簡文殘損，內容有許多缺漏，從內容相對完整的"【四】曰林勝城，五曰城勝辥"或可推知"一曰"的開頭，也就是"六高"之首，應該是山，其次可能是陵或丘相對比山稍低的地形，兵學文獻中常以山指高地固不待言，丘、陵、阪、阜和山也同指高起的地形，《孫子兵法·行軍》："絕山依谷，視生處高，戰隆無登，此處山之軍也。"《吳子·應變》："起對曰：'諸丘陵、林谷、深山、大澤，疾行亟去，勿得從容。'"再下的地形可能是"阪"，《六韜·犬韜·戰車》："左險右易、上陵仰阪者，車之逆地也"、《吳子·料敵》："八曰陳而未定，舍而未畢，行阪涉險，半隱半出。"山、丘、陵、阪、阜等兵書中常見的高地應在前三組對比，"三曰"的句子是"某勝林"，其下"【四】曰林勝城，五曰城勝辥"，也包含在"六高"中，林地也常為兵家認為是險阻的地勢，常和山並舉，《孫子兵法·軍爭》："不知山林、險阻、沮澤之形者，不能行軍，不能鄉導者，不能得地利。"而"城"雖不是天然的地勢，也屬易於守備的高處，《六韜·虎韜·絕道》："謹守關梁，又知城邑丘墓地形之利。如是，則我軍堅固，敵人不能絕我糧道，又不能越我前後。""辥"以下就是"六下"的範圍。

"辥"字原字形作▣，原整理者分析為"此字所從之'辪'疑是'辤'之異體。此字之義不詳。"葉山認為"辥"似即薛，是生長於沼澤的一種草。[9]

德榮按：原整理者對字形的分析可從，"辥"應是"辪"的異體寫法，而"辪"又為"辭"的異體，《說文》："辪，不受也。從辛、受。""辪"小篆作䇎；"辭，說也。從𠭥、辛。""辭"小篆作䛐。段注認為兩字皆是會意字，並在"辪"下注云："《世說新語·蔡邕題曹娥碑》：'黃絹幼婦，外孫韲臼。'解之曰：'韲臼所以受辛，辤字也。'按此正當作辭。可證漢人辪、辭不別耳。"[10]在《說文》中兩字意義有別，但自漢起已將兩字混用無別，又加上音讀相同，後世則做異體使用。以下則列出兩字的古文字形體以資補充：

字頭	金文	秦小篆	漢隸
辝	(金文字形)	(秦小篆字形)	(漢隸字形)
	黎鎛	《睡虎地楚墓竹簡·秦律雜抄》35	西漢定縣竹簡
辭	(金文字形)	(秦小篆字形)	(漢隸字形)
	師虎簋	秦元年詔版	東漢曹全碑

由上引表可知，二字從西周金文到秦小篆的寫法皆不相類，字義也有不同，但到了漢代的篆體寫法上已十分接近了[11]。

"辝"，原整理者雖沒有進一步的考釋，龐壯城學友對比新出北大漢簡《節》篇中的"城勝虛"，認為"辝"屬邪紐之部，"虛"屬溪紐魚部，二字韻部為之魚旁轉，聲紐則稍遠。邪紐古歸定紐，定、溪二紐，一為舌頭音，一為牙音，發音部位雖不同，卻亦有相通之例，如"盧"字屬來紐魚部，可讀為"虛"，來紐與溪紐，即為舌頭音與牙音之關係。又《大戴禮記·易本命》："虛土之人大"。《淮南子·墜形》虛作墟。《史記·十二諸侯年表》："立景侯子盧。"《集解》徐廣曰："一本作景侯子虛"。"盧"、"虛"亦為來紐與溪紐之通假關係[12]。

筆者認為"辝"既然是"六高"之一，也應該是一種較高的地形或建物，是釋讀此字的綫索，"辭"段注說是會意字，反切為似茲切，古音為邪母之部，則"辝"、"辭"應也聲韻皆同。筆者疑此字可通"塞"，塞為心母職部，可與邪母之部的"辝"字通，"塞"指險要的地方，基本屬於有高度的地勢或建築，《呂氏春秋·有始覽·有始》："山有九塞，澤有九藪。"高誘注："險阻曰塞。"《吳子·論將》："路狹道險，名山大塞，十夫所守，千夫不過，是謂地機。""津梁未發，要塞未修，城險未設，渠答未張，則雖有城無守矣。"若以塞的高度及佔有的優勢程度，"六高"將其排在"城"之下，並認為是高地最末一類，也是有理可說的。

敘述"六下"的部分殘缺很嚴重，共有四個不詳，僅存最末"【十曰】□勝𧘂（溪），十一曰𧘂（溪）勝溝"的"𧘂（溪）"、"溝"於此可知"六下"是低地之外，也包含溪水一類與水有關能作為阻隔的地勢，因此"𧘂（溪）"前可能是"江"、"河"，指河流大水的阻礙，而不是確指長江或黃河水，如《六韜·龍韜·奇兵》："奇伎者，所以越深水、渡江河也。""六下"幾個可能的地勢有"谷"、"澤"、"斥"，"谷"是兩山間的水道或低地，也是作戰的險要之地，《吳子·應變》："諸丘陵、林谷、深山、大澤，疾行亟去，勿得從容。"《六韜·犬韜·戰騎》："大澗深谷，翳薈林木，此騎之竭地也"；"澤"是水流匯聚的地方，被兵學家視為不能靠近的險地，《孫子兵法·軍爭》："不知山林、險阻、沮澤之形者，不能行軍，不能鄉導者，不能得地利"，《孫子兵法·九地》："山林、險阻、沮澤，凡難行之道者，為圮地。"

"溝"指水道，除了如河水一類自然的水道，也指人工挖築的防禦設施，《六韜·龍韜·奇兵》："深溝高壘、糧多者，所以持久也。"兵書中也常見"溝塹"，指的就是繞城的濠溝，《六韜·龍韜·王翼》："股肱四人：主任重持難，修溝塹，治壁壘，以備守禦。"在《地典》中"溝"是"六上"、"六下"十二個地形中最低的地形阻礙。將上述的十二個地形試列表如下：

順序	六高						六下					
一曰	□	□										
二曰		□	□									
三曰			□	林林								
四曰				林林	城城							
五曰					城城	犇犇						
六曰						犇犇	□					
七曰							□	□				
八曰								□	□			
九曰									□	□		
十曰										□	㐮㐮	
十一曰											㐮㐮	溝

而《地典》在說明完"六上"、"六下"十二個地形之後，又言："此十二者，地之貧也。"十二個地形雖有高下之別，但都屬於條件不足較為困難的地形，因此簡文言"地之貧也"。

自簡一一一二起至簡一一一五殘斷亦多，但敘述的是地形高下方位的吉凶得失應無問題，如"凡高之屬，無時，左之勝；下之屬，無時……化（背）之勝。"居於高位無論何時在左側為勝，對下位的敘述雖有殘斷，但應該與高位相對，可能是指"右之勝"，下文另有一段敘述提到"化（背）之勝"。值得注意的是簡一一一三："雖（唯）六月不可逆水南鄉（嚮），二月不可逆㲃（溪）南鄉（嚮），上帝之禁，下□"，內容和月份行動的忌宜有關，說明了每個月份在作戰上需要注意的忌宜及避免的地點，這和現今所見的日書材料在形式上相類，指明了不同月份、時節行事的吉凶，如同《銀雀山漢簡》中的《三十時》："十時，百廿日，中生，生氣也。以戰客敗。可以為百丈千丈。可以築宮室、牆（墻）垣、門。"

而簡一一一三順序似可調整至簡一一一五後。簡一一一四對地形左右、前後、高下的重要做強調，而非論述其內容。而簡一一一五："得高之利得下之害戰必勝，得高之害得下之利戰【必敗】"仍是以得高之利為貴，並掌握下之害則可以得勝，反之則勝敗相易。於此可說是總結了"六上"、"六下"十二個地形的相勝之理。

若再據新出北大漢簡《節》篇中的"凡十二勝"，同樣論及地形間高低相勝的問題，可再與本篇相對理出一表如下：

篇名	地形											
《地典》	□	□	□	林	城	薛	□	□	□	□	谿	溝
《節》	山	丘	陵	城	虛	墓	險	易	澤	藪	夷	谿	溝

其實從表中可以看出，《地典》是舉出十二種地形，有十一組比較關係，而《節》篇是舉出十三種地形，有十二組比較關係，兩篇簡文的內容並非完全對等，再加上《地典》殘損較為嚴重，缺文處可能的地形已在前文做過討論，對比《節》篇大概更能看出《地典》中"六上"殘缺的高地應不脫"山"、"丘"、"陵"等地形，而"谿（谿）"、"溝"，則是低地的代表，因為古語中表示地形的詞語甚多，之間的相勝關係亦隨對比而變，故《地典》和《節》所列舉的地形之間能相互參照，但不能完全等同對比[13]。

簡一一一六至一一一七開始，又另起一段關於地形和戰果有關的討論，此亦是兵陰陽家理論運用在地形上的特點，但又帶有戰場作戰的經驗原則，如"化（背）丘而戰，將取尉旅。"[14]"化（背）陵而戰，得其士主。"《孫子兵法‧軍爭》云："故用兵之法，高陵勿向，背丘勿逆。"敵方居高地及背後有高地做屏障不應進攻是兵家常識，這屬於戰場的經驗法則，"左丘而戰，得適（敵）司馬"、"左陵而戰，適（敵）君分走"也是相同的概念，只是在傳世兵書中"陵"、"丘"在左沒有更多的記錄，簡文言在不同情況下而戰就能攻取相對的敵方將領，就帶有陰陽家的數術思想。

"化（背）邑而戰，得其旅主。"可參《孫子兵法‧九地》："入人之地深，背城邑多者，為重地。"《六韜‧虎韜‧絕道》："謹守關梁，又知城邑丘墓地形之利。""邑"是作戰的有利地形之一，背邑則後方可以防止被偷襲。

至於"左邑火陳（陣），適（敵）人奔走"、"右水而戰，氏（是）胃（謂）順□，大將氏（是）取。"水跟火的運用是作戰十分重要的條件，如《孫子兵法‧火攻》："故以火佐攻者明，以水佐攻者強，水可以絕，不可以奪。"以火陣使敵人無所掩蔽，讓其奔逃。而水也是作為屏障和攻擊的有利地形，《孫子兵法‧軍爭》："欲戰者，無附於水而迎客，視生處高，無迎水流，此處水上之軍也。"《尉繚子‧天官》："按天官曰：'背水陣為絕地，向阪陣為廢軍。'"因此右側傍水而戰，《張家山漢簡‧蓋廬》有"右水而軍，命曰大頃（傾）；左水而軍，命曰順行。"簡文言"是謂順□"，順下一字殘損，可能是"行"字，也可能是"天"或"地"字，"順天"一詞典籍常見，指遵循天道，《易經‧大有》象曰："君子以遏惡揚善，順天休命。""順地"也見《逸周書‧武順解》："順地以利兵，將居中軍"。以此可以取敵大將。但簡文對"右水"吉凶的認知和《蓋廬》不同，可顯示了兵陰陽家對地形吉凶不同的認知。

簡一一一八至一一二一為敘述地形的樣貌與所屬的名稱，並說明其吉凶性質，簡一一一八"丘上莫生，其名為禿丘"、簡一一一九"山陵丘林，其名為□地"及簡一一二〇"有水其名曰□"原整理者認為最此字殘存右半"藿"旁[15]，可從。筆者認為依前文描述的是與水有關的地形，疑此字可能為"灌"，但下文亦殘缺。《孫子兵法‧地形》也說明了地形的性質，但無陰陽吉凶的定義："我可以往，彼可以來，曰通；通形者，先居高陽，利糧道以戰，則利。"

值得注意的是簡一一二一："水而不留（流），其名為樿，其骨獨，居之，死。"是本段唯一完整的文句，李零曾解"樿"當假為"單"，指孤單、孤獨[16]。龐壯城認為"骨"字，當假為"禍"。"骨"為見紐物部，"禍"為見紐歌部，二字聲紐相同，韻則稍遠，但出土文獻中常見二字通假之例，如清華簡《尹至》簡3"隹（惟）我棘（速）骭（禍）"釋為"水靜止不流，其名為樿，若孤獨居之則死"[17]。

筆者認為與簡文"水而不流"相似的意思見《管子·度地》："出地而不流者，命曰淵水。""淵"，《說文》："回水也。從水，象形。左右，岸也。中象水皃。"回水即曲折迴轉之水，於地面為之不流。下文"其名為樿"，"樿"《說文》曰："木也。可以為櫛。從木，單聲。"樿為一種有白紋的樹木，可製成梳子、杓子等器物。《禮記·玉藻》："櫛用樿櫛，髮晞用象櫛。"簡文以"樿"名水不流，下又言"其骨獨"，"樿"照原字讀意義不通，因此"樿"可讀為"單"，"單"有單獨、獨自之意。"其骨獨"應讀為"其孤獨"，"骨"從"冎"得聲，"冎"見母歌部，可與從"瓜"聲之字通，"孤"見母魚部，"骨"可讀為"孤"[18]。"其孤獨"或指孤立無援，《史記·魯仲連鄒陽傳》："此二人者，皆信必然之畫，捐朋黨之私，挾孤獨之位，故不能自免於嫉妒之人也。"簡文言其地"水而不流"則環境應近似水流匯聚不流動的沮澤之地，或低下潮濕之處，亦為作戰時的險地，不宜停留及作戰，如《孫子兵法·軍爭》："不知山林、險阻、沮澤之形者，不能行軍"、《吳子·論將》："居軍下濕，水無所通，霖雨數至，可灌而沈。"故簡文最末言"居之死"[19]。

簡一一二二至一一二九皆殘損嚴重，文意及順序無法確知。簡一一三〇至一一三二雖殘然有幾點可論，首先，簡一一三〇"囗蓬，毋居宿死，毋"和一一三一"居箇魚，毋居囗"原整理者認為可以上下拼接，但從簡文內容看，前者言某地形不宜居宿，上文僅存一"蓬"字，可能指有蓬草等植物，易受敵方火攻，因此不宜居宿，且簡文的句讀應為"囗蓬，毋居宿，死；毋……"。後者為"居箇魚，毋居囗"，"居"上可補"毋"字，"箇魚"原整理者認為疑當讀為"涸鹵"[20]，鹵地為惡地的一種，《說文》："鹵，西方鹹地也。"指具有鹹性，不適宜耕種的土地。魚、鹵皆為魚部字，可通，《六韜·豹韜·鳥雲澤兵》："吾居斥鹵之地，四旁無邑，又無草木。三軍無所掠取，牛馬無所芻牧。為之奈何？"鹵地無草木掩蔽又無城邑、牛羊等資源可以掠奪，因此不利駐紮。簡一一三二提到"箇（涸）澤"，"澤鹵"二字在文獻中也並舉，《史記·河渠書》："秦以為然，卒使就渠。渠就，用注填閼之水，溉澤鹵之地四萬餘頃，收皆畝一鐘。"《史記·匈奴列傳》："公卿皆曰：'單于新破月氏，乘勝，不可擊。且得匈奴地，澤鹵，非可居也。和親甚便。'漢許之。"故原整理者之說可從。

簡一一三四"囗囗軍法令，毋登丘而謼（呼），毋遂……"上兩缺字做：

原整理者認為疑是"以論"二字，筆者認為"論"字可從，但"以"字尚難確定。簡文也提到關於"軍法令"，筆者認為從前文一路梳理而來，《地典》篇的內容和性質非軍法軍令一類的著作，而是專注地理條件的兵陰陽家著作。兵家的著作提到軍法軍令也是十分常見的。

簡一一三八至一一四○的內容應為地典敘述以地形結合陰陽之學的作戰之法，運用之後可以收到"必戰必剋，以攻必取"、"吾不頓（鈍）一兵，不殺一人，而破軍殺將"[21]的巨大成功。但是否為全篇的結尾尚不能確證。

肆、結　語

《地典》篇對兵陰陽樣貌的討論具有重要的價值，惜因多處殘斷，完整成段的部分並不多，但還是能窺見《地典》是以地形為主體結合作戰，並以陰陽之學為觀點的兵陰陽文獻，此篇應即《漢書·藝文志》中所著錄的《地典六篇》。

注　釋：

[1] 皇甫謐等撰，陸吉等點校：《〈帝王世紀〉、〈世本〉、〈逸周書〉、〈古本竹書紀年〉》，濟南：齊魯書社2011年，第7頁。

[2] 安居香山、中村璋八輯：《緯書集成》，石家莊：河北人民出版社1994年，第1071頁。

[3] 姚振宗：《漢書藝文志條理》，收入《二十五史藝文經籍志考補萃編》第三卷，北京：清華大學出版社2011年，第361、363頁。

[4] 銀雀山漢墓竹簡整理小組編：《銀雀山漢墓竹簡〔貳〕》，北京：文物出版社2010年，第147—149頁，注釋一。

[5] 司馬遷著，瀧川龜太郎會注考證：《史記會注考證》，上海：上海古籍出版社1986年，第3、796—797頁。

[6] 宋衷注，秦嘉謨等輯：《世本八種·張澍粹集補注本》，臺北：商務印書館1957年，第9—10頁。

[7] 銀雀山漢墓竹簡整理小組編：《銀雀山漢墓竹簡〔貳〕》，第149頁，註釋一。

[8] 湖南省博物館、復旦大學出土文獻與古文字研究中心編纂，裘錫圭主編：《長沙馬王堆漢墓簡帛集成（伍）》，北京：中華書局2014年，第28頁。

[9] 葉山（Robin David Sebastian Yates）著，劉樂賢譯：《論銀雀山陰陽文獻的復原及其與道家黃老學派的關係》，中國社科院簡帛研究中心編：《簡帛研究譯叢》，長沙：湖南人民出版社1998年，第120頁，注釋25。

[10] 許慎著，段玉裁注：《新添古音說文解字注》，臺北：洪葉文化事業有限公司2005年，第749頁。

[11] 字形表參自季旭昇《說文新證（新版）》，臺北：藝文印書館2014年，第966—968頁。

[12] 龐壯城：《北大漢簡〈節〉考釋零箋》（http://www.bsm.org.cn/show_article.php?id=2374），2015年11月25日。

[13] 關於《節》全篇含有的兵學內容與帶有兵陰陽色彩的探討，筆者將另作專文處理，於此不做詳論。

[14] 沈祖春認為從文例來看"將取尉旅"之"將"字當作"得"，即此句應為"北（背）丘而戰，得尉旅"。1116簡"得"字圖版作 ，書手蓋因二字形近而誤把"得"字寫成"將"字。參氏著：《〈銀雀山漢墓竹簡（貳）〉校補》，甘肅省文物局主辦《甘肅省第二屆簡牘學國際研討會論文集》，2011年，會後論文集未收錄此文。後刊登為《銀雀山漢墓竹簡〔貳〕校讀札記》，收入《中國文字研究》第24輯，2016年。筆者認為沈說值得商榷，一為漢簡中"將"、"得"二字字形差異頗大，應較難有形近而誤的問題，二為改釋"得取尉旅"雖然意義亦可通，但同簡"得其士主"與下簡"得其旅主"的語詞結構都和本句不同，而依原考釋讀"將取尉旅"在意義上依然十分通順，故無改釋之必要。

[15] 銀雀山漢墓竹簡整理小組編：《銀雀山漢墓竹簡〔貳〕》，第149頁，註釋十一。

[16] 李零：《中國兵書名著今譯》，北京：軍事譯文出版社1992年，第279頁。

[17] 龐壯城：《北大漢簡〈節〉考釋零箋》（http://www.bsm.org.cn/show_article.php?id=2374），2015年11月25日。

[18] 張儒、劉毓慶：《漢字通用聲素研究》，太原：山西古籍出版社2002年，第585頁。

[19] 在小文草創之初，本段簡文曾與龐壯城學友做過討論。當時壯城學友就曾提到"樺"或可讀為"禍"，其完整的說法現已公佈，筆者不敢掠美，特附記於此。

[20] 銀雀山漢墓竹簡整理小組編《銀雀山漢墓竹簡〔貳〕》，第149頁，註釋十四。

[21] "吾不頓（鈍）一兵"之"頓"，沈祖春以"頓"字，原簡作 ，字右略有殘損，但左邊構件清晰，為"扌"。此字當釋為"損"。"損"字從"扌"，其豎筆下端向左撇出，而"頓"之構件"屯"中的豎筆下端略微向右，兩者筆勢明顯不同。可見" "字左邊為"扌"，自無疑義，故字當釋為"頓"。參氏著《銀雀山漢墓竹簡〔貳〕校補札記》第84頁。而楊安已指出"員"的構形其必備條件之一就是所謂"貝"形上的"○"，從原簡來看，字的右部 絕無此部分，且筆勢和"員"亦不相同，此部分釋"頁"無疑。並指出古文字中"屯"和"扌"有相類的寫法，認為字形左旁"屯"訛作"扌"，這種"頓"的寫法或是抄手在謄寫簡文時的誤識所致。詳見氏著《〈銀雀山漢墓竹簡尉繚子·佚書叢殘〉集釋》，碩士學位論文，吉林大學古籍文獻所，2013年，第66頁。沈祖春之說亦轉引於此。筆者認為楊安之說可從，簡文仍釋為"頓"為是。

（作者單位：北京師範大學珠海分校文學院）

《肩水金關漢簡〔伍〕》所見《急就篇》殘簡輯校

——出土散見《急就篇》資料輯錄（續）[1]

張傳官

筆者曾撰有《出土散見〈急就篇〉資料輯錄》一文[2]，對出土材料中的零散《急就篇》材料加以搜集、整理，並對照傳世本進行校勘。新近出版的《肩水金關漢簡〔伍〕》[3]中亦著錄有五支《急就篇》殘簡〔均為居延查科爾帖（A27）採集所得〕，故草此短文，以作前文之補充。

一

《金關伍》72ECC：3 謂：

☒總領煩亂決疑文辨鬭煞☐☒

此語見於今本《急就篇》三十四章本的第二十八章（即三十一章本的第二十七章）。

"辨鬭"二字，松江本《急就章》葉夢得釋文作"鬭變"[4]，趙孟頫、鄧文原、宋克等章草寫本《急就章》皆作"鬭變"[5]，《叢書集成初編》影印顏師古注、王應麟補注本《急就篇》作"變鬭"[6]。"鬭"，《玉海》附刻《急就篇》卷前校勘記引黃庭堅校本一作"罰"[7]。

關於傳世本此處之異文，前人多有討論。鈕樹玉謂："'鬭'本從'鬥'，隸變從'門'。"[8] 莊世驥謂："從碑本為正。"[9] 高二適謂："定本改〔為鬭〕，俾與草合。"[10] 陳昭容謂："'變鬭'、'鬭變'義同。'鬭'當從'鬥'，俗寫常從'門'。"[11] 今按：諸家說皆可從，"鬭"、"鬭"、"鬭"皆為"鬥"之異體。《金關伍》"鬭"字作 ▨/▨ [12]，字實從"斤"；葉氏所釋"鬭"字，松江本作▨，字右下從"斤"亦甚為明顯。此二字實皆為"鬭"字，而葉夢得翻正松江本章草多書異體字，不盡與章草原形密合，故莊世驥、高二適有上引之語。"罰"則當為"鬭"之誤釋章草或形近訛誤。

"變"、"辨"二字當為通假關係。上古音"變"為幫母元部字，"辨"為並母元部字，聲母皆為唇音,韻母相同,音近可通,典籍中亦不乏通假之例[13]。《急就篇》此處之"辨鬭"、"變鬭"當為一詞異寫。那麼"辨"、"變"何者為正呢?

正如《陳研》所指出的,"變鬭"、"鬭變"義同,典籍中可見其例。如《急就篇》"變鬭殺傷捕伍鄰"顏師古注:"變鬭者,為變難而相鬭也。殺傷,相傷及相殺也。捕,收掩也,有犯變鬭傷殺者,則同伍及鄰居之人皆被收掩也。"《漢書·尹翁歸傳》:"奴客持刀兵入市鬭變,吏不能禁。"顏師古注:"變,亂也。""變鬭/鬭變"為兩漢魏晉習語,指相鬭、私鬭。從結構上看,"變鬭"既然可以寫成"鬭變",那麼"變"、"鬭"之間應該是並列關係[14],則顏師古將"變鬭"解釋成"為變難而相鬭"恐怕是不正確的。

典籍中又有"鬭辨"一詞,多指爭鬭,亦作"鬭辯",如《禮記·鄉飲酒義》:"君子尊讓則不爭,絜敬則不慢。不慢不爭,則遠於鬭辨矣。不鬭辨則無暴亂之禍矣。"孫希旦集解:"鬭,謂逞於力。辨,謂競於言。"《史記·吳太伯世家》:"異哉!吾聞之,辯而不德,必加於戮。"集解引服虔曰:"辯若鬭辯也。夫以辯爭,不以德居之,必加於刑戮也。"其中,"鬭"與"辨/辯"亦為並列關係,那麼,"鬭辨/辯"與"辨鬭"實際上也是一詞異寫。

"鬭變"亦可寫作"鬭辨",如《孔子家語·五刑》:"鬭變者生於相陵,相陵者生於長幼無序。"《大戴禮記·盛德》:"凡鬭辨生於相侵陵也,相侵陵生於長幼無序,而教以敬讓也。故有鬭辨之獄,則飾鄉飲酒之禮也。"二者正可對讀,其中的"鬭變"、"鬭辨"表示的也是相鬭之義。因此,"變鬭"、"鬭變"、"辨鬭"、"鬭辨/辯"皆為一詞異寫。從其詞義和結構上,當以作"辨/辯"為正,"變"為"辨/辯"之借字。

"煞",傳世本皆作"殺"。我們知道,"煞"字是由"殺"演變而來的。秦漢文字中"殺"字(如《說文·殺部》小篆作■)左下所從之"朮"的上下兩部分脫離,上半演變成"彐"形,下半演變成三點或四點,而其右旁"殳"寫成"攴/攵",就形成了"煞"字。《敦煌漢簡》簡983"賊殺之"之"殺"字作■[15],其"朮"旁的中部橫筆和中豎筆已經脫離。定縣八角廊漢簡《儒家者言》簡703亦有"殺"字,整理者摹作■[16],若該摹本不誤[17],亦可作為對照。《金關伍》此字作■/■,其中"朮"的上下部分則已分離,已基本演變成"煞"字。以上三例漢簡字形正是從"殺"到"煞"演變的中間環節(當然恐怕還有筆者未見的其他類似寫法),值得注意。此外值得一提的是,"殺"左旁"朮"上方之"×"形筆畫加上其下部"小"形筆畫的演變與"叔"字演變十分相似[18]。

□作■/■,僅存上端兩筆殘筆,傳世本此字皆作"傷",《金關伍》此字殘筆皆與"傷"字相合。

二

《金關伍》72ECC:5A、5B謂:

☐羝羭六畜蕃殖豚豷豬豭貗狡狗野雞雛（5A）

第六十一（5B）

此語見於今本《急就篇》三十四章本的第二十一章（即三十一章本的第二十章）。

"羝羭"所在文句，顏王注本作"牂羖羯羠羝羭"；松江本作"牂羖羝羯羠羭"；趙孟頫、鄧文原、宋克等章草寫本皆作"牂羖羯羠羭"，均脫一"羝"字。鈕樹玉將"羝"字補在"羖羯"二字之間。今按：根據此句各字的含義，尤其是《金關伍》該簡所存殘字的情況，此句的文字順序仍以作"牂羖羯羠羝羭"為當。

"殖"，傳世本皆作"息"。今按："蕃殖"、"蕃息"義近，廁此皆可。北大漢簡《蒼頡篇》有"男女蕃殖，六畜逐字"一句[19]，可資對照。

"豚"，字作 ■ / ■。高一致先生謂："該字應釋寫作'㹩'，這裡用作'豚'"[20]。今按："象"與"豕"在偏旁中常因形近而訛混[21]，此處之"㹩"當視為"豚"之異體，將二者關係表述為"'㹩'用作'豚'"實際上是不準確的。

"豷"，松江本與趙孟頫、鄧文原、宋克等章草寫本同，《居延新簡》[22]EPF22.731、顏王注本作"豙"。關於傳世本此處異文，鈕樹玉引王紹蘭說謂："《說文》：'豕也。'後蹏廢謂之'豙'，直例切。"莊世驥謂："豙與豷同物，《爾雅》注：'豙，今亦曰豷。'"陳昭容謂："豙，豷也。"今按："豙"、"豷"義近（參上引諸家意見），廁此皆可。漢代殘簡二字皆見，難以斷定何者更符合《急就篇》的原貌。

"狗"，松江本等章草本同，顏王注本作"犬"。關於傳世本此處異文，莊世驥謂："兩本俱通。"陳昭容謂："作'犬'、'狗'俱可。"今按：諸家說是。然而漢簡和源自皇象本的松江本皆作"狗"，此處似當以作"狗"為更符合《急就篇》的早期面貌。

"第"，簡文本作"弟"。次第之"第"本作"弟"，後上部二筆訛為"艹"頭，又進一步訛為"竹"頭[23]。《急就篇》傳世本最多只有三十四章，"弟六十一"當與《急就篇》無關。參下條。

三

《金關伍》72ECC：6A、6B 謂：

☐疾狂失鄉癉瘀積瘜麻溫病（6A）

第六十六　甲子乙丑☐☐（6B）

又，《金關伍》72ECC：19 謂：

☐瘀麻溫病

此二簡所抄寫的當屬同一文句，相關文句見於今本《急就篇》三十四章本的第二十三章（即三十一章本的第二十二章）。

"鄉"，顏王注本作"響"，孫星衍《急就章考異・序並注》引梁相國臨本釋文作"盈"[24]，松江本作■，趙孟頫章草寫本作■，鄧文原章草寫本作■，宋克章草寫本兩種分別作■、■。關於傳世本中此處異文，王國維謂："孫伯淵所見梁相國臨本釋文作'盈'字。下第廿八章'鄉'字章草作■，則■或仍是'響'字也。"[25]高二適謂諸章草本"草法均譌"，又謂："草法省'鄉'為■。本書章第廿五'卿'草作■，第廿八'鄉'作■，漢隸'卿'、'鄉'形近，故創草偏旁亦近似也。此字先作■，即'狼'之省形；後作■，即'阝'之形省。合■即成'鄉'矣。'鄉'下之'音'，則省去'立'，變'曰'為■，本書章第一'昌'草為■，'曰'旁使轉同。此真史游書也。章書貴能字字區分，下筆有原，觀■字之結構可知矣。"今按："響"所在章草字形，或釋為"風"字[26]。對比今傳三十一章本第七章"乘風"、第三十一章"風雨"之"風"的寫法可知，釋"風"非是[27]。"盈"則更是誤釋章草。趙孟頫、鄧文原、宋克諸本此字下部類似於"虫"形，高二適已指出此為訛形，宋克寫本第二字亦可證。高二適辨析前引諸章草本此字寫法頗為詳盡合理，可從[28]。

"失響"一語，顏師古注謂："失響者，失音不能言也。"王應麟補注謂："《國語》：'囂瘖不可使言。'《文子》、《淮南子》曰：'皋陶瘖。'"據此則此處當以作"響"為是，"失響"實即古代醫書之"失音"，亦即"失聲"；而《金關伍》之"鄉"當為"響"之借字。

"瘧"，顏王注本同，松江本等章草本作"虐"。關於傳世本此處異文，莊世驥謂："《說文》：'瘧，寒熱休作疾也。'虐者，《釋名》'瘧，酷虐也'，則作'虐'亦可。"高二適謂："草'虐'省形存聲。"陳昭容謂："《說文》作'瘧'，'虐'為同音借字。"今按：此處羅列病症，當以作"瘧"為是，陳說可從。

"瘕"，《玉海》附刻《急就篇》卷前校勘記引黃庭堅校本一作"癲"。關於傳世本此處異文，莊世驥謂："'瘕'與'癲'形近。'癲'者'瘨'之別字，《說文》本作'瘨'，古多'瘕'、'瘨'並言，疑此原文作'瘨'。"今按："癲"為"瘕"之形近誤字或誤釋章草，莊氏以字當為"瘨"則非是。

"積"，傳世本皆作"瘀"。今按："瘀"古多訓"積血"（見《說文・疒部》）。《急就篇》此處顏師古注謂："瘀，積血之病也。"王應麟補注謂："《太玄》：'為疾瘀。'《九辯》云：'形銷鑠而瘀傷。'注：'瘀，血敗也。'""積"、"瘀"義近，廁此皆可。

"痛"，傳世本皆作"痛"。今按："痛"、"痛"為一字異體，前者之"心"實為多出來的表意偏旁。《金關伍》72ECC：19此字僅存下部之"心"旁，其釋文當為據傳世本和《金關伍》72ECC：6A擬補。

"麻"，顏王注本作"瘐"，松江本、鄧文原、宋克等章草寫本皆作"痲"，趙孟頫章草寫本作"麻"。關於傳世本此處異文，王應麟補注謂："'瘄'，一作'痳'，音林。《說文》：'疝病。'"莊世驥謂："'痳'、'瘄'字《說文》皆有，未定孰是。"陳昭容謂："痳，疝病也，作'痳'、'瘄'義皆可通。"劉偉傑謂："'瘄'、'痳'雙聲音近。"[29]今按："麻"，上古音屬明母歌部，中古音為明母麻韻開口二等字；"瘄"，上古音屬明母魚部，中古音為明母鐸韻開口一等字。二者上古聲韻關係比較密切，如《禮記·月令》："螻蟈鳴。"鄭玄注："螻蟈，蛙也。"《經典釋文》："蛙，……即蝦蟇也。"孔穎達疏："李巡注《爾雅》：'蟾諸，蝦蟆也。'"[30]"蝦蟆"與"蝦蟇"為一詞異寫。東周文字資料中歌、月、元部字與魚、鐸部字通假的例子甚多[31]，此不贅引。兩漢韻文中亦有歌部字與鐸部字、魚部字（鐸部陰聲字）合韻者[32]。這些情況均可說明漢唐時期"麻"、"瘄"二字聲韻皆近。因此，"麻"可因音近轉寫作"瘄"。而且，從意義上看，二者可能亦有些聯繫。作為病症之"麻"古代指麻風病；顏注謂瘄病患者"常漠漠然"，這與麻風病的皮膚感覺障礙、肌肉無力等症狀也頗為相似。

《說文》訓為"疝病"之"痳"，於義廁此亦可，王、莊、陳三氏之說看上去似乎可從。不過，此處之異文"痳"恐怕另有來源，而與"疝病"之"痳"無關。按"麻"字實从"𣏟"聲，本當作"𢄼"。隸楷階段的俗書从"广"、从"疒"常可互作，故"麻（𢄼）"亦可寫作"瘄"。實際上"瘄"應該就是為表示麻風病之"麻"所造的專字。"瘄"與"痳"形近易混，故訛作"痳"。參照"𢄼"寫作"麻"之例，甚至可以說表示麻風病之"麻"就是"瘄"之俗體，這與《說文》訓為"疝病"之"痳"應該只是同形字的關係。莊、陳二氏未能了解這一點，故謂二者皆通；而王氏則誤識此字，導致注音亦誤。劉氏謂"瘄"、"痳"二字"雙聲音近"（韻實亦近），亦將此處之"痳"與疝病之"痳"區別開來，而與"瘄"相聯繫，可謂慧眼獨具。

綜上所述，《急就篇》此處當作"麻"，因音近寫作"瘄"，俗書又寫作"瘄（麻）"。

"第"，簡文本作"弟"。72ECC：6B內容與《急就篇》無關，字跡潦草，當為抄寫干支表等內容以習字。

四

《金關伍》72ECC：17謂：

讀江水涇渭街術曲

此語見於今本《急就篇》三十四章本的第三十一章（即三十一章本的第三十章）。

"江水涇渭"，松江本等傳世章草本同，顏王注本則作"涇水注渭"。關於傳世本此處異文，莊世驥謂："江水與涇渭相去甚遠，不應並舉，從顏為是。"李濱謂："以《急就》句例求之，本屬包括品類集彙為句，'江水涇渭街術曲'者，江、涇、渭三水名，街、術、曲三道名，加'水'連而成句。若謂'涇水注渭'，似敘水經，嫌於句例未合，此或所據本有異同，或原石漫漶縑素糜蠹，誤'江'為'涇'，誤'涇'為'注'，皆未可知。"[33]陳昭容謂："西漢都長安，正位於涇渭之南，江水去此甚遠。故當從顏注本作'涇水注渭'。"今按：諸家說法莫衷一是，可據出土文獻加以取捨。吐魯番阿斯塔那三三七號墓出土的《急就篇》古注本60TAM337：11/1之六亦有此句，亦作"江水涇渭街術曲"[34]。《金關伍》此簡與吐魯番古注本正可證明《急就篇》早期傳本應當是作"江水涇渭"的，李濱所論可從。後世作"涇水注渭"或因形近誤寫（如李濱所說），或因不解"江水涇渭"之意而有意改寫成更容易理解的"涇水注渭"。

附記：本文初稿曾發佈於復旦大學出土文獻與古文字研究中心網站（2016年8月26日，http://www.gwz.fudan.edu.cn/Web/Show/2884）；修改稿曾在華東師範大學中國語言文學系、復旦大學出土文獻與古文字研究中心主辦"2016古文字學與音韻學研究工作坊"（華東師範大學，2016年10月15—16日）上宣讀。本文搜集資料時曾得到程少軒先生的大力幫助，文稿又蒙劉釗師、程少軒先生、任攀先生多所指正，參加工作坊期間又蒙張富海、郭永秉二位先生指教，謹在此一併致謝。唯文責自負。

2016年8月25日初稿
2016年10月18日改定

注　釋：

[1]　本文得到教育部人文社會科學研究青年基金項目"《急就篇》文本校釋與新證研究"（項目批准號：14YJC770040）的資助。

[2]　拙文《出土散見〈急就篇〉資料輯錄》，《中國文字》（新四十二期），藝文印書館2016年，第103—122頁。

[3]　甘肅簡牘博物館等編：《肩水金關漢簡〔伍〕》，中西書局2016年。下文簡稱為"《金關伍》"，引用簡文時均先列出整理者釋文。

[4]　《明搨松江本急就章》，西泠印社出版社2004年。

[5]　趙孟頫：《臨史游急就章》，《中國書法》2008年。宋克：《宋克　急就章》，浙江人民美術出版社2003年。宋克：《明宋克書急就章》，文物出版社1985年。鄧文原：《鄧文原書急就章》，吉林文史出版社2006年。

[6]　史游著，顏師古注，王應麟補注，錢保塘補音：《急就篇》，《叢書集成初編》本，商務印書館1936年。下文簡稱為"顏王注本"。

[7]　顏師古注，王應麟補注：《急就篇》，王應麟：《玉海》（第八冊），華聯出版社1964年。今按：此書卷前所附校勘記一卷，當即羅願所撰《急就章考異》。

[8]　鈕樹玉：《校定皇象本急就章（附：考證　音略　音略考證）》，鈕樹玉、孫星衍：《校定皇象本急就章　急就章考異》，《叢書集成初編》本，商務印書館1936年。

[9]　莊世驥撰，鄭知同補訂：《急就章考異》，《廣雅叢書》本，廣雅書局光緒十七年（1891年）。

[10]　高二適：《新定急就章及考證》，上海古籍出版社1982年。

[11]　陳昭容：《急就篇研究》，臺灣私立東海大學碩士學位論文（指導教師：方師鐸教授），1982年。今按：下文引松江本、諸家章草寫本、顏王注本等傳世本以及鈕樹玉、高二適、陳昭容等前賢之校讀

意見均據上引文獻，不再一一出注。

[12] 本文所引《金關伍》字形，均分別列出彩色照片字形和紅外綫掃描圖字形，以"/"號隔開。

[13] 高亨纂著，董治安整理：《古字通假會典》，第103頁"【辨與變】"、"【辯與變】"條。

[14] 這一點蒙張富海先生賜告，2016年10月15日。

[15] 甘肅省文物考古研究所編：《敦煌漢簡》，中華書局1991年。此例蒙任攀先生賜告，2016年8月25日。

[16] 河北省文物研究所：《河北定縣40號漢墓發掘簡報》，《文物》1981年第8期，第8頁，圖一〇:70。此簡簡號，中國簡牘集成編輯委員會：《中國簡牘集成〔標注本〕》第十三冊"圖版選"第286頁（敦煌文藝出版社2001年）標作"71（703）"。

[17] 此處亦不排除摹本有誤的可能，即"尤"旁的中部橫筆和中豎筆原是連為一筆的。因未見原簡圖版，無從核實，姑記於此。

[18] 關於"叔"字在隸楷階段的演變，可參看梁春勝《楷書部件演變研究》，綫裝書局2012年，第15頁；張傳官、楊金東：《談浙江省杭州市蕭山區南朝墓M1新出墓磚銘文》，《中國國家博物館館刊》2015年第9期。

[19] 北京大學出土文獻研究所編：《北京大學藏西漢竹書〔壹〕》，上海古籍出版社2015年，第77頁。

[20] 高一致：《讀〈肩水金關漢簡〔伍〕〉小札》，簡帛網，2016年8月26日，http://www.bsm.org.cn/show_article.php?id=2618。另參陳劍《金文"象"字考釋》，陳劍《甲骨金文考釋論集》，綫裝書局2007年，第268—273頁。

[21] 參看陳劍《金文"象"字考釋》，收入陳劍《甲骨金文考釋論集》，第258—260、268—272頁。

[22] 甘肅省文物考古研究所等編：《居延新簡：甲渠候官與第四燧》，文物出版社1990年。甘肅文物考古研究所等：《居延新簡》，中華書局1994年。

[23] 季旭昇：《說文新證》，藝文印書館2014年，第478頁。

[24] 孫星衍：《急就章考異》，鈕樹玉、孫星衍：《校定皇象本急就章 急就章考異》，《叢書集成初編》本，商務印書館1936年。

[25] 王國維：《校松江本急就篇》，《王國維遺書》（六），上海古籍出版社1983年影印商務印書館1940年版。今按：此處及下文諸家校勘記所引《急就篇》章序皆為今傳三十一章本的章序，不另出注。

[26] 本文所據趙孟頫、宋克章草寫本所附釋文。

[27] 另可參看杜維鈞、杜金鋒編著《章草辨異字典》，人民美術出版社2005年，第190頁。

[28] 章草"響"字又有如下寫法：

索靖《月儀帖》　　索靖《出師頌》　　隋《出師頌》　　祝允明《長門賦》，《章草辨異字典》第576頁

其上部寫法與章草"門"形相同，此字實與"闇"字同形。（"闇"字寫法參看杜維鈞、杜金鋒編著《章草辨異字典》，第523頁。）按上引諸字所在文句分別作（下文以"△"代替該字）：

《長門賦》："雷殷殷而△起兮，聲象君之車音。"

《月儀帖》："怪以高邁之姿而懷迷時之志，違明明之來，詒不識之△。機運稍移，人生若寄，願速龍躍，耀於雲漢也。"

《出師頌》"鼓無停△，旗不蹔褰。"

從辭例上看，該字形確實表示的是"響"字，尤其《長門賦》還載於《文選》等傳世典籍。如此，

則章草"響"實有兩種寫法。二者的主要區別在於：一、前者省"立"旁而後者不省；二、前者之"鄉"旁寫法簡省之後，在後一種寫法中就變得與章草"門"旁十分接近甚至完全相同。

[29] 劉偉傑：《〈急就篇〉研究》，山東大學博士學位論文（指導教師：劉曉東教授），2007年。

[30] 阮元校刻：《十三經注疏》，中華書局1980年，第1365頁。此例蒙任攀賜告，2016年8月25日。

[31] 此蒙程少軒賜告，2016年10月2日。

[32] 參看羅常培、周祖謨《漢魏晉南北朝韻部演變研究（第一分冊）》，第157頁。

[33] 李濱：《玉煙堂帖本急就章草法考》，轉引自高二適《新定急就章及考證》，上海古籍出版社1982年，第408頁。

[34] 唐長孺主編：《吐魯番出土文書（貳）》，文物出版社1994年，第232—238頁。

（作者單位：復旦大學出土文獻與古文字研究中心、出土文獻與中國古代文明研究協同創新中心）

《中國行政區劃通史·秦漢卷》補正（一）

孟 嬌

《中國行政區劃通史·秦漢卷》（以下簡稱為《秦漢卷》）第二編"西漢政區"設置了附章"王莽新朝政區沿革"，根據《漢書》、居延漢簡以及近現代學者的研究意見，列舉了新莽時期的121個郡、1585個縣，並且說"對比傳記，尚缺四郡、縣六百十八"[1]。這是目前所見新莽政區地理研究的最新成果。

與《新莽職方考》[2]一文相比，《秦漢卷》增加了"谷城、東順、延亭、東海"四個郡以及"安定國"，刪除了"天水"一郡，並列舉了師尉郡等少數莽郡所轄具體縣目。不過，出土新莽時期的封泥、官印等資料中尚有為數眾多的郡名、縣名為《秦漢卷》所漏引，新莽各郡所轄縣的名目也有需要糾正之處。下面試對此進行說明。

一

新莽政府對部分西漢郡國之名進行更改，有的更名還不止一次。雖然《漢書》、《續漢書》、《水經注》等書記錄了大部分新莽時期沿用的舊名及更名之後的新郡名，但在封泥、竹簡等出土文獻中還可以見到一些不見於文獻記載的新莽郡名。截止到2016年底，新莽時期出土文獻資料中尚有27個不直接見於傳世文獻記載的郡名被《秦漢卷》漏收或沒有提及（單個郡名見於不同載體者僅舉一例）[3]：

勃川大尹章（《馬編》567）　　定西左騎千人（《馬編》071）

得道奉桓連率（《馬編》065）　　富生句容連率（《馬編》113）

蕃穰屬正章（《馬編》091）　　豐穰尹印章（《馬編》104）

廣年尹印章（《馬編》123）　　廣望綏成卒正（《馬編》124）

廣延□正□□（《馬編》126）　　桓成南胄卒正（《馬編》151）

桓寧大尹章（《馬編》152）　　集降美成屬長（《馬編》156）

聚降遮害屬長（《馬編》208）　　莒郡屬正章（《馬編》199）

靈武尹丞印（《徵存》597）	清美大尉章（《馬編》304）
朔平善和連率（《馬編》345）	夙敬助華連率（《陶封》39·29）
文德大尉章（《馬編》392）	吾豐尹印章（《馬編》399）
吾寧大尹章（《馬編》401）	武亭郡（《增訂歷代牌符圖錄》上9虎符）
毋極大尉章（《馬編》397）	原平信桓連率（《馬編》513）
有年奉陽卒正（《馬編》497）	茲平尹印章（《馬編》555）
贅其屬令章（《馬編》553）	

　　《秦漢卷》收錄的魯郡（《漢志》魯國，闕載其新莽更名），相當於《新莽職方考》中的文陽郡，這兩個郡名《漢志》皆未載；《秦漢卷》收錄的延亭郡，以為分千乘郡而置，與饒宗頤、李均明先生所持分張掖郡置[4]的觀點不同。還有的新莽郡名使用了通假字，比如"禾成見平卒正"（《馬編》132號）的"禾成"，即《後漢書·邳彤傳》"彤初為王莽和成卒正"的"和成"郡，係分鉅鹿郡而置[5]，所以本文沒有計入。

　　未見於史書記載的這些新莽郡名，有一部分可以根據其名稱加以推考。石繼承先生曾對"吾豐、富生、有年、得道、子同、夙敬、茲平、原平、靈武、廣年"等新莽之郡進行考證，認為它們分別是從西漢沛郡、丹陽、河東、隴西、廣漢、東萊、西河、太原郡、北地郡以及廣平國分化出來[6]，其說頗為有據。本文認為，贅其郡、廣延郡、毋極郡、廣望郡很可能就相當於《漢志》記載的臨淮郡、安定郡、中山國、涿郡，因為郡名中使用的"贅其、廣延、毋極"等均為這些郡所轄的縣名，至於它們僅是單純的更改郡名還是析置出新郡，暫不可知；"聚降"可能是分雁門郡中陵縣等地而析置的莽郡（《漢志》雁門郡中陵縣"莽曰遮害"，《馬編》208號"聚降在屬長"封泥可為其佐證），而"朔平"則可能是《漢志》中山國（莽曰常山）的異名（《馬編》345號"朔平善和連率"封泥資料中，朔平、善和分別是中山國北新城、北平縣的新莽縣名）。

　　出土璽印、封泥等資料中，不見於史書記載的新莽縣名有34個：

崇威巳宰印（《馬編》053）	堆聚任國宰（《馬編》085）
得道奉桓連率（《馬編》065）	有年奉陽卒正（《馬編》497）
玄兔廣田竟尉（《馬編》465）	和都縣宰印（《馬編》135）
禾成見平卒正（《馬編》132）	嘉麥宰之印（《馬編》165）
江周閒田宰（《馬編》173）	已吾縣之印（《馬編》327）
錄聚採執姦（《徵存》650）	樂扶縣宰印（《馬編》225）
麗茲則宰印（《徵存》582）	迎河流成卒正（《馬編》491）
集降美成屬長（《馬編》156）	桓成南胄卒正（《馬編》151）
淮平潤相屬長（《馬編》149）	商城縣宰印（《馬編》317）
廣望綏成卒正（《馬編》124）	是亭國宰印（《馬編》337）
堂亭縣宰印（《馬編》521）	孝義侯國印（《馬編》433）

河平溼肥卒正（《楊編》5285）	脩合縣宰印（《徵存》616）
脩封國宰印（《馬編》451）	右亭縣宰印（《馬編》502）
江平輿城連率（《馬編》171）	陽河馬丞印（《馬編》476）
夙敬助華連率（《馬編》359）	章亭間田宰（《馬編》517）
寘安馬丞印（《徵存》635）	厭狄助成卒正（《馬編》466）
延平助有卒正（《馬編》469）	曾樂任國宰（《馬編》023）

《徵存》649 的"蒲陽關右執姦"，"（左、右）執姦"為縣級職官，但是"蒲陽關"也可能是關隘而非縣名。有的新莽縣名與《漢志》縣名屬於音假關係，比如"執江"（《馬編》538）、"觀羊"（《馬編》507）、"雛盧"（《徵存》642）分別就是巴郡的墊江、膠東國的觀陽、鄒盧，有的則是字形訛誤，"洽平"在《漢志》河南郡平縣條被誤作"治平"[7]、"富臧"（《馬編》524）在雁門郡陰館縣條被誤作"富代"（《新莽職方考》已據《水經注·灅水注》加以訂正，這已為《馬編》524"填狄富臧連率"封泥資料所證實）等，以上這些縣名暫不計算在內。上舉為《秦漢卷》所未收錄的莽縣名，少數可以依據其辭例推斷所屬的上級之郡，也有相當一部分暫時難以知曉其郡屬關係。

二

由於新莽時期數次改易郡縣名稱及轄區，"一郡至五易名，而還復其故"（《漢書·王莽傳》），除了六尉郡可據《三輔黃圖》得知其所轄縣目之外，史書對其餘各郡的轄區變更基本沒有記載。出土文獻可以為考察新莽政區的變化、校訂史書記載新莽郡名的文字訛誤提供第一手的資料。

1. 訂正文字訛誤

利用《水經注》等傳世文獻以及璽印、封泥等出土文獻，學者已經校訂出了《漢志》新莽郡縣的一些訛字，除了上面所舉的"治平、富代"等，還有樂浪郡"邪頭眯"之"眯"誤為"昧"[8]等。根據新出封泥資料，下面再舉兩個校訂訛誤或文字有異的例子。

《秦漢卷》淮平郡下據《漢志》列舉有"武匡"縣名（第579頁），而《水經注·淮水注》則說"王莽更名之曰匡武"。《馬編》551、552 號的"贅其匡武傅"新莽封泥，資料發表者已指出"贅其"是新莽郡名，據此可知，《漢志》所記的"武匡"應為"匡武"之誤倒。

《馬編》429 有"襄否徒丞印"，襄否為新莽縣名，不見於《漢志》的記載。檢《漢志》江夏郡有襄縣，"莽曰襄非"，也許封泥中的"襄否"就是"襄非"的異文。

2. 個別莽縣歸屬的調整

翊尉是新莽設置的六尉郡之一，按照《三輔黃圖》的說法，"新豐以東至湖十縣，屬翊尉大夫府，居城東"、"高陵以北十縣，屬師尉大夫府，居故廷尉府"。《秦漢卷》列舉的翊尉郡十縣有"新豐、下邽、鄭，"等（第571頁）。《馬編》162 號收錄"翼尉調泉屬正"封泥，"調泉"

是西漢重泉縣，這表明調泉應是翊尉郡的屬縣，《秦漢卷》的歸屬有誤。

《漢志》常山郡下有鄡縣，"莽曰禾成亭"。新莽時期常山郡更名為井關郡，故《新莽職方考》將禾成亭置於井關郡下，《秦漢卷》懷疑禾成亭別屬於和成郡（第581頁）。《馬編》132收錄了新莽封泥"禾成見平卒正"，"禾成"即"和成"，和成郡係分鉅鹿郡置，"從新莽改縣名為亭的一般規律看，鄡縣既然被改作禾成亭，那麼此縣也一定在禾成郡内"[9]，故禾成亭應為和成郡屬縣，《職方考》和《秦漢卷》有誤。

《居延新簡》EPT52：490等資料中的"延亭連率"，其年代不得早於王莽的地皇元年，只能是新莽末期[10]。它是像《秦漢卷》推測的那樣係分千乘郡的濕沃（"莽曰延亭"）等縣而析置（第577頁），還是位於西北地區，待定。西漢千乘郡轄有蓼城（莽曰施武）縣，如果延亭郡確係析千乘郡而置，從地理位置上看蓼城都應是延城郡的屬縣，而《馬編》224"樂安蓼城卒正"表明，蓼城一度是樂安郡（西漢濟南郡）的屬縣。這條封泥資料透露了前所未知的新莽樂安郡轄境信息。

《漢志》山陽郡單父縣"莽曰利父"，《馬編》158"濟平利甫屬長"的"利甫"即利父（"甫"的基本聲符為"父"）。濟平郡即《漢志》濟陰郡，這枚封泥資料表明，王莽時期單父一度是濟平郡的轄縣。

上文雖然指出了《秦漢卷》新莽政區部分的少量疏漏，目的是為讀者更好地使用它。瑕不掩瑜，《秦漢卷》仍然是目前研究新莽政區的最為重要的著述。

附記：此為國家社科基金重大項目"出土兩漢器物銘文整理與研究"（16ZDA201）的階段性成果。

引書簡稱

《馬編》——《新出新莽封泥選》，馬驥編著，杭州：西泠印社·中國印學博物館，2016年12月。

《徵存》——《秦漢南北朝官印徵存》，羅福頤主編，北京：文物出版社1985年。

《陶封》——《新出陶文封泥選編》，楊廣泰編，北京：文雅堂稿本，2015年7月。

注 釋：

[1] 周振鶴、李曉傑、張莉著：《中國行政區劃通史·秦漢卷》，上海：復旦大學出版社2016年，第566—593頁。

[2] 譚其驤：《新莽職方考》，《燕京學報》第十五期，1934年6月。該文收錄到《長水集》時，又增加了"子同、成都"二郡目，北京：人民出版社1987年，上冊第83頁。

[3] 《馬編》中"勃川大尹章"等印文的釋讀參考了石繼承先生的校訂意見，參見楊廣泰先生2016年12月上傳到微信裡的《〈新出新莽封泥選〉釋文校訂》一文。

[4] 饒宗頤、李均明著：《新莽簡輯證》，臺北：新文豐出版公司1996年，第171頁。

[5] 石繼承:《漢印研究二題》,復旦大學博士學位論文,指導教師:施謝捷教授,2015年,第192頁。
[6] 石繼承:《漢印研究二題》,第190—216、224頁。
[7] 治稀:《記漢官印母範》,《文物》1963年第11期,第47頁。
[8] 陳直:《漢書新證》,天津人民出版社1979年,第219頁。
[9] 石繼承:《漢印研究二題》,第192頁。
[10] 黃東洋、鄔文玲:《新莽職方補考》,卜憲群、楊振紅主編:《簡帛研究二〇一二》,桂林:廣西師範大學出版社2013年,第128頁。

(作者單位:吉林大學文學院匡亞明文科試驗班)

傳統小學源流圖說
——中國古代語文學與語言學的演化輪廓

麥 耘

一、傳統小學源流簡圖

是圖簡略顯示傳統小學的源流關係，時代下限至中國現代語言學的起始點——《馬氏文通》之前，即19世紀末。仿樹狀圖，以古籍注釋為主幹，分枝儘量按時代先後或邏輯先後，但為劃綫清楚，未能一一顧及；且以紙面上位置不夠，有關內容之間亦未必能盡連之以綫，如古音研究

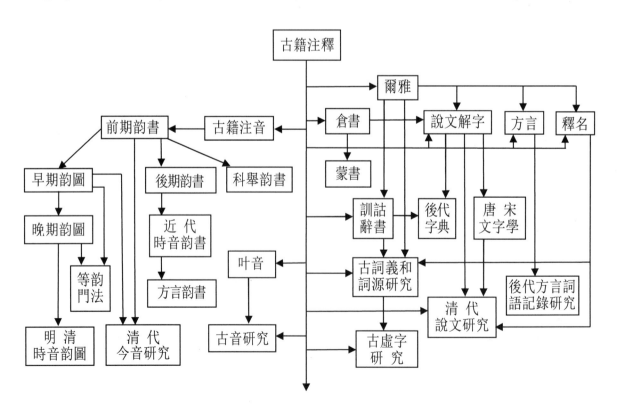

與文字、語源研究之間，古籍注釋與方言詞語研究之間等。所幸此皆讀者諸君所熟知。分類或未盡清晰，細節則必有遺漏，尚祈大家見諒，唯願大略展現中國古代語文學與語言學演化之總體輪廓而已。

二、語言學與語文學

先簡說語言學與語文學的區別及其相互關係。

"語言學"、"語文學"兩術語，尤以後者定義繁多，今無煩列舉。潘悟雲、朱曉農兩位先生與筆者曾於2002年2月至4月間在"東方語言學"網站上就此問題進行過討論（可參看http://www.eastling.org/discuz/showtopic-31.aspx），朱君所論後經正式發表（朱2006）。以下僅略談筆者的想法。

可以從三個角度觀照語文學之不同於語言學：

一，研究動機及目標——語文學是為正確閱讀文獻而研究文獻上的書面語言材料的學科；語言學是為瞭解語言狀況而對語言/文字進行記錄[1]和研究（不論其對象為現代抑古代、口語抑文獻）的學科。

二，研究方法——語文學主要對文獻中的具體語言現象作出訓釋，系統目標為文獻材料涉及範圍內的自洽性（所謂"自圓其說"）；語言學則進一步講求語言的系統、結構、類型，以及人類語言的共性等。

三，與文獻及文獻學的關係——語文學依附於文獻，極言之則屬於廣義的文獻學，或可稱為"文獻注釋學"；語言學完全獨立於文獻學之外，唯在研究中經常會涉及文獻而已。

本文判定中國傳統小學的著作屬語文學或語言學，所據分界為：凡獨立記錄或研究語言現象（包括文獻上的語言現象）而作，屬語言學；凡為訓釋文獻而作，屬語文學。

此外，另有一類非為古籍服務，而是為語文教育及語文應用服務的作品，如上圖中的倉書、蒙書及科舉韵書等，筆者亦歸為語文學之一種。

三、幾個具體問題

（一）"古籍注音"中的兩個問題：反切發明；從古籍注音到韵書編撰。

反切如何發明，爭論已久，可參看何九盈（1995）等。筆者同意主流看法，即反切發明於東漢末，對梵文的借鑒或為促使其產生的外因。一般談內因多從語言角度，即漢語之單音節性；筆者以為尚可注意當時學術發展需要。鄭玄之時，漢代經學發生重大轉變，各家流派融合成為大勢，學術傳播的主要方式從師生口耳相授轉為用書面文字，從而出現書面注音的需求，反切由是應運而生。造紙術在東漢的發明和完善使書寫載體從笨重的竹簡一變為輕便的紙，此一技術進步在上述學術轉變中居功至偉（平田昌司2000，麥耘2006）。

其初，古籍注音重點在僻字及常用多音字之僻音，然而學者馬上會發現，對常用字音乃至漢語整個音系作全面瞭解亟有必要，描寫完整音系的衝動由此產生。古籍注音是語文學工作，而以編撰韻書的方式來記錄、表現一個音系，則是語言學工作。鄭玄學生輩服虔等始用反切，而魏時已有韻書，可見此一步從語文學到語言學的跨越過程實為迅速至極。至於因作詩押韻規範的需求而對韻書編撰所起促進作用，則當是稍後方才出現。

（二）韻圖及等韻門法。

早期韻圖《韻鏡》產生於唐末，晚期韻圖如《切韻指掌圖》等產生於南宋，兩者有同有異。其同者主要是"四等"架構，不同主要在韻：早期韻圖分韻全依《廣韻》，晚期韻圖則多合併。韻之不同未必由於唐末與南宋語音的差異，譬如東冬兩韻之別早在初唐已泯滅，元仙先三韻在中唐已然合流，其在唐末通語中不應如《韻鏡》般清楚區分。筆者以為，四等表現中古後期四類介音（與《切韻》表現的中古前期有所不同），韻圖無論早期晚期，在"等"上反映當時實際語音（麥耘1995）；而分韻之不同，顯係晚期韻圖根據中古後期語音，其中《廣韻》韻目實為"古今對應"式的標注；早期韻圖則遵循韻書，致力於展現《廣韻》音系而非時音。然而此兩種工作都屬於語言學範圍。

等韻門法為講解、說明韻圖與韻書兩種文獻之間的關係、尤其是兩者齟齬之處而作，基本上屬於語文學。

（三）叶音與古音研究。

"叶音"不折不扣為語文學行為。然叶音畢竟基於對上古韻文的觀察，故一旦繼下工夫，對上古押韻字作進一步整理，即可從語文學範疇越入語言學範疇，轉為古音研究。如吳棫所論固脫胎於叶音，然實為陳第語言演變觀之源頭，亦日後成為傳統小學中典型語言學之最的乾嘉古音學之源頭。朱熹之作叶音則始終囿於語文學（朱曉農1986，麥耘2004）。

（四）《爾雅》與《方言》、《釋名》。

《爾雅》輯集此前古籍注釋而成，為語文學著作。其中詞語分類勉強與語言學工作有關，唯過於粗疏，幾無甚學術意義。《方言》、《釋名》體例繼承《爾雅》，然就編撰動機、內容及方法言之，兩書與《爾雅》相去甚遠。

《方言》直接面對口語作調查、記錄，自是語言學工作，所惜係隨機記錄，缺乏系統性。至於郭璞注《方言》，雖然引用若干晉代方言材料，客觀上起記錄活語言的作用，但郭氏用意在將《方言》作為古籍加以注釋，本質上屬於語文學工作。

《釋名》討論語源，每每隨心所欲，偶有合理處，亦多鑿空之想，並無可靠證據；然確是對語言現象的探討，且獨立於古籍閱讀之外，應歸入語言學範圍，至少屬語言學之濫觴。"假設"是科學/學術的基礎之一（麥耘2005）；早期學術篳路藍縷，今人不可苛求，故此等臆想、猜測亦當視為廣義的假設。

（五）《說文解字》與後代字典。

《爾雅》是按義類編排的詞典，《說文解字》則是按義類編排的字典，是故《說文》亦為《爾雅》之繼承者。《說文》與後代字書如《字彙》，均以各部首統率漢字，是表面相似，而深層趣旨則大異：《字彙》唯重字形筆劃，可稱為"字形字典"；而《說文》則主語義分類，各部首按一定義類排列，同部首之內諸字亦按一定義類排列，是為"義類字典"。以是觀之，《說文》於許慎心目中實為一義類詞典，唯是按字形（部首）排列而已。

《說文》不依附於古籍，分析漢字及其意義自成系統，是語言學著作。降及《玉篇》，部首、轄字依語義排列，《說文》傳統猶存，而字形、字義分析已闕如，其語言學意義浸弱。至於《字彙》、《康熙字典》之類字形字典，《五音篇海》之類音序字典等，純為服務於語文應用的工具書，且釋義少有新意，止於重輯已有文獻內容，但歸之於語文學著作可也。

（六）訓詁辭書。

此為多種著作的統稱，其中或以語文學內容為主，如眾多"雅書"效《爾雅》蒐集訓詁釋義（《廣雅》之類），以及各種"音義"之書（《經典釋文》、《一切經音義》之類），等等，雖偶有超越古籍注釋的語言學內容，基本上皆語文學著作。又或以語言學內容為主，如方以智所著《通雅》，雖以"雅"名，實已非早期雅書規模。蓋方氏有意開創一個知識系統框架，其中包涵古代文獻，然於其胸臆中，但視古代文獻為建立此框架之材料耳。

四、概　說

歷來講小學史及傳統語言學史/語文學史，大多或分科，如訓詁學史、音韵學史、文字學史，或分段，自先秦兩漢而下至魏晉唐宋元明清，一一道來，細則細矣，於宏觀上似嫌有所未逮。今筆者統為一圖，以望提綱挈領，與前賢所述或可互相發揚。幾個具體問題已如上述，乃復贅數語於下。

"小學為經學附庸"，此語既說明在中國傳統目錄學"經史子集"四部體系中，小學書籍贅於經學之末的排列法，亦反映語言文字之學在中國傳統學術框架中的實際地位。傳統小學最初確是為讀經服務，是純粹的語文學。此圖的主幹"古籍注釋"，作為傳統訓詁的主要內容，即屬於典型的語文學工作。然而自東漢後期始，小學已向擺脫附庸地位的方向發展。語文學者欲讀通文獻的文句，不能不關心文獻所用語言文字的系統與結構，且為更好理解文獻語言，亦會或多或少轉投目光於活語言，斯由語文學通往語言學之津梁。縱觀傳統小學之源流，從語文學漸近語言學，乃大趨勢、總方向，亦可喻之曰：語言學孕育於語文學母體之中。即如上述，語文學鼻祖《爾雅》中亦已出現些微語言學萌芽。至近代，小學著述為語文學與語言學混合體者益見其多，學者身既為語文學家又兼語言學家者亦益見其多。如王念孫父子著《經傳釋詞》，固然為閱讀古籍服務，同時延展至對古漢語虛詞的語言學研究，所獲豐厚。事實上，無論中外，語言學均從語文學發展而來。

按本文定義，語言學工作包括兩方面：一曰記錄語言，一曰研究語言。傳統小學中早期的語言學工作以記錄活語言為主，典型者如《方言》和《切韵》；而語言研究則多為零散、無系統的工作，且水平較低，例如《釋名》。傳統語言學研究蔚為大國，須晚至明清，尤以乾嘉學派大盛之日，是時已有研究範式，有學科體系，且隱然有學者同仁團體（參看朱曉農1986）。自記錄而趨於研究、自描寫而趨於解釋，乃一切科學/學術必然的發展方向。積跬步而成千里，中國古代語言學向者來之不易，所幸有諸先賢導夫先路；而中國現代語言學未竟之途正遠，當今學界同道仍須努力。

又，雖《方言》與《切韵》均記錄活語言，而兩者有一重大區別：《切韵》記錄一個音系，系統井然，而《方言》記錄各地方言詞語則大抵隨機而為。系統性之與隨機性，工作意義之高下立見。研究方面，譬如取吳棫古音學與段玉裁古音學相較，且不論各自具體結論如何，段氏於方法上的優勢是其徹底性（姑勿論段氏亦有未臻徹底之處）。系統性與徹底性乃科學之所要求，事實上亦中國古代語言學"後出轉精"之尺度。對於現代語言學，此亦一大借鏡。古之達人每喜隨文議論，恣意縱橫，處處有思想火花而未必顧及系統性、徹底性，於古自無須苛責，於今則不宜提倡。

圖中可見，其左邊音韵部分，一自南北朝韵書編撰大行，此後音韵家主流的工作多屬語言學方面，尤其是對漢語音節的分析愈益精細，傳統音韵學"聲韵調—頭頸腹尾"分析方法作為"音節音系學"的源頭，其原則至今仍高居世界學術前沿；為古籍注音固然歷代不斷，而基本上均依賴於韵書音系，即語文學依賴於語言學。此已極肖現代語言學與現代語文學的相互關係。反觀其圖右邊之訓詁、文字部分，自《說文》、《方言》、《釋名》以降，語言學工作往往需蔭庇於語文學之下方能展開。語音研究較語法、語義研究更易於趨向科學化，當是古今中外皆然。

是圖未表現外來影響。前文論反切發明時曾提及梵文，而梵文啟迪韵圖之創製，亦於史有徵；此後更有明末清末西洋傳教士輸入羅馬字注音法。至《馬氏文通》模仿歐洲語法學、西人高本漢創新漢語音史研究，則為進入中國現代語言學階段之事。

附記：本文基本內容曾於2006年4月在揚州大學文學院作學術演講。此次成文時曾與朱曉農先生討論，作出若干修改補充。

注釋：

[1] 此處所言"記錄"指記錄活語言（古代語言在當時亦為活語言），對前人文獻內容的記錄只作語文學的輯錄計。

主要參考文獻

何九盈：《中國古代語言學史》，廣東教育出版社1995年。

胡奇光：《中國小學史》，上海人民出版社2005年。

胡樸安：《中國訓詁學史》，上海三聯書店2014年重版（原作出版於1939年）。

李新魁：《漢語音韻學》，北京出版社1986年。

麥耘：《論韵圖的介音系統及重紐在〈切韵〉後的演變》，《音韻與方言研究》，廣東人民出版社1995年。

麥耘：《"朱熹古韵"獻疑》，《慶祝劉又辛教授九十壽辰學術討論會論文集》，重慶，西南師範大學出版社 2004 年。

麥耘：《漢語史研究中的假設與證明——試論一個學術觀念問題》，《語言研究》總第 59 期，2005 年。

麥耘：《難"漢字自反讀音"說》，《東方語言學》創刊號，上海教育出版社 2006 年。

平田昌司：《〈切韵〉與唐代功令——科舉制度與漢語史第三》，《東方語言與文化》，上海，東方出版中心 2000 年。

王力：《漢語音韵學》，《王力文集》第四卷，濟南，山東教育出版社 1985 年（原作出版於 1935 年）。

趙誠：《中國古代韵書》，中華書局 1980 年。

趙振鐸：《中國語言學史》，石家莊，河北教育出版社 2000 年。

朱曉農：《古音學始末》，《方法：語言學的靈魂》，北京大學出版社 2008 年（原作發表於 1986 年）。

朱曉農：《歷史語言學在中國——從語言學和語文學的區分談起並收尾》，《語言學問題論叢》第 1 輯，三聯書店 2006 年。

（作者單位：中國社會科學院語言研究所）

論傳統古音學家對牙喉音關係之認識

馬　坤

在諧聲、異文等材料中，中古牙、喉音字的接觸情況較為複雜。一方面，牙音與喉音之間的交涉相當普遍（如：公聲有翁、瓮，冐聲有㩴、捐）；另一方面，牙音與喉音一道又可以同其他部位相接觸。後者主要包括以下類型：一是與章組接觸（如：丩聲有收、叫，咸聲有箴、葴），二是與端、知組接觸（如：貴聲有隤、穨，希聲有稀、絺），三是與精、莊組接觸（如：井聲有阱、穿，惠聲有穗、繐），四是與唇音接觸（如：己聲有配、妃，粵聲有聘、娉）。自西方語言學傳入以來，現代學者首先關注的是上述第二種情形，陸續提出了複輔音聲母、*-r-介音、輔音前綴等多種構擬方案，該問題已經得到了較為完善的解決（參看高本漢1923，雅洪托夫1960，Baxter & Sagart 2014）。對於第一類情形（即牙、喉之間的交涉），學者起初以發音部位接近來解釋（參看王力1958，董同龢1948，李方桂1971），但卻無法接受發音方法之間的交涉（擦音曉、匣與塞音見、溪、群相諧）；有鑒於此，部分學者主張從民族語中引入一套小舌聲母（*$q^{(w)}$-，*$q^{h(w)}$-，*$G^{(w)}$-）來解釋這一現象（參看潘悟雲1997，Sagart & Baxter 2009，Baxter & Sagart 2014）。實際上，清代古音學家對牙、喉音問題已經有所論述，對傳統學者的相關觀點進行梳理有助於我們認清小舌音構擬中的一些問題。

一、聲轉框架內的牙喉音關係探究

聲轉說創自戴震，指以"轉語"為材料（包括先秦以迄漢魏的同源詞、聲訓、異文、假借等），參照字母理論以探討上古聲紐。錢大昕、章太炎等學者陸續從理論層面對該學說做了擴充和改進，戴震《方言疏證》、段玉裁《說文解字注》、王念孫《廣雅疏證》等訓詁著作也依據聲轉來揭示字詞間的音讀關係。與之相應，我們也將分別從理論和應用兩個層面探討傳統學者對牙喉關係的認識。

1. 對牙喉音關係的理論闡述

戴震《轉語序》將聲紐發音部位分為五類（即"大限五"），將發音方法分為四類（即"小限四"），提出同"大限"者可以正轉，同"小限"者可以變轉：

人口始喉，下底唇末，按位譜之，其為聲之大限五，小限各四，於是相互參伍，而聲之用蓋備矣。參伍之法：臺、余、予、陽，自稱之詞，在次三章；吾、卬、言、我，亦自稱之詞，在次十有五章。截四章為一類，類有四位，三與十有五，數其位皆至三而得之，位同也。凡同位為正轉，位同為變轉……凡同位則同聲，同聲則可以通乎其義；位同則聲變而同，聲變而同則其義亦可以比之而通。（戴震《轉語序》）

但由於《轉語》一書並未成編，"大限"和"小限"的具體情況不得而知。從戴震《聲類表》的列字情況來看，戴氏大致將牙、喉併為一類但又作了一些調整，具體情況如下：

表1：戴震對牙喉音的處理

"大限"第一				
小限	1	2	3	4
清	見	溪	影	曉
濁	——	群	喻、微	匣

疑紐並未出現在第一"大限"中，而是改隸齒頭音（屬第四"大限"）。此外，戴氏將唇音微紐列入第一"大限"，與影、喻合為一"章"。陳澧曾說："《聲類表》不列字母，唯每行二十字，前一行為清聲，後一行為濁聲。觀其無、武、務三字與余、庚、豫三字同列，則是並微與喻也，此亦通人之蔽也。"（《切韻考·外篇》）章太炎亦云："至戴君所分二十位亦略有不周者，其以喻、微同列，娘、疑比肩，頗沿俗音之誤。"（《與丁以此書》，收入《章太炎書信集》）根據陳、章二氏的說法，戴震對微紐的處理應當是受了時音的誤導。

從戴震《方言疏證》標註的"轉語"來看，牙、喉音字共23見，其中"三十六字母"雙聲有11例，非雙聲有12例。非雙聲的情況中，牙、喉之間的接觸有3例，其餘則為同部位的接觸以及同喻（四）、來、透的交涉。前者具體情況如下：

（1）蔿（匣紙）亦獪（見泰）聲之轉。（《方言疏證》第三卷"獪楚謂之剽"條。按，括號內為該字的中古聲韻地位，下同。）

（2）江東呼極（曉廢）為瘵（群職）倦，聲之轉也。（第十三卷"瘵極也"條）

（3）蔿（曉麻[1]）、譌（疑戈）、譁（曉麻），皆化（曉禡）聲之轉。（第三卷"臧甬、侮獲、奴婢，賤稱也"條）

可見，牙、喉音之間的非雙聲接觸包括"正轉"和"變轉"兩類，大致與戴氏《轉語序》的規定相吻合。

錢大昕是"古聲紐考證之學"的開創者。該學說主張從音韻文獻中發掘音變規律，並結合早期音韻材料對古聲紐作局部考證，以往學者對此已有大量論述。此外，錢氏還零星地提出過聲轉方面的見解，他對聲轉原理的論述如下：

> 古有雙聲有疊韻，"參差"為雙聲，"窈窕"為疊韻。喉、腭、舌、齒、唇之聲同位者皆可相轉，"宗"之為"尊"，"桓"之為"和"是也。聲轉而韻不與之俱轉，一縱一橫，各指所之，故無不可轉之聲，而有必不可通之韻。(《潛研堂文集·卷三十三·與段若膺書》)

> 聲音本於文字，文相從者謂之正音，聲相借者謂之轉音；正音一而已，轉音則字或數音。正音如宗族昭穆，雖遠而實出一本，則引而同之，故喉、舌、唇、齒音不同而合為一部；轉音如婚姻，夫之與婦至親也，而婦之族不可以混夫之族，故音之轉必清、濁、舒、斂同位同等乃可假借，其它同部之字仍風馬牛不相及也。(《潛研堂文集·卷三十六·答嚴久能書》)

> 言字母者謂牙、舌、唇之音必四，齒音必五，不知聲音有出、送、收三等。出聲一而已，送聲有清濁之岐，收聲又有內外之岐……凡影母之字，引而長之則為喻母；曉母之字，引而長之稍濁則為匣母。匣母三、四等字輕讀亦有似喻母者，古文於此四母不甚區別。(《十駕齋養新錄》第五卷"字母條")

從以上材料可知：錢氏分聲紐發音方法為發、送、收三類，分發音部位為喉、腭、舌、齒、唇五類，認為影、喻、曉、匣四紐古讀接近。與傳統"七音"相較，錢氏的喉音對應牙、喉兩類，腭音對應照組，舌音對應端、知二組，齒音對應精組，唇音對應輕、重唇二組。

在《潛研堂文集》、《廿二史考異》、《聲類》等著作中，錢大昕還對聲轉說作了具體實踐。我們對當中的轉語作了收集，具體情況如下：

(4) 古音敷如布，徧、布聲相近，奏、告亦聲之轉也。奏屬齒音，告屬牙音，均為出聲，故亦得相轉。(《廿二史考異》·卷一·史記考異·五帝本紀"徧告以言"條)

(5) 冒，唇音之收聲，聲不類而轉相訓者，同位故也。古人以"反側"與"輾轉"對，"顛沛"與"造次"對，"元首"與"股肱"對。反側、顛沛(讀如貝)同為出聲，元首同為收聲，則亦為雙聲矣。徵諸經典，如多訓只、鈞訓等、蔽訓斷、遡訓鄉、振訓救、曹訓群、憑訓大、冪訓幔、貫訓中、槃訓大、畛訓單，皆以諧聲取義。牛之訓冒亦此例也。(同上，《卷三·史記考異·律書》"牛者冒也"條)

(6) 《索隱》云："《漢書》曰'大鈞播物'，此專讀曰鈞。槃猶轉也。""專與鈞聲相轉，舌、齒異音，而均為出聲，此假借之例也。槃讀為般，補完切，般、播聲相近。"(同上，《卷五·史記考異·屈原賈生列傳》"大專槃物"條)

(7) 古書皆以音見義，古讀動如董，故《說文》東訓動，震動或作振董，見《周禮注》。以動訓震，取同位之雙聲也。(《潛研堂文集》·卷四·答問一"《易》"條)

(8) 佛之訓大，猶墳之訓大，皆同位之轉聲也。毛公釋《詩》自《爾雅》詁訓而外，多用雙聲取義，若泮為坡、芭為本、懷為和之類也；或兼取同位相近之聲，如願為每、龍為和、遡為鄉、綴為表、達為射之類也。（同上，《卷六·答問三》"《詩》"條）

（9）鼛之為奏，正轉也；艘之為屆，變轉也。（《聲類·卷一·釋訓》）

以上材料共包含 33 組轉語，其中 15 組涉及牙喉音：

表 2：牙喉音轉語材料

	數量	類型	例　項
正音（雙聲）	2	牙	股（見姥）：肱（見戈）
		喉	懷（匣皆）：和（匣戈）
轉音	13	發	鈞（見真）：等（端蒸），振（章文）：救（見幽），貫（見換）：中（知東），奏（精侯）：告（見幽），專（章元）：鈞（見真），艘（精東）：屆（見怪）
		送	曹（從幽）：群（群文）
		收	牛（疑之）：冒（明職），元（疑元）：首（書有），遡（心魚）：鄉（曉陽），暴（疑號）：嫚（明諫），願（疑元）：每（明之），龍（來東）：和（匣戈）

同戴震的聲轉理論相較，錢大昕取消了同部位間的接觸（即"同位正轉"），而一律通過發音方法來製造"變轉"。他將牙、喉併為一類（稱作牙音），但又提出"影曉匣喻四紐不甚區別"，實際上仍認為牙、喉之間存在界限。從上表的轉語實例來看，牙音和喉音的非雙聲接觸都是通過發音方法（即"發、送、收"）與其他部位的聲紐相"變轉"，而牙、喉之間的交涉情況並未出現。上述情形與錢氏對聲轉原理的論述是吻合的。結合"古無輕唇及舌上"等學說，錢氏對牙喉音的處理情況可歸納如下：

表 3：錢大昕對牙喉音的處理

	發	送		收	
		清	濁	內	外
牙音	見	溪	群	疑	影喻－匣曉

2. 清人"一聲之轉"所反映的牙喉音關係

段玉裁和王念孫是戴震的授業弟子，二者在訓詁研究中都提倡"因聲求義"。他們在古韻研究中成績卓著，但對於古聲紐問題卻鮮有論及。以往學者一般認為段、王在聲紐上是參照錢大昕的結論進行審音的，但根據我們對"一聲之轉"中聲紐關係的考察，"古無輕唇及舌上說"等學說在《說文解字注》、《廣雅疏證》和《釋大》中並未得到運用[2]。我們認為，段、王聲紐方面的審音標準是戴震的聲轉說，這從《說文解字注》以及《廣雅疏證》中所標註的"一聲之轉"（我們稱作"轉語"）可以得到體現。

根據所使用的術語，段玉裁《說文解字注》中的轉語材料可分為"古雙聲"和"聲轉"兩類。在"古雙聲"材料中，牙、喉音字共187見，其中雙聲有101例，非雙聲有86例。非雙聲情況中，牙、喉之間的交涉有10例，其餘76例為同部位的接觸以及同娘、來二紐的交涉。前者的具體情況如下：

(10) 蓳（見旱）薑（影職）雙聲也。（《說文解字注·艸部》"薑"條）

(11) 虧（溪支）亦引詞，與爰（雲元）雙聲。（《受部》"爰"條）

(12) 晧（匣晧）旰（見翰）雙聲。（《日部》"暉"條）

(13) 欽（溪侵）歁（溪感）、欿（匣感）歉（溪咸）皆雙聲疊韻字，皆謂虛而能受也。（《欠部》"欽"條）

(14) 槶（匣魂）頑（疑刪）雙聲。（《頁部》"頑"條）

(15) 弙（溪模）與彍（影刪）雙聲。（《弓部》"弙"條）

(16) 蛙（影佳）古音圭（見齊），與耿（見耿）雙聲。（《黽部》"黽"條）

(17) 卝（匣梗）之音本為卯（來緩），讀如鯤（見魂），與灌（見換）、礦（見梗）為雙聲。（《示部》"祼"條）

(18) 亙（見嶝）回（匣灰）雙聲。（《二部》"亙"條）

(19) 《衛風》毛傳曰："甲（見狎），狎（匣狎）也。"言甲為狎之假借字也。又《大雅》"會朝清明"，毛傳曰："會（見泰），甲（見狎）也。"會讀如檜，物之蓋也。會朝，猶言第一朝。此於雙聲取義。（《甲部》"甲"條）

段注"聲轉"材料中，牙、喉音字共31見，其中雙聲有15例，非雙聲有16例。非雙聲情況中，牙、喉之間的交涉僅有1例，其餘15例為同部位的接觸以及同娘、來二紐的交涉。前者的具體情況如下：

(20) 渴（溪曷）鳴，《月令》作曷（匣曷）旦，《坊記》作盍（匣盍）旦……《方言》作鴠（溪泰）鳴、鶡（匣曷）鳴，《廣志》作侃（溪旱）旦，皆一語之轉。（《說文解字注·鳥部》"鳴"條）

王念孫《廣雅疏證》轉語材料中，牙、喉音字共88見，其中雙聲有72例，非雙聲有16例。非雙聲情況中，牙、喉之間的交涉僅有2例，其餘14例為同部位的接觸以及同齒頭和唇音的交涉。前者的具體情況如下：

(21) 蔿（雲紙）亦譌（疑戈）也，方俗語有輕重耳。（《廣雅疏證》卷三上"訽賀

……變化也"條）

(22) 篋（溪怗）、械（匣咸），一聲之轉。（同上，卷七下"医謂之械"條）

戴震將牙、喉歸入同一"大限"，認為它們能發生"正轉"。但從《說文解字注》和《廣雅疏證》中的相關材料來看，二者的接觸僅分別佔到 5.0% 和 2.3%。可見，在段、王的觀念中，牙音與喉音具有較強的獨立性，他們對戴震歸併牙、喉的做法持保留態度。

戴震將疑紐改隸齒頭（屬第四"大限"、第三"小限"），它既可以通過發音部位與齒音相正轉，又可以通過發音方法與泥、娘、來、日諸紐等相變轉。在段注"古雙聲"材料中，疑紐字凡 12 見，同紐雙聲和異紐雙聲各有 6 例。在異紐雙聲的情況中，疑紐與次濁（明、泥）的接觸有 3 例，與牙、喉的接觸有 2 例，與半舌（來紐）的接觸有 1 例，與齒音的交涉並未出現。具體情況如下：

(23) 昂（疑唐）、貿（明候）、茆（明巧）等字，與卯（明有）疊韻中雙聲。（《說文解字注·玉部》"珋"條）

(24) 誾誾（疑真）與穆穆（明屋）、慔慔（明暮）、勉勉（明獮）、亹亹（明魂）等為雙聲。（同上，《言部》"誾"條）

(25) （《國語》）韋注曰："憖（疑震），願也。"願與肯義略同。《用部》曰："甯（泥徑），所願也。"《丂部》曰："寧（泥青），願詞也。"皆與憖（疑震）雙聲。（同上，《心部》"憖"條）

以上 3 例為疑紐與次濁音（明、泥）接觸。

(26) 掍（匣魂）、頑（疑刪）雙聲。（同上，《頁部》"頑"條）
(27) 迦（見麻）、牙（疑麻）今音疊韻，古音雙聲。（同上，《辵部》"迦"條）

以上 2 例為疑紐與牙、喉音接觸。

(28) 厄（疑戈）與僂（來侯）雙聲。（同上，《卩部》"厄"條）

以上 1 例為疑紐與半舌音（戴震列於舌音第四位）接觸。
在段注"轉語"材料中，疑紐字凡 2 見，雙聲和非雙聲的情況各有 1 例：

(29) 嶻（從曷）嶭（疑曷）、嵯（初支）峨（疑歌），語音之轉。（同上，《山部》"嶻"條）

(30) 寧（泥青）、甯（泥徑）、憖（疑震）三字，語聲之轉（同上，《頁部》"願"

在王念孫《廣雅疏證》"轉語"材料中，疑紐字凡9見，同紐雙聲有8例，異紐雙聲有1例（例21）。

可見，疑紐在《說文解字注》和《廣雅疏證》轉語材料中都以雙聲爲主，非雙聲的情況主要限於同次濁音接觸。上述情況大致合於戴震的變轉變轉理論，但不符合他對正轉的規定。段氏曾說："迦（見麻）、牙（疑麻）今音疊韻，古音雙聲。"（《說文解字注·辵部》"迦"條）即認爲"迦"、"牙"今讀同韻不同紐，古音則同紐不同韻（爲"古雙聲"關係，分屬段氏第十七（歌）和第五（魚）部）。但根據戴氏的理論，見紐屬牙喉類第一位，疑紐屬齒音第三位，二者不存在轉換條件。由此我們推測，段玉裁和王念孫對戴震的聲轉說並非全盤接受，而是吸收"位同變轉"說放棄"同位正轉"說，對其改易聲紐發音部位的做法也持懷疑態度。

二、早期音韻文獻對牙喉音的闡述以及學者的相關討論

聲轉研究在一定程度上必須參酌審音：戴震將疑紐改隸齒音、將微紐併入牙喉，段玉裁、王念孫大致沿用傳統"七音"對發音部位的分析，錢大昕利用"發、送、收"理論重新安排喉音。然而上述方案實際上都未能逃離字母理論的範圍，甚至受到時音的誤導。實際上早在"字母"誕生之初，唐宋時期的音韻學家對牙、喉音的認識已經存在分歧。

《玉篇》末附有《五音聲論》[3]，《廣韻》末附有《辨字五音法》，二者以"五音"分析聲紐發音部位，都涉及到了牙、喉音：

> 東方喉聲：何我剛鄂詞可康各；
> 西方舌聲：丁的定泥寧亭聽懸；
> 南方齒聲：詩失之食止示勝識；
> 北方脣聲：邦龐剝電北墨朋邈；
> 中央牙聲：更硬牙格行幸亨容。（《玉篇》末所附《五音聲論》）

> 凡呼吸文字即有五音：脣聲、舌聲、牙聲、喉聲、齒聲等：
> 一脣聲並餅（脣聲清也）；
> 二舌聲靈歷（舌聲清也）；
> 三齒聲陟珍（齒聲濁也）；
> 四牙聲迦佉（牙聲濁也）；
> 五喉聲綱各（喉聲濁也）。（《廣韻》末所附《辨字五音法》）

現將當中的牙、喉音例字列表於下：

表4:《五音聲論》、《辨字五音法》牙、喉音例字的音韻地位

	喉音	音韻地位	牙音	音韻地位
《五音聲論》	何	匣歌平開一	更	見庚平開二
	我	疑哿上開一	硬	疑諍去開二
	剛	見唐平開一	牙	疑麻平開二
	鄂	疑鐸入開一	格	見陌入開二
	謌	見歌平開一	行	匣庚平開二
	可	溪哿上開一	幸	匣耿上開二
	康	溪唐平開一	亨	曉庚平開二
	各	見鐸入開一	容	以鐘平合三
《辨字五音法》	迦	見戈平開三	綱	見唐平開一
	佉	溪戈平開三	各	見鐸入開一

除影紐外，見、溪、群、疑、曉、匣、喻諸紐在上表牙、喉二類中是相混的。章太炎對此已經有所注意，他說：

> 及夫喉、牙二音互有蛻化，蓴原相屬，先民或弗能宣究。證以聲類，公聲為翁、為容，工聲為紅，叚聲為瑕……此喉音為牙音也。臣聲為姬，異聲為翼，羊聲為羌、為姜……此牙音為喉也。昔守溫、沈括、晁公武輩，喉、牙二音故已互易，韓道昭乃直云深喉、淺喉，斯則喉、牙不有異也。（《國故論衡·古雙聲說》2010：44-45）

章氏根據早期文獻的記載，主張牙音與喉音應當分立。儘管如此，章氏仍對上古聲紐的真實面貌持不可知的態度：

> 然則分韻之道，聞一足以知十；定紐之術，猶當按文而施。但知舌上必歸舌頭，輕唇必歸重唇，半齒、彈舌讀從泥紐，齒頭破甀宜在正齒，今之字母可省者多，斯亦足以。若以聲母作概，一切整齊，斯不精之論也。（《文始·敘例》2014：181）

所謂"定紐之術，猶當按文而施"即強調聲轉的作用：章氏一方面主張牙、喉當分，但又認為二者可以相轉，甚至提出"喉、牙足以衍百音，百音亦終軔復喉、牙"之論（《國故論衡·古雙聲說》）。《新方言·音表》（[1908] 2004：145）和《國故論衡·成均圖》（1910 [2010]：8）都將見、溪、群、疑改稱為喉音，將影、曉、匣、喻改稱為牙音；後來《文始·敘例》（1910 [2014]：183）又將牙音改稱淺喉，將原先的喉音改稱深喉。

與章氏混言牙、喉互轉不同，鄒漢勛不僅注意到牙、喉音在早期音韻文獻中存在混雜現象，

更揭示出當中的規律:

> 案《廣韻》末十字與《玉篇》末四十字頗相表裡,以三十六母之匣、曉、見、溪、群、疑咸屬喉聲,而牙聲即與喉聲無別。所以別者,喉聲所舉八字皆在一等,牙聲所舉八字皆在二等。夫既以等別,胡再以喉牙別?(《五均論上·廿聲卅論》"論牙聲為空名即張子所云宮聲出於口"條)

參照表4,儘管牙、喉兩類包含了相同的聲母類型,但二者在等第上存在差異:《五音聲論》的喉音為一等字,牙音為梗、假攝二等字或通攝三等字;《辨字五音法》的牙音為一等字,喉音為三等字。據此,鄒漢勛主張將牙、喉兩類進行合併,故得唇、舌、齒、喉四類發音部位[4]。其中,唇音又分開唇、合唇,舌音又分舌頭、舌腹,齒音又分齒頭、齒本,喉音又分深喉、淺喉[5]:

開唇:非、幫、許、邪、疑
合唇:並、奉、敷、滂、明、微
舌頭:定、禪、神、澄、透、徹、穿、來
舌腹:曉、審
齒頭:精、菑、清、初、心、所
齒本:端、知、照、從、牀、日、泥、娘
深喉:匣、喻
淺喉:見、溪、群、影

鄒氏認為在語音演變過程中,聲紐發音部位存在"升降":喻紐自深喉降舌腹,影紐自淺喉降舌腹,曉紐自舌腹升深喉,疑紐自開唇升淺喉(《五均論·廿聲卅論·論不可趁字母以媚俗》)。此外,鄒漢勛還將曉紐析為許、曉兩類,李葆嘉(1996)曾討論過鄒氏的相關依據。他認為曉紐的離析純粹依據反切繫聯,即曉類切一、二、四等,許類切三等。但李先生的觀點主要存在兩點困難:一是,曉紐的反切用字雖然存在分類趨勢,但並非"邈不相涉"[6]。二是,無法解釋鄒氏為何將"許"類放入"開唇"。我們認為,鄒氏的處理應當是受到了方音的影響:在湘方言中,曉、匣二紐合流之後(讀如x-),當中的合口字常與非紐相混,多數情況為曉匣母字混入非組,少數情況為非組字混入曉匣(參看鮑厚星2006:10)。鄒氏從曉紐中析出許類,同非紐一道歸入"開唇"蓋受此影響。

周祖謨(1981)聯繫古印度"悉曇章"的研究傳統,對早期牙喉音在早期音韻文獻中的混雜現象做了討論:

> 案,唇舌牙齒喉之五音,乃出自梵文悉曇章。梵文之體文(vyanjañña)大別分為兩類,曰毘聲(sparça),曰超聲(antahsthā)。毘聲者,即氣呼觸口所發之音(contacts or mutes)。超聲者,亦稱和會聲,或遍口聲,即半元音及摩擦音之類(semi-voweland spirant)。毘聲依

口部發音地位之不同而分為五類，即所謂五聲是也。其第一類為舌根音（k, kh, g, ng, gutturals），即中土見溪群疑一類音。此類發音之部位，梵文文法家所見頗不一致，Prātiçakhyas 謂之為舌根音，Pāṇini 則謂之為喉聲……《廣韻》末"辨字五法"蓋揉合兩派之說而成，故既以見溪群疑之字為喉聲，又謂之牙聲……至於《五音聲論》以匣母之"何"字為喉聲，又以匣母之"行"、"幸"為牙聲者，則由於悉曇超聲之第八音 [h] 為喉部摩擦音者，與曉、匣二母相近，Pāṇini 曾謂此與 [k]、[kh] 等音為一類，故傳梵學者即以此與見溪群疑同論。見溪群疑或屬之喉，或屬之牙，則匣母亦如是耳。（《問學集·鄒漢勛五均論辨惑》1981：513）

依周先生的意見，在佛教"聲明"傳入之前，古印度對於牙、喉音的劃分已經存在爭議：k-, kh-, g-, ng-諸音, Prātiçakhyas 一派稱為舌根音, 而 Pāṇini 一派稱為喉音。此外, Pāṇini 一派還將擦音 h–歸入喉類。後來，這兩種學說分別傳入中國，上述爭議延續了下來。

不少學者承認傳統"五音"及"字母"起源於"悉曇章"，古印度學者對牙喉音的討論也的確同早期字母家的爭議相符。但我們認為，《五音聲論》和《辨字五音法》中牙、喉音例子的分組現象必須聯繫中古漢語的音韻特點才能得到解釋。觀察表4，可以發現見、溪、群、匣、疑諸紐存在對立，這與唐末宋初舌根音塞音的腭化以及舌根鼻音的零聲母化有關；喻紐不存在對立，是由於它只拼三等；曉紐不存在對立，則可能由於偶然因素（例字較少）；影紐缺乏對立，與它獨特的發音方式有關[7]。據此，我們可以構擬以下音值：

表5：《五音聲論》和《辨字五音法》所體現的牙、喉音分組現象

	喉音	擬音	牙音	擬音
《五音聲論》	見	k	見	tç
	溪	kh	溪	tçh
	群	g	群	dʑ
	疑	ng	疑	ø
《辨字五音法》	見	tç	見	k
	溪	tçh	溪	kh

總之，唐宋時期的字母家一方面延續了"悉曇章"中牙喉音的爭議，另一方面又賦予了它們新內涵，即傾向於用它們區分舌根塞音的腭化/非腭化以及舌根鼻音的零聲母化/非零聲母化對立。

三、小 結

牙、喉音在轉語中的接觸較為複雜，傳統音韻學家對牙喉音關係的考察以審音為主而又兼顧

考古：戴震主張歸併牙、喉，但又將疑紐改隸齒音；錢大昕也主張歸併牙、喉，同時又利用"發、送、收"重新安排喉音，並且取消了同部位的正轉；段玉裁、王念孫一方面遵循戴氏的變轉理論，一方面將牙、喉分立。在古聲紐研究中，考古與審音是相輔相成的：一方面，對轉語的辨別和收集必須借助審音；另一方面，審音的進步也需要反切繫聯等方法的推動。清人分別從發音部位和方法兩個角度對牙喉音關係作了探究，較為普遍的看法是，按照聲轉關係的親疏，牙、喉音可分為見溪群、影曉匣喻、疑三類。我們認為，清人對牙喉關係的認識受到了字母理論的影響，未能突破"三十六字母"的範圍。清末，陳澧提出反切繫聯法，考得《廣韻》反切上字為四十類。在此基礎上，曾運乾、黃侃提出"就字母等韻之學以恢復反切之學進而考求古聲紐"，考得照二和照三組以及喻母三、四等存在不同來源，糾正了聲轉研究中以喻配影的做法，極大地推進了傳統古聲紐研究。

附言：本文為"出土文獻與中國古代文明研究協同創新中心博士創新資助"（CTWX201BS033）成果。

注 釋：

[1] "䓍"字《廣韻》韋委切，雲母紙韻。蓋戴氏為求"聲轉"和諧，遂改從今音，注云"音花"，故我們標註為"䓍（曉麻）"。

[2] 段玉裁《說文解字注》429條轉語材料中，輕、重脣的接觸有8例（約佔1.9%），舌頭、舌上的接觸有5例（約佔1.2%）；王念孫《釋大》125條同源材料中，除3條"音近"的項目為異紐接觸外，其餘122條皆屬雙聲（約佔97.6%）；王氏《廣雅疏證》211條轉語材料中，輕、重脣的接觸共有9例（約佔4.3%），舌頭、舌上的接觸僅有2例（約佔0.9%）。

[3] 《玉篇》末附有數篇音韻文獻，其中《四聲五音九弄反紐圖》與《五音聲論》關係較為密切，對於二者的來源，前人存在不同看法。戴震云："深寧叟（按，即王應麟，說見《玉海·卷四十五·梁〈玉篇〉、祥符〈新定玉篇〉條》）言《玉篇》末附以沙門神珙《五音聲論》、《四聲五音九弄反紐圖》。考珙自序不一語涉及《五音聲論》，殆唐末宋初或雜以附《玉篇》末，非珙之為，故列之珙《反紐圖》前，不題作者名氏。"（《聲韻考·卷四·書玉篇卷末聲論反紐圖後》）可見，王應麟認為《四聲五音九弄反紐圖》和《五音聲論》皆為神珙所作，而戴震則認為前者為神珙所作，而後者則否。錢大昕《養新錄》逕稱"《玉篇》卷末所載沙門神珙《四聲五音九弄反紐圖》"，其看法蓋與王氏相近。（參見《十駕齋養新錄·卷五·喉舌齒脣牙聲條》）

[4] 鄒漢勛排斥字母等韻之學，他所謂的"五音"和"四聲"與傳統的觀點有所不同：鄒氏的"五音"指陰、陽、上、去、入五種聲調，"四聲"指脣、舌、齒、喉四個發音部位。

[5] 這裡按照鄒漢勛的"四十一聲類"進行歸納。即在"三十六字母"的基礎上將正齒音析為照、穿、神、審和牀、初、牀、所兩類，將曉紐析為曉、許兩類。

[6] 反切上字按一、二、四等與三等進行分類是一種較為普遍現象，並不限於曉紐。陳澧《切韻考》將曉母的16個反切用字繫聯為兩類：呼、荒、虎、馨、火、海、呵為一類，香、朽、羲、休、況、許、興、喜、虛為一類，兩類之間存在混用現象。陳氏依據"補充條例"，認為"香以下九字與上七字，不繫聯，實同一類"。（參見《切韻考內篇·卷二·聲類考》，2005：8）

[7] 一般認為影母是一個喉塞音，它在發音上與一般的塞音有所不同。潘悟雲（1997）曾指出："一般塞音屬於發音作用（articulation），而喉塞音（按，即影母）則屬於發生作用（phonation）。發聲作用就是聲門狀態對語音音色的影響……喉塞音與其說是塞音，不如說是發一個元音的時候，聲門打開的一種特有方式，與耳語、氣聲一樣屬於一種發聲作用。"

參考文獻

鮑厚星：《湘方言概要》，長沙：湖南師範大學出版社 2006 年。

（清）陳澧：《切韻考》，廣州：廣東高等教育出版社 2005 年。

董同龢：《上古音韵表稿》，臺灣：史語所集刊 18 本 1 分，1948 年。

（清）段玉裁：《説文解字注》，上海：上海古籍出版社 2003 年。

（清）戴震：《聲類表》，音韻學叢書本。

——《戴震集》，上海：上海古籍出版社 2009 年。

高本漢著，趙元任譯：《高本漢的諧聲說》，《趙元任語言學論文集》209—239 頁，北京：商務印書館 2002 年。

華學誠、柏亞東、王智群、趙奇棟、鄭東珍：《就王念孫的同源詞研究與梅祖麟教授商榷》，《古漢語研究》2003 年第 1 期。

李葆嘉：《清代古聲紐研究史論》，臺北：五南圖書出版公司 1996 年。

李方桂：《上古音研究》，北京：商務印書館 1971 年。

潘悟雲：《喉音考》，《民族語文》1997 年第 5 期。

（清）錢大昕：《十駕齋養新錄》，《嘉定錢大昕全集》，南京：江蘇古籍出版社 1997 年。

——《潛研堂集》，上海：上海古籍出版社 2009 年。

——《聲類》，《嘉定錢大昕全集》，南京：江蘇古籍出版社 1997 年。

——《廿二史考異》，上海：上海古籍出版社 2004 年。

王力：《漢語史稿》，北京：科學出版社 1958 年。

（清）王念孫：《廣雅疏證》，南京：江蘇古籍出版社 2000 年。

雅洪托夫著，葉蜚聲等譯：《上古漢語的複輔音》，《漢語史論集》第 42—51 頁，北京：北京大學出版社 1986 年。

（清）鄒漢勳：《五均論》，續修四庫全書本。

章太炎：《國故論衡》，上海：上海古籍出版社 2003 年。

——《文始》，《章太炎全集》（第七冊），上海：上海人民出版社 2014 年。

——《新方言》，《章太炎全集》（第七冊），上海：上海人民出版社 2014 年。

周祖謨：《鄒漢勳五均論辨惑》，《問學集》第 511—516 頁，北京：中華書局 1981 年。

（作者單位：中山大學中文系）

雷霆豈能"收"震怒

——對杜甫《觀公孫大娘弟子舞劍器行》通行文本中一個錯字的辨正

於賢德

《觀公孫大娘弟子舞劍器行並序》是杜甫詩歌中的重要作品，這首七言古詩及其小序記錄了詩人於大曆二年十月十九日，在夔府別駕元持宅第觀看李十二娘表演的劍器舞，並瞭解到表演者是自己在童年時期十分仰慕的舞蹈家公孫大娘的弟子，因此引發了對公孫大娘精湛超群的舞蹈藝術的深情回憶，並對世事的巨大變遷與兩代舞者截然不同的境遇發出無盡感慨，還由此聯想到公孫大娘的舞技對當時的草書大師張旭在書法創作上產生的觸類旁通的啓迪意義。正是在這樣複雜情感的作用下，杜甫用激動人心的詩歌語言對兩代舞蹈藝術家的精彩技藝進行了生動的描繪，對生活在波瀾跌宕的社會洪流中，藝術家個人命運的不幸表達深切同情的同時，抒發了慷慨激昂與悲嘆無奈交錯摻雜的豐富情感。詩歌以動人心魄而又入木三分的真實記事、天馬行空般的瑰麗想象以及對同是天涯淪落人的真摯關心，成為一首膾炙人口的經典之作，以其永恒的文學魅力流傳至今。

然而，筆者在多次閱讀這首詩篇的過程中，總覺得詩中有一個字很不貼切。還是在上個世紀90年代就感到問題的存在，在反復體味之中產生了如梗在喉不吐不快的感覺。雖然也在課堂上談到語言的對稱美時提出過這一問題，但由於本人不從事中國古代文學的教學和研究，更不是專門研究杜甫的專家，對於這一疑點也就沒有繼續加以深入的探討，時過境遷之後就被擱置了起來。最近在翻閱一些近幾年出版的有關唐詩研究尤其是杜甫研究的專著和工具書時，發現這個問題仍然沒有得到專家們的重視，疑問不但沒有得到解決卻在各種出版物中繼續存在。因為覺得對於民族優秀文學遺產應有敬畏之心，發現其中確實有一些細微的瑕疵存在，正確的做法不是退避三舍沉默不言，而應該大膽地把問題提出來加以討論。這樣既可以在專家們釋疑解惑的指教中解決本人因才疏學淺而存在的疑惑，也有可能通過相互切磋找出問題的症結所在而使錯誤得到糾正，以避免文學經典在傳播過程中出現的問題長期存在，特將這一問題提出來就教於各位方家。

一

筆者認為現在通行的杜詩《觀公孫大娘弟子舞劍器行並序》中有一個字是錯誤的，而且因為這個字的錯誤，不但使讀者對詩歌的內容感到困惑不解，對於閱讀、理解與鑒賞造成不小的困難，而且還影響了杜詩固有的藝術成就和美學價值。正因為如此，或許本人對一個不很成熟的疑問有點"小題大做"，但是抱着結束以訛傳訛的目的，還是不揣冒昧地把這個問題提了出來。在這首詩中，詩人在描繪童年時期銘記在心中的公孫大娘精彩絕倫的舞技時，首先交代了舞蹈家的赫赫名聲和人們趕來觀看她的表演時的排山倒海、震天動地的聲勢，接着就對公孫大娘的舞蹈進行了生動的描繪，"㸌如羿射九日落，矯如群帝驂龍翔，來如雷霆□震怒，罷如江海凝清光。"詩人用了一連串精美的比喻和絕妙好辭，把公孫大娘舞劍器時的矯健動作、迅捷速度、震撼天地的爆發和靜如處子的亮相，刻畫得神采畢現，讓讀者獲得了如臨其境、如見其人、如聞其聲的藝術感染，詩歌之美及其所描寫的舞蹈之美在兩種不同的藝術美的融合與集聚中得到升華，給讀者帶來強烈的心靈震撼和奇妙的美感享受。然而，就是在上面所引的詩句中，在目前通行的各種版本的杜詩中，這個地方用的都是一個"收"字，而這却是一個錯字，筆者認為這句詩中根本不應該用這個"收"字，所以就在引文中放了一個空格。

讀到這句詩，起先以為是在編選和印刷過程中出現的差錯，於是留意了各種不同的版本，結果發現目前流播較廣的版本只要選用這篇《觀公孫大娘弟子舞劍器行並序》，都是"來如雷霆收震怒"的字樣，不少有關的詮釋、賞析的文章，還有一些杜甫研究專家和著名學者，在討論這首詩時同樣使用"收"字。根據筆者十分有限的閱讀視野，就發現有十幾篇引用或討論這首詩歌的原文或賞析、研究文章，都依樣畫瓢地用了"收"字而沒有提出自己的質疑，更沒有人對這個問題展開深入的討論。例如：上海辭書出版社1983年出版的《唐詩鑒賞辭典》[1]，上海辭書出版社1999年出版的以蘅塘退士編纂的《唐詩三百首》為底本的《名家配畫誦讀本·唐詩三百首》[2]，北京出版社2001年出版的楊義著《李杜詩學》[3]，新疆人民出版社2003年出版的朱士釗編《唐詩宋詞鑒賞辭典》[4]，長春出版社2008年出版的霍松林主編《名家詳解唐詩三百首》[5]，廣陵書社2010年編選出版的綫裝書《杜甫詩選》[6]，高等教育出版社2011年出版的蘅塘退士選編李淼等編譯《唐詩三百首》[7]，齊魯書社2011年出版的張巍著《杜詩及中晚唐詩研究》[8]，中國人民大學出版社2011年出版的陳耀南著《唐詩新賞》[9]，外文出版社2012年出版的姜軍主編《唐詩大鑒賞》[10]，華語教育出版社2013年出版的黃岳洲主編《中國古代文學名篇鑒賞辭典》[11]，安徽師範大學出版社2014年出版的聞一多著《唐詩雜論》[12]，還有商務印書館國際有限公司2016年出版的周嘯天主編的《唐詩鑒賞辭典》[13]。

上面列舉的這些文本，雖然只是賞析和研究杜甫這首詩歌的大量著作中很小的一部分，但是因為這些文本都屬於當代較有影響的有關杜甫詩歌的出版物，並且涵蓋了開蒙、賞析和研究等各個方面，很多著作是由專門研究杜甫和唐詩的權威主持編寫的，有的還是通過專業的工具書出版機構加以出版的，具有相當的權威性。正是由於對本來不符合詩人原意的錯字未能加以認真的關注與及時的糾正，導致這一錯誤在傳播過程中獲得某種固化，已經造成了三人成虎的不良後果。杜甫是中國文學史上最偉大的詩人之一，他在詩歌創作上取得巨大成就當然不會因為一兩個字的錯訛而受到影響，正如韓愈所說："李杜文章在，光焰萬丈長。"但是，對於一個令人疑惑的文字，如果能夠通過全面的梳理和深入的辨析還其本來面目，這無論是對於詩人輝煌的創作成就的高度尊重，還是有效防止優秀文化遺產在傳承的過程中謬種流傳的弊病繼續存在，都具有十分重要的文學史與出版史的意義，而這也正是本人敢於提出這一問題進行討論的初衷所在。

二

本人之所以認為"來如雷霆收震怒"的"收"字是錯誤的，是根據以下幾個方面的理由做出的判斷：

首先是這個"收"字不符合氣象變化的客觀實際。打雷一般是由積雨雲放電時產生強大的電流而發出的爆炸聲和閃光所造成的，漢語中用"雷霆"這個詞彙來表述這一天氣現象，它可以跟"雷暴"、"霹靂"構成同義詞。早在《易·繫辭上》就有"鼓之以雷霆"的話語，可見這個詞彙的使用已經具有悠久的歷史。現代漢語中至今還普遍使用"雷霆萬鈞"、"雷霆之力"等詞語來形容事物的巨大威力與威猛氣勢，可見這個詞彙在今天仍然具有強大的生命力。而"雷霆"之所以能產生令人驚心動魄的印象，就在於攜帶正電荷的雲團與攜帶負電荷的雲團的相互吸引撞擊，兩種電荷的劇烈中和、放電過程中就會產生強大的電流，並隨之產生耀眼的閃光和巨大的震響，這就是雷電形成的基本過程。

為了探索雷電形成的原理，1882 年英國科學家維姆胡斯發明了圓盤式靜電感應起電機，這是一種能夠連續取得並可積累較多正、負電荷的實驗裝置。感應起電機所產生的電壓較高，與其他儀器配合後，可進行靜電感應、雷電模擬及尖端放電等實驗。這個實驗設備被命名為"起電器"，說明雷電就是在電流的相互感應中引起放電的。這裡的"起"跟杜甫詩中的"來"應該是一個意思，把"來如雷霆"換成"起如雷霆"，雖然在詩意上有一定差別，但所表達的事實應該是基本一致的。可見，無論是自然界的天氣現象還是物理實驗，都十分明確地證實，雷電都是在正負電荷的觸碰、撞擊之時才有可能發生。所有能夠稱為"雷霆"的氣象活動，都是在電閃雷鳴的當時，因為這種閃電雷暴，既有突如其來的暴發性，又有超越人類的聽覺和視覺正常閾限的強烈性，嚴重的雷擊屬於災害性天氣，會擊毀建築和樹木，甚至還會造成人員的傷亡。人們從遠古時代就直觀地感覺到這是老天爺在大發脾氣，因此就用"暴跳如雷"、"大發雷霆"這些詞語來表達對於雷電的恐懼，這在缺乏避雷針等防雷措施的年代也是順理成章的事。所以"雷霆"這一天氣現象的出現，必然是以雲團強烈放電作為基本表現方式的，也就是說，"雷霆"和"震怒"完全是同步的。如果在語言表達上用"收"字來表示"雷霆"的動作和景象，那就完全背離了氣象活動的客觀真實性——收斂了"震怒"也就根本沒有"雷霆"的存在了，而那種天朗氣清、長烟一空的艷陽天跟電閃雷鳴、狂怒勁爆的"雷霆"是毫不相干的，這就是說，"雷霆"一旦出現就必定是要"放"震怒的，而絕不是反過來"收"震怒的。

其次，從杜甫在詩歌語言表達上的準確精到的角度來看，也不可能出現"收震怒"這樣的錯誤。從語法結構上來看，這句詩的主語應該是舞蹈家在表演過程中一連串疾速的動作，但由於語境上指代的明確及詩學語言特殊的表達方法，這一主語在文字上被省略了，但這並不影響接受者的正確理解。詩句的謂語就是一個"來"字，在這裡指的就是舞蹈表演開始"興奮起來"、"熱烈起來"、"奔放起來"乃至"暴發起來"，表示舞蹈動作進入酣暢淋漓、火爆強勁、出神入化的華彩樂章。對於"來"的具體情景的描寫，詩人則用了"雷霆"、"震怒"這樣一個狀語，把舞者動作的嫻熟、力量的迸發、變化的快速所帶給觀眾的眼花繚亂的視覺衝擊，通過幾個字就十分傳神地呈現出來了。這個具體描寫舞蹈表演熱烈生動的狀語，本身又是一個簡明的比喻，在修辭格中這類"什麼像什麼"屬於明喻，只不過在詩中作為描寫對象的比喻的本體，就是已經被省略了的精彩動人的舞蹈表演情景，而喻體就是"雷霆"這一人們非常熟悉、印象深刻而帶有刺激性、恐懼感的天氣現象，這就能夠使讀者運用以往積累的有關雷電的認知經驗及由此產生的統覺作用，對劍器舞的生龍活虎的力量、動如脫兔的敏捷與排山倒海的氣勢，形成活躍而又深刻的意象並很快進入如醉如痴的審美陶醉之中，舞蹈藝術所呈現出來的形體之美、技藝之美、力量之美和創造之美，就能讓人在高峰體驗的過程中得到美好的享受。詩人把劍器舞的高潮時刻比作天上電閃雷鳴的情境，把語言描寫難以表現的生動的場景轉換成人們熟知而又印象深刻的事物，這個短短幾個字組成的狀語已經達到了文學描寫的高峰境界。由此可見，詩歌中的"雷霆"應該是霹靂大作的進行時，只能是隆隆巨響、電光跳躍的打雷過程本身，不可能是"收"所指代的收縮、平息和靜止，因為這跟詩人所要描寫的熱情奔放、激越張揚的表演完全是背道而馳的。

如果再進一步把這句詩與下一句的"罷如江海凝清光"聯繫起來考慮，問題的答案就更加明確了。雖然這首詩不屬於格律詩，因此也不能用律詩的對仗去要求它們，但是，由於漢語自身所具有的特點和優勢，如每個字在視覺形象上基本上都是一個方塊，在聽覺感受上都是一個音節，這就為文學創作上帶來了文字排列整齊和聲韻抑揚頓挫的便利，因此在還未形成格律詩對於對仗的嚴格要求之時，詩歌創作中就已經有了對仗這樣的修辭手法。也就是說，對仗這樣的語言形式不是一下子冒出來的，而是在文學創作的日積月累中，因為合乎漢語表達的基本特點，經過由粗到精、由淺入深的積澱而成的。《詩經》《楚辭》及漢魏六朝詩賦等詩文中已經有大量的對偶句出現，這種字數相等、詞性相同、結構一致、意義相應，通過兩兩相對的排列形式，體現了漢語表達尤其是詩歌語言表達的對稱美，形式上的整齊一律，詩意表現中所蘊涵的豐富而深邃的辯證思維，就在相輔相成或者相反相成的組合中呈現出獨特的藝術價值。在杜甫的古詩創作中，可以發現大量具有對仗意味的詩句，僅在《奉贈韋左丞丈二十二韻》這首詩中，就有很多這樣的例子，如"賦料揚雄敵，詩看子建親"，"李邕求識面，王翰願卜鄰"，"朝叩富兒門，暮隨肥馬塵"，"青冥卻垂翅，蹭蹬無縱鱗"，"焉能心怏怏？只是走踆踆"，"今欲東入海，即將西去秦"[14]，等等。這完全可以說明杜甫在古體詩的創作中已經在對仗的運用上達到了"從心所欲不逾矩"的自由境界，而他在《觀公孫大娘弟子舞劍器行》這首詩中對於對仗的熟練運用而不出偏差也就完全在情理之中了。因此，出現整個詩句的謂語動詞意思相反，而狀語分句中的謂語動詞卻詞義相同的錯誤，應該是很不合理的了。"來如雷霆□震怒，罷如江海凝清光"，前面一句首字"來"與第二句的首字"罷",在詞義上剛好相反,而作為狀語的喻體,"雷霆"和"江海"都屬於名詞,都是由並列詞素構成的合成詞,又都在作為喻體的狀語分句中充當主語,前者指代的對象屬天文,後者則屬於地理。關鍵的問題在於目前通行的文本中,上下兩個狀語分句中的動詞分別是"收"和"凝",兩者雖然都是動詞,但却背離了整個句子的謂語在詞義上相反的大前提,原本兩個句子所要表達的"來"與"罷"兩種完全相反的動作,以及由此產生的動與靜的對立被破壞了,詩句的對仗也不成立了,相反相成的對稱美更是蕩然無存,詩歌的藝術性也就不可避免地受到了極大的削弱。這再一次説明"收"和"凝"兩個字必定有一個是錯誤的,結合前面對於"雷霆"的物理特性的分析,這個錯字只能是"收"字。設想一下,如果詩人原本在這裡用的不是"收"而是"放"字,這句詩的本來的文本是"來如雷霆放震怒",那麽不但符合雷霆本身的特性,也符合舞蹈動作在激動人心的高潮時刻的藝術表現,而且在詩句的對仗上顯得十分規範,詩歌的韵味也就能够生動地呈現出來。因此,可以十分明確地說,只有把"收"换成"放",才符合詩人的本意。

第三,衆所周知,杜甫在詩歌創作中秉持的嚴謹態度,在中國文學史上堪稱典範。他在文字的推敲、詞語的錘煉、形象的刻畫和意境的營造,總是嘔心瀝血、精益求精。他自己曾經明確表示,"為人性僻耽佳句,語不驚人死不休!"可以說把生命的全部力量都投入到詩歌創作中去了。雖然在詩歌史上,人們把"苦吟詩人"的稱號給予了賈島,其實,杜甫之所以能够得到"詩聖"這樣的崇高榮譽,不僅因為他的作品具有"詩史"的偉大品格,而且也跟他在創作中一絲不苟的嚴肅態度是分不開的。賈島關於苦吟的夫子自道,用在杜甫身上也是完全合適的:"二句三年得,一吟雙泪流。知音如不賞,歸卧故山秋。"可見,如果僅從苦吟這一點上來看,杜甫和賈島都是在"上窮碧落下黄泉"的艱辛尋覓中,才寫出了那些膾炙人口、流芳百世的好詩。正是由於這一點,筆者認為他是不會用"收"字來做"雷霆"的謂語動詞的。

三

筆者從雷霆這一天氣現象的客觀真實性、詩歌語言的語法修辭與詩學的藝術性以及詩人創作態度的嚴肅性提出這個問題並闡述了個人的看法,用充分的理由力圖説明,這首詩中"來如雷霆收震怒"的"收"字,肯定不是杜甫的原文,而只能是在文本的刊行中發生的差錯所造成的。如果對於這個錯字不加勘誤,任其長期流傳下去,那就是對"詩聖"極大的不尊重,而把後人的錯誤强加到大詩人的頭上,簡直可以説是一種褻瀆。有些研究者在解釋這句"收震怒"時確實已經顯得十分勉强與困難,却没有從不同的方向對此進行深入的思考,更没有通過科學的考據去解决這一問題。一筆帶過者有之,歪曲原意者有之,如在上海辭書出版社編纂的《唐詩鑒賞辭典》中,廖仲安先生對於這兩句詩是這樣解釋的:"雷霆收怒,是形容舞蹈將近尾聲,聲勢收斂;江海凝光,則寫舞蹈完全停止,舞場内外肅静空闊,好像江海風平浪静,水光清澈的情景。"[15]這樣的解釋不但完全違背了雷霆發作時的實際情况,而且還誤解了這句詩所表現的熱情奔放舞蹈場景,把表演進入高潮説成是"將近尾聲"。這種牽强附會、以意為之的謬誤之所以會出現在一個對杜甫研究有素的專家身上，問題就在於"本本主義"在作祟，廖先生没有想到文本在傳播過程中有出錯的可能，因此没有對不通順、不合理的詩句進行認真的鑒别和深入的考證，也就不可能還其廬山真面目，這實在是一件令人遺憾的事情。

那麽，杜甫的這首詩中的"放"字又是怎樣被錯成"收"字，並且長期在各種版本中相襲沿用的呢？筆者認爲這一錯誤主要是由印刷技術的偶然出錯所造成的，但是仔細分析起來可以發現隱藏在偶然性後面的必然性。"放"和"收"這兩個字在結構上都比較簡單，雖然在詞義上剛好相反，但在文字具體的視覺形象上卻有很多相似之處：一是這兩個字都是左右結構，二是在它們的右邊又都是反文旁，三是左邊的筆畫都比較少，此外，這兩個字的左邊雖然有"方"與"丩"的不同，但兩者都含有近於一橫的筆畫，這幾點就是它們容易被人混淆錯印的客觀原因。根據筆者的分析，很有可能還是在雕版印刷時期，這個"放"字就已經被錯成"收"字了。因爲雕版印刷所使用的板材質地軟硬相宜、肌理平順細膩，而在刻字製版的過程中，由於板材的紋理是以豎向爲主，最容易雕刻的筆畫應該是"豎"，其次是"橫"，最難對付的就是"撇"、"捺"與"點"。如果刻字的師傅在雕刻"放"字左上角那一點時，一不小心讓刻刀順着板材豎向的紋路滑了下來，使這一"點"向下延伸，並且跟"方"字的一撇連接起來，成爲既不是"方"，也不像"丩"的怪字，整個字形就在"放"與"收"之間游移。剛好負責校對的人又缺乏一絲不苟的認真精神，這樣的差錯就印成書籍並在社會上流傳開來。當有着這樣差錯的書籍在後來再版時没有經過仔細的校對，這種不倫不類的錯字就得以進一步流行。或許有人以它爲範本編選新詩集時發現了這一問題，感到這個字在形象上比較接近"收"字，就在校注過程中乾脆把它改定爲正常的"收"字。後人則出於對杜甫的尊重，不敢懷疑也不願深究，没有考慮到是在書籍的印刷過程出現的問題。於是，這個錯誤的"收"字就通行無阻，在杜甫詩歌的傳播中留下了令人遺憾的硬傷。

由於筆者不是從事杜甫研究的專家，同時又缺乏版本目錄學的知識，所以上述關於"放"字被錯成"收"字的分析，只能是從推理的基礎上提出的初步解釋，基本上屬於推測的結果。這些想法只能屬於胡適之先生所說的"大膽假設"的範疇，還没有相應的知識和學力繼續對這個問題加以"小心求證"的科學研究。因此，筆者抱着抛磚引玉的態度，希望得到相關領域專家的指教，把這個延續了千百年的問題能够水落石出，得到徹底的解决。但是，值得强調的是，筆者指出的"來如雷霆收震怒"詩句中存在的悖謬，已經有相當全面的理由證明，這個"收"字的錯用是不容置疑的。因此，迫切希望本人的觀點能够引起各相關方面的重視，今後在引用這句詩的時候，尤其是在相關書籍的出版時進行認真的校刊，切實改正錯誤，恢復杜詩這一名篇"來如雷霆放震怒"的本來面貌。

註　釋：

[1]　《唐詩鑒賞辭典》，上海辭書出版社1983年，第588頁。

[2]　《名家配畫誦讀本・唐詩三百首》，上海辭書出版社1999年，第59頁。

[3]　楊義：《李杜詩學》，北京出版社2001年，第557頁。

[4]　朱士釗編：《唐詩宋詞鑒賞辭典》，新疆人民出版社2003年，第194頁。

[5] 霍松林主編,沈文凡、李博昊著:《名家詳解唐詩三百首》,長春出版社 2008 年,第 107 頁。
[6] 《杜甫詩選》,廣陵書社 2010 年,第 102 頁。
[7] 蘅塘退士選編,李淼等編譯:《唐詩三百首》,高等教育出版社 2011 年,第 144 頁。
[8] 張巍:《杜詩及中晚唐詩研究》,齊魯書社 2011 年,第 54 頁。
[9] 陳耀南:《唐詩新賞》,中國人民大學出版社 2011 年,第 225 頁。
[10] 姜軍主編:《唐詩大鑒賞》,外文出版社 2012 年,第 116 頁。
[11] 黄岳洲主編:《中國古代文學名篇鑒賞辭典》,華語教育出版社 2013 年,第 598 頁。
[12] 聞一多:《唐詩雜論》,安徽師範大學出版社 2014 年,第 129 頁。
[13] 周嘯天主編:《唐詩鑒賞辭典》,商務印書館國際有限公司 2016 年,第 715 頁。
[14] 《唐詩鑒賞辭典》,上海辭書出版社 1983 年,第 424—425 頁。
[15] 廖仲安:《〈觀公孫大娘弟子舞劍器行並序〉賞析稿》,《唐詩鑒賞辭典》,上海辭書出版社 1983 年,第 589 頁。

(作者單位:廣東外語外貿大學新聞與傳播學院)

琉球官話課本《人中畫》在使用過程中的修改
——以天理圖書館藏琉球抄本《人中畫·風流配》為例*

范常喜

一、引言

琉球官話課本即清代琉球國人學習漢語官話的課本，以抄本形式保存至今的代表性教材有《官話問答便語》、《白姓官話》、《學官話》、《琉球官話集》、《廣應官話》、《人中畫》等。《人中畫》較為特殊，是利用當時中國流行的話本小說《人中畫》為底本，經過口語化改寫後，作為副讀本形式的漢語課本。該教材包括《風流配》、《自作孽》、《狹路逢》、《終有報》、《寒徹骨》五個故事。琉球官話課本的抄本在日本多地藏書機構有所發現，其中《人中畫》抄本目前已發現了6種[1]，但以天理大學附屬圖書館所藏抄本最為完整，而且保留下來的當時使用者的校注材料也最多。

以往對琉球抄本《人中畫》的研究主要學者有魚返善雄、佐藤晴彥、石崎博志、木津祐子、李煒、李丹丹等[2]。這些研究主要集中在《人中畫》本身的語言現象、改寫年代、書誌信息等方面，而對於當時使用者在抄本中留下的大量校改與注釋材料則較少關注。這些校注材料是當時琉球人在使用該教材時的真實記錄，有著多方面的研究價值。我們不僅可以通過其中的校改材料瞭解當時琉球人在使用過程中對該教材的修改，而且通過對字詞的注釋內容還可以反觀當時琉球人學習漢語的重點與難點等等。

有鑒於此，本文以天理本《人中畫·風流配》校注材料中的校改材料為例，在整理分析其中全部校改材料的基礎上，總結歸納當時琉球漢語學習者在使用過程中對該教材的種種修改情況。我們相信這一研究不僅可以揭示還原當時琉球人學漢語時的種種細節，而且也可以提高我們對琉球抄本《人中畫》自身語料豐富性和複雜性的認識。為便於行文，首先將文中所用於比勘的文獻版本及相關簡稱述之如次：

（一）嘯花軒本《人中畫·風流配》（簡稱"嘯本"）[3]：無名氏原著，趙伯陶校點《人中畫》，收入徐震等原著，丁炳麟等校點《中國話本大系珍珠舶等四種》（江蘇古籍出版社 1993年）。

（二）琉球抄本《人中畫·風流配》（簡稱"琉本"）：

1. 天理大學附屬天理圖書館藏琉球抄本《人中畫·風流配》。（簡稱"天理本"）
2. 東京大學附屬圖館藏琉球抄本《人中畫·風流配》。（簡稱"東大本"）
3. 京都大學文學研究科藏琉球抄本《人中畫·風流配》。（簡稱"京大本"）

本文引文皆據原書，俗字、異體字、句讀等儘量存其原貌。天理本原無頁碼，為引述方便，我們按今人閱讀習慣給正文編了頁碼，將原抄本一葉的正反兩面視作兩頁，共計 140 頁。嘯本、京大本與東大本主要用於參校，為避繁瑣，未再單獨編製頁碼。

二、校改之例疏證

（一）刪除（21 例）

刪除，即校改者將抄本中不需要之字刪除。依其所使用的刪除符號可分為點掉、圈掉、點圈掉三類，共計 21 例，其中點掉 15 例，圈掉 4 例，點圈掉 2 例。

1. 點掉（15 例）

點掉一般是用一朱點[4]點於該字的中央或偏左位置，有個別字用兩朱點點掉，朱點分別位於被刪字的左側和中央。單點居於中央的有 8 例，居於左側的共 5 例，雙點同時點於左側和中央的有 2 例。相關例字如次：

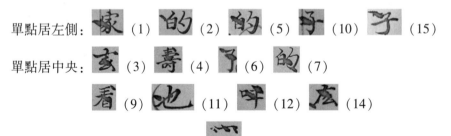

以上所列點掉之字中的點畫位置不一，粗細不同，可見加這些朱點者似非一人。此外，若依被刪字是否標示聲調符號又可分為兩類，一類已標，共 8 例，主要見於單點點於中央者 7 例，雙點分居於左側和中央者 1 例。一類未標，共 6 例。主要見於單點點於左側者 5 例，單點點於中央者 1 例，雙點分居左側和中央者 1 例。另外還有 1 例存疑，即（15）例。據此亦可推知，刪字者至少為兩人。此外，未標聲調符號就加朱點刪字者可能與加聲調符號者為同一人，這些朱點很可能是此人在給白文《風流配》加朱書句讀符號時順便做了刪改，因此留下了未標聲調符號就已朱書點掉之字。另外一種已加聲調符號又朱書點掉的，一方面可能是與前面一種相同，是同一人在加完句讀符號後校改檢查時再次刪改所致；一方面也可能是另一人在前一人加聲調標句讀以後再次刪改所致。

現將 15 個點掉的校改羅列疏證如次：

(1) 風 16[5]：呂柯就叫家人。到華嶽衙家裡。暗ㄚ[6]訪問。

按：本句中第二個"家"字點掉，未標聲調符號。嘯本作"呂柯因叫心腹家人到華衙去暗暗訪問"，無"家"字。京大本無"家"字。東大本有"家"字，且標一聲符號。據文意看，此處"家"字實為衍文，當從京大本刪之，天理本校改者將其點掉正確可從。

(2) 風 16：人都不曉得。的司馬玄聽了。

按："的"字點掉，未標聲調符號。嘯本作"所以人都不知"，無"的"字。京大本、東大本亦均無"的"字。此句中"的"字的存在並不影響文意的表達，所以"的"字本可不刪，但是加句讀者可能是對照其他已點句讀的抄本加的句讀，遂將"的"字點掉，並於"得"字後加圈號句讀，而點掉的"的"字後則未加圈號句讀。由此亦可推知，此處加句讀、標聲調、校改者當是同一人。

(3) 風 18：今日司馬玄兄少年美才。

按："玄"字點掉，未標聲調符號。嘯本無"玄"字。京大本、東大本亦均無"玄"字。可見天理本"玄"字確當為衍文，校改者點掉可從。

(4) 風 18：門生祝壽之心。

按："壽"字點掉，已標四聲符號，另外"祝"字前旁補一"敬"字。嘯本、京大本、東大本均作"門生敬祝之心"，無"壽"字。可見，天理本校改者所改可從，但從文意來看，天理本原作"祝壽之心"亦可從。

(5) 風 23：家裡沒有人走漏消息。的就是有人走漏。

按："的"字點掉，未標聲調符號。嘯本作"況我府中嚴密，諒無人透露，若有人透露"，無"的"字。京大本、東大本亦均無"的"字。此例與前述第 (2) 例情況類同，茲不再贅。

(6) 風 38：今年幾多年紀。了。就曉得。

按："了"字點掉，已標三聲符號。嘯本作"今年幾多年紀，便曉得作詩寫字"，無"了"字。此外，該句中"了"字右下角本已加圈號句讀，但現已打了叉號。"紀"字後又重加了圈號句讀。由此可見，此處當是加完句讀並標聲後又刪改所致。當然，從文意來看此處"了"字本亦不用刪，同樣情況已見前例，茲不再贅。京大本、東大本均有"了"字，且標了三聲符號，字後加朱色圈號句讀。據此推測，天理本校改者校改此例時似是參照了嘯本之類的原刊母本或其他琉球抄本。

(7) 風 41：細細的盤問。

按："的"字點掉，已標入聲符號。嘯本無"的"字。京大本無"的"字。東大本有"的"字，且標入聲符號。可見此處"的"字可刪可不刪。

(8) 風 49：尹荇煙咲的說。

按："的"字點掉，未標聲調符號。嘯本作"尹荇煙笑道"，無"的"字。此字刪了兩次，左上角點了一次，中間又點了一次，這可能是因為左上角一次不明顯，故又於中間點了一次，遂造成現在看到的二次刪除的現象。京大本作"尹荇煙咲ㄚ的說",不過"ㄚ的"二字以雌黄塗去。東大本作"[尹]⁽⁷⁾荇煙咲ㄚ的說",未刪任何字。可見三個本子均有差異。不過從文意看,天理本校改者點掉"的"字可從,原寫作"咲的說"實不辭。

(9) 風51：只怕他看見是女人的名字。

按："看"字點掉,已標四聲符號,"見"後補一"了"字。嘯本作"只怕還是見了女子名字",無"看"字。京大本有"看"字,且標四聲符號。東大本作"只怕他見了是女人的名字",有"見"和"了",與天理本同。從文意看,天理本原"看"字可刪可不刪。

(10) 風65：揀了一個好日。子

按："子"字點掉,未標聲調符號。嘯本作"吉日",無"子"字。京大本、東大本均有"子"字,且標三聲符號。可見天理本校改者將"子"字點掉當不必。

(11) 風90：尹荇煙把新郎偷眼也一看。

按："也"字點掉,已標三聲符號。嘯本作"尹荇煙將新□□□一看",雖殘缺三字,但據琉本可補為"郎偷眼",其間當無"也"字。京大本、東大本均有"也"字,且標三聲符號。

(12) 風93：就叫站起身。

按："叫"字點掉,已標四聲符號。嘯本作"因立起身",無"叫"字。京大本、東大本均無"叫"字。此句下接"叫丫頭把巾衣脫去",恐涉此"叫"字而衍。可見,天理本校改者刪掉"叫"字可從。

(13) 風94：並沒有一個惡意。

按："一個"二字點掉,已標聲調符號。嘯本作"並無惡意",無"一個"二字。此二字點了兩次,中間一次,左側一次,與前述第(8)例同。京大本無"一個"二字。東大本作"並沒有別個惡意",有"別個"二字,且分標入聲、四聲符號,與天理本、京大本皆不同。三個本子相較可知,天理本校改者所改可從。

(14) 風104：終說這個話厷。

按："厷"字點掉,已標二聲符號。嘯本作"故說此話",無"厷"字。京大本有"厷"字,且已標二聲符號,但又朱書塗掉,後加圈號句讀。東大本作"罷",且標四聲符號,與天理本、京大本皆不同。不過,從文意來看,三個本子似均可通。

(15) 風128：訪得一個女才。子姓尹。

按："子"字點掉,是否已標聲調符號,尚不得而知,因為此字本即三聲,點號剛好在三聲點號處。嘯本作"才女",無"子"字。此外,此例中"才"字後有圈號句讀,"子"字後則無,與前述第(2)例情況相同,茲不再贅。京大本、東大本均同嘯本作"才女",無"子"字,可見校改者所改欠妥。

2. 圈掉（4 例）

圈掉一般是用一朱圈加於被刪字的中央,共有 4 例,分別為： 。被圈掉之字中只有第(1)例未加聲調符號,其他 3 例均已標。第(1)

例明顯系衍文，可能是由加聲調者在加聲調之時既已發現，遂直接圈掉所致。另外 3 例可能是加聲調者或其他校改者在加聲調之後再次校改所致。下面將 4 例圈掉的校改分別羅列疏證如次：

（1）風 42：住了七八年。的他閑下無事。

按："的"字圈掉，未標聲調符號，嘯本、京大本、東大本均無"的"字。可見天理本"的"字的確當刪。另外，此句中"年"字後有圈號句讀，"的"字後則無。據此推知，此處加句讀、標聲、加圈號刪除者似是同一人。

（2）風 81：故此呂老爺替司馬相公定了。

按："老"字圈掉，已標三聲符號。嘯本作"呂爺"，無"老"字。京大本、東大本均有"老"字，且標三聲符號。可見天理本校改者圈掉"老"字似不必。不過，由此看來，天理本此處刪改似乎參照了嘯本之類的原刊母本。

（3）風 105：那天怎広不等我媒人來。呢。就輕易把女兒嫁出門。

按："呢"字圈掉，已標一聲符號。嘯本、京大本、東大本均無"呢"字。可見天理本校改者圈掉"呢"字可從。又，"來"、"呢"二字後均已標圈號句讀，據此推測，"呢"字後的圈號句讀可能是先前給整篇加句讀者加上去的，後來校改者將"呢"字圈掉，遂又於"來"字後補加了一個圈號句讀。

（4）風 123：那裡曉得司馬玄才高這樣的。

按："玄"字圈掉，已標二聲符號。嘯本作"誰知司馬玄才高若此"，有"玄"字。京大本、東大本均有"玄"字，且標二聲符號。由此可見，天理本此處圈掉"玄"字欠妥。

3. 點圈掉（2 例）

點圈掉一般是被刪之字上有一朱點和朱圈，朱圈位於字之中央，朱點則加於字之左側。圈和點似有先後之分，可能是先用朱點刪除，後又覺得不夠明顯，故又加圈重刪之，遂致同一刪除之字上圈點同現。點圈掉的校改共有 2 例，均未加聲調符號，如：出（1）夫妻（2）。下面將以上 2 例點圈掉的校改分別疏證如次：

（1）風 85：你快出去替他說。

按："出"字點圈掉，未標聲調符號。嘯本作"快與他說"，無"出"字。京大本、東大本亦均無"出"字。但從前後文意來看，天理本校改者刪掉"出"字似不必。

（2）風 87：與尹家姑娘真ㄚ是天生一對的。夫妻家人見有新郎來了。

按："夫妻"二字點圈掉，未標聲調符號。嘯本作"與尹家姑娘真是天生一對"，無"夫妻"二字。京大本有"夫妻"二字，且均標一聲符號，"妻"字後還加有圈號句讀。東大本無"夫妻"二字。從文意來看，有無"夫妻"二字均可通。此外，本句"的"字後有圈號句讀，而"妻"字後則無，據此可知加句讀者、標聲者和加點圈者似為同一人。

（二）增補（26 例）

增補一般是將增補之字書於前後兩字中間的右側，前後兩字中間還加有一些增補符號，以示明晰。若依所用增補符號的不同可分為以下五類：

第一類，兩圈一綫式：

（1） （7） （10） （25） （26）

第二類，直頭粗斜筆式：

（2） （3） （5） （9） （12） （19） （20） （21）

第三類，曲頭細斜筆式：

（4） （6） （8） （11） （13） （15） （18） （22）

（23）

第四類，彎斜筆式：

（14） （16） （17）

第五類，半括號式：

（24）

根據上述五類中所用符號習慣及字跡情況可以推測，這些增補可能至少由4人參與完成。現將26例增補的校改羅列疏證如次：

（1）風10：將他殿試在二甲進士。

按："在二"二字中間右旁補一"第"字，且標四聲符號。嘯本作"將他殿試在二甲"，無"第"字。京大本、東大本均有"第"字，且標四聲符號。從文意來看，有無"第"字均可。

（2）風10：王司馬女兒。

按："馬女"二字中間右旁補一"的"字，且標入聲符號。嘯本、京大本、東大本均有"的"字，且標入聲符號。從文意來看，有無"的"字均可。

（3）風15：遞給司馬玄看說。

按："說"後補一"道"字，且標四聲符號。"說"後加圈號標點，"道"後又加圈號標點，但"道"字作道，但又朱書點掉。嘯本作"遞與司馬玄看道"。京大本、東大本均無"道"字。從文意來看，天理本校改者所補"道"字可有可無。

（4）風18：門生祝壽之心。

按："生祝"二字中間右旁補一"敬"字，且標三聲符號。嘯本作"門生敬祝之心"，有"敬"字。又，此處"壽"字點掉。詳情參前文"（一）刪除"部分的"點掉"類之例（4）。京大本、東大本均同嘯本，有"敬"字。

（5）風31：司馬的好詩。

按："馬的"二字中間右旁補一"兄"字，且標一聲符號。嘯本作"而司馬玄美才"，有

"玄"無"兄"。京大本作"司馬玄的好詩",其中"玄"字標二聲符號,無"兄"字。東大本作"司馬兄的美才",有"兄"字。可見諸本均有差異,但天理本原作"司馬的好詩"的確欠通,校改者補一"兄"字,可從,京大本和東大本此句則均可通。

（6）風33：回家替司馬玄細ㄚ說知。

按："家替"二字中間右旁補一"就"字,且標四聲符號。嘯本作"回家就對司馬玄細細說知",有"就"字。京大本、東大本均有"就"字,且標四聲符號。可見,天理本校改者所補可從。

（7）風34：司馬玄見他的花生得好。

按："玄見"中間右旁補一"看"字,且標四聲符號。嘯本作"只見"。京大本、東大本均作"看見",有"看"字,且標四聲符號。據文意可知,此處"看見"、"見"均可。

（8）風36：將扇子遞給他。

按："遞給"二字中間右旁補一"了"字,且標三聲符號。嘯本有"了"字。京大本無"了"字。東大本有"了"字。

（9）風38：相公問這字是那個的広。

按："個的"二字中間右旁補一"寫"字,且標三聲符號。嘯本作"相公問這字是那個寫的麼",有"寫"字。京大本作"相公問這字是誰人寫的広",但其中"誰人"二字以雌黃塗掉,均已標二聲符號,同時右側旁改作"那個"二字,且分標三聲、四聲符號。東大本作"相公問這字是那個寫的広",有"寫"字。由此可見,天理本校改者所補當是。

（10）風42：就像水洗一般。

按："洗一"二字中間右旁補一"的"字,且標入聲符號。嘯本作"就如水洗的一般",有"的"字。京大本、東大本均有"的"字,且標入聲符號。可見,天理本校改者所補可從。

（11）風45：一把白紙扇子。給我一錠銀子。

按："子給"二字中間右旁補一"就"字。嘯本有"就"字。京大本、東大本均有"就"字,且標四聲符號。可見,天理本校改者所補可從。

（12）風51：張伯ㄚ老實說。我不惱。

按："說"後補一"來"字,且標二聲符號。嘯本作"張伯伯實說,我不怪",無"來"字。可見,天理本校改者所補可從。又,"說"字後無圈號句讀,"來"字後有,據此推測,加句讀者與補字者似為同一人。京大本、東大本均有"來"字,且標二聲符號。

（13）風51：只怕他看見是女人的名字。

按："見是"二字中間右旁補一"了"字,且標三聲符號。嘯本作"只怕還是見了女子名字",有"了"字。京大本無"了"字。東大本作"只怕他見了是女人的名字",有"了"無"看",與天理本和京大本均不同。從文意來看,諸本均可通。

（14）風53：到了第二早起。

按："二早"二字中間右旁補一"天"字,未標聲調符號。嘯本作"到次早"。京大本有"天"字,並標一聲符號。東大本無"天"字。從文意看,天理本校改者所補可從,東大本亦當據此補一"天"字。另外，據此似亦可推測，天理本原本及東大本均可能是因改寫者將原刊本中的"次"機械性改寫成了"第二"所致，然此例中的"次早"恰好不能改成"第二"，必須改成"第二天"方才通順。所以天理本校改者補寫了一個"天"字，京大本作"第二天"則正確可從。

（15）風54：老頭子說。我賣賤了。

按："說我"二字中間右旁補"他說"二字，並分標一聲、入聲符號。嘯本有"他說"二字。京大本、東大本均有"他說"二字，且分標一聲、入聲符號。可見，天理本校改者所補可從。

（16）風65：坐頂四人轎。

按："坐頂"二字中間右旁補一"一"字，未標聲調符號。嘯本作"竟坐四轎出城"，無"一"字。京大本、東大本亦均無"一"字。從文意看，天理本校改者所補"一"字似不必。

（17）風65：坐頂四人轎。

按："四人"二字中間右旁補一"個"字，未標聲調符號。嘯本作"竟坐四轎出城"，無"個"字。京大本、東大本亦均無"個"字。從文意看，天理本校改者所補"個"字似不必。

（18）風67：上轎去了。不說。呂柯一直到了紅苑村。

按："說呂"二字中間右旁補"再說"二字，均已標聲調符號。嘯本作"卻說"。京大本有"再說"二字，並分標四聲、入聲符號。東大本作"上轎去了。不題。說呂柯一直到了紅苑村"，僅有一"說"字，脫"再"字。可見，天理本校改者所補可從。

（19）風90：就叫丫頭送酒到後房裡頭。

按："頭送"二字中間右旁補一"們"字，已標二聲符號。嘯本作"侍女們"，有"們"字。京大本有"們"字，且標二聲符號。東大本有"們"字，但整句原脫，後旁補於行間，整句未加聲調符號。可見，天理本校改者所補可從。

（20）風91：内才不知怎広樣。

按："樣"後補一"的"，且標入聲符號，後加圈號句讀，"樣"字後則未加，可見補字者與加句讀者似一人。嘯本作"内才不知何如"，無"的"字。京大本、東大本均有"的"字，且標入聲符號。可見，天理本校改者所補可從。

（21）風92：華小姐見他不用思量。

按："姐見"二字中間右旁補一"看"字，且標四聲符號。嘯本作"看見"，有"看"字。京大本、東大本均作"看見"，有"看"字，且標四聲符號。從文意看，"看"、"看見"均可。

（22）風96：心裡不願。

按："裡不"二字中間右旁補一"頭"字，且標二聲符號。嘯本作"心下不忿"，無"頭"字。京大本、東大本均有一"頭"字，且標二聲符號。可見，天理本校改者所補可從。

（23）風116：雖是沒有過他。

按："有過"二字中間右旁補一"好"字，未標聲調符號。嘯本作"雖未必過"，無"好"字。京大本、東大本均有"好"字，且標三聲符號。可見，天理本校改者所補可從。

(24) 風127：我心裡怎広會快活。華嶽說。

按："活華"二字中間右旁補一"呢"字，且標一聲符號。嘯本作"能無快快"，無"呢"字。此處補字符號似一半括號，從"活"字和其右下角圈號句讀中間向上拉出，非常特殊，據此推測，此例當為加句讀後方才補入。京大本、東大本均有"呢"字，且標一聲符號。可見，天理本校改者所補可從。

(25) 風129：隨後再娶。終為兩全。

按："娶終"二字中間右旁補一"他"字，且標一聲符號。嘯本作"而次第及之，庶幾兩全"，無"他"字。"他"字後加圈號標點，"娶"後則未標，可知此補文當為標點時加入。京大本、東大本均有"他"字，且標一聲符號。可見，天理本校改者所補可從。

(26) 風131：今日定要兩終好。

按："兩終"二字中間右旁補一"全"字，且標二聲符號。嘯本作"定當兩全其約"，有"全"字。京大本、東大本亦均有"全"字，且標二聲符號。可見，天理本校改者所補可從。

（三）改字（66例）

改字是用正確之字將原字改掉。有的改字是將原字點掉或圈掉，然後在其右旁寫上正確之字，也有一些是在原字基礎上直接塗改而成。另外還有個別更改原字的聲調符號和改後又回改的，也暫歸於此。具體來說，改字包括4類，分別是：旁改、眉改、塗改、旁改又點掉4類。天理本《風流配》校改內容中改字共66例，其中旁改60例，眉改1例，塗改4例，旁改又點掉1例。

1. 旁改（60例）

旁改一般是將原字用朱書或墨書點掉或圈掉，絕大部分是點掉，然後再以朱書或墨書將改正之字寫於原字右側。被刪掉的原字有的已標聲調符號，有的未標。根據被點掉之字中點號的位置並結合被刪字是否標聲調符號以及旁改之字的字跡等因素，可以將60例旁改之字粗分為三類。

第一類，點號位於被刪字的左側，且被刪之字均未標聲調符號，據此推測這一類當為一人所為。這類旁改共18例，具體如次：

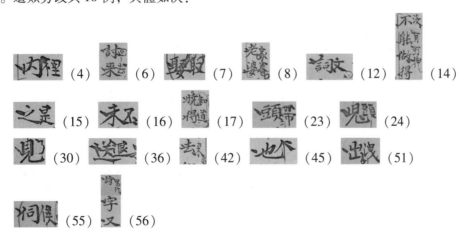

第二類，點號位於被刪字的中央，被刪之字均已標聲調符號，據此推測這一類當為另一人所為。這類旁改共35例，具體如次：

第三類即其他類，共7例，又可分為幾個特殊情況，當具體分析，相關字例如次：

以上第（3）、（5）兩例點號位於被刪字的中央，但從旁改之字的字跡來看，此例當與第（7）例相同，而且被改之字亦未標聲調，亦是第一類的特徵。因此（3）、（5）兩例雖然點號位於被刪字的中央位置，但仍無法歸入第二類，當是第一類書手所為。

第（60）例雖然朱點位於被刪字的中央位置，但旁改之字的字跡與上述兩類皆不同，而且亦未標聲調符號，當為另外的第三人所為。

第（2）例刪除的是重文符號，朱點點在了中間墨跡上，從所旁補"已"字來看，可能是第二類書手所為。

第（13）例被刪之字稍有塗改，但恐不清楚，故又旁改一"撤"字，從字跡和標聲情況來推測，可能是第二類書手所為。

第（46）例所刪之字用了圈號，與前述點號皆不同，同時所旁改的"了"字也與前述兩類字體有別，所以此處的修改可能是第四人所為。

第（47）例較為複雜，被刪之字左側似先點掉，但中央又施以圈號，且已標了四聲符號，同時結合其旁改之字的字跡推測，此例可能是第二類書手所為。

綜合以上分析，60例"旁改"材料至少有4人參與完成。下面將60例旁改材料羅列疏證如次：

（1）風3：那裡曉得他年紀雖然少。

按："少"改為"小"，且加三聲符號。原"少"字點掉，但標有四聲圈發符號，在其旁又改一"小"字。嘯本作"年紀雖幼"。京大本、東大本均作"小"，且標三聲符號。可見，天理本校改者改作"小"可從。

（2）風8：司馬玄早丫推病出場去了。

按："丫"改為"已"，且標三聲圈發符號，重文符號"丫"原作 ，中間有點掉的痕跡。

嘯本作"司馬玄已早推病出場去了"。京大本作"早ㄏ",且均標三聲符號。東大本作"早已","已"字標三聲圈發符號。可見,天理本校改者是據東大本之類的本子對此處做了校改。值得一提的是,天理本此處旁改的"已"字作〔圖〕,表面看來似乎是被刪之字,但對照天理本其他處的"已"字標聲作〔圖〕,東大本"已"字標聲作〔圖〕,可知天理本此處所旁改的"已"字的確是標了三聲圈發符號,並非刪除之點號。

（3）風9：你老婆又在任上。

按："老婆"改為"家眷",且分標一聲、四聲符號。原"老婆"二字點掉,均未標聲調符號。嘯本作"寶眷"。京大本作"家眷",且分標一聲、四聲符號。東大本作"老婆",且分標三聲、二聲符號。此處"老婆"確當改為"家眷",天理本校改者所改可從,詳參下文第（8）例疏證。

（4）風9：府內料想也沒有人。

按："內"改為"裡",且標三聲符號。原"內"字點掉,未標聲調符號。嘯本作"府上"。京大本、東大本均作"裡"。可見,天理本校改者所改可從,但從文意來看,"內"、"裡"均可。

（5）風9：老婆討來時候。

按："老婆"改為"家眷",且分標一聲、四聲符號。原"老婆"二字點掉,均未標聲調符號。嘯本作"寶眷"。京大本作"家眷",且分標一聲、四聲符號。東大本作"老婆",且分標三聲、二聲符號。可見,天理本校改者所改可從,詳參下文第（8）例疏證。

（6）風9：老婆討來時候。

按："討來"改為"回去",且分標二聲、四聲符號。原"討來"二字點掉,未標聲調符號。嘯本作"寶眷回時"。京大本作"家眷囬來時候",其中"來"字標二聲符號,且未點掉,但於其右側旁注一"去"字,且標四聲符號,似為標示異文。東大本作"娶老婆囬去時候",與天理本和京大本均不同。從文意來看,司馬玄對呂柯說此話時,二人身在北京,呂柯家眷尚在山東汶上,故作"來"似更為可從。可見,天理本原作"討來",京大本作"囬來"均正確,但東大本作"囬去"似誤。由此也可以看出,漢語中"來"、"去"這類趨向補語是當時琉球人漢語學習中的一個難點。這一學習難點一直延續到當代日本人的漢語學習當中[8]。

（7）風10：接娶老婆。

按："娶"改為"取",且標四聲圈發符號。原"娶"字點掉,未標聲調符號。嘯本作"取"。京大本作"取",且標四聲圈發符號。東大本作"娶",且標四聲符號。明清小說中亦多見用"取"表示娶親之義,如《初刻拍案驚奇》卷二十："（李遜）取妻張氏,生子李彥青。"可見,無論是作"取"還是"娶"均可從。

（8）風10：接娶老婆。

按："老婆"改為"家眷",且分標一聲、四聲符號。原"老婆"二字點掉,未加聲調符號。嘯本作"接取家小"。京大本作"接取家眷"。東大本作"接娶老婆"。從前後文意可知,呂柯當時剛剛考中,仍屬喪偶未婚,馬上要接到北京的當是山東汶上縣的孩子及其他家人。而且等呂柯把家眷接到北京後,後文方說王司馬又將女兒送到北京給呂柯作老婆,所以此處天理本原作"接娶老婆"顯然不合適，校改者改成"接取家眷"正確可從，這樣修改與嘯本"接取家小"也相一致。由此亦可知，京大本作"家眷"正確，東大本作"老婆"亦當誤。

（9）風11：怎庅認真去尋他做甚庅。

按："甚"改為"什"，且標入聲符號。原"甚"字點掉，已標四聲符號。嘯本作"如何認真去尋求"。京大本作"什"，且標入聲符號。東大本作"甚"，且標四聲符號。從用字習慣來看，近代漢語中"甚"、"什"二字可通用。如元代石德玉《紫雲庭》第三折："哎哥哥，你明日吃甚末？"《儒林外史》第二五回："你有甚心事？"《景德傳燈錄·法達禪師》："祖又曰：'汝名什麼？'對曰：'名法達。'"由此可見，無論是作"甚"還是"什"均可從。

（10）風12：就像美人戴花的形狀。

按："人"改為"女"，且標三聲符號。原"人"字點掉，已標二聲符號，嘯本作"有如美女簪花之態"，有"女"字。京大本作"女"。東大本作"就像美女帶花的形狀"，亦有"女"字。可見，天理本校改者所改可從，但從文意來看，"女"、"人"二字均可。

（11）風12：就像美人戴花的形狀。

按："戴"改為"帶"，且標四聲符號。原"戴"字點掉，已標四聲符號。嘯本作"有如美女簪花之態。"京大本作"戴"，且標四聲符號。東大本作"帶"，且標四聲符號。明清小說多可用"帶"表示"戴"。如《初刻拍案驚奇》卷十二："頭帶斜角方巾，手持盤頭拄拐。"《紅樓夢》第五二回："滿頭帶著都是瑪瑙、珊瑚、貓兒眼、祖母綠，身上穿著金絲織的鎖子甲，洋錦襖袖。"可見，無論是作"戴"還是"帶"均可從。

（12）風16：做的詩詞。

按："詞"改為"文"，且標二聲符號。原"詞"字點掉，未標聲調符號。"文"後加圈號句讀，"詞"字後未加。嘯本作"文"。京大本、東大本均作"文"，且標二聲符號。可見，天理本校改者所改可從，但從文意來看，"詞"、"文"二字皆可從。

（13）風18：到撒了席。

按："撒"改為"撒"，且標入聲符號。原"撒"字作 ，已標入聲符號，原當稍有筆誤，故作塗改，又恐無法看清楚，故又旁改一"撒"字。京大本作"到撒了席"，其中"撒"字標入聲符號，左旁注"音殺"二字。可見京大本誤"撒"為"撒"。由此亦可推知，天理本此處塗改之字，原來當是"撒"字。東大本作"撒"，且標入聲符號，不誤。

（14）風19：門生祝壽之心，不能做得。

按："不能做得"改為"沒有可伸"，且均標聲調符號。原"不能做得"四字點掉，均未標聲調符號。嘯本作"苦無可伸"。"得"字後未加圈號句讀，"伸"字後則加，可證加句讀者、標聲和校改者係一人。京大本、東大本均作"門生敬祝之心，沒有可伸"。可見，天理本校改者所改可從，但從文意來看，"不能做得"和"沒有可伸"均可從。

（15）風19：況我之西蜀小子。

按："之"改為"是"，且標四聲符號。原"之"字點掉，未標聲調符號。嘯本作"況西蜀小子"，無"之"亦無"是"。京大本、東大本均作"是"，且標四聲符號。可見，天理本校改者所改當是。

（16）風19：說未了。

按："未"改為"不"，且標入聲符號。原"未"字點掉，未標聲調符號，嘯本作"說不了"，有"不"字。京大本、東大本均作"不"，且標入聲符號。"說不了"似是古白話用語，如《西遊記》第五回："說不了，一起小妖又跳來道：'那九個凶神，惡言潑語，在門前罵戰哩！'"可見，天理本校改者所改可從，但從文意來看，無論是作"未"還是作"不"均可從。

（17）風24：因此京裡頭沒有人曉得。

按："曉得"改為"知道"，且分標一聲、四聲符號。原"曉得"二字點掉，未標聲調符號。嘯本作"知道"。京大本作"曉得"，且分標三聲、入聲符號。東大本作"知道"，且分標一聲、四聲符號。從文意看，"曉得"、"知道"均可。

（18）風30：也不過如此。

按："此"改為"是"，且標四聲符號。原"此"字點掉，已標三聲符號。嘯本作"不能逾此"。京大本、東大本均作"是"，且標四聲符號。可見，天理本校改者所改可從，但從文意看，"此"、"是"均可。

（19）風30：那裡曉得你家有這樣高才的女子。

按："子"改為"兒"，且標二聲符號。原"子"字點掉，已標三聲符號。嘯本作"並不知老師有如此掌珠"，比較文雅，但並無"兒"字。京大本、東大本均作"兒"，且標二聲符號。可見，天理本校改者改作"兒"當是。

（20）風31：豈不兩全。

按："兩"改為"雙"，且標一聲符號。原"兩"字點掉，已標三聲符號。嘯本作"可謂雙美矣"，有"雙"字。京大本、東大本均作"雙"，且標一聲符號。可見，天理本校改者所改可從，但從文意看，"兩"、"雙"二字皆可。

（21）風32：我女兒如今還少。

按："少"改為"小"，且標三聲符號。原"少"字點掉，未標聲調符號。嘯本作"小女尚幼"。京大本作"小"，且標三聲符號。東大本作"少"，且標四聲圈發符號。天理本校改者改作"小"當是。

（22）風33：就虛我一生的思念。

按："思"改為"想"，且標三聲符號。原"思"字點掉，未標聲調符號，嘯本作"便虛我一生之想"，有"想"字。京大本、東大本均作"想"，且標三聲符號。可見，天理本校改者所改可從，但從文意看，"思"、"想"二字皆可。

（23）風33：頭頂紗帽去做親。

按："頭"改為"帶"，且標四聲符號。原"頭"字點掉，未標聲調符號。嘯本作"帶頂紗帽去做親"。京大本、東大本均作"帶"，且標四聲符號。可見，天理本校改者所改可從，但從文意來看，"頭"、"帶"二字均可。

（24）風37：問老兒子說。

按："兒"改為"頭",且標二聲符號。原"兒"字點掉,未標聲調符號。嘯本作"因問老兒"。京大本作"頭",且標二聲符號。東大本作"問老兒說",與天理本和京大本均不同。綜合諸本並結合全篇一般是將原刊本中的"老兒"改成"老頭子"來看,天理本校改者將原來的"老兒子"改作"老頭子"顯然可從。

(25) 風38：這扇子的詩句。

按："子"改為"上",且標四聲符號。原"子"字點掉,已標三聲符號。嘯本作"這扇子上詩句",有"上"字。京大本、東大本均作"上"字,且標四聲符號。可見,天理本校改者改作"上"可從。

(26) 風39：做詩寫字呢。

按："做"改為"作",且標入聲符號。原"做"字點掉,已標四聲符號。嘯本作"作"。京大本、東大本均作"作",且標入聲符號。可見,天理本校改者所改可從,不過從用字習慣來看,近代常將"作"俗寫作"做",《正字通》："做,俗作字。"故天理本原本作"做"似亦可從。

(27) 風41：叫他坐下。

按："下"改為"了",且標三聲符號。原"下"字點掉,已標四聲符號。嘯本作"叫他也坐了",有"了"字。京大本、東大本均作"了",且標三聲符號。可見,天理本校改者所改可從,不過從文意看,"下"、"了"二字皆可。

(28) 風43：若是個男人。

按："人"改為"子",且標三聲符號。原"人"字點掉,已標二聲符號。嘯本作"子"。京大本、東大本均作"人",且標二聲符號。從文意看,"人"、"子"二字皆可。

(29) 風44：每日總是燒香讀書。

按："讀"改為"看",且標四聲符號。原"讀"字點掉,已標入聲符號。嘯本作"看"。京大本作"讀",且標入聲符號。東大本作"看",且標四聲符號。從文意看,"看"、"讀"二字皆可。

(30) 風44：司馬玄聽見這些話。

按："見"改為"了",且標三聲符號。原"見"字點掉,未標聲調符號。嘯本作"了"。京大本作"聽見",其中"見"字已標四聲符號,且未點掉,但於左側旁注一"了"字,且標三聲符號,似為注出異文。東大本作"了",且標三聲符號。可見,天理本校改者所改可從,不過從文意來看,"見"、"了"二字均可。

(31) 風45：撞着這個獣相公。

按："着"改為"見",且標四聲符號。原"着"字點掉,已標入聲符號。嘯本作"見"。京大本作"着",且標入聲符號。東大本作"見",且標四聲符號。從文意看,"着"、"見"二字皆可。

(32) 風48：門前一帶是深河。

按："是"改為"的",且標入聲符號。原"是"字點掉,已標四聲符號。嘯本作"門前一帶深河"。京大本、東大本均作"的",且標入聲符號。可見,天理本校改者所改可從,不過從文意看,無論是"的"還是"是",置於此句均欠通順。據嘯本作"門前一帶深河"可知,此句是描寫尹荇煙所居之地有詩情畫境,非常漂亮,意思當是說"門前有一條如飄帶一樣的深河",用詞頗具文學色彩,因此在一定程度上增加了白話改寫的難度。琉球改寫本無論是改成"門前一帶是深河"還是"門前一帶的深河"均與原刊本均有距離,且欠通順。由此看來,本句琉本改寫得似乎並不貼切。

(33) 風51：心下想道。

按："道"改為"說",且標入聲符號。原"道"字點掉,已標四聲符號。嘯本作"心下想道",無"說"字。京大本作"心下想說",東大本作"心中想說",均有"說"字。可見,天理本校改者所改可從,不過從文意來看"道"、"說"二字均可。

(34) 風52：老頭子笑道。

按："道"改為"說",且標入聲符號。原"道"字點掉,已標四聲符號。嘯本作"張老兒笑道",無"說"字。京大本、東大本均作"老頭子咲說",無"道"字。

(35) 風53：你又有甚庅詩字來庅。

按："甚"改為"什",且標入聲符號。原"甚"字點掉,已標四聲符號。嘯本作"你又有甚詩字來麼"。京大本作"什",且標入聲符號。東大本作"甚",且標四聲符號。從用字習慣來看,"甚"、"什"二字均可。

(36) 風56：把原扇子送還。

按："送"改為"退",且標四聲符號。原"送"字點掉,已標四聲符號。嘯本作"原扇退還",有"退"字。京大本、東大本均作"退",且標四聲符號。可見,天理本校改者所改可從,不過從文意看,"送"、"退"二字皆可。

(37) 風58：拿起一把白扇子。

按："起"改為"出",且標入聲符號。原"起"字點掉,已標三聲符號。嘯本作"因又取一柄白紙扇"。京大本作"起",且標三聲符號。東大本作"出",且標入聲符號。從文意看,"出"、"起"二字皆可。

(38) 風58：又題詩一首道。

按："道"改為"說",且標入聲符號。原"道"字點掉,已標四聲符號。嘯本作"再題一首道"。京大本、東大本均作"說",且標入聲符號。可見,天理本校改者所改可從,不過從文意來看,"道"、"說"二字均可。

(39) 風58：尹荇煙寫完自見自愛說。

按："見"改為"看",且標四聲符號。原"見"字點掉,已標四聲符號。嘯本作"看"。京大本、東大本均作"看",且標四聲符號。可見,天理本校改者改作"看"可從。

(40) 風61：忽然間呂柯走進書房來撞見。

按："進"改為"到",且標四聲符號。原"進"字點掉,已標四聲符號。嘯本作"到"。京大本作"進",且標四聲符號。東大本作"到",且標四聲符號。從文意來看,"進"、"到"

二字均可。

（41）風62：今日美人在我面前。

按："日"改為"有"，且標三聲符號。原"日"字點掉，已標入聲符號。嘯本作"今有美在前"，有"有"字。京大本、東大本均作"今有美人"，其中"有"字標三聲符號。可見，天理本校改者所改可從，不過從文意看，"日"、"有"二字皆可。

（42）風67：劉相公那裡去。

按："去"改為"來"，且標二聲符號。原"去"字點掉，未標聲調符號。嘯本作"來"。"去"後無圈號句讀，"來"後則有，可證此處加句讀者、標聲者和校改者當是一人。京大本作"去"，且標四聲符號。東大本作"來"，且標二聲符號。從文意看，作"去"更合適。

（43）風71：尹老頭子只得點頭說。

按："得"改為"是"，且標四聲符號。原"得"字點掉，已標入聲符號。嘯本作"尹老官連連點頭道"。京大本作"得"，且標入聲符號。東大本作"是"，且標四聲符號，但此"是"字原脫，後補於"只點"二字中間右側。此句前後文作"呂翰林說。親家只消收進去。給你女兒查點就是了。尹老頭子只得點頭說。有理。就把禮帖拿進去。給女兒看。"由此看來，天理本原作"得"更為合理，校改者改作"是"反而欠通。京大本"得"可從，東大本作"是"亦欠通。

（44）風72：就歡說。

按："歡"改為"欸"，且標四聲符號。原"歡"字點掉，已標一聲符號。嘯本作"因歎道"。京大本作"嘆"，且標四聲符號。東大本作"欸"，且標四聲符號。顯然天理本校改者改作"欸"極是。

（45）風80：華嶽心裡頭想說。這也奇怪。

按："也"改為"個"，且標四聲符號。原"也"字點掉，未標聲調符號。嘯本作"這事甚奇"。京大本作"也"，且標三聲符號。東大本作"個"，且標四聲符號。從前後文意看，"也"、"個"二字似均可從。

（46）風84：就踢ㄚ促促。露出馬腳來。

按："來"改為"了"，且標三聲符號。原"來"字圈掉，未標聲調符號。嘯本無"了"亦無"來"。京大本、東大本均作"了"，且加三聲符號。可見，天理本校改者所改可從，不過從文意看，"來"、"了"二字均可。

（47）風85：朝中有公事不得來。

按："事"改為"務"，且標四聲符號。原"事"字似點掉後又圈之，已標四聲符號。嘯本作"務"。京大本作"事"，且標四聲符號。東大本作"務"，且標四聲符號。從文意看，"事"、"務"二字皆可。

（48）風92：就展開花箋。

按："箋"改為"紙"，且已標三聲符號。原"箋"字點掉，已標四聲符號。嘯本作"花箋"。京大本、東大本均作"紙"，且標三聲符號。一般情況下，原刊本中書面語色彩較重的詞句均被琉球本改成口語詞，天理本此句原作"花箋"似是漏改之例，校改者改作"紙"可從。

（49）風98：替你結做姐妹。

按："姐"改為"姊"，且標三聲符號。原"姐"字點掉，已標三聲符號。嘯本作"姊"。京大本作"姐"，且標三聲符號。東大本作作"姊"，且標三聲符號。從文意看，"姐"、"姊"二字皆可。

（50）風100：正好與孩兒做對。

按："與"改為"替"，且標四聲符號。原"與"字點掉，已標三聲符號。嘯本作"與"。京大本、東大本均作"替"，且標四聲符號。可見，天理本校改者所改可從，不過從文意來看，"與"、"替"二字均可。

（51）風100：出ㄚ我的氣。

按："出"改為"洩"，且標入聲符號。原"出"字點掉，未標聲調符號。嘯本作"也可洩我娶而不告之氣"，有"洩"字。京大本、東大本均作"洩ㄚ"，且標入聲符號。可見，天理本校改者所改可從，不過從文意來看，"出ㄚ"、"洩ㄚ"均可，而天理本原作"出ㄚ"似更為口語些。

（52）風103：相公不要騙我。

按："騙"改為"瞞"，且標二聲符號。原"騙"字點掉，已標四聲符號。嘯本作"瞞"。京大本作"騙"，且標四聲符號。東大本作"瞞"，且標二聲符號。從文意看，"瞞"、"騙"二字皆可。

（53）風104：驚得一身冷汗。

按："得"改為"了"，且標三聲符號。原"得"字點掉，已標入聲符號。嘯本作"了"。京大本、東大本均作"了"，且標三聲符號。可見，天理本校改者所改可從，不過從文意看，"得"、"了"均可。

（54）風105：立刻叫家人轡馬。

按："轡"改為"備"，且標四聲符號。原"轡"字圈掉，已標四聲符號。嘯本作"轡"。京大本作"備"，且標四聲符號，但於頁眉注曰"備一本轡[9]音敝"。東大本作"轡"，且標四聲符號。由此看來，當時流傳的抄本原本就存在"備"、"轡"之異。

（55）風121：伺候的端端正正。

按："伺"改為"俟"，且標四聲符號。原"伺"字點掉，未標聲調符號。嘯本作"俟"。京大本、東大本均作"俟"，且標四聲符號。可見，天理本校改者所改可從，不過近代漢語中"俟候"亦作"伺候"，如《水滸傳》第十八回："虧了他穩住那公人在茶坊裡俟候，他飛馬先來報知我們。"《二刻拍案驚奇》卷十五："須臾便有禮部衙門人來伺候，伏侍去到鴻臚寺報了名。"《紅樓夢》第五五回："這不是我們常用的茶，原是伺候姑娘們的。"可見，"伺"、"俟"二字均可。

（56）風126：詩字又風流。

按："詩字又"改為"寫作"，且分別標三聲、入聲符號。"詩字又"三字點掉，未標聲調符號。嘯本作"寫作"。京大本作"寫得",且分標三聲、入聲符號。東大本作"寫淂好風流",與天理本、京大本皆不同。可見,天理本校改者所改可從,不過從文意來看,天理本原作"詩字又"亦可通。

(57) 風130:要先等小女完親之後。

按:"親"改為"姻",且標一聲符號。原"親"字點掉,已標一聲符號。嘯本作"姻"。京大本作"親",且標一聲符號。東大本作"姻",且標一聲符號。近代漢語中"完親"亦作"完姻",如《紅樓夢》第九七回:"(賈寶玉)盼到今日完姻,真樂得手舞足蹈。"可見,"親"、"姻"二字皆可。

(58) 風131:探花事情。都是有情有義的。

按:本句中第一個"情"字改為"ㄣ",即重文符號。原"情"字點掉,已標二聲符號。嘯本作"事事"。京大本、東大本均作"事ㄣ",且均標四聲符號。可見,天理本校改者改作"事事"可從。

(59) 風132:就把新女婿改做女粧。

按:"做"改為"換",且標四聲符號。原"做"字點掉,已標四聲符號。嘯本作"換"。京大本作"做",且標四聲符號。東大本作"換",且標四聲符號。從文意看,"做"、"換"二字皆可。

(60) 風140:誰知天心不相負。

按:"知"改為"道",未標聲調符號。原"知"字點掉,未標聲調符號。嘯本作"道"。京大本作"知",且標一聲符號。從文意來看,"知"、"道"二字均可。東大本此句殘缺。

2. 眉改(1例)

眉改置於該頁的天頭頁眉處,屬於校改個別字所標的聲調符號,並非嚴格意義上的改字,因僅1例,故暫歸於此。

(1) 風43:就教他讀書做詩做文。

按:"教"字原作 ![教], 本標了一聲符號,後又圈發之,以示變調為一聲。頁眉改作 ![教],改標了四聲符號。京大本、東大本此處"教"字均標了四聲符號。由此可見,當時琉球人所學該字的官話讀音與現代漢語不同,現代漢語中作動詞用的"教"讀作一聲,並不讀四聲。若依現代漢語中的讀法,天理本原標作一聲反而是正確的。

3. 塗改(4例)

塗改是在原字上直接塗改成正確之字,因在原字上直接塗改,故有些原字已不易識出,因此這類校改例句中均以塗改後之字列出。此類字一方面可能是由後來使用者塗改,亦可能是抄寫者發現筆誤後隨即塗改所致。相關字例如次: 。現將4處塗改之例分別疏證如次:

(1) 風19:又是一幅紅綾鋪下。

按:"幅"原似誤為"輻",現"幅"字為塗改而成,且標入聲符號。嘯本作"幅"。京大本、東大本均作"幅",且標入聲符號。可見,天理本校改者所改可從。

(2) 風65:俗些聘禮。

按:"禮"原誤為"裡",現"禮"字為塗改而成,且標三聲符號。嘯本作"禮"。京大本、東大本均作"禮",且標三聲符號。可見,天理本校改者所改可從。

(3) 風81:不曾說起。

按:"說"原似誤為"講",未標聲調符號,現"說"字為塗改而成,且標入聲符號。嘯本作"說"。京大本作"講",且標三聲符號。東大本作"說",且標入聲符號。從文意來看,"說"、"講"二字均可。

(4) 風87:你快改換。

按:"快"字塗改而成,且加四聲符號。原字似誤成"怪"字,但已不能確識。嘯本作"快"。京大本、東大本均作"快",且標四聲符號。可見,天理本校改者所改可從。

4. 旁改又點掉(1例)

這一類改字僅有1例。從前後文意來看,此例中的"他"、"你"二字,天理本原本不誤,校改者曾據京大本、東大本之類的本子做了改動,但隨後又發現與文意不合,遂又將所改之字刪去,保留了原來的正確之字。京大本、東大本兩代詞顛倒誤置,實不可從。具體情況如次:

(1) 風6:怎広他一個進士。便欺負你舉人。

按:句中"他"、"你"二字均被點掉,並分別旁改為"你"、"他"。但後又將旁改的"你"、"他"二字點掉,並於原來的"他"、"你"二字左下角小字各注一"正"字。抄本此處校改參見下圖所示:

由此可知,原來可能是有人旁改為"你"、"他",但後來發現是誤改,遂又將所改之字點掉。嘯本作"怎一個進士便欺負舉人"。京大本、東大本均作"怎広你一個進士便欺負他舉人",其中"你"字標三聲符號。從前後文意看,此句中的"他"是指強娶呂柯未婚妻的新任汶上知縣,此知縣是進士出身。而"你"是指司馬玄要幫助的受害者"呂柯",現在尚未中進士,仍是舉人身份。所以當時使用者在天理本此句"他"字右側旁注"知縣也",而在"你"字右側旁注"呂柯也"。由此可見,天理本原作"怎広他一個進士。便欺負你舉人。"正確可從,而京大本、東大本兩代詞顛倒誤置,並不可據。

三、結　論

本文以上對天理本琉球抄本《人中畫·風流配》中保留的校改材料做了窮盡性梳理,共得校改材料113例,其中包括:刪除21例,增補26例,改字者66例。文中在分類描寫的基礎上,分析了各類校改材料中所用校改符號的形式和校改字跡，同時結合京大本、東大本和嘯本對所有校改內容做了逐條疏證。通過以上整理分析可以得出以下幾點結論：

1. 參與天理本《人中畫·風流配》校改者非一人。從前文校改符號和字跡分析可知，刪字者至少有 2 人，增補者至少有 4 人，改字至少有 4 人。即使以上三類校改內容中有重複之人，但參與整篇校改者最少也當不少於 4 人。由此可見，現存天理本可能經過多人甚至多代人的使用。

2. 天理本中保留的校改後內容與京大本、東大本、嘯本均時同時異，這很可能是因為校改者參照了現存諸抄本之外的抄本所致，當然也有可能是因為校改者不只一人，各自參照了多個本子所致。如：第 126 頁"詩字又風流。"其中"詩字又"三字點掉，旁改為"寫作"，嘯本作"寫作"，與校改者所改相同。但是，京大作"寫得"，東大本作"寫得好風流"。二者皆與天理本、嘯本不同。再如：第 9 頁"老婆討來時候。"其中"討來"二字點掉，旁改為"回去"。嘯本作"寶眷回時"。京大本作"家眷回來時候"，其中"來"字右側旁注一"去"字，當為標示異文。東大本作"娶老婆回去時候"，與天理本、京大本、嘯本均不同。

3. 一些校改可以證明，當時給天理本《人中畫·風流配》加句讀、標聲調符號和校改者有時顯係同一人。當時琉球人在利用該書學習漢語時，很可能是先自己或請他人抄錄一部白文本，然後再加朱書句讀和聲調符號，而在做這一工作時可能參照了當時其他已加句讀和聲調符號的抄本，因此同時據這些抄本做了校改。如：第 16 頁"人都不曉得。的司馬玄聽了。"其中的"的"字點掉，未標聲調符號。京大本、東大本均無"的"字。嘯本作"所以人都不知"，亦無"的"字。此句中"的"字的存在並不影響文意的表達，本可不必刪除，但是加句讀者用於參照的抄本中此句並無"的"字，這正與現存京大本、東大本相同。所以，加句讀者便將句中的"的"字點掉，並於"得"字後加了圈號句讀。由此可推知，此處加句讀、標聲、校改者當是同一人。

4. 天理本《人中畫·風流配》的校改者的確改正了一些抄寫錯誤。例如：第 72 頁"就歡說。"其中"歡"字改為"歎"。京大本作"嘆"，東大本作"歎"，嘯本作"歎"。可見校改為"歎"至確。再如：第 65 頁"備些聘禮。"其中"禮"字原誤為"裡"，現"禮"字為塗改而成。嘯本作"禮"，京大本、東大本均作"禮"，可見塗改為"禮"亦至確。

5. 某些校改可以校正京大本、東大本之誤。如：第 53 頁"到了第二早起。"其中"二早"二字中間右旁補一"天"字，嘯本作"到次早"，京大本有"天"字，東大本無"天"字。由此可見，天理本校改作"第二天"正確，東大本脫"天"字，當據此補之。再如：第 6 頁"怎庅他一個進士。便欺負你舉人。"從前後文意來看，其中的"他"、"你"二字原不誤，但天理本校改者誤改作"你"、"他"，後又發現誤改，又於原文中的"他"、"你"二字左下角小字各注一"正"字。然而此句京大本、東大本均誤作"怎庅你一個進士。便欺負他舉人。"恰好相反，均當從天理本未改之字改正。

6. 部分校改實屬誤改，似可據此推知校改者漢語水平不夠高。如：第 128 頁"訪得一個女才。子姓尹。"其中"子"字點掉，但點掉之後句子就變成了"訪得一個女才"，而"女才"頗不詞。查嘯本、京大本、東大本可知均作"才女"，並無"子"字。由此可見校改者將"子"字點掉並不可取。再如：第 123 頁"那裡曉得司馬玄才高這樣的。"其中"玄"字圈掉，但圈掉

"玄"字句意欠通,查嘯本、京大本、東大本均有"玄"字。由此可見,天理本此處圈掉"玄"字當不必。

7. 相當部分校改均屬兩可,據此亦可推測,當時校改者漢語水平可能尚無法判定這些異文的對錯和優劣。例如:第44頁"司馬玄聽見這些話。"其中的"見"字點掉,旁改為"了"字。京大本作"見",雖未點掉,但於左側旁注一"了"字,當為注出異文。東大本作"了"。可見此句中"見"、"了"二字均可,故京大本使用者注其異文兩從之,但天理本則點掉了原來的"見",改作異文"了"。可見,天理本校改者漢語水平可能相對一般,尚無法總判定這類異文的正確與否。另據研究,京大本可能是真榮里家鄭氏九世良弼的藏書,鄭良弼生於乾隆五十四年(1789年),曾作為勤學人赴閩學習漢語並主修《大清律例》,回國後曾任總役唐榮司,漢語漢文水平頗高[10]。京大本抄寫精審,其中所存異文很可能是鄭氏當年所加,所以校改水平較高。

8. 從某些校改可以看出,趨向補語和結果補語都是當時琉球人漢語學習中的難點。例如:第9頁"老婆討來時候。"其中的"討來"二字被改成了"回去"。嘯本此句作"寶眷回時"。京大本作"家眷回來時候",其中"來"字右側旁注一"去"字,似為標示異文。東大本作"娶老婆回去時候",與天理本和京大本均不同。從文意來看,司馬玄對呂柯說此話時,二人身在北京,呂柯家眷尚在山東汶上,故作"來"似更為可從。可見,天理本原作"討來",京大本作"回來"均正確,但東大本作"回去"則誤。由此也可以看出,漢語中"來"、"去"這類趨向補語應該是當時琉球人漢語學習中的一個難點。再如,第104頁"驚得一身冷汗。"其中的"得"字改為了"了"。嘯本、京大本、東大本均作"了"。可見,天理本校改者所改可從,不過從文意看,"得"、"了"均可。由此可知,結果補語在當時也是琉球人漢語學習中的一個難點。

*項目來源:教育部哲學社會科學研究後期資助項目"琉球官話課本整理與研究"(16JHQ042);國家社科基金重大招標項目"海外珍藏漢語文獻與明清南方漢語研究"(12&ZD178)。

附記:本文曾於2013年9月20—22日在天津外國語大學舉辦的"漢語國際傳播歷史國際學術研討會暨世界漢語教育史研究學會第五屆年會"上宣讀,得到與會專家的指正;又本文所用天理本、東大本、京大本《人中畫》,得益於日本大東文化大學瀨户口律子教授、識名愛美小姐,東京大學户内俊介博士的熱心惠助,特此一併謹致謝忱!

注 釋:

[1] 關於現在發現的琉球寫本《人中畫》的情況可以參見李丹丹《〈人中畫〉琉球寫本的"自家":兼論漢語南北雙方反身代詞發展軌跡》,日本中國語學會編《中國語學》第255號,箕面:日本中國語學會,2008年10月,第78—93頁;木津祐子《琉球本〈人中畫〉の成立:併せてそれが留める原刊本の姿について》,京都大學文學部中國語學中國文學研究室編:《中國文學報》第81號,京都:中國文學會,2011年10月,第36—57頁。

[2] 如:魚返善雄(1957)《人中畫と琉球人》,魚返善雄:《人間味の文學》,東京:明德出版社1957年

4月，第63—70頁；佐藤晴彥：《琉球官話課本研究序説——寫本〈人中畫〉のことば-1-》，《人文研究：大阪市立大學大學院文學研究科紀要》第30卷第2號，大阪：大阪市立大學文學部，1978年，第67—81頁；石崎博志：《琉球官話訳〈人中畫〉と白話〈人中畫〉風流配》，上里賢一等：《琉球・中國交流史研究》，平成11—13年度科學研究費補助金（基盤研究（B）（2））研究成果報告書，2002年3月，第90—154頁；李煒、李丹丹：《從版本、語言特點考察人中畫琉球寫本的來源和改寫年代》，《中山大學學報（社會科學版）》2007年第6期，第71—75頁；木津祐子：《琉球本〈人中畫〉の成立：併せてそれが留める原刊本の姿について》，京都大學文學部中國語學中國文學研究室編：《中國文學報》第81號，京都：中國文學會，2011年10月，第36—57頁。

[3] 嘯花軒刊本原藏路工先生處，20世紀80年代初為中華書局資料室所得，流行甚少，至今尚未見藏書機構著錄，參見趙伯陶《〈人中畫〉版本演化及其他》，《徐州師範學院學報》1993年第1期，第11—14頁。本人無緣得見原本，只能暫以趙伯陶先生整理本為據。又：琉本用於改寫的母本並非現存嘯本，但嘯本是與琉本所據之母本最為接近的本子，故此用於比勘。參見木津祐子《琉球本〈人中畫〉の成立：併せてそれが留める原刊本の姿について》，京都大學文學部中國語學中國文學研究室編：《中國文學報》第81號，京都：中國文學會，2011年10月，第36—57頁。

[4] 本文所用天理本為黑白複印件，故無法辨識出朱墨二色，但據京大本和東大本可知，這些刪除的文字大部分情況下用的是朱點。後文所有判斷為"朱書"者皆依此推測，不再一一注明。

[5] 此簡稱指《風流配》第16頁，後文同此。

[6] 原抄本原作重文符號，現用"ㄣ"代替，下同。

[7] 東大本此處脱一"尹"字。

[8] 參見王順洪《日本人漢語學習研究》，北京大學出版社2008年，第166—167頁。

[9] 此字原抄本寫作，下部從"虫"，似"蠻"字，現暫從木津祐子等先生釋作"彎"。參見木津祐子《京都大學文學研究科藏琉球寫本〈人中畫〉四卷付〈白姓〉》，京都：臨川書店，2013年4月，第655頁。

[10] 木津祐子：《琉球本〈人中畫〉の成立：併せてそれが留める原刊本の姿について》，京都大學文學部中國語學中國文學研究室編《中國文學報》第81冊，2011年10月，第36—57頁；琉球新報：《最新版沖縄コンパクト事典》，琉球新報社，2003年3月。

（作者單位：中山大學外國語學院；出土文獻與中國古代文明研究協同創新中心）

廣東光華醫學專門學校創辦人之一
陳垣與鼠疫鬥士伍連德

——以 1911 年撲滅東北鼠疫和 "奉天國際鼠疫會議" 為中心

張榮芳

一、伍連德撲滅東北鼠疫功勳卓著

伍連德（1879—1960 年），祖籍廣東新寧（今臺山），生於英屬馬來西亞的檳城。父親伍祺學 16 歲時來南洋謀生，白手起家。母親林彩繁為當地土生第二代華僑。伍連德從小接受英文教育。18 歲（1896 年）時，以英女皇獎金選拔考試第一名的成績入劍橋大學意曼紐學院，後就讀於聖瑪利亞醫學院。後再獲多項研究獎學金，在英國利物浦熱帶病學院、德國哈勒大學衛生學院、法國巴斯德研究所進修，作細菌學專科研究。1903 年 8 月完成劍橋大學醫學博士論文答辯，獲博士學位，時年 24 歲。1904 年回到馬來西亞的檳城開私人診所。1907 年（28 歲）受時任清政府直隸總督兼北洋大臣的袁世凱禮聘為天津陸軍醫學堂副監督（副校長），舉家歸國[1]。

1910 年 10 月，我國東北爆發震驚世界的鼠疫。10 月 12 日，鼠疫由俄國的西伯利亞傳至中國境內的滿洲里。10 月 26 日，滿洲里車站首先發現了鼠疫患者。於是，這段全長 530 英里的東清鐵路，成了滿洲里至哈爾濱鼠疫傳播的大通道；10 月 30 日到達長春；11 月 2 日抵達奉天（今瀋陽）。尤以哈爾濱為甚。據當時的統計，吉林、黑龍江兩省（當時哈爾濱屬吉林管轄）已經死亡近 4 萬人，相當於兩省總人口的 1.7%，而且這個數字還在不斷增加，讓人不寒而慄。東三省總督錫良曾派遣兩名北洋醫學堂畢業的姚醫生和孫醫生速往哈爾濱探查病源，採取措施，以圖阻斷鼠疫進一步向瀋陽方面侵漫。沿途各地的巡撫也紛紛向朝廷奏報這場突如其來的瘟疫。與此同時，世界幾乎所有的報刊都以顯著位置報道了這場鼠疫。在 14 世紀中葉，歐洲大陸曾發生過一次大規模鼠疫，蔓延到整個歐洲和俄國的部分地區，死亡約 2500 萬人，佔當時歐洲大陸總人口的四分之一。因為死者會出現黑斑，所以又得名 "黑死病"。僑居在哈爾濱、長春、瀋陽等地的外國人，聞鼠色變，紛紛舉家離開中國的東北地區。疫情最嚴重的哈爾濱傅家甸（今哈爾濱道外區部分地帶），每天都有十數人死亡。哈爾濱一時被外界傳為死亡之城[2]。

朝廷為此事萬分焦急。朝廷決定，從軍中選派醫官任欽差大臣，全權負責東北防疫。外務部按軍中資歷，選中海軍總醫官謝天寶。但是，謝天寶謝絕了這項任命，他認為此去生死未卜，有可能死於鼠疫，所以要求先付巨額撫恤金，以免家人生活無著，令朝廷很為難[3]。時任外務部右丞的施肇基向朝廷推薦了伍連德。

施肇基是留學美國康奈爾大學的第一位中國留學生，也是第一位在美國獲得碩士學位的中國學生。正如他自己所說，他求學的動力是因為"中國積弱，受人欺凌，願以所學，為國家收回權利，雪恥圖強"[4]。學成歸國，1908年，清政府委任他為吉林路兵備道兼濱江關監督。後調任外務部右丞，位於外務部的核心領導層。1905年，施肇基參加清政府考察團，在檳城認識伍連德。他們志趣相同，都有遠大抱負，憂國憂民。當時，袁世凱正在考慮擬用專家改造陸軍軍醫學堂。施肇基認為伍連德是一個可堪大用之材，推薦了伍連德，並致信敦促他回國任職。鼠疫發生後，施肇基向伍連德介紹東北的情形，說哈爾濱雖然是我大清國土，但是可以說是控制在俄國人手中，居民中俄國人占大多數。1905年，日俄戰爭中俄國失敗，退出東北，借北滿鐵路盤踞哈爾濱一帶。日本在列強干預下將遼東退還給清朝，但把大連作為殖民地，設關東州，借南滿鐵路繼續吞食東北。現在鼠疫突起，地方上沒有能力加以控制，因此日俄雙方對朝廷施加壓力，都要求獨自主持北滿防疫，兩國都想借此機會，奪我東北主權，朝廷是萬萬不能答應的。駐華西方使團，一方面不願意日俄任何一方獨霸東北，另一方面也懼怕鼠疫傳到全球，同樣給朝廷施加壓力，要求盡快控制東北鼠疫。我想向朝廷舉薦你任欽差大臣，全權負責東北防疫，不知你能否接受？伍連德聽完施肇基的話，立刻意識到，鼠疫關係到國家的命運，他毫不猶豫地表示，"施大人，東三省不能丟，絕對不能讓日俄的陰謀得逞。我願意接受朝廷的任命，為國家效力是我的榮幸。"[5]這樣，朝廷任命伍連德為東三省防鼠疫全權總代表，統一協調東北鼠疫防疫。朝廷和對外的關於鼠疫的事宜都由施肇基一人承擔，溝通朝廷與伍連德的聯繫。伍連德帶着他的學生兼助手林家瑞，携帶相應的醫學器具、試驗用品，如英製中型顯微鏡、酒精、試管、剪刀和鉗子等，乘火車奔赴疫情最嚴重的哈爾濱。

1910年12月24日晚，伍連德及其助手抵達哈爾濱，伍連德認為，首先要搞清楚瘟疫的性質及疫源。他開始對疫情最嚴重的傅家甸進行調查。在踏察過程中，瞭解到這一區域的瘟源來自滿洲里的一個俄國人和當地人捉土撥鼠的窩棚。土撥鼠亦稱旱瀨，屬囓齒類，主要生存在蒙古、俄國貝加爾湖和中國東北地區，是一種穴居於乾燥寒冷地帶的小動物。在哈爾濱居住着大量俄羅斯僑民，這些僑民喜穿裘皮衣裝，尤喜紫貂圍脖、帽子和抄手，以此禦寒，以資裝扮，顯示高貴。東、西歐各國對中國東北地區的紫貂皮貨亦情有獨鍾。由於紫貂數量有限，於是一些俄國人開始向中國滿洲里地區進發，與當地的中國人一道捕捉土撥鼠。在窩棚內土撥鼠剖殺之後，加工其毛皮，冒充紫貂出賣獲利。伍連德經過認真研究後，立即請哈爾濱關道派人前往這一地區，尋找土撥鼠的活體樣板，再進行解剖化驗，以求病源。伍連德從事先派來的姚醫生和孫醫生中知道，他們的任務並不是防疫和治病，而是將染病者遣送到固定地區封鎖起來，對於死者，則由當地政府購買棺材進行埋葬。這些防疫人員沒有任何自我防護措施，包括那些負責收屍的警察均不戴口罩[6]。

隨後，伍連德協調道府的官員，將濱江官立女子二等小學堂作為防疫辦公室和消毒站，著手建立了濱江疑似病院。同時，找到了一幢相對安靜的泥草房，作為疫病試驗室。這幢茅草房即為中國第一個瘟疫病菌試驗室。1910年12月27日，伍連德在這裡作了第一個疫屍解剖手術。死者是一家日式旅館的女老板。伍連德及其助手看到在死者房間的地板上到處是死者咳的血跡，氣味刺鼻，死者身軀佝僂，表情痛苦。經調查知道，該旅館一周前入住過從滿洲里過來的日俄混血兒專賣旱獺的毛皮商人。在瘟疫病菌試驗室，伍連德對死者臟器的切片進行觀察，在顯微鏡下，他很快發現鼠疫杆菌。可以肯定此地流行的是鼠疫。但重要的是必須探清它的傳播渠道。三天後，營養液培養的樣品便出現了大量的鼠疫杆菌。伍連德又對疫屍的各個器官進行了進一步研究，發現死者血液中存有鼠疫杆菌。同時，伍連德得了土撥鼠的活體樣本，進行解剖後，在土撥鼠的體內發現了大量的鼠疫杆菌。伍連德立刻致電施肇基，報告哈爾濱流行的是鼠疫，而這種鼠疫病菌是通過呼吸和唾液進行傳播的。這一發現是在伍連德到達哈爾濱瘟疫區的第6天。他立刻給施肇基發了一封長篇電報，向朝廷做了九點匯報及相關建議：

1. 鼠疫已經在傅家甸流行。
2. 鼠疫主要在人與人之間傳播，鼠到人的傳播可以排除，因此應該集中控制人群中的相互傳播。
3. 與俄國政府合作，對俄方管轄的西伯利亞到哈爾濱的鐵路加以嚴格控制。
4. 在路口和冰河通道處加強巡邏予以監控。
5. 在傅家甸建立更多的醫院以便留置病人，並建立隔離區隔離病人家屬。
6. 派遣大批醫護人員來哈爾濱。
7. 道臺衙門提供足夠的資金。
8. 嚴格觀察中方管轄的北京到奉天的南滿鐵路。
9. 和日本合作，監控日本管轄的大連到奉天的南滿鐵路[7]。

伍連德和林家瑞在傅家甸病人家中解剖，在普通房間裡進行細菌培養，是冒著生命危險的。但是他們在6天內既證明了瘟疫的性質、查清了疫源並提出了合理的建議，創造了人間奇跡。

朝廷很快批准了伍連德的所有建議，並派了協和醫院的吉布醫生和方擎率領的十多名陸軍軍醫學堂的學生趕來增援。

外國人不相信這個中國醫生。12月31日上午，伍連德拜訪俄國鐵路當局負責人中東鐵路管理局局長霍爾瓦特將軍和專程從聖彼得堡趕來的俄國專家伊沙恩斯基醫生。伍連德介紹前幾天的屍體解剖、樣品觀察和細菌培養結果，證明此地流行的是鼠疫。並闡述該病菌是通過呼吸和唾液傳播方式，建議俄方應立即採取相應的防護措施，對俄籍醫院和病人採取隔離方式，以避免瘟疫進一步擴大傳播。俄國人認同伍連德的觀點和建議。霍將軍並答應撥一些火車車皮，便於對傅家甸的染病者進行隔離。但是，他們不相信中國醫生能控制這場鼠疫的發展。

伍連德又連續拜訪了駐哈爾濱的各國領事館。哈爾濱瘟疫剛爆發時，日本的南滿鐵路部門曾派一名日本醫生專程到哈爾濱,進行該地區鼠疫流行的調查。這位醫生是發現鼠疫杆菌的日本著名學者北里柴三郎教授的學生。當伍連德介紹此地流行的是鼠疫時,這位醫生堅持説,他已經在哈爾濱解剖了幾百隻老鼠,鼠疫是由老鼠經跳蚤的叮咬傳給人,我没有從一隻老鼠身上發現鼠疫杆菌。因此,我可以證明,此地流行的不是鼠疫。伍連德深感難以説服這個固執的日本醫生。但是,日本醫生願意把自己建立起來的實驗室借給伍連德使用。這樣,兩人共同使用一間實驗室[8]。

哈爾濱俄國鐵路醫院的院長哈夫肯,他的叔叔老哈夫肯是印度孟買大鼠疫中參加預防控制的俄人醫生。孟買的鼠疫是老鼠通過跳蚤叮咬人而傳染到人,只要採取大量滅鼠行動就可以控制瘟疫的流行。朝廷派來哈爾濱增援伍連德的北洋醫學堂首席教授、法國人麥斯尼,也認為應當在該地區大力滅鼠。某些當地官府也在採取滅鼠的方式企圖阻止病源。伍連德依據自己的試驗,向麥氏闡述自己的觀點,哈爾濱的冬天異常寒冷,不可能有大量老鼠出來活動,按説,疫情應當越來越少,但事實正相反,不僅没有減少,而且越來越嚴重,這説明這場瘟疫一定是另有傳播渠道。必須把病人與健康人進行隔離,才是最有效的防疫方式。但是,伍連德的説法與提供的試驗數據,並没有説服麥斯尼[9]。

伍連德利用日本醫生提供的實驗室作研究和這幾次調查得到的大量事實,提出一個新的理論:肺鼠疫。

當時人們認為鼠疫傳播的主要環節是從家鼠到人,也就是後來所説的腺鼠疫。伍連德認為這次是另一種新型鼠疫,應該稱為肺鼠疫,是從人到人,通過呼吸傳播的,没有家鼠這個中間環節。這是在科學史上第一次提出鼠疫分類。他這個判斷,並没有十分詳細的大量臨床資料可以佐證,而當時迫在眉睫的局勢也不容許他從容求證。但是,伍連德强烈的責任感,使他表現出敏鋭、自信、冷静和果斷的品格。

1911年1月6日,以東三省防疫總指揮伍連德為首的防疫委員會召開哈爾濱各有關方面的聯席會議,經討論,决定實行下列防疫措施:

1. 將鼠疫流行中心傅家甸全面隔離。整個地區劃成四個相互嚴格隔離的小區,每小區由一位高級醫生作為主管,配備足够的助理員和警察,逐日挨户檢查。一旦發現患者和可疑病人,馬上送入防疫醫院。其親屬送入從俄方租借的車廂改建的隔離站,對其住處進行徹底消毒,情况每日上報。

2. 由於先前負責檢查病人的警察不具備醫學知識,由醫護人員取代。負責逐户檢查和接觸病人的醫護人員,上崗前必須接受培訓。

3. 為了保證傅家甸隔離的成功,從長春調1160名官兵維持秩序,嚴格控制傅家甸地區人員出入。帶隊軍官列席鼠疫聯席會議。

4. 為了彌補醫療人員的不足,培訓600名警察,協助醫務人員進行鼠疫防疫。

同時,伍連德下令準備充足的硫磺和石炭酸等消毒劑。還規定當地居民的行動規則:每區人民必須在左臂佩戴政府之證章,該證章分為白、紅、黄、藍,以分别一、二、三、四區居民。佩戴證章之人,可以在本區内行動。如欲前往他區,必須申請特别准證。軍人亦施行同一規則。凡城外士兵，非有許可證不得進入或離去城市。城外1200名士兵，城內600名警察，均為推行此項規則而工作。並嚴禁假紫貂皮及皮貨販賣者進入哈爾濱地區。還強調每個老百姓必須戴口罩。伍連德還親自設計一種防護口罩，老百姓稱之為"呼吸囊"，後人稱為"伍式口罩"[10]。

這種嚴密的防疫措施，挽救了無數人的生命。這也是中國防疫史上的一個創舉。

伍連德縝密的思維，使他想起還有一個地方沒有被考慮到，那就是墳場。1911年1月28日，伍連德考察了哈爾濱傅家甸墳場。這裡的情況，讓他目瞪口呆。鼠疫剛開始時，官府還能提供棺材，徵集民工掩埋。後來由於死亡人數太多，沒有足夠的棺材，只能直接下葬。可是由於缺乏人手，加上天寒地凍挖土困難，到現在已經6個星期沒有下葬了。墳場上三四千具屍體停放在露天，長達數里。這個墳場可以說是鼠疫桿菌的天然冷藏櫃。如果一旦有老鼠出沒，鼠疫就可以傳給老鼠，再由老鼠帶到全城。這樣，傅家甸所做的一切防疫努力就可能化為烏有。

在這緊要關頭，伍連德當機立斷，決定把全部屍體焚燒，徹底消除隱患。焚屍，有違中國的倫理和傳統。伍連德把當地官員們、全城士紳和商會首腦召集到傅家甸墳場，請大家戴好口罩，和他一起坐上馬車，緩緩繞著長達數里的屍體和棺木視察。一路上沒有一個人說話，走完這段令人傷心和驚心的路程。伍連德對他們解釋了這裡的隱患，然後沉痛地說："上報朝廷，請求全部燒掉這裡的屍體和棺材。"這些人看到了慘不忍睹的情景，聽了伍連德的入情入理的解釋，每個人都在伍連德起草的請求朝廷批准焚屍的電文上簽了字。在北京，經過施肇基梳通有關部門大臣的同意，最後由攝政王載灃批准了伍連德的焚屍奏折。

1911年1月31日，是中國傳統春節的大年初一。防疫人員將疫屍分為22堆，每堆100人，分別倒上煤油後，開始焚燒。伍連德令所有文武官員都必須前來觀看，前來觀看的老百姓亦不計其數。這是中國歷史上從來未有過的集體火葬之舉。疫屍共焚燒了三天。伍連德令防疫人員印製傳單，借用春節之傳統習俗，鼓勵市民、商家燃放鞭炮，迎接好運的到來。亦鼓勵百姓在自己的家裡、屋內燒放鞭炮，消災避邪，慶祝春節。全城放鞭炮，散發出硫磺味道，也有良好的消毒作用。這是伍連德的良苦用心。

自焚燒疫屍之後，全城死亡人數急速下降，感染者亦越來越少。1911年3月1日，是具有歷史意義的一天，這一天，哈爾濱達到了鼠疫零死亡和零感染。之後，連續幾日，哈爾濱的瘟疫感染和死亡均為零。於是，伍連德宣布撲滅鼠疫的勝利。據統計，此次東北鼠疫流行，共奪去了6萬餘條生命，其中傅家甸為7200餘人。參加防疫的工作人員為2943名，有297人殉職。施肇基和伍連德上下配合，及時控制疫情，在4個月內力挽狂瀾，成功消滅鼠疫，創造了世界防疫史上的奇跡[11]。伍連德名揚天下，他的名字與這次大規模控制傳染病的行動，被記載在世界防疫史的史冊上。

清朝廷論功行賞，伍連德功勞第一，1911年4月，聖旨賞伍連德醫科進士。陸軍部隊授予藍令羽軍銜（相當於西方國家的協參領）。攝政王親自接見，並頒發二等雙龍勳章。

二、"奉天國際鼠疫會議"及《會議報告》

1911年4月3日至4月28日，清政府在奉天舉行"奉天國際鼠疫會議"。會議結束後，受會議委托，由美國R. P. 斯特朗（Strong）醫生、德國埃里茨·馬蒂尼（Erich Martini）醫生、英國G. F. 皮特里（Petrie）醫生和中國亞瑟·斯坦利（Arthur Stanley）醫生等組成的編輯委員會繼續工作，並於1911年10月完成編輯。《奉天國際鼠疫會議報告》（1911）於1911年10月在馬尼拉用英文出版。100年之後，國家清史編纂委員會·編譯叢刊，把《奉天國際鼠疫會議報告》（1911）英文版，列入翻譯出版計劃，張士尊譯、苑潔審校，由中央編譯出版社2009年出版。

1911年3月初，清朝外務部，與各國使節聚集一堂，討論"國際鼠疫會議"之事。鑒於東三省的鼠疫大流行已經得到完全的控制，外務部所邀請的、正在陸續來華的各國專家已經派不上用場，施肇基向朝廷建議，利用這個機會，在奉天召開國際鼠疫會議。這是宣傳大清國威的事，朝廷大力支持，馬上撥出十萬兩專款。

《奉天國際鼠疫會議報告》（以下簡稱《會議報告》），將近45萬字，對會議全過程記載相當詳盡。我先簡要介紹《會議報告》的目錄，然後再分析一些相關的內容。

該書前面是理查德·P·斯特朗1911年10月寫於馬尼拉的"序言"。其次列奉天國際鼠疫會議代表名單。共有美、奧匈帝國、法、德、英、意大利、日本、墨西哥、荷蘭、俄國、中國等11國數十名醫生、專家參加會議。

《會議報告》分三部分：第一部分"提供這次鼠疫的證據"。下列開幕式（4月3日）、1910—1911年肺鼠疫需要討論問題、第1次會議至第17次會議的報告及討論記錄。第二部分"為臨時報告準備決議和證據、閉幕式"，下列第18次至第23次會議報告及討論記錄、臨時報告、閉幕式（4月28日下午）、附錄：有關肺鼠疫菌凝集的某些試驗。第三部分"對這次鼠疫的總結"，分一、二、三、四章。

會議正式使用的語言為英語、法語、德語和漢語。會議的目的就是為了總結經驗教訓，為人類今後預防和治療鼠疫作出貢獻。在開幕式上由東三省總督錫良閣下宣讀大清國攝政王給會議發來的賀電中，明確說"由各方面專家出席的本次會議，不但會在純科學研究方面，而且在最大限度地減少未來鼠疫所帶來灾難的預防和治療手段方面，都將取得驕人的成就"。"你們的勞動成果將促進博愛事業，給人類帶來無限的福祉"[12]。在扎博羅特尼教授（俄國）代表外國專家致辭中說："同時也真誠地希望通過本次研討，在採取有效措施以防止這種可怕的瘟疫捲土重來方面，我們可以提供幫助。"我們"制定完善的預防鼠疫的條例以務未來之需，並以這種方式，幫助你們抗擊另外一次鼠疫，這是完全可以做到的"[13]。

關於會議需要討論的內容，朝廷委派參加會議的特使施肇基在致辭中說，我斗膽懇請諸位尤其要多多討論如下問題：

1. 這次鼠疫的疫源和流行方式及其控制手段如何？
2. 這次鼠疫和滿洲疫源地有什麼樣的聯繫？如果這次鼠疫與滿洲疫源地有聯繫，那麼，控制起源地的最好辦法是什麼？

　　3. 與導致腺鼠疫的細菌相比，引起肺鼠疫的細菌有更大的毒性嗎？換句話說，就我們所知，為什麼同樣一種細菌，具有同樣的顯微表示，同樣的細菌檢驗結果，在這裡會引起肺炎和敗血型鼠疫，而在印度和其他地區則只導致腹股溝腺炎型鼠疫，肺炎型的病例只是偶爾出現？

　　4. 根據我們所掌握的醫學證據，這次鼠疫只在人類中流行，而沒有發現老鼠傳染的病例，這是怎麼回事？

　　5. 肺鼠疫和腺鼠疫所依賴的環境各有什麼不同？

　　6. 鼠疫可以通過空氣傳染，接觸是唯一的傳染途徑嗎？

　　7. 這種細菌能夠在人體外存活數月之久嗎？如果那樣的話，需要什麼條件？對我們來說，這是一個重要的問題，因為那也許意味着肺鼠疫可能於明年冬天再次爆發。

　　8. 如果可能的話，我們應該採取什麼樣的措施去預防鼠疫再次爆發？

　　9. 在鼠疫流行的特殊環境下，貿易可以在多大範圍內進行？如價值不菲的大豆貿易和數量巨大的皮毛出口貿易等。

　　10. 您認為按照系統計劃建立對城鄉居民進行大規模接種的制度合適嗎？

　　11. 焚毀鼠疫感染者房屋的辦法是明智的嗎？或者，根據你的經驗，能找到其他對房屋進行徹底消毒的辦法嗎？

　　12. 在類似的鼠疫流行時，作為保護和治療手段的疫苗和免疫血清生產出來還需要多長時間？[14]

　　我們翻閱《會議報告》第一部分，提供這次鼠疫的證據，共17次會議，基本是環繞這12個問題展開報告和討論。

　　第二部分，"為臨時報告準備決議和證據·閉幕式"。從第18次到23次會議，基本上逐字逐句討論編輯委員會起草的《臨時報告》。在4月28日下午的閉幕式上，由赫休爾斯醫生（荷蘭）呈交《臨時報告》給中國政府的代表。所以這份《臨時報告》，即會議研究成果，是相當認真的，由各國代表簽字。《臨時報告》分：第一，"從提交給會議的證據中得出的臨時結論"，共11條。我把它歸結為重要的7條：

　　1. 從北蒙古，鼠疫沿着一條清晰的既定的路綫向東向南流行，其傳播主要由旅行路綫決定，尤其是鐵路、陸路和航運。這種傳染病是從人到人直接傳染。無論其最初起源可能是什麼，但是沒有證據表明，同時流行於嚙齒動物中的傳染病對鼠疫的普遍傳播起過任何作用。

　　2. 鼠疫消退的主要因素可能是根據科學方法，或由於人民自我保護的本能努力所採取的強制防疫措施。氣候影響可能起着間接的甚至是直接的作用，從而導致鼠疫的結束，但是關於這些觀點所提供的證據並不是決定性的。鼠疫的消退絕不是鼠疫菌毒性減弱的結果。

　　3. 這次流行，幾乎無一例外，一直是原發性肺鼠疫。潛伏期通常為2—5天。體溫上升和脉搏加快通常是可以觀察到的最早期症狀，但是在痰液中找到特殊鼠疫菌之前，或者對痰液進行專門的染色之前，還不能做出診斷。為了排除其他細菌對肺部的傳染，準確的診斷只能通過對痰液的細菌檢查。因為在這次鼠疫流行過程中所有的患者都是敗血症，證據傾向於得出這樣的結論：

對血液進行顯微和培養物檢查可能對診斷有很大的幫助。

4. 在這次鼠疫中患者死亡率極高,會議幾乎沒有接到患者康復的報告。

5. 在搶救生命的過程中,沒有治療手段能夠發揮作用,但是有幾個病例顯示,血清治療似乎有延長患病時間的作用,甚至有一兩個治愈的例子也歸結到血清的使用。

6. 在這次鼠疫中分離出來的菌株,與以前從其他來源分離出來的菌株沒有實質性的區別。

7. 在這次鼠疫中唯一的傳染媒介是患者的痰液。在多數情況下,這種疾病是通過吸入痰液飛沫中的鼠疫菌,從而導致氣管和支氣管下部感染造成的[15]。

第二,"決議"共45條。這45條與《會議報告》的第三部分,有些重複,不專列介紹,結合第三部分分析。

《會議報告》的第三部分,"對這次鼠疫的總結",也是這次會議的重要成果。分四章,由負責編寫《會議報告》的三位醫生署名撰寫。

第一章"1900—1911年華北各省肺鼠疫流行病學方面的回顧",由英國皮特里醫生撰寫。全文分七個部分,主要論證三個問題:(一)鼠疫的起源:這次流行的肺鼠疫,在這個地區和人類鼠疫有密切聯繫的唯一動物是土撥鼠。土撥鼠中的瘟疫引發了這次人類的鼠疫。(二)鼠疫的傳播:鼠疫的傳播始於被嚴重傳染的滿洲里,接著向東向南的道路蔓延,最後傳染到整個滿洲地區和華北的直隸、山東等省。鐵路、陸路、航運都起到了傳播的作用。漂泊不定的直隸、山東的苦力也起到鼠疫向南向東傳播的作用。居住條件的擁擠,給鼠疫傳播提供了很好的機會。鼠疫傳播是通過人與人的直接傳染造成的。(三)鼠疫的消退:鼠疫消退的主要原因可能是根據科學原理,或出於人們自衛的努力而採取的防疫措施。氣候影響可能間接地發揮作用,乃至直接帶來鼠疫的結束[16]。

第二章"在滿洲鼠疫流行過程中觀察到肺鼠疫臨床特徵概要",由美國斯特朗醫生撰寫。主要論證以下問題:(一)鼠疫流行過程中遇到的類型:感染者幾乎完全可以歸入原發性肺鼠疫;只有兩三例屬於原發性腺鼠疫;少數有屬於敗血症型。(二)性別、年齡和潛伏期:男女兩性同樣易於受到感染。鼠疫在比較貧窮的階層和苦力中傳播特別嚴重,感染者多數在20至40歲之間。潛伏期通常不超過兩三天,但變化的幅度在2至5天之內。(三)症狀:通常有頭疼、厭食、脈搏加快和體溫升高等症狀。(四)體徵:肺部體徵常常較好,在一些病例中,感染者在患病晚期肺部功能還很好。(五)診斷:對鼠疫菌大量存在和幾乎都是鼠疫菌的痰液進行檢驗,一般很容易做出明確的診斷。(六)預後和治療:在這次鼠疫流行期間,沒有一位通過細菌檢驗確診的鼠疫患者曾經康復。似乎沒有什麼治療方法獲得成功[17]。

第三章"肺鼠疫細菌學和病理學概要",由美國斯特朗醫生撰寫。主要論述下列問題:

(一)肺鼠疫菌株的特性。(二)鼠疫患者的傳染。(三)肺鼠疫的細菌學診斷。(四)預防接種。(五)血清治療。(六)有關傳染方式的病理解剖學。[18]

第四章"抗擊鼠疫所採取的措施和鼠疫對貿易的影響",由中國斯坦得醫生撰寫。主要敘述兩個問題:(一)抗擊鼠疫所採取的措施,包括(1)預防性接種。(2)在疫區城鎮或農村控制疫情蔓延所採取的措施:防疫封鎖綫;限制居民區人口流動的措施;普及衛生知識;建立醫院;

建立隔離營；疫情通報和死亡登記；消毒；處理鼠疫死亡者屍體；衛生工作人員的組織；衛生工作人員所採取的預防措施；防止污染傳染大規模擴散所採取的措施；鐵路運輸的檢疫；內河航運檢疫；海港進出檢疫。（二）鼠疫對貿易的影響：關於這次鼠疫對貿易的影響並沒有統計數據提供給會議。但是，大量的大豆及其他產品運不出去，主要是由於人們恐慌和交通中斷。沒有證據肺鼠疫是通過受到感染的貨物傳入非疫區港口的。因此，人們認為限制貨物運輸或郵件傳遞等抗擊鼠疫的有關措施是不合適的[19]。

我們從上面介紹《會議報告》內容來看，該報告對會議事無巨細，有言必錄，真實準確地反映了會議的情況。斯特朗在"序言"中說：由於會議使用的正式語言實際是英語、德語和法語，在記錄中傳達講話者的確切意思非常困難。"但是，每當會議記錄打印出來，編輯委員會和醫學秘書馬上進行校對，並就記錄中出現的原話與速記之間似乎矛盾之處與發言者核對。另外，每次會議開始時，都要提交上次會議記錄，並進行討論，以決定接受、修改或糾正。"所以"會議內容得以非常完整地記錄下來"[20]。為什麼會議記錄得如此詳盡，"究其原因，主要有兩點：第一，在此之前的文獻記載中沒有發生過如此規模的肺鼠疫，參加會議的代表雖然都是某個方面的專家，但對肺鼠疫卻很生疏，所以對各種證據特別重視，生怕有所遺漏。第二，獲得防疫方面的技術支持是中國政府召開這次會議的目的，所以從朝廷特使施肇基到會議主席伍連德特別強調保留會議記錄的細節，編輯委員會正是領會了這一點，才把工作做得如此細緻。"[21]

這次會議是成功的，表現在第一，各國專家對中國政府以及會議成果的肯定，在閉幕式上，赫休爾斯（荷蘭）醫生代表各國專家在《呈交臨時報告》的講話中說："中國政府不但盡其所能地控制正在奪去許多人生命的瘟疫，而且孕育出邀請各國代表到奉天研究這種疾病的非凡設想。通過這種行動，中國政府找到了加強自己力量的方法，得到全世界最傑出科學家經過常年研究所獲得的經驗和成果，從而根據人類友愛和仁慈的法則，抗擊這個無情的致命的共同敵人。"[22]第二，中國政府對會議的肯定，在閉幕式上，朝廷特使施肇基在答詞中說："為了闡明這次肺鼠疫流行過程中出現的許多問題，諸位在工作中表現出的令人欽佩的嚴謹態度，使我感動至深。""會議在鼠疫菌作用於人的方法、鼠疫傳染的方式、防止從人向人傳染的措施等方面都取得了很大的成功。""已經收集的眾多證據將在未來指導防疫時發揮作用。我可以向諸位保證，帝國政府會特別重視這些東西。"[23]第三，會議的氣氛十分和諧，誠如會議主席伍連德在"閉幕詞"中說："從始至終，會議討論都充滿和諧的氣氛，有時出於科學的目的表達了相反的觀點，但在產生分歧的代表之間，一直保持着友好的關係。這只能用每個人都有使會議取得圓滿成功的願望加以解釋。"[24]

"奉天國際鼠疫會議"是世界歷史上第一次國際肺鼠疫會議，是中國歷史上第一次國際科學會議。這次會議形成的《奉天國際鼠疫會議報告》在世界醫學史上和中國科技史上都佔有重要地位，它不但是一部科學著作，而且也是一部歷史著作。如果我們要研究中國科技史、中國社會史、東北地方史、甚至研究清末的中國政局，它都是一本不可或缺的重要史料。

三、廣東光華醫社的地位和陳垣著《奉天萬國鼠疫研究會始末》

陳垣（1880—1971年），字援庵，廣東新會人。出生於中醫藥材店商人家庭。1894年（清光緒二十年）廣州發生鼠疫，傳染得很快，陳垣看見郊區屍體遍野，都來不及埋葬。他認為如果醫學發達，則不至於傳染蔓延。這時他就有學習醫學的想法。1906年，他父親患膀胱結石病，中醫老治不好，痛苦非常。後來入博濟醫院行膀胱取石手術後方痊愈。這樣堅定了他學西醫的信念。1907年，他考入博濟醫院附屬的博濟醫學堂學習西醫。學校當局歧視中國籍的教員和學生。陳垣憤而轉學，1908年與朋友創辦了光華醫學專門學校。他轉入光華三年級作插班生，以優異成績畢業。當時他已被推舉為學校董事之一，所以在畢業文憑上，他以董事"陳援庵"的名字，與其他董事一起，簽發了給"陳垣"的畢業文憑。畢業後留校任助教，教授細菌學、解剖學等課程，還兼作醫生。

這裡首先要介紹廣東光華醫社、廣東光華醫學專門學校和光華醫院成立的情況及其在國內外的影響。

西方醫學伴隨着傳教和貿易活動傳入中國，而廣州是西醫傳入中國最早的地區。西方傳教士在廣州行醫、辦西醫學校、建西式醫院，掌握醫權和醫學教育權。1907年，在來往於廣州與香港的佛山輪船上，發生英國雇用的印度籍警員踢死中國人事件，因當時的醫療事故鑒定權掌握在外國人手中，認定死者為心臟病猝死，而使中國人敗訴，凶手逍遙法外，中國無權過問。這件事震動廣州西醫學界，激起國人義憤。大家決心集資創辦中國人自辦的醫社、西醫學校和醫院，爭取"國權"、"醫權"和"醫學教育權"。1935年陳衍芬著《私立廣東光華醫學院沿革史》中說：

> 本醫學院之緣起，乃由廣東光華醫社所創辦。而醫社則倡於前清光緒三十四年（1908）冬，為吾粵醫界及紳商學各界之同志者所組織。溯於清光緒三十四年十二月十五日，初次開籌備會於廣州新城天平街劉子威牙醫館，到會者醫界有陳子光、梁培基、鄭豪、左吉帆、劉子威、陳則參……等，各界則有沈子鈞、鄧亮之……等共數十人。為提倡世界大同科學化之醫學，故議決組織醫社、特籌辦醫校以培育醫才，並設醫院，以救濟貧疾。復以鑒於生老病死，為人類所不能免，而救濟同胞疾苦，國人實責無旁貸。當時外國傳教會及慈善界所設立醫校、醫院於我國者且多，而純粹我華人創立者，反未尚之見，同人認為憾事。故本社創辦醫校院之主旨，乃本純粹華人自立之精神，以興神農之墜緒，光我華夏，是以命醫社之名曰光華。隨舉出陳子光、梁培基、鄭豪、左吉帆、劉子威、葉芳圃、鄧肇初、羅炳常、劉祿衡、鄧亮之等十人為籌備員，草擬簡章，並廣募倡建值理，以結合團體，務底於成。當時並由熱心同志中陳子光、梁培基、鄭豪……等九人，每人墊款五百元，足洋銀三千兩之數，定購廣州新城五仙門內關部前麥氏七間過大屋一所，以為本社開辦校院之基址。……業主麥君楚珍，商人也，屋價原取式萬兩，但念本社之購此屋，乃創辦慈善新事業，特願割價四千兩，以為義捐，而勸善舉，麥君之慷慨好善，又殊可嘉。計本社當時所延攬之倡建值理，先

後共435人。……由倡建值理中，舉陸君漢秋等40人為當年值理。並舉紳商易蘭池……等10人為總理，以資號召，於是廣東光華醫社之團體以成。

宣統元年（1909）春，校院開辦，舉醫博士鄭豪為醫校校長，其時鄭君適充廣東陸軍軍醫學堂總教習之席，對於光華醫校校長之職，特以義務任之，同時聘衍芬為醫院院長，兼醫校教務長，以實任規劃，主持一切。衍芬其時正在香港充任那打素醫院及何妙齡醫院兩院院主任之職，因素提倡華人應謀醫學自立之旨，乃毅然辭職回粵就聘，以冀得行其志耳。既而教醫職員任定後，即於是年二月初十日（即陽曆3月1日）開課，初名廣東光華醫學專門學校，定修業四年而畢業，計所招由博濟醫學堂轉學插入三年班生陳垣等6人，插入二年班生張傳霖等11人，及新招一年班生葉慧博等42人，共有學生59人。同時醫院成立，名曰廣東光華醫院。……迨醫校院成立後，於宣統元年七月二十三日，呈奉兩廣總督部堂批准之案，札縣出示保護，是年十月初三日（即陽曆11月15日）舉行開幕典禮。……並辦一雜誌，顏曰《廣東光華醫事衛生雜誌》。……二年（1910）正月，兼辦女醫學校。……同年冬，醫校舉行第一屆學生畢業典禮，畢業者有陳垣、梅湛等6人。……

同年，醫社因以前當年總值理制，未盡妥善，改由倡建值理，舉董事制，以專責成，同時並舉鄭豪、陳子光、陳垣、劉子威、左吉帆、池耀庭、梁培基……等12人為董事，而正副社長為鄭豪、陳子光兩君。……[25]

以上是廣東光華醫社、醫校、醫院設立早期（1908—1912）的情況。這個時期梁培基、鄭豪、陳垣三人和《醫學醫生報》、《廣東光華醫事衛生雜誌》兩份報刊對醫社、醫校、醫院的發展，擴大廣東醫學界在國內外的影響起了重要的作用。

梁培基（1875—1947），原名梁斌，字慎余。原籍廣東順德陳村大都鄉。1875年（清光緒元年）出生於廣州一個造船作坊主家庭。其父梁奕乾很想梁培基能繼承己業，但梁培基對此不感興趣。1894年（光緒二十年），他接受父親朋友的勸說，考入博濟醫院附屬醫校學習。1897年，以優異成績畢業，留校作助理教師，後又兼任新成立於荔灣的夏葛女子醫學校的藥物學教師。與此同時，他開始自設診所，對外掛牌行醫。後來他發明治療瘧疾的"發冷丸"等藥物，開廠製藥。他治廠有方，又利用友人潘達微主辦的《時事畫報》刊登藥品廣告，廣為宣傳。由於經營得當，很快成為富商。他被推選為光華醫社社長兼董事長。

為了宣傳醫學知識，提高國人衛生素質，1908年（光緒三十四年），由梁培基出資創辦《醫學衛生報》，主要由潘達微繪畫、陳垣撰文。1910年又創辦《廣東光華醫事衛生雜誌》，由陳垣主編。梁培基在《醫學衛生報發刊意見書》（署名梁慎余）中闡明辦此報的目的。說愛國必須有強體，"苟不培養國民之體魄，使其強壯有耐勞之能力，雖有經天緯地之才，仍恐其力與願違，神疲腦倦，疾病纏綿，能以身殉國，而不能救國也。"而要體強，必須從衛生開始，"衛生者，合個人，公眾兩方面言之也，非獨節飲食、慎寒暑而已。"國人愚昧、迷信，"種種謬論，其原因均由於不識生理與衛生之道來也。""誰不愛其父母妻子，而欲其強壯哉？欲其強壯，則必有強壯之道。強壯之道，捨衛生實無他途。故醫學衛生者，人人所應知之事，日日要用之件也。""抑吾聞之,治未開化之國,不可不從事於醫事為第一着手。"日人欲侵我國,亦從醫事入手,"吾不謀之,人將謀之。此同人等所以不量綿力,而欲分任此事也。"[26] 由此可見,創辦此報之主旨就是要國民強身壯體,為國家效勞,以防外國侵略我國。

陳垣在《光華醫事衛生雜志發刊詞》中說,醫學雜志猶如人之口,"人之苦莫苦於無口,口不備不足以成人,今吾醫人亦賴口之用甚矣。"有新藥、新治療法、新病源;有新醫事法令、新衛生規則;世界醫學會議的地點、時日、布告、演說;世界著名醫學家之逝世、紀念、誕辰、來遊;海外醫風之轉移、各國醫事法令之改變;病家、世俗對醫生的批評和誹謗;醫人對政府的正當要求;對醫家先哲經驗之繼承;對風俗習慣的迷信;……凡此種種,均要靠醫學雜志去傳布、揭示、記錄、編纂、調查、辯明、喚醒。"凡此諸端,皆須有報以為之口。光華諸子於時有衛生雜志之倡,將欲引其吭而搖其舌",以改變過去存在的不足[27]。

《醫學衛生報》和《光華醫事衛生雜志》對普及醫學衛生知識、開展醫學史研究、提高廣東醫學界在中國醫學界乃至世界醫學界的影響起了重要作用。陳垣在《醫學衛生報》發表62篇文章,在《光華醫事衛生雜志》發表30篇論文。陳垣的文章和論文,主要涉及三方面的內容:

(一)關於醫學史人物的記述和評論。例如:

《張仲景像題辭》中的張仲景,是我國漢代著名醫家,著《傷寒雜病論》一書,論述傷寒發熱病的發展和治療規律,該書所列方劑,"世之師法先生者衆矣"。並認為該書"二千年來,吾國言醫者,竟莫能出其外也"。同時贊譽張仲景的變革精神,認為《傷寒論自叙》的主旨在於說明"凡墨守舊法而不求新知者,為先生所深鄙也"。要求人們應該領略張仲景的不斷革新精神[28]。

《王勛臣像題辭》中的王勛臣,名清任,河北玉田人,是我國清代著名醫學家。他用了數十年時間,寫出《醫材改錯》一書,論證了《內經》臟腑描述之差誤,從而總結了活血化瘀的治療理論,對中國醫學發展有很大貢獻,受到人們的贊譽。陳垣對王勛臣敢於冲破封建禮教束縛,探索人們臟腑機理的追求真理的求實精神十分贊賞,"譬之於儒,則黃梨洲之儔也。"呼吁人們學習他堅忍不拔的求知精神[29]。

《黃綽卿像題辭》中的黃綽卿,是我國近代留學歐洲最早學習醫學者。他於道光二十年(1840)赴英美留學,比日本最早留學外國學習西洋醫學的人要早。認為黃氏為"我國洋醫前輩"[30]。後來有人對陳垣說,中國人最早留學西方學醫者,還不是黃綽卿,康熙時有高老番隨葡萄牙人學習西醫,並曾給康熙太后治愈乳瘡,為此康熙賜為養心殿御醫。後來陳垣寫了《高嘉淇傳》,嘉淇名竹,號廣瞻,鄉人稱高老番。"高老番者,粵人稱國外人為番,邑人以嘉淇久處外洋,又習其醫,故稱之。"陳垣認為,我國學習西洋醫學之最早人物,雖不敢說即為高嘉淇,但為高嘉淇、黃綽卿寫傳,使其姓氏事跡不致"湮没不稱"[31]。這點在我國醫學史研究上還具有重要意義。

《古弗先生》與《古弗先生之業績》,西文中的古弗(近人譯為科赫 Ropert Koch,1843—1910)係德國細菌學家,"近代細菌學之泰斗",對人類健康作出很大貢獻,1905年獲得諾貝爾醫學獎。他去世當年(1910),陳垣能迅速作出反應,根據日本《醫事新聞》758號所載先生小傳譯出，並寫文章全面介紹他的細菌學成就，逐年排列他的業績[32]。這是我國第一次記載偉大細菌學家古弗的文章。

（二）關於醫學史的研究。這方面內容的主要著作有下列幾種。

《牛痘入中國考略》，對免疫學在我國的發展作了最早的介紹。他列舉了中國古籍中關於種痘術的記載，但他説："牛痘之法，雖不可謂發端於中國人，而中國人之早有見及，則典籍具在，不可得而誣也。所謂'人工免疫法'為人類思想所同到。"[33]此外，陳垣還寫了《論人工免疫之理》和《告種痘者》等文[34]，在我國醫學免疫學發展史上都是開拓之作。

《洗冤錄略史》，最早提倡改革我國法醫制度。按我國古代漢律、唐律，雖然對於刑事檢驗之事也較重視，但因時代的局限而不完備。到南宋，宋慈（惠父）因任刑事法官多年，薈萃衆説，著成《洗冤集錄》一書，受到人們重視，以致後世凡官司檢驗多奉為金科玉律。但是，至清末時，由於西方人體構造新説傳入，《洗冤集錄》所記載骨骼臟腑之説與實際相差甚遠。為此，陳垣將我國歷代法醫著作尋檢一遍，分"上古史"、"中古史"、"近古史"、"現世史"四篇羅列，並將英國人德貞（Dudeon）所著《洗冤新説》和英國人傅蘭雅（John Fryer）與我國趙元益等所合譯的《法律醫學》，介紹於國内。陳垣説："檢驗之事，各國均委諸醫生，稱為法醫學。我國醫生不為此，均委之仵作（收屍者），仵作所憑者《洗冤錄》。"[35]其影響甚至達於日本和朝鮮。但日本自明治以後，記載判醫學為法醫學，改善檢驗屍體之法，法醫學成為獨立學科。我國法醫檢驗之事應有所改變。陳垣這篇著作，可以説是一篇對我國落後的法醫狀況必須變革的最早呐喊，具有重要意義。

《中國解剖學史料》一文，引用《靈樞》、《史記》、《漢書》、《賓退錄》、《郡齋讀書志》、《醫旨緒餘》等歷代資料，説明我國醫學重視解剖學淵源很早。但自漢代以後，解剖學沒有得到相應發展。因此，我國醫學在一個很長歷史時期中處於因循保守狀態。陳垣認為，解剖學是基礎醫學，在世界醫學日漸發達之日，如果不變革，仍"拘守殘帙"，則更加落後[36]。陳垣呼吁，應該重視人體解剖學的研究，以促進我國醫學的發展。

（三）關於醫事方面的研究。這方面的內容，主要有下列著作。

《論江督考試醫生》，記清兩江總督端方有考試醫生之舉，於光緒三十四年（1908）在南京對所有開業醫生均要求參加考試。考試成績分為最優等、優等、中等、下等、不列等五級。前三等給予文憑，准予行醫，後二等則不准行醫。這次考試特點是中西醫結合，為我國歷來醫學考試所沒有的。這是在當時變法維新政治形勢影響下，在醫學變革方面的一個體現。陳垣認為此次江督考試，雖然試題包括中醫、西醫內容，但只注重臨床科目，而沒有注意基礎醫學。考試新醫學，必須先擴充醫師教育，使醫生能經過系統學習，然後再經考試。我國醫學之進步，應首先從擴充醫師教育入手，五年以後就可以培養出一批醫生。此次江督考試的試題，至少促使學者"多讀許多新書，多識許多新理"是有好處的。這樣"未始非振興中國醫學之一大關鍵也"[37]。

《釋醫院》一文，主要從建立醫院和防治疾病的必要出發，回顧我國醫院制度。認為我國醫院的建立，始於六朝，《南齊書·文惠太子傳》有"六疾館"記載，此即醫院雛形。自此以後，唐有"養病坊"，宋有"安濟坊"，宋金元均設有"惠民藥局"。陳垣説："醫院之制，吾國古代多有之，特皆為療治貧民而設，未有如今日各國之醫院者。"[38]在國外，醫院有許多專科病院，如傳染病、精神病、胃腸病、皮膚病等，都設有專科醫院。凡患者"無貴無賤，無貧無富，有病應入醫院者，無不以入醫院為樂"。醫院的構造，"較尋常住宅養病為宜。醫生便、器械便、看護手便。"[39]文中列舉了光緒三年（1877），西醫傳入後，已在中國設立醫院，如上海公濟醫院等。清政府民政部在京師內外城開辦了官醫院數所，這如"旭光之曦微"，是一個進步。這篇文章反映了一百年前我國醫院處於初始狀況的歷史實際。陳垣還寫一篇《粵中醫院之始祖》，認為"粵之有醫院中，不自六朝始也，蓋始於宋寶祐間之壽安院"[40]。

《日本德川季世之醫事教育》一文，是一篇介紹日本醫學變革歷程的論述。認為"吾國素無醫事教育，故外人得操吾國醫事教育權，可恥也"[41]。雖述日本醫學發展的歷史，實際上都蘊涵著對我國醫學發展的無限希望。

陳垣1908年至1912年的數年間，在《醫學衛生報》和《光華醫事衛生雜誌》發表一系列推動近代醫學發展，以及中西醫學史的文章，具有開拓性，因而被醫學史研究專家譽為近代中國醫學史研究的開拓者和奠基人[42]。

關於鄭豪（1878—1942），1948年，陳垣應光華醫學院校友之請，撰寫《廣東光華醫學院故校長鄭君紀念碑》文，介紹鄭豪的生平和貢獻。碑文曰：

> 鄭君名豪，字杰臣，粵之中山人。幼隨叔父往檀香山，弱冠入美國加省大學醫科，一九〇四年畢業，開業於三藩市者二年。歸國後任南京中西醫院院長，旋代表中國政府出席菲律賓萬國醫學會。返廣州，任陸軍軍醫學校教務長。一九〇八年應留學生考試，授醫科舉人、內閣中書。於是廣州適有光華醫學院之倡，乃共推君為校長。光華醫學院者，合全粵醫師之力而成，謀"學術自立"之先鋒隊也。學術貴自立，不能恒賴於人。廣州瀕海，得風氣最先。近代醫學之入廣州百年矣，然迄無一粵人自辦之醫事教育機關，有之自光華始。君既長校，擘畫經營，不遺餘力。一九〇九年，出席挪威萬國麻瘋會議，更感學術自立之必要，而吾國富於疾病礦，待學人之發掘及發明者無限，固大可為之地也。……君主持光華二十餘年，中間復任中山大學內科主任、教授，又被推為廣州醫學會及中西醫學會會長，培植人材甚眾。今粵中名醫，大半出君門下，此君稍可自慰者也。一九四二年六月十九日，以避寇，卒於廣西貴縣，得年六十有五。……君性篤厚，和易近人，熱心社會事業。光華之成，余悉為創辦人之一，復而就學焉，故余於光華諸師，皆先友而後師，君又余在校時之校長也。同人為君立紀念碑，不擯余於校友之外，屬為之辭，因述其所知所感者如此。願同人善繼君志，毋忘學術自立之本旨也。[43]

陳垣這五百多字的碑文，簡煉概要地說明了當時廣州醫界的情況及鄭豪的生平和貢獻。我們還可以就碑文內容作更深入的研究。

鄭豪1878年出生於廣東省香山縣烏石村。父母是很窮的農民。他13歲時，為追求更好的生活，逃到香港，並積極學習英文。15歲時，沒有錢買船票，也沒有護照，隨在檀香山工作的堂弟，偷偷溜進即將開往美國的輪船，到了夏威夷島的希爐市。與人合伙開一間"合旺商店"。在希爐市他加入基督教，並剪去辮子[44]。1900年夏天，他請堂弟鄭旭、鄭仲為法律代理人，照顧他在希爐的生意，隻身前往加州醫學院求學。1903年12月，他回家渡假和處理"合旺商店"的事務，孫中山在夏威夷組織"中華革命軍"，鄭豪由毛文明介紹，與堂弟鄭旭（鎏）參加了"中華革命軍"，並舉行了隆重的宣誓儀式[45]。在加州醫學院完成一年級的學業後，轉學到三藩市內外科醫學院，1904年畢業，並通過加州醫學考試部的考試，成為加州第一位取得行醫執照的華人醫生。三藩市中文報紙《大同報》1904年5月20日對鄭豪的畢業加以報導："本埠內外科醫學堂之今年卒業生共數十人，昨晚在鐘士街近乙地街之西人戲院內，行卒業之禮，其卒業班拔出為醫者，內有少年華人一名。鄭君豪原籍香山縣人，係由檀香山來遊學者，鄭君考選甚高，蓋平日苦學所致也。昨晚往觀行禮者甚眾，該戲院幾無容足之地，內有華人五十餘人。鍾領士豐隨員及商家多人皆在座，其餘多是美國留學生。當該書院長高唱鄭君之名時，鄭君由右廊而出對書院長接卒業之文憑。當時中西人士盡鼓掌稱賀。聞鄭君再往東方大學堂再學一年，使其所業精益求精云。"《大同報》，8月報導鄭豪考取加州行醫執照的報導："准給醫照。香邑鄭君豪，內外科醫士也，前兩月卒業於本埠內外科醫學堂，經登本報。鄭君已於前禮拜二往加省考醫生院應考，連考數日，可知其功課之多矣。至前禮拜六日，已得該院榜示，准給鄭君在本省行醫文憑。按西人此次之應考者一百二十餘人，因醫學未深，當時不准考者十餘人。雖准考，今不得應選不能領取行醫牌照者亦有二十餘人。觀此可知，雖能卒業，並要所學湛深，乃得領照行術也。今鄭君一考，遂領懸壺憑照，可知其平日之苦學矣。"[46]

鄭豪1905年學成歸國，回國後的第一份工作，是在南京中西醫院任外科主任。據說，鄭豪為慈禧太后治好眼疾。其時，科舉制度雖已廢除，慈禧仍為鄭豪假設殿試，授以醫科舉人，並冊封為內閣中書，人稱鄭中書。鄭豪在南京工作期間，曾代表中國政府出席菲律賓舉辦的國際醫學會會議。後來，被調回廣州陸軍軍醫學堂任總教練[47]。

1909年，鄭豪代表清政府赴挪威出席第二屆國際消除麻瘋病醫學會議。這件事在廣州乃至中國都是一件大事。因為當年美國推行排華政策，除了國家派出的公務人員外，其他華人很難入境美國。為此，清朝兩廣總督發給鄭豪特別護照，美國領事館也發給他特別簽證及介紹信。行前廣州光華醫學專門學校校友在海珠慈度寺畔送別鄭豪，為此陳垣寫兩篇文章：《題鄭學士送別圖》、《送鄭學士之白耳根萬國麻瘋會序》在《醫學衛生報》發表。前一文把參加告別會的二十四人，按攝影照片的位置一一介紹。這幅照片反映了當時光華醫學專門學校的師資陣容，除鄭豪外，還包括光華院長陳衍芬、保全堂主人劉子威、資生堂主人池耀廷、東美主人李鎮、六和主人陳則參、恒安別館主人梁慎餘、九丹池主人左吉帆、大同春主人陳子光，"凡此皆光華教授及醫生也"。還有光華書記長陳泮馨以及陳垣和十多名學生。為什麼要攝影留念呢？陳垣說："斯為吾國醫事紀念之大者，不可無紀也"，"後數年或十數年，開第三次萬國麻瘋會時，吾猶欲持是圖而見吾國醫學進步之高度也。""今圖中諸人，……為今日吾國醫學革新之健卒"，故"錄諸人姓氏於後，俾他日有所考焉"[48]。後一文是陳垣認為鄭豪參加此會，既是國家的榮耀，對鄭豪也寄以厚望。第一，我國參加國際醫學會議，此前有過四次，此次為第五次，"吾願學士此行，亦必有遊記之屬以報告於我醫人也"。第二，中國和世界各國都有麻瘋病的歷史，"吾願學士此行，有以得各家治療瘋病之成績，匯譯之，以為吾國組織瘋病療養所之預備也"。第三，瞭解各國預防此病之方法，"有以得各國預防瘋病最完備之法，足以施行於我國者畢錄之，冀政府之實行也"。第四，各國對瘋病傳染的途徑有各種說法，"吾願學士此行，有以得各家學說之已定論或未定論者，並存之，以袪吾國人之惑也"。第五，鄭學士此行，不獨至挪威，還有遊倫敦、巴黎、柏林、華盛頓等歐美各國，"壯哉此行"。據報載，本年 8 月間，在匈牙利布特佩斯召開第十六次國際醫學會議，討論醫學 21 個學科的問題，必大有裨益於醫界。"吾願學士此行，順道入匈牙利一會"。第六，以前我國不知有麻瘋病國際會議，也沒有瘋病療養所，更無取締麻瘋病之法律，而此三者為會議討論之內容。"吾願學士此行，有以雪此恥也"[49]。由此可見，陳垣對此會十分關注，從國家、民族、學科發展、中國醫學傳統出發，來看世界醫學的發展。如何取得先進國家醫學的技術和經驗，改造我國落後之醫學，為我國人民所用。

鄭豪在挪威貝根市國際麻瘋會議上表現是突出的，也非常謙虛，引起會議主持人和各國醫生的注意。貝根市的 Bergan Tridend（貝根《泰典報》）於 1909 年 8 月 20 日報道會議圓滿結束。此文敘述會議的主持人、醫學權威及在麻瘋研究、防治方面確有成就的學者演說及表揚對醫治麻瘋病有貢獻的醫生。鄭豪被邀請為演講者，報道用了三分之一的篇幅登載他流利而謙遜的演講。他介紹了中國麻瘋病的歷史，"我們希望用科學的方法，控制疾病的蔓延"，"在與該病的抗爭中，我們落後了很多年，換言之，我們還處於童年時代，中國的醫學科學將全力以赴對抗此病"。"中國渴望西方的科學，但沒有哪一個科學領域比醫學來得更為迫切。因此，中國對這次會議充滿了期待。在此，我感謝此行帶給我們的學習機會和收穫，也感謝此行對未來的成果將產生的影響。"[50]

還有一件事足以反映鄭豪在國際衛生醫藥領域的地位及在美國的影響。1906 年，美國國會通過肉類檢查法案，要求所有進口肉類食品必須要有合法的檢驗官簽名的證書，才准入口。法案規定，飼養及屠宰後的肉類，均要有檢驗報告。由於中國沒有肉類監測制度，肉類食品製造商的產品出口備受打擊。兩廣總督張人駿尋求對策，他委任鄭豪為檢驗官，負責肉類檢測、審批及簽名等事項。1908 年 10 月 4 日，鄭豪給美國駐廣州領事寫信解釋，中國生產臘腸中的肉只採用大米飼養的豬，並採用後四分之一部分的肉類，加上醬油、糖、鹽及少量酒來調味腌製，然後在陽光下曬製而成。用這種簡便的脫水方法製作成無毒害、無傳染、無腐敗、無染色的臘腸，符合美國肉類檢查法案標準。信中也提及自己的身份，畢業於三藩市內外科醫學院，並擁有加州行醫護照。後來經過清政府委任，再向美國國務院提名，經美國農業部及其屬下的肉類檢查部門同意後，知會財政部及其附屬的海關等機構，期間中國兩廣總督、美國駐廣州領事館、清政府駐美國大使館往返多次的溝通、協調，最後，美國國務院批准鄭豪為中國肉類出口美國的總檢驗官。從此，所有中國製作的臘腸出口美國，均要有鄭豪簽名的證書[51]。這件事足以說明鄭豪的地位及反映廣州的衛生醫藥領域的情況。

由於光華醫社、醫校、醫院作出了很好的成績，梁培基、鄭豪、陳垣等人的努力，《醫學衛生報》、《光華醫事衛生雜志》出版發行，使廣東醫學界在國內外醫學界有比較大的影響，具有舉足輕重的重要地位。1913年，光華醫校的同仁為歡送陳垣去北京參加衆議院而召開懇親會，在會上陳垣有過一段論述：

> 以今日大勢，我國不欲強及不欲免外人干涉内治則已矣；我國苟欲強而免外人干涉内治，則衛生政治豈能不竭力實行乎？若實行衛生政治，則必要提倡醫學，培植醫材。醫科大學之設，又豈能緩乎？然設醫科大學，當有多數醫人以為教授。竊思醫人之多，唯一廣東。我光華為廣東一大醫團，醫師薈萃之區。故國家興醫學，求醫材，亦唯一之光華矣。昔那威開萬國麻瘋會，香港開熱帶病學會，前清政府皆派本社鄭君豪往。滇省辦理陸軍醫院，則電聘陳君子光往。去月魯省籌辦軍醫，亦電聘陳君子光往。即如前東三省之防疫來電請醫，現在粵省陸軍醫院長、警察公醫生、警察醫院長、高等檢察廳之檢驗局長、都督府之軍醫課，均是我光華同人。有事可徵，固非徒見諸空言已也。……是故我光華必欲常為廣東最有名譽之醫校，不可不黽勉力求進取。惟是前畢業諸君，或奉職京師，或就聘他省，或求學外國，或就席醫院，或懸壺於鄉，散處四方。[52]

正是由於廣東光華醫社在全國的地位，所以1911年4月3日至28日，在奉天召開"國際鼠疫會議"時邀請廣東光華醫社派人參加，光華醫社共派九人赴會，陳垣因為有其他事，不能前往。陳垣在廣州根據東省友人函告、京滬奉天各報、東西方各國新聞等資料，編纂成《奉天萬國鼠疫研究會始末》（以下簡稱《始末》）一書，在"纂例"中説："是書不名報告而名始末。報告非會外人所得為，他日大部自為之。此名始末，乃私家著述，紀其事之首尾云爾。"[53] 該書於1911年4月初版，發行者：廣州光華醫社。本書還在上海丁福保主辦的《中西醫學報》第十三期（1911年4月出版）開始，連續八期刊載。説明了陳垣對此會的關注及反應之快。

書前有"伍連德像題詞"，作者專門介紹伍連德的醫學經歷，在英國劍橋大學取得博士學位，被聘為天津陸軍醫院軍官。"此次萬國鼠疫研究會，經各國醫士公意，舉充會長。伍君之學術資望，久為世人所推重也。"[54]

本書是一部紀事本末體史書，以事件為中心記載史事的始末。從"本會之發端"，到"閉幕式"，把"奉天國際鼠疫會議"的全過程，分79條事目（包括附録7條）敘述清楚。誠如鄭豪在"序"中説："陳君固邃於國學，其於細菌學，又為專門，故所紀述，能原原本本。"[55] 在本文第二節中，我們專門分析了《奉天國際鼠疫會議報告》。今天雖有《會議報告》行世，但陳垣的《始末》仍有重要的歷史學和文獻學價值。

第一，保存了《會議報告》沒有録入的許多關於會議的歷史資料。

如"會場之盛飾"、"實驗室之陳列"、"媒介物之陳列"、"報告寫真及救護人模型"等事目，使我們瞭解當時會場的布置及供會議使用的設備。"滿鐵病院之參觀"、"日領事晚餐會"記參觀南滿鐵路公司的情形。"休會之消遣"、"旅大視察"、"哈爾濱遊歷"等，記各國醫生參觀奉天各皇宮，考察旅順、大連，遊歷哈爾濱的情形。"賜觀及觀光"、"入覲記"、"公私之酬宴"等，記各國代表進京參觀一些政府部門、觀見監國攝政王、公私宴會的盛況。附録中保存了《學部奏請賞給伍連德醫科進士折》。以上略舉《會議報告》所未備者，可見其珍貴。

第二，是一部為中國爭取國權、醫權，弘揚愛國精神的歷史記錄。

鄭豪在"序"中說："陳君援庵，以事不獲行，乃於諸君子出發之日，為詞以勗之，曰東省犧牲數萬生靈，以供諸君子之研究矣，諸君子其毋負此行也。其言至為悲慘。""其於國權一節，尤三致意，又不徒為研究學術觀已。"[56]陳垣在"自序"中說："既纂《奉天萬國鼠疫研究會始末》畢，喟然曰：中國學者，其果不足與外國學者抗行乎。萬國醫學大會中，中國學者果不容置喙乎。今觀斯會，然其不然。"對於醫學，"國家不任提倡，士夫視為末技，求一有志撰述，研精專門，致力於國家醫學者，殆不多見。"此次東北鼠疫，日俄以為我國無力，"彼得越俎而謀之"，企圖由他們主持撲滅鼠疫工作，奪我主權，是可忍，孰不可忍！"今日之會，伍君竟能本其所學，為祖國光"。"伍君其吾國後起之英哉。一般醫界男女青年，急起直追，儲為國家御侮之才，此其時矣。"[57]

"會長之舉定"一目中說："公推中國外務部特派醫官伍連德為會長。伍君學問湛深，此次從事防疫，尤富經驗，故膺此選也。"但據某報報導云："鼠疫研究會之開辦，以吾國為東道主。無如吾國醫學，不見發達，會長一席，遂惹起他們之艷羨，以某國為尤甚。其某博士之來東，最在事先，即為此也。幸有美醫士，深恐喧賓奪主，不第不甚雅觀，且於中國主權，亦形喪失，遂不惜周折，與吾交涉司說明，並與各醫士關說，同舉伍連德為會長。且謂伍君醫學高明，不但有稱主位，即於此會前途亦多便利云。"[58]

在附錄中，有"字林報駁北里博士之言論"、"上海報駁北里博士之言論"及"日人對我最後之言論"三目，摘錄了當時國內外媒體報導日人企圖擔任會議主席之野心，及各國醫士對日人言論的批駁。

事情的原委是這樣的：1911年3月初，施肇基向朝廷建議，利用各國醫學專家來華的機會，在奉天召開萬國鼠疫研究會議，朝廷大力支持此事。施肇基和最近一直共同關注東三省鼠疫的英、美領事商議後，正式向各國使館發出照會。各國均作出熱烈的回應，只有日本使館，在表示北里柴三郎可能出席以後，提出了一個要求：如果北里出席，必須任會議主席。在討論會議的組織議程時，日本領事首先發言說："敝國前來參加鼠疫研究會議的北里柴三郎教授是鼠疫桿菌的發現者，著名的微生物學家。因此敝國政府認為，此次會議主席應該由北里柴三郎教授擔任。"但其他各國領事和醫生表示反對。英國使館醫生道格拉斯·戈瑞說："我認為此次會議的主席應該由畢業於大英帝國劍橋大學的伍連德博士擔任，伍博士是滿洲防鼠疫的總指揮，對控制此次流行的貢獻最大，會議主席非他莫屬。"美國代表也說："我也認為應該由伍博士出任會議主席。"俄國領事說："完全同意。鑒於伍博士在滿洲，特別是在哈爾濱控制鼠疫的突出成績，以及挽救在哈十萬俄國公民的壯舉，敝國政府已經決定，授予他二等勛章。"法國領事也同意伍博士任會議主席。在各國領事和醫生的反對下，日本領事收回由北里柴三郎擔任會議主席的要求[59]。

附錄"字林報駁北里博士之言論"一目中，引述《滿洲日報》報導，說日本代表北里博士說"決意不准中國於會中議事置喙"[60]。在"上海報駁北里博士之言論"一目中，引述北里言論，說"清國政府無防疫智識，而日本則已早將關於研究之種疫材料，調集於南滿鐵路病院之一室中，直已超於萬國之上。故會中欲研究者，但求諸日本可耳。清政府雖為召集此之主人，雖可於會中置喙，而決不容其有提議權。果其提議，余必會斷然拒絕之。"對於北里之言論，我國記者批駁曰："彼欲反客為主，禁我國在會中提議。觀於北里宣言，陰謀不啻若自其口出矣。蓋彼又欲乘開此會時，剝奪我國在東三省之主權，乃致脫口而出，如見肺肝也。""我國所以召集此會之意，不過欲藉今日世界甚進步之科學醫術，以袪至烈之惡疫，造世界人類之宏福耳。此固我國召集斯會純粹之真意也。而北里乃竟挾爭奪侵侮之心以俱來，且公然以傲慢之態度，宣之於口，竟不自悟，大有背於各國遣派專門家來赴會純為樂利之本旨。"[61]

在中國政府特派員施肇基和伍連德的合作領導下，各國派遣的專家的努力下，會議取得巨大成功，獲得重大收穫，使日本改變了態度。在《日人對我最後之言論》一目中，引述《東京報》云：奉天鼠疫研究會日本代表北里博士，四月十二日回抵東京，盛贊中政府招待奉天研究會各代表之周到，並謂該會為中國科學歷史上空前之舉動。又力言此次關於肺炎霉菌，多所發明，關係極巨。彼言此會結果，影響於中國醫學前途，極有效力云[62]。

由此可見，《始末》不啻是一部為中國爭主權，爭醫權，弘揚愛國精神的真實記錄。

1911 年，伍連德領導撲滅東北鼠疫之後，繼續為清政府和中華民國政府服務，成為中國近現代醫學先驅，國際公認的公共衛生學奠基人，著名的預防醫學家、醫學教育家和社會活動家。陳垣 1912 年被選為中華民國第一屆國會眾議院議員，1913 年 3 月赴北京參加國會，從此定居北京。陳垣無心政界，轉而從事歷史學研究和高等教育，在宗教史、元史、歷史文獻學等領域作出卓越貢獻，被譽為"中國近代之世界學者"，20 世紀二三十年代，他與王國維齊名，40 年代以後，他與陳寅恪被稱為"史學二陳"。他任輔仁大學校長 27 年，成為著名的教育家。

注　釋：

[1]　參考阿成《伍連德醫生——紀念伍連德醫生撲滅東北鼠疫 100 周年》，載 2010 年 12 月 17 日《光明日報·人物副刊》；黃賢強著《跨域史學：近代中國與南洋華人研究的新視野》，廈門：廈門大學出版社 2008 年，第 256 頁；王哲著《國士無雙伍連德》，福州：福建教育出版社 2014 年，第一章"少年苦旅"，第二章"此去經年"。

[2]　阿成：《伍連德醫生——紀念伍連德醫生撲滅東北鼠疫 100 周年》。

[3]　王哲著：《國士無雙伍連德》，第 56 頁。

[4]　同 [2]。

[5]　王哲著：《國士無雙伍連德》，第 55—57 頁。

[6]　關於警察，晚清廢除了科舉考試制度，成立了新的軍事和警察組織。清政府的官員，如袁世凱，開始成立西式的公共衛生機構作為新政府改革計劃的一部分，借鑒德國和日本的警察負責公共衛生與疾病的觀念，從 1902 年開始，中國一些城市的新式警察部門開始採用西式的疾病控制技術，如檢疫及治療傳染病的隔離醫院。漸漸地，一個由警察管理公共衛生的模式在中國出現。參考國家清史編纂委員會·編譯叢刊：[美] 班凱樂著，朱慧穎譯，余新忠校：《十九世紀中國的鼠疫》，北京：中國人民大學出版社 2015 年，第 159 頁。

[7]　王哲著：《國士無雙伍連德》，第 75 頁；阿成：《伍連德醫生——紀念伍連德醫生撲滅東北鼠疫 100 周年》。

[8]　王哲著：《國士無雙伍連德》，第80頁。
[9]　阿成：《伍連德醫生——紀念伍連德醫生撲滅東北鼠疫100周年》。
[10]　王哲著：《國士無雙伍連德》，第99—101頁；阿成：《伍連德醫生——紀念伍連德醫生撲滅東北鼠疫100周年》。
[11]　王哲著：《國士無雙伍連德》，第123—135頁；阿成：《伍連德醫生——紀念伍連德醫生撲滅東北鼠疫100周年》。
[12]　張士尊譯，苑潔審校：《奉天國際鼠疫會議報告》(1911)，北京：中央編譯出版社2009年，第3—4頁。
[13]　《奉天國際鼠疫會議報告》，第9—10頁。
[14]　《奉天國際鼠疫會議報告》，第7—8頁。
[15]　《奉天國際鼠疫會議報告》，第481—482頁。
[16]　《奉天國際鼠疫會議報告》，第505—527頁。
[17]　《奉天國際鼠疫會議報告》，第528—532頁。
[18]　《奉天國際鼠疫會議報告》，第533—558頁。
[19]　《奉天國際鼠疫會議報告》，第559—571頁。
[20]　《奉天國際鼠疫會議報告·序言》，第2—3頁。
[21]　《奉天國際鼠疫會議報告·譯者序》，第2—3頁。
[22]　《奉天國際鼠疫會議報告》，第493頁。
[23]　《奉天國際鼠疫會議報告》，第494—495頁。
[24]　《奉天國際鼠疫會議報告》，第496頁。
[25]　私立廣東光華醫學院總務處編：《私立廣東光華醫學院概況·私立廣東光華醫學院沿革史》(1935年編)，見《民國史料叢刊》，鄭州：大象出版社2009年影印版。
[26]　梁慎余：《醫學衛生報發刊意見書》，載《醫學衛生報》第一期。轉引自陳垣《陳垣早年文集·附錄》，臺北："中央研究院"中國文哲研究所印行(1992年)，第411—414頁。
[27]　《陳垣全集》第一冊，合肥：安徽大學出版社2009年，第296—297頁。
[28]　《陳垣全集》第一冊，第142頁。
[29]　《陳垣全集》第一冊，第148頁。
[30]　《陳垣全集》第一冊，第183頁。
[31]　《陳垣全集》第一冊，第309—310頁。
[32]　《陳垣全集》第一冊，第298,314頁。
[33]　《陳垣全集》第一冊，第201頁。
[34]　《陳垣全集》第一冊，第247、256頁。
[35]　《陳垣全集》第一冊，第207頁。
[36]　《陳垣全集》第一冊，第343頁。
[37]　《陳垣全集》第一冊，第171頁。
[38]　《陳垣全集》第一冊，第218頁。
[39]　《陳垣全集》第一冊，第220頁。
[40]　《陳垣全集》第一冊，第350頁。

［41］《陳垣全集》第一册，第175頁。
［42］趙璞珊：《陳垣先生和近代醫學》，《北京師範大學學報》（社科版）1983年第6期；趙璞珊：《陳垣先生和醫學史》，《紀念陳垣校長誕生110周年學術論文集》，北京：北京師範大學出版社1990年；劉澤生：《近代中國醫史奠基人陳垣在廣州》，龔書鐸主編《勵耘學術承習録》，北京：北京師範大學出版社2000年。
［43］《陳垣全集》第七册，第824—825頁。
［44］鄭浩華主編：《鄭豪——光華百年史料集》，廣州：中山大學出版社2008年，第2—3頁。
［45］《鄭豪——光華百年史料集》，第32頁。
［46］《鄭豪——光華百年史料集》，第42，57，58頁。
［47］《鄭豪——光華百年史料集》，第68頁。
［48］《陳垣全集》第一册，第279—280頁。
［49］《陳垣全集》第一册，第281—285頁。
［50］《鄭豪——光華百年史料集》，第124頁。
［51］《鄭豪——光華百年史料集》，第84—87頁。
［52］梁培基：《光華醫事衛生雜志續出發刊詞》，《陳垣早年文集·附録》，第417—418頁。
［53］陳垣：《奉天萬國鼠疫研究會始末》，《陳垣全集》第一册，第357頁。
［54］《陳垣全集》第一册，第353—354頁。
［55］《陳垣全集》第一册，第355頁。
［56］《陳垣全集》第一册，第355頁。
［57］《陳垣全集》第一册，第355—356頁。
［58］《陳垣全集》第一册，第370頁。
［59］王哲著：《國士無雙伍連德》，第136—137頁。
［60］《陳垣全集》第一册，第423頁。
［61］《陳垣全集》第一册，第426—427頁。
［62］《陳垣全集》第一册，第429頁。

2016.4.4清明節完成初稿
2016.4.29修改

（作者單位：廣州中山大學歷史系）

民國時期汕頭的城市改造計劃

歐陽琳浩

一、引言

19世紀開始以來，汕頭的地位開始變得重要起來，至開埠前，商業活動已日趨繁盛。在地理位置上，汕頭南面臨海，西面是韓、榕江出海口，水陸交通便利，具有優越的地理條件。1860年《天津條約》簽訂以後，汕頭正式闢為通商口岸，而且隨著輪船航運業的興盛，作為韓江流域唯一可以停泊機器輪船的港口，汕頭的發展進入了新階段。各國勢力紛至沓來，英、美、德、法、日本等國相繼在汕頭開洋行、辦船務、設教堂、建醫院、爭地建碼頭、倉庫等等。他們與聚集在汕頭的商人們之間的博弈，一方面促進了航運業和海內外貿易的發展，另一方面也使得汕頭市區不斷沿西南方向展拓，在這種種動力之下，汕頭在幾十年間便成為"中國通商第四口岸"，並在此以後一直保持著已有的重要地位。

至民國初年，汕頭的商業貿易已相當繁盛，在東南沿海城市中的地位迅速提高。商業的發展一方面主導汕頭早期城市形態的形成，另一方面也影響了汕頭近代市政的逐步建立。清末各地開始推行巡警，汕頭設立巡警局，開始對城市事務加以管理，但這在嚴格意義上並未具有現代的管理意味。1919年冬，桂系將領劉志陸佔據汕頭，仿廣州市政公所體系設立汕頭市政局。1921年，廣東省省長公署決定將汕頭和澄海縣分治，設立汕頭市政廳，直接隸屬於省政府。同時裁撤掉原來的警察廳，在市政廳之下設立公安局。至此，汕頭開始建立具有近代市政體系意味的管理體制[1]。

市政廳成立以後，汕頭的市政與城市建設開始進入有序狀態，開始效仿歐美對汕頭城市進行改良，包括拆闢馬路，整頓衛生，建設公園等等。1923年，蕭冠英任市長，制訂《汕頭市改造計劃》，對全市道路加以規劃，並對城市進行功能分區。不過，這一計劃卻因政局未穩而沒有通過施行。直至1925年末，范其務擔任市長，對蕭冠英制訂的計劃加以斟酌損益，並於翌年呈請省政府核准施行。此後，汕頭的城市改造開始在1925年改造計劃的主導下進行，而形成最終的城市街道格局。這使得汕頭在近代城市發展史與規劃史中具有重要的意義。

二、從舊商埠到城市改造

汕頭在開埠以後迅速發展，在近代沿海城市的地位不斷提高。官紳、商民、洋人相繼在此填築海坦，起造建築。這就使得汕頭雖然在商業上逐步發展，可城市空間的拓展和土地的開發卻呈現出無序的狀態。於是，城市道路便在這樣一種背景下自然湊成，狹窄逼仄，隨意鋪砌。19世紀末，一位英國傳教士對汕頭的描述是："狹窄的街道、差勁的去水系統、可怕的臭味、凹凸不平的街道……"[2]

1908年，汕頭學界、商界先後向巡警總局投函，請求整頓路政：

> 沙汕頭濱海，所有店肆，半多填海築建，前者商務寥寥，故街道不留寬展，而經營建設者，每多侵佔官道……目今汕商興旺百倍於昔，若不將街道修拓寬展，難免擠擁之虞。考查泰西各國通商口岸，均極整齊，管路地段，無不寬展……現在百度維新，開通民智，務請示諭：凡有蓋搭蓬席，概令拆去，即魚攤屠店，尤為緊要；均令賃屋，不准在當街擺賣，以免塞路而礙行人。[3]

可見，直至民國以前，汕頭的商業雖然發展繁盛，但道路還是延續著以往擁擠狹窄的情況，如此日本和歐美的通商城市便成為學界商界對汕頭進行整頓和改良的參照對象。可到民國以後，汕頭市政的惡劣情況並沒有好轉，道路的情況或許更為不堪。《汕頭舊影》收錄了一張1910年代懷安街的明信片，該街是"四安一鎮邦"重要商業街區的街道之一，可如圖1

圖1　1910s汕頭懷安街
資料來源：陳傳忠編《汕頭舊影》

中所示，卻是路面殘破，街道狹窄，店鋪肆意建造，飄蓬隨處搭建，可見道路情況極為糟糕，繁華商業街區尚且如此，其他道路的情況可想而知。

　　1918年2月13日，汕頭發生地震，損失慘重。華人各屋宇幾至盡行倒塌，洋人地方受損尤甚，多數屋宇須進行重建[4]。查祿德給總稅務司的呈文中說："汕頭失去房屋毀壞十分慘重，除了最近新建的水泥結構的法國領事館之外，毫不誇張地說，整個市區沒有一間房子完好無損。"[5] 首任市政廳工務局局長丘仰飛在任職後也發佈告謂："街道房屋建築粗陋，地震以後，險象環生。"[6] 可見，不只因原本無序的發展造成汕頭市政的惡劣情況，1918年的地震更使汕頭遭受重創。既然如此，在開辦市政時候，改良城市便成為當務之急。同時，也應注意到，自新政以後，全國各大城市幾乎出現效仿西方建設新都市的趨向。廣州也興起一股改良都市之風，開始改良街道、建築，建設新式街市，開闢商場[7]。汕頭是當時重要的商業城市，華洋雜處，效仿西方建設新都市，無疑是當時的重要理念之一。

　　1921年，汕頭成立市政廳，成為中國近代第一批具有現代意義的建制城市之一。汕頭的市政建設，進入了一個不同以往的新時期。王雨若任第一任汕頭市長，發佈佈告，效法歐美，改良市政[8]。其在任期間，寬籌經費，增設各局，拆闢馬路[9]，增辦學校，整頓衛生等等[10]，使汕頭城市的改良開始步入軌道。隨後的十年間，市政廳不只頒佈一系列的市政例規章程，試圖通過法制化的手段在進行城市的管理，更通過城市改造計劃來推動城市的發展。1922年間，市政廳工務局已開始對汕頭市進行規劃改造，不幸的是，8月2日，潮汕地區遭受特大風災，汕頭損失嚴重，市庫遭受影響，市正廳所屬各局也因缺乏款項維持，多數暫行事項收束裁併，以致正在進行的城市規劃中輟無形[11]。1923年1月，蕭冠英接任市長，面對災後一片破敗混亂的汕頭市，蕭氏及其下屬重新著手對汕頭城市的全面改造和規劃，於5月份擬定妥當，成"改造汕市工務計劃書"一冊及改造計劃圖一紙，並上呈省政府。

　　這一改造計劃書，主要分為六部分，首先論述汕頭在中國城市中的重要性，對其進行根本性的改造刻不容緩；第二，提出市域分區理念，這在近代城市規劃中具有深刻意義，是中國城市對歐美城市理念加以借鑒的重要表現；第三是對市區道路系統的規劃以及聯絡水陸的設計；第四是對道路建築與下水道的敷設作出規定；第五則是已頒佈的市政章程例規，包括取締建築與縮寬街道等方面；最後則是關於築堤與濬海。

　　就其中的分區理念而言，計劃書詳細論述各種用地特點，把汕頭分為六個區（見圖2），如該計劃書中所言：

　　　　今統計全市面積擬劃韓江西北部之將軍滘火車站回瀾橋等為工業地區，取其水陸便利，風向相宜，且有河流為之隔離，四周隙地甚多，即他日發達擴張亦易也。劃舊日中英續約中所開之舊商埠，及沿海而東之新填市區為商業地，亦取其交通轉運之便利。至住宅地區則在舊市區東北部，行政地區則在月眉塢之東，華塢之西。全市適中之空地，行樂地區則取對面之角石天然之山水，而於月眉塢設一中央公園，以供隨時之遊息，其地四面環水，地點適中，且有多少天然風景，果能先行整頓點綴，俾早告成，於發展市區，必可收無形效果。蓋

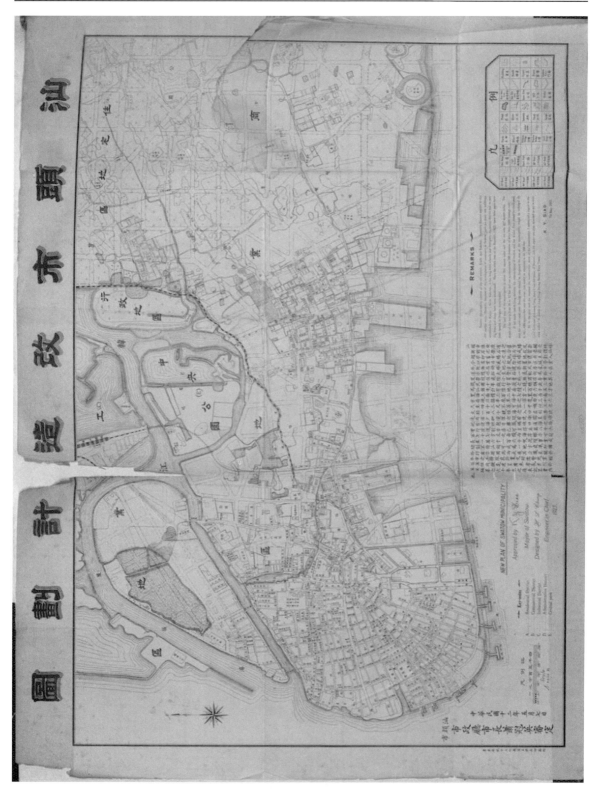

圖 2　1923 年汕頭市改造計劃圖
資料來源：蕭冠英：《六十年冠英：〈六十年來之嶺東紀略〉》

既附近舊市區，而地又適中，周圍盡屬曠地，公園成立，遊人絡繹，則曠地皆可變為繁盛市場，其他小公園及公共建築物，若屠宰場菜市場等，則相繼次第建築……[12]

其中的工業區，主要是汕頭北部的廈嶺，那裡還是淺灘坦地，與汕頭老市區有一河之隔，該河係韓江一支流，經此出海。商業區係舊日開埠之地，包括自老市以西在開埠後所填築的扇形區域，以及老市以東直至崎碌砲臺一整片區域。老市區北面之月眉塢則定為中央公園，月眉之東定為行政地區。行政地區之東，也即老市區的東北部，定為住宅地區。這樣一種分區理念，不只考慮到不同地形的用途和土地利用率，也考慮到已有土地利用的實際情況。鄭莉指出，這種理念主要受到19世紀下半葉歐美現代化城市規劃理論以及"土地分區"和"功能分區"等理念的影響[13]。

至於此種分區計劃是否在事實上改變了汕頭城市的內在秩序，還應從其實施的過程和結果加以討論。一種理念和計劃的提出，不一定都能達到預期的效果，在推行的過程中，往往還會遇到諸多現實中之阻力。這種理念雖在第二次規劃中再次引入，並提出建造"花園城"的概念，但直至20世紀40年代末，這樣一種區域劃分"仍未實行。現工商業地區與住宅地區，錯綜萬狀，互相混雜"[14]。所以，汕頭城市的內在秩序，事實上改變了多少，值得讓人懷疑。

圖3　1925年汕頭市地圖

資料來源：根據1925年冬設計的《汕頭市改造計劃圖》繪製。

其實該計劃書中，最需要注意的是第三和第四部分關於城市道路方面的規劃。在道路的規劃方面，依據地形，以行政地區為中心，斟酌因革，取格子形、放射綫、圓圈式三種，並規定了三種道路的寬度。至於道路建設，不只是對其形制做出了規定，對建築用材也加以限制。道路系統一直是城市的血脈，所以這兩部分其實是整個改造計劃的重中之重，也形塑了後來汕頭的基本空間形態。

更值得指出的是，1923年的這個改造計劃，是最早的我國近代自己所作之城市規劃[15]。不過，該計劃卻因這一時期廣東的亂局而擱淺，要到范其務擔任市長之後，繼續呈報省府獲得批准之後，才開始陸續施行。

1925年12月，范其務接任汕頭市長，其時工務科已在1923年的基礎上制定"汕頭城市改造計劃"。翌年2月3日，范其務向省政府遞交了改訂市區計劃的呈文：

>……竊查汕頭市區改造計劃，於民國十二年五月間，曾由蕭前市長擬具圖說，呈請前省長公署備案，未奉核示，嗣因汕局迭更，省政未能統一，繼任各前市長，對此計劃亦均未有公佈實行，查原圖所定馬路綫，及街道寬度，年來有已經由廳核准更變，實行拆築，或正在預備拆著者，該計劃圖，當時既未奉准公佈，現在自無庸墨守成規轉致措施困難。惟此項區域馬路街道等具體計劃，關係市政前途甚巨，亟應訂定公佈，庶市民有所適從。茲由廳長督同工務科，將蕭前任擬定原圖，參酌現時狀況，重加改訂，另定繪成新圖一幅，俾便呈奉核准後，作為定案公佈。根據廳長再三審核，似比蕭前市長原圖於交通土地經濟上較為妥善，致連類應及之取締建築與縮寬街道規則，現仍悉遵前省長公署批准成案辦理……[16]

由此可見，蕭冠英在任時期所擬定的"改造計劃"，在上呈省署之後並沒有得到核示和公佈施行。汕頭市在1923到1925年這段時間內，又有部分馬路路綫和街道寬度已經變更且正在拆築。所以在重新進行此計劃的時候，參照當下實際情況加以斟酌損益就變得極為重要了。不過，在整體的道路規劃上面，很大程度上沿襲了蕭冠英所訂計劃的方法，道路依舊採取格子、圓形、放射狀的設計。

要更好地理解1926年上呈的改造計劃，必須先對1926年的城市情況進行瞭解。先就汕頭市區的西南部的扇形區域來看，該地是開埠後由汕頭老市往西南方向填築海坦而成。於是，西面和南面都臨海，沿海諸多碼頭，西邊有大益碼頭、合興碼頭、揭陽碼頭、德記碼頭，這些碼頭大抵主客運。南面係怡和碼頭、太古碼頭、官商碼頭、招商碼頭，這些碼頭大抵主貨運。沿岸碼頭與道路相連結，這些道路包括永興、和安、鎮邦、德安、至安、懷安、育善等街，這些道路呈放射狀，由沿岸碼頭直接通向汕頭老市。該區域自汕頭開埠以後就開始填築海灘，洋行、會館、教會在此不斷博弈爭地，所以土地開發情況最為複雜。該地樓屋棧房的建築也極為擁擠，街道在這種情況下自然形成，不只是隨意鋪砌凹凸不平，也相當狹窄難行。這片地方，也即俗稱的"四安一鎮邦"。

"四安一鎮邦"的北面，係永興、永泰、永和、永平、升平、潮安、杉排、金山等街。俗稱的"四永一升平",即指永興、永泰、永和、永平、升平,一部分由萬年豐會館填築,另一部分係光緒後期丁日昌返鄉後向廣東藩臺領取執照所填築,這片區域不像"四安一鎮邦"那麼密集擁擠,雖然街道的寬窄差異並不大,但地塊明顯要大得多,這也是不同的土地開發模式所造成的結果。至於杉排、金山等街,除爭地所填外,主要是當初方耀撥給金山書院的校產。金山等街的東面,本為晚清行署之地,後來一部分改為潮梅善後處,一部分改為第一公園。該地附近的乾太厝內等地,是當地商民自有之地。

舊行署等地的南面,也即"四永一升平"之東,"四安一鎮邦"各街交匯之地,為汕頭老市,主要包括萬勝直街、行街、順昌街、銀硃巷等街坊,是最早的鬧市,街道狹窄彎曲,有"十八螺巷"之別稱。老市的東北面,原有福合溝經過,1924年填平,福合溝再往東北,原是茭定地及義塚,多屬荒地,只有零星的建築,後來在此建築同濟醫院。老市的南面,包括海關填地,招商局地及審判廳,該地多係荒地,冷清寂寥。海關填地,為外馬路之北端,連通汕頭市區東南之崎碌。由海關填地經外馬路往東,南為福音醫院產業,有福音醫院和福音女校等建築;北為張園,係舊義塚地。經此再由外馬路往東,為崎祿,係傳統的閭里格局。崎祿的南面,是亞細亞洋行和美孚洋行的填地。崎祿的東北向,也即汕頭市區的東北部,為禾田之地。

總之,至1926年改造以前,汕頭市區以西部最為繁盛,西部又以西南的扇形區域最為發達,街道雖然未經規劃,但隨著原來海灘的填築方向,自然形成沿扇形呈放射狀走向的雛形。中部的老市則自然興盛以後,慢慢形成錯綜複雜的街道格局,直至民國以後,一直未有改善。其他地區的則尚在半開發或未開發狀態。

有鑑於此,在1923年的改造計劃裡面,對於汕頭西部的處理,基本上是沿用已有的街道網路,並對部分道路進行拓寬。隨後1925年的計劃,除了對居平路、安平路做了修改以外,大體上沿襲1923年的方案。

就連接放射線路網的橫街來看,最東面的是由東往西依次拓寬鎮邦橫街、新康三橫街、升平六橫、福平巷、福安二橫、信榮市、金山街,直通汕頭北部海旁。該路直至1925年尚未闢築,於是重新加以設計,由海關以東,經居安里,至新康二橫中段止,為居平路,於1928年3月修築完成並通車。居平路之西南,則由育善直街的北端起,往西北方向,經雙和市橫街、永太三橫、永和四橫、永安二橫,與升平路相交,再往北經潮安一橫、榮隆一橫、杉排一橫、興隆街,至海旁而止,定名為永平路,1923年底修築完成通車。

永平路的西南面,分別是德興街、商平路和沿海大道,均是沿用1923年的計劃。德興街由原先的德興市和大安街拓寬而成。商平路則由育善直街的南端起,與至安街相交,為第一段;第二段由至安街中下段起,經福寧里,再經總商會,至潮州常關地而止;第三段由永和七橫街起至汕頭北部海旁止。值得注意的是,商平路各路段之間並不相連,其第二段往西南方向突出,這應該是原本海岸線外移所造成的結果。沿海大道依照當時的海岸線設計,東起於至安街,北至杉排升平海傍。該路原本定名為西堤路,不過隨著西堤海坦的填築,海岸線進一步外移,該計劃中由至平路南端至升平路西端的沿海大道改名為海平路,西堤馬路進一步向西拓展。

呈放射狀的直街,最東則拓寬原來的至平街,定名為至安路;再往西則拓寬鎮邦街的下段,

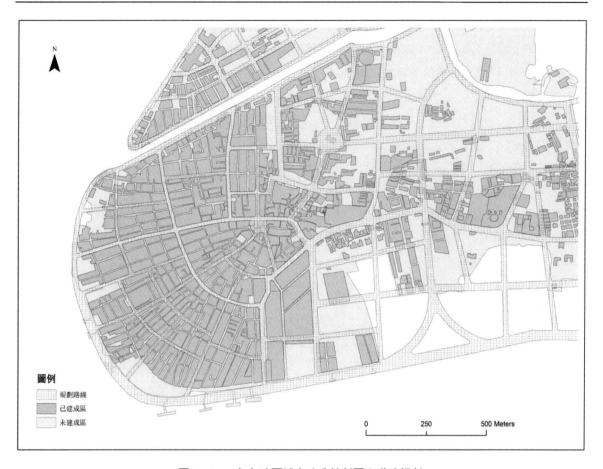

圖 4　1925 年冬汕頭城市改造計劃圖之道路規劃
資料來源：根據 1925 年冬設計的《汕頭市改造計劃圖》繪製。

並改下半段為鎮邦路；鎮邦街以西，另闢新的道路為安平路，該路東起於升平路圓心，西達合興碼頭，將上段的老市和下段的和安街進行拓寬，依次經過老會館、雙和市、總商會，是連通沿岸碼頭和原本老市的重要道路，在 1926 年 11 月修築完工並通車。安平路以北，拓寬永泰街下段為永泰路，再往北拓寬杉排街為杉排路。

汕頭市的北部，是原來行署所在地，1923 年的計劃也對該地附近的道路加以規劃。在行署之地闢築東西走向的鎮平路，於 1926 年 8 月完工；將行署右巷拓寬，並改為同平路，並於 1924 年 6 月完工通車。將行署左巷和徐家巷拓寬，經過升平路圓心，再往拆闢舊市街巷，通向外馬路和海關，為 1925 年的改造計劃所沿用，該路後來定名為國平路，1928 年開始闢築。行署地以東，原本是福合溝，1923 年計劃將其填平，並修築福平路，於 1924 年 4 月完工。福平溝以東，原來是念佛社義塚，1923 年對此規劃圓心路，有五條由此呈放射綫而出的道路，北通迴瀾橋，西連福平路北段，南接福平路南段，東與中馬路相交。隨後，該地陸續興築，在原念佛社義塚之地建立同濟醫院。1925 年底的改造計劃，便以同濟醫院作為圓心規劃環形路，放射綫道路則是沿用已有的規劃。

自同濟醫院以東至於碙碌，是汕頭的中部。該部分由外馬路貫穿東西，外馬路是主要的幹道，中部地區便是沿此路兩邊而發展起來的。外馬路北面的街區不斷發展，南面的海坦也不斷填築。中部的北面是公園，公園以南多是荒地。外馬路北面街區也未成系統。所以該部分的路網，在1923年的計劃中，基本是重新加以規劃的，大體上採用格子形路網，並輔以斜綫，1925年底的改造計劃對此加以沿用。直至1938年以前，外馬路以北基本上完成改造計劃，而外馬路以南，雖已規劃路綫，但由於海坦一直沒有填築完畢，道路無從修築，直至解放後才陸續實施。至於改造計劃中的中山公園，在1930年代陸續修築完成，行政地區的計劃則因隨後的發展失去必要性，宣告取消，住宅地區的路網，直至1938年止，仍是一片禾田之地。

可見，自1923年制定汕頭市改造計劃以後，雖提交給省府之後未奉核示，但已有少數道路開始興築，更有一些道路路綫和寬度，呈請省建設廳核准變更。如上面所說的永平路、安平路和居平路。1925年冬，工務局在先前改造計劃的基礎上再次制定改造計劃，並在1926年由市長范其務呈交省政府核准，並公佈在案。此後，汕頭市的改造，便在1925年改造計劃的引導下次第展開，並在1938年大部分完成。

三、改造計劃實施過程之一窺

改造計劃最終能大部分完成，一方面得益於一段政治軍事穩定的時期，另一方面也得益於政府"自上而下"的管治力、市政章程的約束力、工務局的統一規劃，以及民間"自下而上"的動力。在計劃的實施過程中，政府雖然未參與實際的工程，但道路的修築卻是在政府的主導下進行的。每條道路的修築都需要工務局測量及審定，理論上還應上報給省政府、建設廳核准。承建的工廠也需要按照圖則來進行施工。政府頒佈了多部章程來規範和約束城市的建設活動，為1925年改造計劃的實施提供了法制上的基礎。例如在許錫清有關同益路的呈文中便說到："查汕市自核准改造計劃圖以後，曾經范前市長佈告，凡在馬路綫內之鋪屋，只准拆卸，不准建築，其非在馬路綫內之鋪屋，均准領照興建。"[17]在實際的事務進行中，政府也試圖通過各種辦法來確保計劃的實施，這也是該計劃在實施過中所要面對的複雜情況。

1926年，拆闢至安街為至平路，福麟洋行便抗拒不拆，以致引起公憤。迭經兩任市長范其務和張永福先後通過交涉署與英領事進行交涉。直至至安街馬路全街鋪戶已遵照拆卸，而福麟洋行仍抗不遵拆。1927年5月，汕頭市長方乃斌[18]就此事函復交涉署，就案中罷工及拆讓賠補加以辯論，認為罷工是因抗拆所導致，如果遵拆則復工自不成問題。賠補方面，方乃斌就政府所定章程認為，福麟洋行拆讓不及十分之一，且行東並非外僑，永租契並未繳驗，應與中國人民一體待遇，並無賠補理由，范其務准補償地價和修築路費，不可再增[19]。隨後，蕭冠英接任市長，至平路築路委員會常務會員再就此事提交呈文，希望政府與英領事嚴重交涉，若該行仍舊頑抗，即派隊督拆[20]。

至1928年，黃開山接任，就此案繼續至函交涉署無果[21]。由此，黃開山一面與福麟洋行交涉，一面與英國領事展開非正式的磋商。最終商定解決辦法，由市政廳每井酌補地價二百五十元，築路費由市政廳負責。該洋行由業主自行拆卸，遵照市政廳規定修復完案[22]。至平路最終也得以按照規定的路綫修築完畢。

再如 1926 年 6 月,開闢福平、外馬兩路,需割用福音醫院住宅和長老會禮拜堂地基。范其務致函福音醫院院長來愛力,邀請其到市政廳進行磋商[23]。最終由來愛力、汲多瑪和蕭曉初到市政廳商議,訂定條約,免賠補福音醫院地價及上蓋建築費,修復住宅費用則由市廳發起募捐。由福音醫院和長老會自行拆卸住宅,對拆讓禮拜堂之地基,則由市廳將牖民學校前之畸零地劃歸英國長老會管業[24]。於是,該段馬路的闢築最終也得以按找原定計劃進行。

同一時期,在商平路的闢築上,也遇到同樣的問題。1928 年 9 月,市政廳派員對德記洋行、太古洋行、怡和洋行的棧房劃上割拆標誌,英國領事便致函市長陳國榘和外交部交涉署,聲明如欲割讓英商產業,務須先與業主磋商同意[25]。同時,工務局長余懷德也派課員李菊懷辦理商平路外人產業割拆圖表[26]。隨後,陳國榘指派市政廳秘書譚獲,會同交涉員楊建平就圖表所列外籍產業應行割拆面積查案據例,向英領事商請飭拆[27]。雖然沒有足夠的材料來說明磋商的經過,但既然開闢商平路是 1925 年的改造計劃內容之一,那麼所列外籍產業應行割拆的部分則應是按照計劃所規定的加以劃定,根據 1938 年的汕頭市地圖來看,商平路最終也卻如改造計劃中所規定的那樣,拆闢建築完竣。

由上面幾個案例可見,在對 1925 年冬所訂定改造計劃過程中,往往因涉及外人產業而使得割讓產業闢築馬路變得複雜和困難重重,既需要與外籍業主磋商,而交涉署和外國領事也牽扯其中。雖然汕頭地方政府屢屢聲明對外國人產業的處理向無例外,但往往由於外國人及領事館的介入,而使得外國人在交涉的過程往往處於有利的位置,其中交涉拖延也使得改造計劃的進行極為緩慢。不過,即使如此,1925 年冬所訂定的改造計劃,還是一步一步得以實施。

1929 年 9 月 16 日,汕頭市長許錫清給省建設廳的呈文便說道:

> ……查汕市改造計劃圖,業經范前市長其務,於民國十五年間,呈奉省政府核准公佈在案。所有汕頭已築及正在展築各馬路路綫,均係按照改造計劃圖案辦理。在計劃開著某條馬路之先,又經將設計割拆平水各圖,呈候鈞廳核准,奉令後,方始公佈周知,依圖闢築,並計算築路賠償各費,實需若干,就兩旁非被全拆之鋪屋,按其鋪內面積臨街寬度攤派負擔,歷辦如是,並無擅自變更路綫之事……[28]

由此看來,應該是省建設廳懷疑汕頭在闢築馬路之時有擅自變更路綫[29],並致函汕頭市政府問明情況,許錫清於是對此作出答覆。省建設廳之所以會有此反應,自然是收到有關路綫變更的資訊。這很可能是在闢築道路的過程中,因各方在利益上產生爭執,而各自利用已有的資源和關係展開角逐,而在道路的修築方面,又都需要上報省建設廳核准。那麼在"路綫"上做文章便成為各方博弈的方法之一,以此希圖通過省建設廳的干預來獲得自己的利益,這也是汕頭在展闢馬路中經常遇到的情況。這就需要我們進一步瞭解汕頭的道路闢築模式。通過以往的史料可知汕頭的道路闢築模式分兩種,一種由官方直接辦理,一種由民間自行成立委員會辦理,兩種的共同點都是招商承築。一般說來,民間自行成立築路委員會修築馬路,是汕頭開闢道路的普遍模式,即使在 1925 年統一規劃後，道路的修築還是交由商民自己辦理，政府只是負責規劃，而商民又常在修築過程中提出新的要求呈請市政廳批准。這其實是商民一種自下而上的需求，但同時，政府也在實行著它應有的管治，商民間便依靠官方的話語來展開較量。

結　語

1921 年，汕頭成立市政廳，成為中國近代第一批具有現代意義的建制城市之一。汕頭的市政建設，進入了一個不同以往的新時期。隨後，政府又參照西方城市規劃理念，先後兩次制訂城市改造計劃，採取分區理念，對城市的道路加以規劃和改造，並依靠市政例規章程來規範城市的建設和道路的改造和規劃。這都推動著汕頭城市的發展和一步一步走向近代化。

1923 年，市政廳頒佈城市改造計劃之後，雖在提交省政府之後因政局不穩而未奉核准，但已相繼闢築個別道路。1925 年定所進行的城市改造計劃，在此前的基礎加以完善和實施，在 1926 年提交省政府並獲核准頒佈，改造計劃次第展開。在道路的改造中，雖然政府具有自上而下的管治力，但在財政的支出方面卻缺乏修築道路的經費。於是，經費需從民間攤派，向道路兩旁業户徵收。可見，道路的修築實際上是由民間的力量推動的。所以，在政府主導而由民間推動的城市改造中的道路修築，其過程就變得耐人尋味。再加上汕頭原有的發展背景，華洋雜處其間，而且多是商民，這更使得這一改造的過程變得極為複雜。這一複雜的過程所呈現的一幅幅城市變化的動態場景，使我們能通過此來更好地瞭解近代沿海開埠城市發展之面相，更進一步地瞭解城市規劃在近代城市發展中之意義。

註　釋：

[1] 參見陳春聲《近代汕頭城市發展與韓江流域客家族群的關係》，《潮學研究》新一卷第三期；陳海忠、黃挺《地方商紳、國家政權與近代潮汕社會》，廣州：暨南大學出版社 2013 年，第 90 頁。

[2] Rev. J. Macgowan. *Pictures of Southern China.* (London：The Religious Tract Society, 1897), p. 204. 轉引自鍾佳華《清末潮嘉地區員警的建置與團練的復興》，《潮學研究》（第 9 輯），廣州：花城出版社 2001 年。

[3] 《巡警整頓路政示文》，《嶺東日報》光緒三十四年五月廿八日。轉引自鍾佳華《清末潮嘉地區員警的建置與團練的復興》。

[4] 《汕頭地震之慘狀》，《申報》1918 年 2 月 23 日，第 2 張。

[5] 《呈報因汕頭地震造成海關損失地報告》（潮海關呈文第 5158 號，1918 年 2 月 15 日於汕頭），楊偉編：《潮海關檔案選譯》，北京：中國海關出版社 2013 年，第 17 頁。

[6] 《汕頭市工務局佈告 第二號》，汕頭市政廳編輯股：《汕頭市政公報》1921 年第 1 期，第 56—58 頁。

[7] 黃素娟：《城市產權與都市發展：近代廣州市區規劃研究》，中山大學博士學位論文，2013 年，第 75 頁。

[8] 《汕頭市政廳佈告 第六號》，汕頭市政廳編輯股：《汕頭市政公報》1921 年第 1 期，第 53—54 頁。

[9] 拆闢馬路主要針對舊式較窄的街道而言。據當時旅行記者抱一所言，"汕頭市道路分兩種，舊式者雖

不甚寬，尚在廈門上。新式者在沿海一帶，前潮梅鎮守使劉志陸所創，甚寬闊。"見《南遊通訊（五）》，《申報》1921年4月7日，第6頁。

[10] 陳述經：《先師王雨若先生傳》，《僑港潮汕文教聯誼會會刊》（第三期），1974年，第190頁。

[11] 《呈省長文》，蕭冠英：《六十年來之嶺東紀略》，廣州培英圖書印務公司1925年，第126—127頁。

[12] 《汕頭市政之工務計劃》，蕭冠英：《六十年來之嶺東紀略》，第122—123頁。

[13] 鄭莉：《民國市政廳時期汕頭的兩次都市計畫》，《城市規劃學刊》2014年第4期，第98—103頁。

[14] 曾景輝編：《最新汕頭一覽》，1948年，第3頁。

[15] 莊林德、張京祥：《中國城市發展與建築史》，南京：東南大學出版社2002年，第210—213頁。

[16] 《呈為改訂市區計畫圖例》，范其務呈，1926年2月3日，民國檔案12-12-041，第1—3頁，汕頭市檔案館藏。

[17] 《呈建設廳同益馬路變更為難請照前呈圖內路綫核准由》，汕頭市市政廳編輯股：《汕頭市政公報（工務）》1930年56期，第1—3頁。

[18] 方乃斌1927年4月21日代理汕頭市長，9月13日由蕭冠英接任。

[19] 福麟洋行因抗不遵拆而引起工人罷工，且要求對拆讓部分進行賠補。方乃斌就此二點理由加以辯論。《公函第45號》，民國檔案12-12-071，第44—46頁，汕頭市檔案館藏。

[20] 《至平路築路委員會常務委員呈文》，民國檔案12-12-071，第51—52頁，汕頭市檔案館藏。

[21] 《公函第25號》，《外交部汕頭交涉員公署公函第194號》（1928年5月12日），民國檔案12-12-071，第55—58頁，汕頭市檔案館藏。

[22] 《箋函第59號》，《市政廳呈文第314號》，民國檔案12-12-071，第69—73頁，汕頭市檔案館藏。

[23] 《范其務致來愛力箋函》（1926年6月），民國檔案12-12-069，第3頁，汕頭市檔案館藏。

[24] 《汕頭市市政廳公函第285號》（1926年6月10日），民國檔案12-12-069，第8頁，汕頭市檔案館藏。

[25] 《英領事致汕頭市箋函》（1928年9月27日）；《外交部汕頭交涉員署公函第688號》（1928年10月2日），民國檔案12-12-071，第2—5頁，汕頭市檔案館藏。

[26] 《課員李菊懷呈箋》（10月24日），民國檔案12-12-071，第18—19頁，汕頭市檔案館藏。

[27] 《訓令第498號》（10月25日），民國檔案12-12-071，第10—11頁，汕頭市檔案館藏。

[28] 《呈覆建設廳本市各馬路悉照呈准圖案辟築並無更變路綫嗣後自當查照奉辦法占築由》，《汕頭市市政公報》1929年第49期。

[29] 該處所說的路綫，實際包括道路的走向以及規定寬度的道路紅綫。

（作者單位：廣州中山大學歷史地理研究中心）